Jane Pejsa

Mit dem Mut einer Frau

Ruth von Kleist-Retzow
Matriarchin im Widerstand

Aus dem Amerikanischen
von Beate Springmann

Der Verlag dankt für die freundliche Unterstützung bei der Herausgabe der deutschen Ausgabe Ruth-Alice von Bismarck, Heinrich von Kleist-Retzow, Katrina Söderberg-Jahn, Ida Gräfin von Zedlitz und Trützschler und Peter Zimmerling.

Die Deutsche Bibliothek - CIP-Einheitsaufnahme

Pejsa, Jane:
Mit dem Mut einer Frau : Ruth von Kleist-Retzow ; Matriarchin im Widerstand / Jane Pejsa. Aus dem Amerikan. von Beate Springmann. - Moers : Brendow, 1999
(Edition C : C ; 530)
Einheitssacht.: Matriarch of conspiracy <dt.>
ISBN 3-87067-759-7

ISBN 3-87067-759-7
Edition C, C 530
© 1996 by Brendow Verlag, D-47443 Moers
Original: Matriarch of Conspiracy. Copyright © 1991 by Jane Pejsa. All rights reserved.
By arrangement Kenwood Publishing, Minneapolis, Minnesota, USA.
Quellenhinweis: Texte und Briefe von Dietrich Bonhoeffer
© Chr. Kaiser/Gütersloher Verlagshaus, Gütersloh, mit freundlicher Genehmigung des Verlages.
Einbandgestaltung: Kortüm & Georg, Agentur für Kommunikation, Münster
Satz und Repro: Wiedemeier & Martin, Düsseldorf
Druck und Bindung: Ebner Ulm
Printed in Germany

Dieses Buch ist den Männern und Frauen gewidmet,
die zu allen Zeiten und in allen Ländern
dem Unrecht und der Unehrenhaftigkeit widerstanden
und vor allem denjenigen,
die für diesen Einsatz ihr Leben ließen.

INHALT

7

VORWORT

Ruth von Kleist-Retzow wurde 1867 als Gräfin von Zedlitz und Trützschler geboren. Sie starb 1945, wenige Monate, nachdem Deutschland besiegt und das Dritte Reich Adolf Hitlers zerschlagen war. Ihr ganzes Leben verbrachte sie in Preußen östlich der Oder und Neiße, wo sich die feudale Gesellschaftsstruktur bis weit in das 20. Jahrhundert halten konnte.

Diese so konservative Umwelt formte eine Frau und eine Familie, die es nicht dabei bewenden ließen, den Nazis von Anfang an Widerstand zu leisten. Vielmehr beteiligten sich vier der engsten Familienmitglieder aktiv an Versuchen, Adolf Hitler zu töten und das Naziregime zu Fall zu bringen.
Das Leben Ruth von Kleist-Retzows sowie der Kreis derer, die sie inspirierte, erregte zunächst Aufsehen durch einige, wie es schien unzusammenhängende historische Anekdoten, unter anderem auch aus dem Leben Dietrich Bonhoeffers. Dieser deutsche Theologe war einer der Anführer der wenigen, die dem Versuch der Nazis, die Evangelische Kirche gleichzuschalten, energisch entgegentraten. Später gehörte er einer Verschwörung an, deren Ziel die Beseitigung Hitlers und der Nazis war. Sein Leben und sein Tod sowie seine umfangreichen Schriften stellen ein Vermächtnis dar, das noch heute in weiten Bereichen als Vorbild für gesellschaftliches und politisches Handeln Gültigkeit hat.

Ruth von Kleist-Retzow war es, die Bonhoeffer in seinen gegen die Nazis gerichteten religiösen Aktivitäten in den ersten Jahren der Naziherrschaft unterstützte. In diesen gefährlichen Zeiten entwickelte sich eine tiefe Freundschaft zwischen dem ledigen Theologen aus Berlin und der Matriarchin aus dem alten Preußen.
Im Lauf der Zeit führte Ruth ihn in ihrer Familie ein. Dadurch entstand die Verbindung zwischen der politischen Verschwörung in Berlin, zu der er gehörte, und der von ihrer Familie geprägten militärischen Verschwö-

rung. Ruth stellte auch eine Verbindung privater Natur zwischen Bonhoeffer und ihrer Enkelin Maria von Wedemeyer her. Die später daraus entstandene Liebe unterstützte sie. Als Bonhoeffer kurz vor dem Sieg über Deutschland im Mai 1945 von den Nazis hingerichtet wurde, waren die beiden verlobt und beabsichtigten zu heiraten.

Ein halbes Jahrhundert nach dem 2. Weltkrieg und Holocaust steht noch die Frage im Raum: Wie konnte aus diesem vermeintlich erzkonservativen, antidemokratischen und militaristischen, für die alten preußischen Gebiete typischen Milieu eine Familie hervorgehen, die sich in Deutschlands schwärzester Zeit so verhalten hat, wie es hier beschrieben wird – eine Familie, die nicht nur Hitlers und der Nazis wahre Natur sehr früh erkannt, sondern sie konsequent und oft sogar heroisch bis zum Ende bekämpft hat?

Wenn es auf diese Frage überhaupt eine eindeutige Antwort gibt, so liegt sie in der Lebensgeschichte von Ruth von Kleist-Retzow. Ihre Wurzeln reichen weit zurück, über ihr eigenes langes Leben hinaus. Die Anwesenheit Otto von Bismarcks, des Architekten des deutschen Nationalstaats, bei Ruths Taufe ist von symbolischer Bedeutung für ihren gesamten Lebensweg. Ebenso zeugt die jahrhundertealte Verbindung zwischen ihrer Familie und der Familie ihres Mannes mit der preußischen und deutschen Monarchie von einer Loyalität, die die Monarchie selbst noch überdauerte.

Im 20. Jahrhundert, vor allem in den Jahren nach dem 1. Weltkrieg, wurde die Geisteshaltung von Ruth und Gleichgesinnten zu einem Anachronismus. Diejenigen, die jahrhundertelang die deutsche Politik, die öffentliche Verwaltung und vor allem das Offizierskorps der Armee beherrscht hatten, verfielen während der kritischsten Jahre der um das Überleben kämpfenden Weimarer Republik in Passivität. Einige weniger wohlwollende Betrachter der Geschichte würden sagen, sie hätten durch ihre Untätigkeit zum Fall der Republik und dadurch zum Erfolg Hitlers und den damit zusammenhängenden Greueln beigetragen.

Dessen ungeachtet waren es genau die scheinbar altmodischen Tugenden zusammen mit ihrer tiefen Religiosität, die Ruth und andere Mitglieder ihrer Familie gegen Hitler und die Nazis fast von Anfang an opponieren ließen. Die Beteiligung von Ruths Familienangehörigen an der Verschwörung gegen Hitler und das Naziregime ist als eine logische Fortsetzung der Gedanken und Taten zu sehen, deren Wurzeln in der Chronik dieser Frau und ihrer Herkunft untersucht werden. Ihre Geschichte handelt von Konflikten, geteilten Loyalitäten, Tod und Zerstörung. Es ist jedoch auch eine Geschichte von Treue, Romantik und Liebe, in der Momente höchsten Glücks erfahren werden.

Diese Familiengeschichte zu schreiben war für mich ein tiefes und bewegendes Erlebnis. Möge sie den Lesern ebensoviel bedeuten.

Jane Pejsa

DANK

Auf das Leben Ruth von Kleist-Retzows (im folgenden Ruth von Kleist genannt) wurde ich durch zwei schicksalhafte Begegnungen aufmerksam. Die erste, ein Zusammentreffen mit Bain Boehlke, einem Filmemacher aus Minneapolis, die zweite mit Mary Glazener, einer Schriftstellerin aus South Carolina. Ich möchte meinen Dank zunächst an diese zwei Personen richten, die mir, einer Fremden, genug Vertrauen schenkten, um mir das von ihnen gesammelte Quellenmaterial zu Ruth von Kleist, Maria von Wedemeyer und Dietrich Bonhoeffer zur Verfügung zu stellen.

Ich stehe tief in der Schuld der Bush Foundation von St. Paul und der Direktorin der Bush Artists' Fellowships, Sally Dixon, die es mir durch ein großzügiges Stipendium ermöglichten, Ruth von Kleists Lebensgeschichte zu erforschen. Ebenso freue ich mich über das bereits zu einem frühen Zeitpunkt gezeigte Vertrauen meiner Schriftstellerkollegen Margot Siegel aus Minneapolis und Phebe Hanson aus St. Paul, deren gute Bewertung meiner Arbeit dazu beitrug, die Bush Foundation davon zu überzeugen, mich als Stipendiatin in die engere Wahl zu ziehen.

Der Bericht über Ruth von Kleists Leben und Familie beruht hauptsächlich auf Anekdoten, die mir die Überlebenden in Interviews erzählt haben oder die ich den weitverstreuten Papieren der mittlerweile Verstorbenen entnommen habe. Für dieses Material habe ich neun von Ruths Enkelkindern zu danken: vor allem Konstantin von Kleist-Retzow aus Rinteln, Gräfin Ruth de Pourtalés (geborene Kleist-Retzow) aus Tannay in der Schweiz und Heinrich von Kleist-Retzow aus Bergisch Gladbach. Sie alle überließen mir Familienbilder, erzählten, wie sie ihre Großmutter und ihre Kindheit in Kieckow in Erinnerung hatten. Ruth Roberta Heckscher (geborene Stahlberg), die sogar aus Israel, wo sie damals lebte, nach Deutschland kam und mir von einigen der dramatischsten Begebenheiten aus Ruth von Kleists Leben berichtete, und Alexander Stahlberg aus Berlin, der mir ein breiteres und tieferes Wissen über diese Familie vermittelte; Luitgarde von Schlabrendorff (geborene Bismarck)

15

aus Wiesbaden, von der ich Informationen und Bilder von unschätzbarem Wert nicht nur aus dem Familienarchiv der Bismarcks, sondern auch aus dem Archiv ihres verstorbenen Mannes Fabian von Schlabrendorff erhielt, und Spes Pompe (geborene Bismarck) aus Bonn, die mir in lebhaften Worten die Stettiner Jahre ihrer Großmutter beschreiben konnte; Ruth-Alice von Bismarck (geborene Wedemeyer) aus München und ihr Ehemann Klaus, die mir nicht nur Erinnerungen und einmalige Familiendokumente überbrachten, sondern mir auch Zugang zu anderen Familienmitgliedern verschafften, und Hans Werner von Wedemeyer aus Baden-Baden, der mir einen Nachmittag widmete und mir kostbares Quellenmaterial übergab.

Es waren lediglich Zeitgründe und zu große Entfernungen, die mich davon abhielten, die anderen Enkelkinder von Ruth von Kleist aufzusuchen. Mit Sicherheit wären sie ebenso hilfsbereit gewesen.

Tiefe Dankbarkeit empfinde ich für Friedrich Carl Graf von Zedlitz und Trützschler, Patensohn und einziger noch lebender Neffe Ruth von Kleists. Graf Zedlitz wohnt derzeit in Argentinien und verbringt den Sommer in der Schweiz. Auf dem Weg dorthin macht er gewöhnlich Station in den Vereinigten Staaten. In Briefen, Telefongesprächen und vor allem während eines denkwürdigen Mittagessens in Rochester/Minnesota stellte er mir Familieninformationen, Bilder und Erinnerungen seiner Kindheit in Großenborau/Schlesien zur Verfügung, jenem Ort, an dem seine Tante Ruth ihre Kindheit verbracht hatte.

Mit Dankbarkeit möchte ich auch die Beiträge zahlreicher anderer erwähnen, deren Lebensweg den Ruth von Kleists kreuzte: Eberhard Bethge und Renate Bethge (geborene Schleicher) aus Wachtberg, die mit Ruth von Kleist während ihres letzten Lebensjahrzehnts in enger Verbindung standen und die mir außer ihren Erinnerungen an Tante Ruth auch Kopien ihrer persönlichen Korrespondenz überließen; Reinhild Hausherr (geborene Kleist-Schmenzin) aus Bern, Tochter des zum Märtyrer gewordenen Neffen Ruths namens Ewald, die einen Nachmittag lang für mich Kindheitserinnerungen wachrief – aus einer Zeit, als die Kleist-Retzows aus Kieckow sich mit den Kleists aus Schmenzin in der Verschwörung gegen die Naziherrschaft verbanden; Werner und Dita Koch aus Emlichheim, deren Freundschaft mit Ruth von Kleist in Folge von Werners Verhaftung vertieft wurde, die mir Kopien Ruths reichhaltiger, fast ein Jahrzehnt umfassenden Korrespondenz mit beiden von ihnen übergaben; Wolf Dieter Zimmermann aus Berlin, den ich in Minnesota traf und dessen jugendlich-frische Erinnerungen die Schmenziner Kleists, die Kieckower Kleists, das Finkenwalder Seminar und Großmutter Ruth in Stettin umfaßten.

Als persönliches Privileg empfinde ich, zwei erstklassige, auf deutsche Geschichte des 19. und 20. Jahrhunderts spezialisierte Historiker zu kennen, die mir beide freundlicherweise ihre Zeit widmeten. Professor Emeritus Harold C. Deutsch von der Universität Minnesota, eine führende Kapazität auf dem Gebiet der Verschwörung gegen Hitler, stellte einige historische Details klar. Der amerikanische Bismarck-Experte der Universität von Indiana Professor Otto Pflanze beriet mich bei meinen Nachforschungen über diese frühe Periode im Leben Ruth von Kleists. Dabei möchte ich jedoch betonen, daß keiner dieser beiden prominenten Professoren in irgendeiner Weise für die in diesem Buch beschriebenen historischen Details oder Interpretationen verantwortlich ist.

Meine geographischen Kenntnisse stammen von persönlichen Besuchen der Orte, die Ruth von Kleist einst ihre Heimat nannte – Klein Krössin, Kieckow und Großenborau, die allesamt im heutigen Polen liegen. Tiefen Dank schulde ich unserem Freund und Verwandten Franciszek Polcyn aus Oborniki/Polen, der meinen Mann und mich an der deutsch-polnischen Grenze nahe Szczecin abholte und als unser Führer in diesen schönen Landstrichen fungierte.

In diesem Buch werden eine Reihe von Briefen erwähnt oder zitiert, von denen viele aus dem Bundesarchiv stammen. Mit besonderer Dankbarkeit erwähne ich den wichtigen Beitrag Edith Müllers aus Minneapolis, die diese und andere Briefe von der deutschen in die lateinische Schrift übertrug, was mich in die Lage versetzte, dieses Quellenmaterial in der Originalsprache zu lesen.

Der Hauptteil der in meinen Nachforschungen verwendeten und in der Bibliographie angegebenen Quellen stammt aus der umfangreichen Sammlung der Wilson Bibliothek der Universität Minnesota. Dazu kam seltenes und nützliches Material von der Stadtbibliothek Minneapolis und der Bibliothek des Lutherseminars St. Paul. Mein Dank gebührt auch Barbara Field aus Minneapolis, die mit ihrem ausgezeichneten Können das gesamte Manuskript Absatz für Absatz überarbeitet hat.

Schließlich ist es mir eine Freude darauf hinzuweisen, daß ich diese ungeheure Aufgabe nie ohne die ständige Unterstützung meines Mannes Arthur Pejsa zu Ende gebracht hätte. Ihm oblag es auch, jedes der sieben Kapitel über die Geschichte der preußischen Matriarchin als erster zu kritisieren und zu redigieren.

Mein Dank gilt allen bereits erwähnten sowie denjenigen, die zu erwähnen ich unabsichtlich vergessen haben könnte.

PROLOG

Im Jahr 1152 wurde der Staufer Friedrich Barbarossa in Aachen zum deutschen König gewählt. Drei Jahre später in Rom erfolgte seine Krönung zum Kaiser – zum Kaiser des Heiligen Römischen Reiches. Es erstreckte sich in früheren Jahrhunderten über fast ganz Europa, zu Barbarossas Zeit aber war dieser ehrenvolle Titel von geringem Wert. Er wurde lediglich von der Handvoll Prinzen und Herzögen des Stauferreiches anerkannt.

Barbarossas Weitblick und seine unerschöpfliche physische Energie vermochten jedoch das deutsche Bewußtsein so zu beleben, daß sein Name zur Legende wurde. Er stärkte die Bindungen zwischen den zerstrittenen deutschen Fürstentümern. Er unternahm Feldzüge auf polnisches und böhmisches Territorium bis hin zu weit entfernten Gebieten in Kleinasien. Selbst die Stadtstaaten Italiens wurden von ihm nach seinen Vorstellungen neu geordnet. Er schloß Frieden und führte Krieg mit zwei aufeinanderfolgenden Päpsten in Rom, wobei er nicht nur einmal, sondern gleich zweimal exkommuniziert wurde.

Wenige dieser kriegerischen Unternehmungen führten zu dauerhaften Eroberungen, manche davon endeten gar in Katastrophen. Auf einem Feldzug in Italien zum Beispiel starben alle seine Soldaten an der Pest, dennoch blieben allein seine Siege in Erinnerung.

Über die Jahrhunderte wurde Barbarossa in Deutschland zur Legende, insbesondere in schlechten Zeiten. Es hieß, er lebe in einer Höhle unter dem Kyffhäuser, um eines Tages zurückzukehren und dem deutschen Volk zu neuer Größe zu verhelfen.

Während seines ganzen Lebens hatte Barbarossa zahlreiche treue Anhänger – Untertanen, Ritter und gemeine Soldaten, die für ihn Kriege führten und unter seinem Banner ihr Leben ließen. Der treuste unter ihnen soll sein Untertan Zedlitz gewesen sein, der seine Loyalität zu Barbarossa auf dessen Polenfeldzug unter Beweis stellte. Auf der Höhe des Gefechts, als Barbarossas königlicher Umhang von einem feindlichen Speer durchbohrt wurde, eilte Zedlitz seinem König zur Seite und hieb den Umhang entzwei, wodurch Barbarossas Leben gerettet wurde. Jahrhunderte später wurde diese große Tat in einem epischen Gedicht festgehalten, das mit folgenden Zeilen endet:

> Und wo man von Treue und Tapferkeit spricht,
> da fehlt auch der Name der Zedlitze nicht.
> Ihr Haus kommt nimmer zu Falle.

Der treue Untertan Zedlitz wurde für seine Loyalität und seinen Mut reich belohnt. Er hatte nicht nur Barbarossas Gunst gewonnen, sondern erhielt auch ein beträchtliches Stück Land an der östlichen Grenze Thüringens, ein deutscher Vorposten zum Königreich Böhmen. An dieser Stelle sollte er eine mächtige, seinen Namen Zedelic tragende Festung errichten, die lange nach dem Tod sowohl Barbarossas als auch seines treuen Untertanen Zedlitz für die Verteidigung deutschen Gebietes von großer Wichtigkeit werden sollte.

Fünfzig Jahre nach Barbarossas Tod, im Frühjahr 1241, richtete der damals regierende polnische Monarch Heinrich der Fromme einen dringenden, alle Stammes-, Kultur- und Fürsteninteressen übergreifenden Appell an die Christenheit, zu den Waffen zu greifen: die Ungläubigen waren in Schlesien eingedrungen!

Während der Herrschaft der Staufer und Piasten stand der Begriff Ungläubige für die Tataren, eine Gruppe verschiedener nomadischer Völker, die jahrhundertelang den ganzen eurasischen Kontinent von der Mongolei im Osten bis zur Ukraine im Westen durchzogen. Ihre Sprache war dem Türkischen verwandt, und noch im 13. Jahrhundert waren sie weder mit dem Christentum noch mit dem Islam in Berührung gekommen.

Schlesien war ein entlegenes fürstliches Besitztum an der Grenze des polnischen Königreiches, das im Süden von der Hohen Tatra und im Westen von der Neiße begrenzt wurde. Die Oder durchquerte dieses Gebiet in nördlicher und westlicher Richtung auf ihrem Weg von der Quelle zur Ostsee. Das Land war reich an Wäldern und fruchtbaren Feldern, und es wurde behauptet, es lägen dort riesige Schätze an Mineralien unter der Erde. Wen wundert es daher, daß sowohl die Tataren als auch die europäischen Herrscher gleichermaßen an Schlesien – *Slansk* – interessiert waren.

Aus dem Süden und vom Westen kamen deutsche Ritter nach Osten an die Oder geritten, um die Invasion der Mongolen zu stoppen. Mit ihrer schweren Rüstung überquerten sie die Neiße und kämpften sich durch heimtückische Sümpfe und endlose Wälder, um den Soldaten Heinrichs zur Seite zu stehen. Die polnischen Ritter, in ebenso schweren Rüstungen, zogen in südlicher Richtung durch ihnen vertraute Sümpfe und Wälder. Sie überquerten die Oder von Osten kommend.

Am ersten klaren Morgen im April stießen die vereinten Armeen auf die eingedrungenen Tataren in den feuchten Niederungen Schlesiens. Unter kampferprobter Führung preschten die Ritter in ihren Rüstungen, wie sie es häufig geübt hatten, in enger Formation mit gezückten Schwertern vorwärts. Dahinter folgte das Fußvolk mit langen, unhandlichen Speeren, halb im Schlamm versinkend. Die gegnerischen Linien wurden immer wieder durchbrochen, jedoch unter hohen Verlusten. Pferde und Männer stürzten und versanken im Morast. Bald überstieg die Zahl der Verwundeten und Sterbenden die der noch Kämpfenden. Wieder und wieder formierten sich die Armeen unter ihren Bannern, schlossen die Lücken der gefallenen Pferde und Männer und griffen erneut an. Am Ende siegten die christlichen Armeen.

Unter den deutschen Bannern in dieser Schlacht waren auch diejenigen der Ritter von Burg Zedelic. Sie wurden geführt von einem Nachfahren des treuen Untertans Barbarossas, Zedlitz, und die Soldaten stammten aus dem Dorf Zedelic an der Ostgrenze Thüringens. Nachdem die erschöpften Ritter und Soldaten aus Zedlitz ihre Toten begraben hatten, überquerten sie die Neiße in westlicher Richtung, um in die Heimat zu ihrer Burg und ihrem Dorf zurückzukehren.

In den Jahrhunderten nach dem historischen Sieg über die Tataren ging die Herrschaft über Schlesien an den König von Böhmen, danach durch sorgfältig arrangierte Heiraten an die österreichische Dynastie der Habsburger.

Im 18. Jahrhundert war die Stauferdynastie Barbarossas und seiner Nachfahren längst verschwunden. An ihre Stelle trat als treibende Kraft unter den Fürsten und Prinzen des Nordens das Haus Hohenzollern, das

das Fürstentum Brandenburg regierte und später die Könige Preußens stellen sollte. Zentrum seiner Macht war die Stadt Berlin.

Im April 1741, genau 500 Jahre nach dem Sieg über die Tataren, eroberten die Armeen des Preußenkönigs Friedrich des Großen das gesamte, zum Habsburger Reich der Kaiserin Maria Theresia gehörende Land zwischen Oder und Neiße. Sieben Jahre später, nach zahlreichen Gefechten, unterzeichneten Österreich und Preußen einen unsicheren Friedensvertrag. Maria Theresia behielt zwar ihren Thron, Friedrich jedoch behielt Schlesien. Die Kaiserin soll sich beklagt haben: »Er hat mir meinen herrlichen Garten weggenommen.«

Der Friede dauerte nicht einmal zehn Jahre, und als der Krieg erneut ausbrach, erreichte er bald die Dimension eines Weltkonflikts, in den sowohl alle Großmächte Europas als auch weit entfernt liegende Länder wie Nordamerika und Indien verwickelt wurden. Da dieser dritte schlesische Krieg sieben Jahre dauerte, wurde er als der Siebenjährige Krieg bekannt. Nach seinem Ende war Schlesien fest im Besitz des preußischen Königs.

Das Land war nun von Nachfahren der Familie Zedlitz aus Zedelic bewohnt, die, genau wie ihre Vorfahren vor vielen Jahrhunderten, ihrem König dienten. Unter diesen Nachkommen befanden sich auch Ernestine und Gottlieb von Trützschler, miteinander verheiratete, weitläufig verwandte Vetter und Cousine. Im Jahr 1800 brachte Ernestine auf dem Familienschloß der Trützschlers in Thüringen ihr erstes Kind, Karl Eduard, zur Welt.

Es war die Zeit nach der Französischen Revolution mit all ihren Grausamkeiten und nicht eingehaltenen Versprechen. Napoleon Bonaparte hatte in Frankreich die Macht übernommen und sich sofort in militärische Konflikte mit den Nachbarländern Preußen, Österreich und Rußland gestürzt. Als Karl Eduard fünf Jahre alt war, hatte Napoleon bereits den Höhepunkt seiner militärischen Stärke erreicht und die verbündeten Armeen Österreichs und Rußlands in der Schlacht von Austerlitz besiegt. Von seinen Erfolgen beflügelt, nahm er sich als nächstes Preußen vor. Das Trützschlersche Schloß wurde belagert, weshalb Karl Eduard und seine Mutter beim Großonkel, Baron von Zedlitz, auf Schloß Schwentnig in Schlesien in Sicherheit gebracht wurden.

Wenige Jahre später starb der alte Baron, und Schwentnig ging in den Besitz von Gottlieb von Trützschler, Karl Eduards Vater, über. Gottlieb stelle beim preußischen König den Antrag, künftig beide Namen Zedlitz und Trützschler führen zu dürfen. Der König genehmigte nicht nur diesen Antrag, sondern erhob ihn auch in den erblichen Grafenstand. Im Register der preußischen Aristokratie wurde ein neuer Eintrag vorgenommen – Gottlieb Graf von Zedlitz und Trützschler. Seit dieser Zeit besteht das Familienwappen aus der rot-silbernen Schwertgurtschnalle der Familie Zedlitz und dem schwarz-gelb uniformierten Soldaten der Trützschlers.

Karl Eduard, der zweite Graf von Zedlitz und Trützschler, war der erste seiner Familie, der die Universität besuchte – die Friedrich-Wilhelm-Universität (seit 1945 Humboldt-Universität) in Berlin. Dort lernte er die Baronin Ulrike von Vernezobre de Laurieux, eine außergewöhnliche Schönheit französisch-hugenottischer Abstammung, kennen, die er später heiratete. Aus dieser Ehe gingen sechs Kinder hervor, das letztgeborene, Sohn Robert, kam im Jahr 1837 auf Schloß Schwentnig zur Welt. Kurz nach seiner Geburt erkrankte Ulrike an Tuberkulose und starb.

Karl Eduard wurde einige Zeit später in die schlesische Hauptstadt Breslau versetzt, wo er einen Posten in der Verwaltung übernahm. Im Alter von 13 Jahren trat Robert in das Gymnasium zu Breslau ein. Schloß Schwentnig wurde zu einem Landsitz, an den sich der Graf mit seiner Familie nur an Festtagen und während des Urlaubs zurückzog. Für Robert begann eine Zeit der Unruhe und Zerstreuung; für ihn waren weder der akademische Unterricht am Gymnasium noch die Gemeinschaft mit den anderen Schülern von Interesse.

Es war das Jahr 1853, und in ganz Preußen – von den anderen deutschen Staaten ganz zu schweigen – begannen die Ideale des Nationalismus und modernen Liberalismus Fuß zu fassen. Tatsächlich bedrohten sie die bestehenden Institutionen von allen Seiten. In den Städten organisierten sich die Arbeiter zum Kampf gegen die mit der industriellen Revolution einhergehende Ausbeutung. Zum ersten Mal gesellten sich zu den Arbeitern auch Intellektuelle und Kaufleute im Kampf für das allgemeine Wahlrecht. Die alten preußischen Institutionen, die sich jahrhundertelang auf drei unterschiedliche, jedoch miteinander verflochtene Klassen stützten, wurden langsam aber sicher untergraben.

Die Französische Revolution und die Dekade der Triumphe Napoleons hatten eine zweifache Wirkung auf diese Entwicklungen. Seine Reformen bei der Ausübung der Regierungsgewalt und des Militärs beeindruckten diejenigen, die Reformen in Preußen für nötig erachteten. Die Erniedrigung Preußens jedoch bewegte Deutsche aller politischer Richtungen und sozialer Klassen. Es entwickelte sich neues Gedankengut – die Idee des befreienden Nationalismus, der in einer Föderation deutscher Staaten zum Ausdruck kommen sollte.

Diese Idee fand Robert im Alter von 16 Jahren äußerst attraktiv. Ohne seine akademische Bildung abzuschließen, verließ er daher das Gymnasium und wurde Offiziersanwärter im 6. Preußischen Kürassier Regiment. Mit 19 Jahren erhielt er sein Leutnantspatent im preußischen Offizierskorps und wurde zum begehrtesten aller preußischen Regimenter versetzt – der Garde du Corps.

Später schickte ihn der König nach Frankreich, wo er den Aufbau und die Ausbildungsmethoden studieren sollte, mit denen die Franzosen die stärkste militärische Macht in Europa aufgebaut hatten. In Paris lernte er Otto von Bismarck, den preußischen Botschafter in Frankreich, kennen, der später die deutsche Politik und eigentlich fast ganz Europa beeinflussen sollte. Durch seine Freundschaft mit Bismarck wurde Robert in die französische Gesellschaft eingeführt. So begann, im Bewußtsein seiner französischen Herkunft mütterlicherseits, seine große Vorliebe für die französische Kultur. Robert war von der Lebensqualität des Landadels fasziniert und begann davon zu träumen, in Schlesien Land zu kaufen, um dort die kultivierte Lebensweise der Heimat seiner Mutter einzuführen und seinen Lebensunterhalt mit der Landwirtschaft zu verdienen.

In seinen Träumen beschäftigte sich Robert auch mit der Aussicht auf Heirat, da er sich in Agnes von Rohr aus Dannenwalde verliebt hatte. Die Rohrs, eine alte, aristokratische Familie aus Brandenburg, standen dem König weit näher, als es die Zedlitz jemals waren. Nach Roberts Vorstellung war Agnes die geborene Herrin eines großen Landsitzes. Eine Karriere in der preußischen Armee verlor für ihn daher schnell ihren Reiz.

Als zweiter Sohn Karl Eduards würde Robert ohnehin nie Erbe von Schwentnig werden, wenngleich es das einzige wirkliche Zuhause war, das er je gekannt hatte. Trotzdem schrieb er seinem Vater von seinen Hoffnungen und Träumen, und Karl Eduard stellte vertraulich und diskret einige Nachforschungen an.

Sofort nach Beendigung seines Aufenthaltes als Offizier in Frankreich machte sich Robert mit dem Zug auf nach Schwentnig, durch Franken und Thüringen, durch Landstriche, die seine kriegerischen Vorfahren zu Fuß oder auf Pferden durchquert hatten, bis nach Schlesien zum Schloß Schwentnig. Karl Eduard hieß seinen Sohn willkommen und machte ihm folgenden Vorschlag: Er hatte soeben einen der schönsten Landsitze in ganz Schlesien erworben, das 1700 Morgen große Gut Niedergroßenborau (im folgenden Großenborau genannt). Dies sollte sein Hochzeitsgeschenk für Robert sein, der es verwalten und später erben sollte unter der Bedingung, das Gut niemals zu verkaufen, zu teilen oder Hypotheken auf das Land aufzunehmen. Der Vorschlag wurde ohne Einschränkung angenommen.

So waren Roberts Tage als Junggeselle und Soldat fast zu Ende. Vor ihm lag die vorhersehbare Zukunft eines Familienvaters und preußischen Landbesitzers. Im Europa des 19. Jahrhunderts jedoch war die Zukunft alles andere als vorhersehbar geworden.

I

DIE GRÄFIN VON GROSSENBORAU

1867-1886

»KONTS RUTH«

Früh an einem kalten Februarmorgen werden die Bauern in Großenborau vom Läuten der Kirchenglocken geweckt. Die meisten von ihnen eilen zum Hoftor des Gutshauses, wo die Hausdame, ein breites Lächeln auf dem Gesicht, bereits wartet. Seit Robert und Agnes, Graf und Gräfin von Zedlitz und Trützschler, als frisch getrautes Ehepaar in Großenborau einzogen, ist es das dritte Mal. Damals betrachteten die stolzen Dorfbewohner die neuen Herrschaften mit einer Mischung aus Hoffnung und Angst – Hoffnung, der neue Besitzer des alten Guts würde Reformen einführen, um so die kränkelnde Landwirtschaft zu retten, und Angst, er könnte dieser streng katholischen Gemeinde den evangelisch-lutherischen Glauben aufzwingen. Ihre Hoffnungen wurden bald erfüllt, ihre Ängste aber zerstreut. Großenborau hat noch immer seinen katholischen Priester. Unter der Aufsicht von Graf Robert wurde sogar die alte Fachwerkkirche renoviert und neu ausgestaltet.

Die Kirche, nur durch einen bescheidenen Friedhof vom Gutshaus getrennt, ist so nah, daß die Hausdame es nicht vermag sich bei dem Glockengeläut Gehör zu verschaffen. Die Dorfbewohner jedoch sind geduldig – ein Charakterzug, der sich im Lauf der Jahrhunderte des Feudalismus in diesem alten Land entwickelt hat. Sie wissen, der Priester wird die Glocken erst verstummen lassen, wenn seiner Meinung nach eine hinreichend große Menschenmenge zusammengekommen ist.

Als die Glocken endlich schweigen, erhebt die Hausdame die Stimme. Mit der ihrer herausgehobenen Position in der Dienstbotenhierarchie des Hauses angemessenen Selbstsicherheit verkündet sie, es sei ihr eine Ehre, die Geburt eines kräftigen und gesunden Mädchens mitzuteilen. Ihr Name werde Ruth sein. Ein überraschtes Murmeln geht durch die Menge

– Ruth, ein biblischer Name; wie ungewöhnlich, daß die schlesische Aristokratie einen Namen aus dem Alten Testament wählt! Dennoch, einige Jubelrufe ertönen aus der Menge, dann gehen die Männer an ihre Arbeit, und die Frauen eilen nach Hause. An diesem Tag wird wenig gearbeitet werden, denn jeder im Dorf wird die Geburt auf die eine oder andere Weise feiern.

Einen Monat nach ihrer Geburt wird die kleine Komteß Ruth von Zedlitz und Trützschler von einem Kindermädchen auf die Taufe in der Familienkapelle vorbereitet. Für die Familien von Robert und Agnes sind Taufen, Hochzeiten und Begräbnisse mehr als nur religiöse Ereignisse, sie dienen auch dazu, die Bindungen zu festigen, die nicht nur Familien, sondern ihre ganze soziale Schicht zusammenhalten. Aus Schwentnig und aus Dannenwalde, aus Frankenstein, Altenburg und Frauenhain – von den großen Gütern Schlesiens, Thüringens und Brandenburgs – kommen die Tanten und Onkel, Vettern, Cousinen und Pateneltern am nahegelegenen Bahnhof Freystadt an, wo sie vom Kutscher im Landauer des Gutes abgeholt werden. Robert fährt persönlich zweimal die Strecke, zuerst, um die Gäste aus Dannenwalde, Agnes' Eltern, abzuholen und ihnen zu versichern, daß ihre Tochter bei guter Gesundheit sei, und dann, um seinen Vater Karl Eduard aus Schwentnig willkommen zu heißen. Kaum sitzt der alte Graf im Wagen, erkundigt er sich schon nach dem Namen des Kindes. »Ruth«, antwortet sein Sohn. Karl Eduard ist verblüfft. Diesen Namen gab es noch nie in der Familie – warum also gerade jetzt? Bestimmt, jedoch freundlich erklärt Robert seinem Vater: »Du solltest noch einmal das Alte Testament und die Geschichte der Moabiterin Ruth lesen. Dies ist auch die Geschichte unseres Volkes – ‚Treue bis zum Tode'.« Der Vater verstummt, vielleicht weil er mit ihm übereinstimmt, vielleicht aber auch, weil er weiß, daß er kein Recht hat, sich hier einzumischen.

Der Pastor aus Freystadt ist in Begleitung seiner Frau mit der Kutsche gekommen, um den Taufgottesdienst abzuhalten. Für die meisten Pastoren in Preußen ist eine Taufe in der Aristokratie ein ganz besonders willkommenes Geschenk. Im Gegensatz zu den katholischen Priestern, die oft die zweitältesten Söhne polnischer oder österreichischer Aristokraten sind, stammen die protestantischen Pfarrer Preußens aus den kleineren und größeren Städten der Provinzen. Oft sind es Söhne von Kaufleuten oder schlecht bezahlten Lehrern. Pfarrer zu werden ist also ein Schritt nach oben. Pfarrer an einer Kirche des Landadels zu sein, bedeutet jedoch ein isoliertes, spartanisches Leben auf dem Lande. Daher sind solche religiösen Festtage, an denen die Aristokratie zusammenkommt, willkommene und glanzvolle Abwechslung im Leben der Dorfpfarrer und ihrer Frauen. Auf den Pastor von Freystadt trifft das offensichtlich ganz besonders zu.

Heute wird in allen Öfen des großen Hauses Feuer entfacht, und das größte Kaminfeuer brennt in der großen Festhalle, die zu Ehren des alten Grafen Karl Eduard in den Farben Schwarz und Gold der Familie Zedlitz geschmückt ist.
Außer dem Pastor, den Familienmitgliedern und den Pateneltern befindet sich noch ein weiterer, etwas unerwarteter Gast in der Festhalle, der manchen persönlich, jedoch allen dem Namen nach bekannt ist. Es ist Otto von Bismarck, Ministerpräsident von Preußen. Als Robert hörte, daß Bismarck kurz vor der Taufe auf Staatsbesuch in Schlesien sein würde, lud er seinen alten Freund kurzerhand ein, und dieser nahm die Einladung an.
Otto von Bismarck steht dem preußischen König Wilhelm I. als sein engster innenpolitischer Berater von allen anderen Politikern am nächsten. Mit seiner Außenpolitik machte er Preußen zu einem ebenbürtigen Rivalen des Habsburger Reichs und Frankreichs unter Napoleon III. In den Kreisen der Zedlitz und Trützschler läßt allein das Erwähnen des Namens Bismarck die Herzen höher schlagen. Seine Anwesenheit bei der Taufe der kleinen Ruth verleiht diesem an sich schon bedeutenden Ereignis noch mehr Glanz.

Endlich betreten der Graf und die Gräfin mit ihren beiden Kindern Robert und Lisa an der Hand die Halle. Ihnen folgen Pate und Patin mit der friedlich schlummernden Ruth auf dem Arm, ein kleines Bündel, in ein langes Taufkleid gehüllt, das vor ihr schon mindestens zehn Kinder aus drei Generationen bei der Taufe getragen haben. Die Gäste treten zur Seite und machen der kleinen Prozession den Weg frei in die Familienkapelle. Der Pastor, die Bibel in der Hand, eröffnet die Zeremonie mit einem Bittgebet und einer Lesung aus dem Neuen Testament. Danach sprechen zuerst die Eltern und dann die Pateneltern das Taufgelübde. Der Pastor taucht seine Hand in das Taufbecken und berührt die Stirn des Kindes. »Ich taufe dich Ruth … im Namen des Vaters, des Sohnes und des Heiligen Geistes.« Die Zeremonie endet mit einer Segnung, und erst nach dem Amen fängt Ruth an zu weinen. Ein Kindermädchen führt die beiden anderen Kinder aus der Kapelle heraus. Das Kind wird der Mutter in die Arme gelegt, nun beruhigt es sich wieder.

Einer nach dem anderen kommen die Gäste zum Gratulieren, je nach Art des Verhältnisses mit einem Händedruck, einer Umarmung oder einem Kuß. Der Ministerpräsident, der ja nicht dem engeren Familienkreise angehört, möchte sich hier nicht ausschließen. Er ergreift behutsam die Hand der kleinen Ruth, befreit sie aus den Rüschen des Taufkleides und drückt einen Kuß darauf. Auf den Gesichtern der stolzen Eltern und Großeltern steht Überraschung und Freude. Diese Taufe ist wirklich anders als all die vorausgegangenen.

Wenn Ruth alt genug ist, um es zu verstehen, wird man ihr von diesem bemerkenswerten Ereignis erzählen. Sie wird sehr stolz sein auf die Tatsache, daß sie von dem großen Otto von Bismarck einen Kuß erhielt. Sie wird auch glauben, dieser Kuß habe ein tieferes Verständnis der Politik in sie hineingelegt, was man, wie spätere Ereignisse zeigen werden, durchaus glauben mag.

Zwei Jahre nach diesem Fest folgt die nächste Taufe, diesmal ist es Marie Agnes, die den Rufnamen Anni erhält; wieder zwei Jahre später folgt Stefan, und nach zwei weiteren Jahren wird Ehrengard getauft. Insgesamt schenken der Graf und die Gräfin sechs Kindern das Leben, die alle im herrschaftlichen Schlafzimmer, das auf der Gartenseite des großen Gutshauses liegt, das Licht der Welt erblicken. Nur eines dieser Kinder wird den Untergang Großenboraus erleben.

Die Kinder wachsen zunächst unter der Obhut eines französischen Kindermädchens im turmartigen Kinderzimmer über dem Garten auf. Es wird nur Französisch gesprochen. Später wird das Spielzimmer zum Schulzimmer, und in Großenborau zieht ein Privatlehrer ein. Er bekommt eines der Zimmer zum Hof hinaus, wohnt den Morgen- und Abendgebeten bei und nimmt mit der Familie an der langen Tafel die Mahlzeiten ein. Das sonnige Turmzimmer dient nun dem Erlernen der Grammatik, Arithmetik und Geschichte.

Komteß Ruth von Zedlitz und Trützschler

Ruth entwickelt sich zu einem aufgeweckten, etwas eigensinnigen, aber immer liebenswerten Mädchen. Sie verbringt Stunden beim Spiel mit ihren Puppen im Landauer der Familie, der im Stall auf der anderen Seite des Hofes steht. Dem Kutscher ist es ein Vergnügen, seine Arbeit zu unterbrechen und je nach Anweisung der kleinen »Konts Ruth« das Verdeck nach vorne oder nach hinten zu verstellen, was davon abhängt, ob sie gerade Froschkönig oder Dornröschen spielt. Oft bringt Ruth dem Kutscher Blumen oder Zweige aus dem Garten. Er ahnt nicht, daß sie ihm in ihren Märchenspielen Charakterrollen zugedacht hat.
Auf diese Weise lebt Ruth ihre Phantasien aus, in denen sie träumt, eines Tages werde sie ein schöner Prinz holen und auf ein Schloß irgendwo in

den weiten Ländereien Preußens bringen. Freilich kommt es ihr nie in den Sinn, daß sie ja schon das Leben einer Märchenprinzessin führt.

»JA, TAUSENDMAL JA«

1870. Die Armeen König Wilhelms haben Frankreich vernichtend geschlagen. In Preußen geht dieses Ereignis als Sieg von Sedan und Sturz Napoleons III., des letzten französischen Kaisers, in die Geschichte ein.

1871. Am 18. Januar wird Wilhelm, König von Preußen, im Schloß von Versailles zum deutschen Kaiser Wilhelm I. proklamiert. Sein Reich ist das zweite Reich in der deutschen Geschichte; das erste war im Mittelalter durch Kaiser Heinrich I. gegründet worden. Die vorherrschende Rolle im zweiten, alle deutschen Fürstentümer im Süden und Westen umfassenden Reich spielt Preußen. Es ist der erste moderne deutsche Nationalstaat mit großen Gebieten, die von Slawen, Franzosen und Skandinaviern bewohnt sind. Bezeichnend ist aber auch, daß die deutschsprachigen Teile Österreich-Ungarns nicht dazugehören. Der Traum eines Heiligen Römischen Reiches Deutscher Nation ist tot, lebendig und weit verbreitet aber ist der Geist Friedrich Barbarossas. Erstaunlicherweise hatte Wilhelm I. eine nur zögerliche Rolle in der Entstehung dieses Reiches gespielt. Er ist nicht geneigt, die Rolle des Kaisers von ganz Deutschland anzunehmen, gibt dem Drängen seines Ministerpräsidenten Otto von Bismarck, jetzt Kanzler des Deutschen Reiches, jedoch nach. Das neue Reich ist einzig und allein Bismarcks Verdienst und gleichzeitig Höhepunkt seiner Karriere. Er schuf ein gewähltes deutsches Parlament, wenn auch mit stark eingeschränkten Rechten. Der Kanzler allerdings war direkt und ausschließlich dem Kaiser unterstellt.
Dieser kühne Schritt Bismarcks aber fand nicht nur Unterstützung. Zu den Verfechtern des Reiches zählen die Intellektuellen, die Mittelschicht, die Industriearbeiter, die selbständigen Bauern und sogar die Dorfbewohner aus Schlesien und Pommern. Sie tragen den Geist des Nationalismus im Herzen und glauben, ein Nationalstaat müsse unweigerlich zu wirtschaftlichem Fortschritt und einer gerechteren Gesellschaft führen. Im Gegensatz dazu befremdet dieser Schritt den preußischen Landadel, also

genau jene Konservativen, die Bismarck ursprünglich zur Macht verholfen haben. Sie profitieren noch von den Privilegien der Feudalgesellschaft und fürchten, diese beim Entstehen einer modernen deutschen Nation zu verlieren.

1881. Graf Robert von Zedlitz und Trützschler ist einer der einflußreichsten Landbesitzer in ganz Schlesien. Sein Gut Großenborau gilt vor allem wegen der von ihm eingeführten Techniken der Hochwasserregulierung als ein vorbildlicher landwirtschaftlicher Betrieb. Der Graf ist Mitglied des schlesischen Wirtschaftsentwicklungsausschusses und konnte durch dieses Gremium seine modernen Hochwasserregulierungsmethoden in ganz Schlesien bekannt machen. So gelang es, die Hochwasser, die früher Leben und Besitz in den Flußtälern ständig bedrohten, wirksam zu regulieren. Robert war auch einer der Vorsitzenden einer Landbesitzervereinigung, auf deren Berliner Kongreß er die Mitglieder davon überzeugen konnte, sich über ihre parteipolitischen Interessen hinaus mit gemeinsamen landwirtschaftlichen Problemen zu befassen. Seine Erfolge bei der Überwindung parteipolitischer Interessen sind seinem alten Freund, dem Kanzler, nicht verborgen geblieben; in der Tat ist Graf Robert einer der wenigen aus diesen Kreisen, auf den sich Bismarck verlassen kann.

Daher kommt es nicht überraschend, als Bismarck Robert im September 1881 zum Regierungspräsidenten in Oppeln ernennen läßt. Diese Ernennung erfolgt im Namen des Königs und nicht des Kaisers, da Kaiser Wilhelm I. Preußen weiterhin als König regiert. Unter den schlesischen Landbesitzern ruft Roberts Ernennung große Freude hervor. Einer der ihren und nicht irgendein Fremder aus Brandenburg oder Pommern regiert nun über sie.

In Großenborau reagiert man mit einer Mischung aus Freude und Sorge auf diese Neuigkeit. Im Dorf macht sich ein Gefühl der Unsicherheit breit, da die Anwesenheit des Grafen im Alltagsleben immer von Vorteil war; andererseits ist man auch stolz auf die unerwartete Wahl des Kaisers. Die Gefühle in der Familie reichen von freudiger Erregung bis zu tiefer Trauer, bedeutet doch des Vaters neue Stellung den Umzug nach Oppeln in die Residenz des Regierungspräsidenten, einem richtigen Palast mit elegant möbliertem Wohntrakt und Büroräumen.

Für Ruth war der Gedanke an den Umzug schon Vorbote auf das Ende ihrer unbeschwerten Kindheit. Eine Veränderung hatte bereits stattgefunden. Ihr Bruder Rob, mit dem sie ein vertrauensvolles Verhältnis verband, war vor einem Jahr in die Militärakademie eingetreten. Er bereitet sich nun im Kadettenkorps Lichterfelde auf die militärische Laufbahn vor. Bei seinen gelegentlichen Besuchen zu Hause führt er lange Gespräche allein mit dem Vater in der Bibliothek, hinter verschlossenen Türen. Für Ruth ist Rob ein Mann geworden, während sie noch ein Kind ist. Ob das allen Kindern widerfährt, die Großenborau verlassen? Ruth vermutet, daß dies wohl so ist. Was Ruth nicht weiß, ist, daß Rob in langen Gesprächen seinen Vater inständig bittet, die Armee verlassen und den seit 700 Jahren in den Familien der Zedlitz und Trützschler üblichen Lebensweg aufgeben zu dürfen – er möchte nach Amerika auswandern und als »self-made man« sein eigenes Leben aufbauen. Vater kann diesen unglaublichen Wunsch nicht verstehen; er plagt sich mit Selbstvorwürfen, da er meint, er habe in seiner Rolle als Vater vollkommen versagt. Später jedoch wird Rob seinen Traum aufgeben, denn er ist ja schließlich ein Zedlitz – Treue bis zum Tod!

1882, APRIL. Gerade ist die gesamte Familie aus Lichterfelde nach Oppeln zurückgekehrt. Unter blühendem Flieder und Spiräen wurde Rob zum Leutnant des Ersten Preußischen Garde-Infanterieregiments ernannt. Ruth ist auf ihren Bruder mächtig stolz; sie behauptet, sie könne für immer und ewig seine Uniform bewundern, ohne den Blick auch nur einmal abzuwenden.

Die fünf Zedlitz-Kinder sitzen an der großen Tafel in der Residenz des Regierungspräsidenten, zwei auf der einen Seite, drei auf der anderen. Graf Robert sitzt am Kopfende, Gräfin Agnes ihm gegenüber. Ruths Platz ist zur Linken ihres Vaters. Das Tischgebet wurde bereits gesprochen und die Kinder essen schweigend ihre Suppe. Der Vater, an niemand speziellen oder vielleicht an alle gemeinsam sich wendend, sagt: »Heute hat mir der alte Kleist seinen Sohn als Referendar angemeldet.« Wenige Tage später kommt Ruth im Empfangszimmer an dem silbernen Tablett vorbei, welches als Ablage für Visitenkarten dient. Es stapeln sich dort bereits die Kärtchen, die immer zweifach abgegeben werden, eine für den Grafen, eine für die Gräfin. Obenauf liegen zwei identische Karten mit dem Aufdruck »Jürgen von Kleist-Retzow[1], Kammergerichtsreferendar«.

An einem schönen Sommerabend einige Wochen später darf Ruth ihren Vater zu einem Konzert der Militärkapelle begleiten, welches im Freien außerhalb von Oppeln stattfindet. Ruth selbst lernt und spielt eifrigst Klavier, und so möchte ihr Vater ihr mit diesem Konzert eine besondere Freude bereiten. Nun sitzt sie neben ihm in der Loge des Regierungspräsidenten, während er die Passanten grüßt. Plötzlich wendet er sich ihr zu und deutet auf einen jungen Mann in der Ferne. »Dieser junge Mann ist Kleists Sohn«, sagt er und widmet seine Aufmerksamkeit gleich wieder denjenigen, die ihn begrüßen wollen.

Ruth jedoch kann ihren Blick von dem großen, schlanken, gutaussehenden Mann mit den dunklen Augen, dem dunklen Schnurrbart und bemerkenswert ernsthaftem Gesichtsausdruck nicht abwenden. Sie werden einander nicht vorgestellt, auch kommt der junge Mann nicht vorbei, um dem Grafen die Ehre zu erweisen. Trotzdem weiß Ruth genauso sicher wie sie Ruth heißt, daß dieser Mann, Kleists Sohn, sie ebenso intensiv beobachtet wie sie ihn.

Im Herbst müssen Ruth und Anni zum ersten Mal in ihrem Leben von zu Hause fort auf die Schule, die jedoch nicht weit entfernt ist – ein Diakonissenhaus in einem Nachbarort, wo die beiden auf die Konfirmation vorbereitet werden. Die Phantasien der Kindheit müssen bald Bibelsprüchen und Zitaten aus dem Katechismus weichen, die sie für die Prüfung zur Konfirmation auswendig zu lernen haben.

DEZEMBER. Es ist wieder soweit in Oppeln: Heiliger Abend! Ruth und Anni sind von der Schule nach Hause zurückgekehrt, auch Rob hat Heimaturlaub. Nach dem Abendessen gehen Ruth, Anni und Rob zu Fuß in die Kirche. Es schneit leicht. Kaum haben die drei das Haus verlassen, als Rob von einem jungen Mann begrüßt wird, der offensichtlich an der Ecke gewartet hatte. Rob stellt diesen Mann seinen Schwestern als »mein Freund, Herr von Kleist, der beste Reserveoffizier unseres Regiments« vor. Ruth ist sprachlos vor Erstaunen, während Rob fortfährt: »Sie sind also auch auf dem Weg in die Kirche!« Und Kleist antwortet fast entschuldigend: »Es ist unter uns jungen Leuten nicht üblich, die Kirche zu besuchen, aber ich halte es mit den Gebräuchen, in denen ich aufgewachsen bin.« Ruth gehen die ersten in ihrer Gegenwart gesprochenen Worte des jungen Kleist sehr zu Herzen. Sie hört nichts mehr von dem, was im weiteren Verlauf erzählt wird, obwohl die zwei jungen Männer miteinander plaudern, bis man die Kirche erreicht hat.

Am Tag nach Weihnachten sind Vater und Mutter, Rob, Ruth und Anni außerhalb Oppelns auf Schloß Turawa zum Abendessen eingeladen. Diese Weihnachtseinladung ist Ruths erste richtige »Erwachsenen-Party«. Wieder ist »er« unter den Gästen, und nun beginnt Ruth langsam zu verstehen – die nebenbei fallengelassenen Bemerkungen beim Abendessen der Familie, die Visitenkarten auf dem Tablett, die Blicke, die sich beim Militärkonzert trafen, und das »zufällige« Treffen auf dem Weg zur Kirche. So geschehen diese Dinge in Preußen; Ruth ist noch nicht 16 Jahre alt, aber sie hat die Gabe zu beobachten, und sie begreift.

1883. Wieder zurück auf der Schule sind alle Gedanken an den Juristen in Vaters Büro völlig verdrängt. Ruth lernt fleißig Luthers Katechismus und versucht, eine Unmenge von Bibelversen sowie deren Bedeutung auswendig zu lernen. Sie möchte sich gründlich auf die Prüfung des Pastors vorbereiten, da sie sich die religiöse Bedeutung der Konfirmation sehr zu Herzen genommen hat. Bewußt geworden aus ihrem Familienleben und seiner Tradition ist ihr auch die weitere Bedeutung dieses Ereignisses – nämlich der Übertritt von der Kindheit in das Erwachsenenleben. Dieser Gedanke birgt sowohl Angst als auch Freude in sich, und je näher der Mai heranrückt, desto schwieriger wird es für Ruth, ihre jugendlich-romantischen Phantasien im Zaum zu halten. Ihre Kindheitsvorstellung vom Märchenprinzen ist ganz auf Jürgen von Kleist übergegangen.

NOVEMBER. Es ist der Beginn der Ballsaison in Oppeln – eine sorgfältig vorbereitete Serie von Festen, auf denen die höheren Töchter in die Gesellschaft eingeführt werden. Zu Hause wird der Name »von Kleist« nicht mehr erwähnt. Ruth ist der Meinung, er habe die Stadt verlassen, da Vater einmal bemerkte, er werde für einen Landrat in Brandenburg arbeiten. Ruth schwört, Kleist aus ihrem Herzen zu verbannen, da ihr die Sehnsucht nach ihm offenbar nur Leid zufügt. Heute steht Ruth geduldig vor dem Spiegel, während ihr die Schneiderin das Kleid anpaßt. Das lange Haar hat sie hochgesteckt in der Hoffnung, ihre Mutter würde ihr gestatten, es so auf ihrem ersten Ball dieses Winters zu tragen. Ein neues

Privileg des Erwachsenseins besteht darin, sich gelegentlich im Spiegel bewundern zu dürfen, was während der Kindheit auf Großenborau streng verboten war. Sie betrachtet die Erwachsenenfrisur und prüft ihre Figur im neuen Kleid. Sie überlegt, wie weit ihr Rock schwingen wird, wenn sie sich mit den unbekannten jungen Männern, die man im Ballsaal Oppelns trifft, im schnellen Walzertakt drehen wird. Diese Vorstellung reicht aus, um sie wenigstens ein bißchen neugierig auf den kommenden Winter zu machen. Die realistische Ader in Ruth sagt ihr, »das Leben muß weitergehen«. Der erste Ball der Saison findet beim wichtigsten Berater ihres Vaters, selbst Vater zweier heiratsfähiger Töchter und zweier Söhne, statt. Beide Söhne sind soeben zu Offizieren ernannt worden und befinden sich gerade auf Heimaturlaub. Ihre Anwesenheit ist ein willkommener Grund, ein Fest zu geben. Zu den Gästen gehören Töchter und Söhne des schlesischen Amtsadels mit ihren Eltern. Am Abend des Festes erstrahlt die Residenz im Kerzenlicht. Nun treffen auch die Kaleschen und Kutschen mit den festlich gekleideten Damen und Herren vor dem Eingang des eleganten Stadthauses ein.

Die Aufregung beginnt bereits vor dem Essen beim Punsch in der Bibliothek. Dort bitten die jungen Männer die jungen Damen um einen Tanz, den diese auf der Tanzkarte, bunte, gefaltete und mit Satinbändern um das Handgelenk gebundene Papiere, eintragen. Ruths Tänze sind bis auf zwei vergeben. Zunächst beglückwünscht sie sich zu ihrer Leistung, doch dann rügt sie sich wegen ihrer Eitelkeit. Warum finden in ihrem Inneren immer diese Kämpfe statt, während die anderen so fröhlich und unbeschwert wirken?

Das Essen ist sehr formell und verläuft genau nach Programm – zunächst ein Gebet des Gastgebers, dann der erste Gang, ein Toast im Stehen auf den Kaiser und König sowie seinen Vertreter, den Regierungspräsidenten, Graf Robert von Zedlitz und Trützschler, und schließlich einen Toast auf all die reizenden anwesenden Damen. Nach dem Essen begeben sich die Gäste in den Ballsaal. Ruth geht am Arm des jungen Leutnant von Dörnberg. Plötzlich trifft es sie wie ein Blitz – sie hat *ihn* unter den Gästen entdeckt. Den ganzen Abend lang wechseln ihre Emotionen zwischen Glück und Verzweiflung. Jürgen von Kleist hatte zwar das Abendessen versäumt, aber immerhin hat er den weiten Weg aus Berlin nicht gescheut, um zu diesem Ball zu kommen (in ihrem Herzen nennt Ruth ihn bereits *Jürgen*). Er fragt Ruth, ob auf ihrer Tanzkarte noch ein Platz frei wäre; die Antwort ist natürlich »Ja«. Er trägt sich für den Cotillion ein und geht dann weiter. Ruth ist sich bewußt, daß unter all den heiratsfähigen Junggesellen er der begehrteste ist, sowohl für die Mütter als auch für die Töchter. Welch eine Qual für Ruth!

Ruths Eltern Graf Robert von Zedlitz und Trützschler
und Gräfin Agnes geb. von Rohr

Die ganze Ballsaison hindurch besuchen Lisa und Ruth, die beiden Komtessen von Zedlitz, alle Bälle der großen Häuser Oppelns und auf den noch prächtigeren Herrensitzen der nahegelegenen Güter. Unter den anwesenden Gästen ist Jürgen stets anzutreffen. Er wohnt inzwischen in Oppeln, wo er wieder bei Ruths Vater arbeitet. Allein diese Tatsache weckt erneut Hoffnung bei Ruth. Jürgen läßt sich immer schon frühzeitig den Cotillion reservieren, aber trotz seiner liebenswürdigen und galanten Art zeigt er kein weiteres Interesse, ja er scheint sogar allen seinen Tanzpartnerinnen die gleiche Liebenswürdigkeit und Höflichkeit teilwerden zu lassen. Ruth tanzt zwar mit vielen jungen Männern, und ihre Tänze sind immer reserviert, ihre Gedanken und Gefühle jedoch gehören nur Jürgen von Kleist.

1884, APRIL. Ruths vorerst letzte Begegnung mit Jürgen, bevor alle in die Sommerferien fahren, erfolgt anläßlich einer sonntäglichen Landpartie in einer Reihe offener Kutschen. Die Herren aus dem Büro des Regierungspräsidenten führen mit der ersten Kutsche die Kolonne an, darauf folgen die Familien. Jürgen sitzt vorne mit Ruths Vater, während sie selbst im letzten Wagen fährt. Auf gerader Strecke ist der erste Wagen völlig ihrer Sicht entzogen, wenn der Weg jedoch einen Bogen macht, kann Ruth einen kurzen Blick von Jürgens rotem, im Wind flatternden Seidenschal erhaschen. Einen Moment lang fällt sie zurück in ihre Kindheitsphantasien und sieht ihren Märchenprinzen mit wehendem Schal auf seinem Pferd in großer Eile auf sie zureiten.

NOVEMBER. Ruth ist fast 18 Jahre alt und bereitet sich auf die kommende Ballsaison in Oppeln vor. Sie trägt die Haare nun kurz, und ihr Ballkleid ist nicht mehr hochgeschlossen wie früher. Sowohl ihr Haarschnitt als auch ihr Kleid sind Ausdruck ihres unabhängigen Geistes und ihrer Absicht, sich den jungen Männern so zu präsentieren, wie sie es für richtig hält. Auf den beiden ersten Bällen ist sie eindeutig die Ballkönigin. Den Eltern bleibt die kühne Entwicklung ihrer Tochter nicht verborgen, und in der Tat sind sie etwas beunruhigt. Sie überlassen jedoch die Aufgabe, mit Ruth zu sprechen, dem älteren Bruder Rob, den sie vergöttert. Es soll unter allen Umständen verhindert werden, daß unangenehme Situationen für Ruth selbst oder die Familie entstehen.
Rob, der auf Weihnachtsurlaub zu Hause weilt, bittet Ruth in die Bibliothek. Er schließt die Türen, bittet Ruth, sich zu setzen und rückt sich einen Stuhl zurecht, so daß er ihr gegenüber sitzt. Ihre Hände fest in seinen haltend, spricht er in einem Ton mit ihr, den Ruth nicht von ihm gewöhnt ist. Er warnt sie davor, sich den Kopf durch Komplimente verdrehen zu lassen, und betont, daß Frauen, die im Ruf stehen, kokett zu sein oder den Anschein erwecken, als wären sie leicht zu haben, schnell von den Männern verachtet werden, die sie zunächst mit Komplimenten überhäuft haben. Er versichert ihr, Männer würden nur selten solche Frauen heiraten, und dann fragt er sie: »Du möchtest doch gerne heiraten oder?«

All das ist zuviel für Ruth. Sie wirft sich ihrem Bruder in die Arme und weint untröstlich. All ihre Trauer und Verzweiflung über Jürgen von Kleist tritt nun zutage – ebenso wie das Geständnis, ihr Verhalten sei lediglich ein kläglicher Versuch, ihr durch seine Zurückhaltung so angeschlagenes Selbstbewußtsein wieder aufzurichten. Ihre einzige wirkliche

Sehnsucht sei Jürgen, und es sähe nun so aus, als würde ihr Herzens-
wunsch nie in Erfüllung gehen!

Schließlich werden die Tränen getrocknet, und die Geschwister vereinbaren, keiner von beiden würde diese Unterhaltung je wieder erwähnen.
Des Bruders Worte jedoch bleiben für immer in Ruths Herzen und binden sie noch enger an ihn, der selbst während der tiefen Entfremdung, die
ihn später von den meisten Angehörigen der Familie Zedlitz und
Trützschler trennen wird, der geliebte Bruder bleiben wird.

1885. Gegen Ende des Winters bringt der Vater zum Abendessen einen
versiegelten Brief mit, den er soeben erhalten hat. Der Absender lautet
Kieckow, der Poststempel Belgard. Mit einem Messer öffnet er das Kuvert, entnimmt den Brief und liest der versammelten Familie vor:

> Hochverehrter Herr Graf! Hochzuverehrender Herr Präsident!
> Euer Hochgeboren erlaube ich mir mitzuteilen …

Der Brief ist von Jürgen von Kleist, der dem Vater mitteilt, er habe das
Staatsexamen bestanden und wolle ihm für alle erhaltene Unterstützung
und Ausbildung während seines mehrmonatigen Praktikums im Büro des
Regierungspräsidenten zu Oppeln danken.

Die Tochter des Präsidenten wird in diesen Zeilen mit keiner Silbe erwähnt. Vater wendet den Brief, als vermisse er noch etwas; vielleicht ist
auch er überrascht über das, was in dem Brief nicht steht, aber er sagt
nichts. Ruth, die eben noch voller Hoffnung steckte, verfällt in ungeahnte
Tiefen der Verzweiflung. Zwei Monate später erhält der Vater abermals
einen Brief mit dem Absender Kieckow in seiner Post. Diesmal ist es ein
schwarz umrandeter Brief, in dem der junge Herr von Kleist den Tod seiner Mutter mitteilt sowie den Grafen davon unterrichtet, daß er für sechs
Wochen als Reserveoffizier eingezogen werde. Nach Absolvierung dieser sechs Wochen hoffe er, nach Oppeln zu kommen. Diesmal entschließt
sich der Vater, den Brief der Familie nicht vorzulesen, vielleicht, um seiner Tochter erneute falsche Hoffnungen auf den lange abwesenden Freier
zu ersparen.

Ruth beginnt, sich ernsthaft Gedanken über ihre Zukunft zu machen. Für sie gibt es drei Möglichkeiten: erstens, Hofdame zu werden, die im Dienst der Königin steht, bei den Feierlichkeiten und gesellschaftlichen Anlässen im Palast hilft und Anteil hat am Klatsch des Hofes. Für Ruth ist dies eine abscheuliche Zukunft, die sie unter allen Umständen vermeiden will. Dann könnte sie vielleicht Stiftspröpstin oder Diakonisse werden. Sie denkt gerne an das angenehme Jahr im Diakonissenhaus zurück, aber ihr ganzes Leben dort zu verbringen – nein, das ist sicher auch nicht das Richtige für sie. Nur, was bleibt ihr? Heiraten! Etwa den vornehmen adligen Witwer aus dem Familienkreis, der Vater eines kleinen Kindes ist? Er hat Ruth in letzter Zeit ernsthaft umworben, was sie bislang ruhig und höflich, jedoch bestimmt zurückwies. Sie fragt sich, ob Gott sie dazu bestimmt habe, dem Halbwaisen die Mutter zu ersetzen. Ihre Gefühle und Gedanken sind völlig durcheinander. Dann versucht sie ihre Motive zu erforschen – ist es Egoismus oder einfach der Glaube an die wahre Liebe, der sie den Witwer abweisen läßt? Sie entschließt sich das letztere zu glauben – sicherlich kann Gott von niemandem erwarten, so gegen seine Gefühle zu handeln.

OKTOBER. Vater ist in Oppeln; Bruder Robert als Soldat irgendwo in Italien; Lisa, Ruth und Anni sind seit dem Sommer mit Mutter allein in Großenborau, da sie und Vater beschlossen haben, an der Ballsaison in Oppeln dieses Jahr nicht teilzunehmen. Stefan und Ehrengard sind auf ein paar Ferientage von der Schule nach Hause zurückgekehrt. Der Vater wird für den Abend erwartet, und dann wird die ganze Familie mit Ausnahme von Rob für einige Tage wie früher vereint sein.

Es ist noch Vormittag, und Ruth deckt gerade die lange Tafel für ein spätes Frühstück. Sie rückt die Tassen und Untertassen zurecht und sieht dabei unbekümmert am Platz ihrer Mutter die morgens zugestellte Post durch. Sie entdeckt ein geöffnetes Kuvert mit einem Brief des Vaters, den Mutter offensichtlich vorhin gelesen hatte. Entgegen ihrer Erziehung, aber machtlos gegen ihre Neugierde, zieht Ruth den Brief heraus, wobei ein weiterer, noch versiegelter Brief herausfällt, der ganz eindeutig Jürgens Handschrift trägt. Darauf liest sie die Worte »Gräfin Ruth von Zedlitz und Trützschler«. Ruth nimmt den Brief, steckt den ihres Vaters wieder in den Umschlag, legt ihn zurück auf Mutters Platz, läßt alles liegen und stehen und läuft so schnell sie kann durch die Halle in die Bibliothek. Jemand ruft ihren Namen, aber sie dreht sich nicht um und schließt die Türen hinter sich. Sie läßt sich in Vaters Sessel fallen, reißt den Briefumschlag auf und faltet das Schreiben auseinander. Diesmal darf es nicht schon wieder eine falsche Hoffnung, eine Enttäuschung sein. In Gedanken fleht Ruth den Absender an, Mitleid mit ihrem armen Herzen zu haben, und beginnt dann zu lesen:

> Gnädigste Gräfin!
> Seitdem ich die Ehre und Freude habe, Sie zu kennen, habe ich eine tiefe und durch die langen Zeiten der Trennung nur wachsende Liebe für Sie empfunden … Wollen Sie mir nun für Ihr ganzes Leben vertrauen?

Jahre später noch wird Ruth überzeugt sein, sie habe in diesem Moment Gott gesehen. Sie verbirgt ihr Gesicht in den Händen, kaum kann sie die Fassung bewahren. Er möchte mich zu seiner Frau machen, er möchte mich zu seiner Frau machen! Mutter ist Ruth gefolgt, leise öffnet sie eine der großen Türen zur Bibliothek. Sie umarmt ihre Tochter und setzt sich neben sie, um ihr auch die beiden anderen Briefe vorzulesen, die heute gekommen sind – beide sind vom Vater, der erste ist an die Mutter gerichtet, der zweite ist für Ruth bestimmt. Vater besteht darauf, daß Ruth die Tragweite der Versprechung, um die sie gebeten wird, genau bedenkt, bevor sie auf Herrn von Kleists Antrag antwortet, aber Ruth ist ungeduldig und hört kaum zu. Auf diese langersehnte Frage, dieses wundervolle Geschenk, das ihr endlich, aber doch völlig unerwartet zuteil wurde, gibt es nur eine einzige Antwort: »Ja, ja, tausendmal ja!«

Der Vater hat Ruth um eine umgehende Antwort gebeten. Sollte die Antwort positiv ausfallen, würde er mit Jürgen noch am selben Abend aus Oppeln kommen. Das Codewort der Depesche, die sie in dem Fall schicken sollte, heißt: »Ja, kommt.« Ruth eilt aus dem Haus zum Postamt im Dorf und diktiert dem Postbeamten die Nachricht für ihren Vater.
An diesem Abend geht Ruth alleine, ungeduldig wartend, in dem unbeleuchteten Raum auf und ab, von dem aus sie den Hauseingang beobachten kann. Endlich hält eine Kutsche vor der Treppe des Hauses, Vater und Jürgen treten ein. Sie hört kaum ihre Stimmen, als die Mutter sie im Haus willkommen heißt. Kurze Zeit später nimmt Ruth Schritte

direkt über dem Wohnzimmer wahr und schließt daraus, Jürgen habe das Gästezimmer betreten, in dem er übernachten wird – genau wie in ihren kühnsten Träumen. Sie wagt es nicht, die Öllampen anzuzünden, um den magischen Zauber nicht zu stören. Schließlich hört sie Schritte, die ihr verraten, daß Jürgen sich auf der Treppe befindet. Schnell zündet sie zwei Lampen an, deren Schatten auf Wänden und Vorhängen den Zauber ihrer Erwartungen noch erhöhen. Eine unsichtbare Hand öffnet die Tür, und plötzlich betritt Jürgen den Raum, die Tür hinter sich schließend. Ohne ein Wort nimmt er Ruth in die Arme – zum allerersten Mal – und hält sie fest, fast ohne zu atmen.

Jahre später, wenn Jürgens sterbliche Hülle unter der Erde von Kieckow begraben liegt, wird Ruth glauben, dieses von Gott arrangierte Treffen werde sich im Himmel wiederholen. Sie wird behaupten, Jesus mag zwar gesagt haben, man könne bei Gott im Himmel nicht heiraten, aber er habe nicht gesagt, diejenigen, die sich auf Erden unsterblich geliebt haben, könnten im Himmel nicht wieder vereint werden.

Jürgens erste Worte an Ruth sind: »Darf ich nun du sagen?« Die Zustimmung dafür ist kaum noch notwendig, denn ihr lieber Herr von Kleist hält sie in den Armen und hört nicht auf, sie zu liebkosen. Und zum ersten Mal darf Ruth den Namen flüstern, der seit mehr als drei Jahren in ihrem Herzen wohnt – *Jürgen.*

»WO DU HINGEHST«

1886. Normalerweise würde die Hochzeit im Frühjahr stattfinden, damit für die traditionellen Besuche bei beiden Familien genügend Zeit bleibt. Betrachtet man die Stammbäume von Ruth und Jürgen, so findet man fast die Hälfte des gesamten preußischen Adels darin vereint. Um der Tradition gerecht zu werden, machte Mutter den Vorschlag, während der Wintermonate Ruths Garderobe und die zahlreichen Gegenstände ihrer Aussteuer zusammenzustellen und zu Beginn des Frühjahrs eine große Rundreise durch Preußen zu unternehmen, auf der Jürgen und Ruth gemeinsam all ihre Verwandten aufsuchen würden. Am Ende der Reise im Juni stünde dann die Hochzeit in Großenborau.

Ruth war mit diesem Plan ganz und gar nicht einverstanden: »Doch nicht nach diesen drei langen Jahren des Wartens! Nein, liebe Mutter, man darf von uns nicht verlangen, noch länger zu warten.« Ruths Intuition sagt ihr, jede weitere Verzögerung in ihrem gemeinsamen Leben mit Jürgen würde einen herben Zeitverlust bedeuten. Dies wird sich später als wahr erweisen. Jürgen teilt ihre Ungeduld; drei lange Jahre lang mußte er schwer mit sich ringen, um ausreichend Abstand zu seiner auserkorenen Braut zu wahren, bis er ihr einen angemessenen Lebensunterhalt bieten könne. Müßte er so etwas noch einmal durchleben, könnte er nicht mehr so lange schweigen. Mit ihren überzeugenden Argumenten errangen die beiden das Einverständnis beider Eltern, die übliche Verlobungszeit zu umgehen und eine baldige Heirat zu planen.

Das auserwählte Datum, der 4. Februar, ist gleichzeitig Ruths 19. Geburtstag. Die Hochzeitsfeier wird in Oppeln stattfinden, da Vaters Verpflichtungen ihn den ganzen Winter über dort festhalten. Wie sich herausstellen wird, ist dieses frühe Datum sowohl für den Vater als auch für Bruder Rob von Vorteil.
Zunächst hat sich der Vater in Roberts militärische Laufbahn eingeschaltet. Wissend, daß sein Sohn in der Armee nicht glücklich ist, wird er die Sorge nicht los, dieser könne eines Tages doch nach Amerika auswandern. Um dies von vornherein zu verhindern, erwirkt er beim Auswärtigen Amt in Berlin Roberts Versetzung an die deutsche Botschaft in Rom. Dies bedeutet eine neue Richtung in der Laufbahn seines Sohnes, die er kurz nach dem 4. Februar einschlagen wird.

Auch in Vaters öffentlicher Karriere bahnt sich eine neue, völlig unerwartete Wende an. Seit Oktober hat ihn Bismarck, der in einer politischen Krise steckt, bereits zweimal nach Berlin gerufen. Wie es scheint, ereignet sich in Berlin mindestens einmal im Jahr, vielleicht auch öfter, eine Regierungskrise. Der Kanzler selbst wird verdächtigt, diese Krisen herbeizuführen, da sie immer dann am Horizont auftauchen, wenn seine Koalition im Parlament auseinanderzubrechen droht. Die jüngste Krise hängt mit der preußischen Provinz Posen zusammen, die zu Polen gehörte, bevor die drei Großmächte – Preußen, Österreich und Rußland – das Land aufgeteilt hatten. In Posen hat es schon immer Probleme unterschiedlichster Art gegeben, da die Polen nicht bereit sind, ihre nationale Identität aufzugeben. Preußen vom Schlage der Zedlitz und Kleist können nicht verstehen, warum sich die Polen gegen die scheinbaren Vorteile deutscher Sprache und Kultur wehren, die ihnen von Preußen beschert wurden. Und nun schürt Bismarck dieses Feuer. In Zeiten innenpolitischen Aufruhrs und seines Autoritätsverlusts als Kanzler kommt es ihm gelegen, einen alten deutschen Traum wieder zu erwecken – nämlich das fruchtbare polnische Agrarland mit Deutschen zu besiedeln.

Es wurde eine Ansiedelungskommission gegründet, und die deutsche Regierung ermutigt deutsche Bauern aus dem Westen, in die polnischen Gebiete Preußens überzusiedeln. Die Regierung gab sogar bekannt, sie würde den Kauf von Land aus polnischem Besitz durch Deutsche bezuschussen. Familien wie die der Zedlitz und Kleist betrachten diese Politik Bismarcks als Schutzmaßnahme zur Abwehr polnischer Einflüsse entlang der deutschen Ostgrenze. Bauern ohne Landbesitz im Westen sehen darin die Erfüllung ihrer Träume, während die polnischen Bauern und Landbesitzer diesen Schritt als Angriff auf ihr nationales Erbe und glatten Diebstahl polnischen Besitzes, an den dieses Erbe gebunden ist, empfinden. Die Verwirklichung dieser Politik wird sich als Durchbruch in der Vereinigung der Polen unter einem nationalen Banner ohne Trennung nach den alten gesellschaftlichen Klassen erweisen.

Bismarck hat seinen alten Freund Robert von Zedlitz und Trützschler gebeten, erster Präsident dieser umstrittenen Ansiedelungskommission zu werden. Robert hat gegen diese Ernennung folgenden Einwand erhoben: die Präsidentschaft sollte vom Oberpräsidenten der Provinz Posen übernommen werden, um die Aufgaben der Kommission auf menschlichere Art und Weise durchzuführen. Er, Robert, würde beide Posten annehmen, sollte der Kanzler mit ihm einer Meinung sein.
Bismarck teilte seine Meinung, und Ruths Vater kehrt mit zwei neuen Aufgaben aus Berlin zurück. Er wird seinen Posten als Regierungspräsident in Schlesien aufgeben und mit seiner Familie unmittelbar nach der Hochzeit von Oppeln nach Norden in die polnische Stadt Posen umziehen.

4. FEBRUAR. Obwohl Ruth heute heiratet, wird der Tag mit einem traditionellen Geburtstagsfrühstück beginnen, das Ruth als die letzte Feier vor dem Eintritt in das Eheleben im Gedächtnis bewahren wird. Die ganze Familie aus Großenborau ist anwesend, dazu kommen noch Jürgen,

Jürgen Vater Hans Hugo, seine Schwester Elisabeth und sein Bruder Hans Anton.

Während der Feier ergreift Hans Hugo von Kleist das Wort, um der Braut und dem Bräutigam eine Ansprache zu halten. Er betont, das Leben sei wechselhaft und könne Schicksalsschläge mit sich bringen, wenn nicht innerhalb der Ehe, dann sicherlich von außen. Auch ihr gemeinsames Leben werde nicht ohne Tränen sein, warnt er sie, aber das Wichtigste sei, auf Gott zu vertrauen.

Mittags beginnt die Hochzeitsfeier. Vor der Residenz herrscht ein buntes Durcheinander von Pferden, Droschken, Kutschern und Stallburschen. Die meisten Kutschen werden während der Hochzeitszeremonie und des Essens bei der Residenz abgestellt, so daß Ställe und Aufenthaltsräume für Dienstboten völlig überfüllt sind. Die Gäste, 70 an der Zahl, versammeln sich im Empfangssaal im Erdgeschoß. Dieser sogenannte rote Salon dient normalerweise dem Empfang offizieller Gäste des Vaters. So trafen sich zum Beispiel Otto von Bismarck und Graf Robert in diesem Salon bereits mehrmals, und selbst Kaiser Wilhelm stattete hier dem Vater einen Besuch ab. Im allgemeinen wird dieser Saal nur mit großer Ehrfurcht betreten.

Die erlesene Ausstattung des Salons ist beeindruckend – elegante rote Wandverkleidungen, mit rotem Samt bezogene Sessel und raumhohe Türen mit doppelten Paneelen aus dunkler Eiche, die normalerweise geschlossen gehalten werden. Heute steht an jeder Tür ein Diener, um sie für jeden einzelnen Gast zu öffnen und wieder zu schließen. Drinnen warten Vater und Mutter, sie reichen Freunden und Verwandten die Hand, um sie willkommen zu heißen. Die Mutter trägt ein weißes Kleid im Empirestil, das zu Hause nach einer Abbildung der neuesten Berliner Mode genäht wurde. Es kann kein Zweifel bestehen, sie ist die Gräfin. Graf Robert trägt seinen Galaanzug. Seine Brust ist geschmückt mit all den königlichen und kaiserlichen Orden, die ihm für seine Dienste verliehen wurden. Ganz offensichtlich obliegt ihm die Leitung des Tagesablaufs, und mit seiner unglaublichen Fähigkeit, jedes noch so kleine Detail wahrzunehmen, gibt er gleichzeitig jedem Gast das Gefühl, nur diesem seine ungeteilte Aufmerksamkeit zu schenken. So ist es auch der Graf, der feststellt, daß nun alle Gäste anwesend sind und die Zeremonie beginnen kann. Daraufhin verläßt er den Raum. Kurz danach betritt Jürgen den roten Salon und geht geradewegs auf die Gräfin zu, ohne die anderen Anwesenden zu beachten. Er umarmt sie und wendet sich mit ihr der geschlossenen Tür zu, während sich auf den Gesichtern aller Gäste allgemeine Anerkennung bemerkbar macht.

Zum ersten Mal werden von zwei Dienstboten beide Flügel der Doppeltüre geöffnet. Der altgediente erste Diener von Großenborau, er trägt die abgelegte Abendjacke des Grafen, nimmt seinen Platz an der linken Türe ein. Unter allen Dienstboten wurde er ausgewählt zum Dank für seine langen und treuen Dienste für den Hausherren von Großenborau. Ruth betritt den Raum am Arm ihres Vaters und geht mit ihm direkt auf Jürgen zu. Dem Bräutigam in die Augen sehend, spricht der Vater die Worte, mit denen die Braut an ihn übergeben wird. Würde die Braut über diese Worte genau nachdenken, könnte sie vielleicht vor einer Heirat zurückschrecken. Aber wie für jede andere Braut vor ihr sind sie eben doch nur Teil einer alten Tradition. Es ist ein bewegender Augenblick, den niemand durch ein Geräusch stören möchte. Um den Bann zu brechen, nimmt der Vater den Arm der Gräfin und bedeutet in seiner gastfreundlichen Art, ihm und dem Brautpaar zu folgen. Die Prozession führt nach oben in einen Saal, der normalerweise nur für Zusammenkünfte genutzt wird, bei denen der Kaiser entweder selbst oder häufiger noch einer seiner Vertreter anwesend ist.

Dieser relativ kleine Raum ist vielleicht der eleganteste Konferenzsaal in den Regierungsbezirksstädten des deutschen Ostens. Er ist zwar nicht vergleichbar mit ähnlichen Einrichtungen in Bayern, aber Preußen erhebt auch nicht den Anspruch, mit Süddeutschlands barocker Eleganz konkurrieren zu wollen. Für diesen Tag wurde der Raum in eine Hochzeitskapelle verwandelt und geschmückt wie nie zuvor. Schwarzgelbe Girlanden – in den Trützschlerschen Farben – schmücken die Kronleuchter und Wandkerzenhalter. Der große Tisch wurde entfernt, jede freie Fläche sowie die Ecken sind unter einem Meer von Blumen aus dem Gewächshaus verschwunden. Das gesamte Arrangement wurde genau nach den Anweisungen des Grafen gestaltet, der es bis zu diesem Moment keinem gestattete, sein Werk zu betrachten. Er ließ sogar das Altargemälde aus der Familienkapelle von Großenborau als ein sichtbares Symbol der Familientradition herbeischaffen. Die feierlich-melancholische Stimmung von vorhin verwandelt sich in diesem Überfluß an Farbe und duftenden Blumen in Ehrfurcht und Freude.

Das Brautpaar steht vor dem Altar, ihnen gegenüber Konsistorialrat Geisler, Mitglied des evangelischen Konsistoriums in Schlesien. Der Geistliche trägt eine farbenfrohe und reich verzierte Robe, die Ruth unangebracht erscheint und ihrer religiösen Erziehung völlig fremd ist. Sie hätte sich viel lieber von dem Pastor aus Freystadt trauen lassen, doch hat sie den Wünschen ihres Vaters nachgegeben. Dies ist das erste Mal, daß Ruth mit der Institution Kirche nicht einverstanden ist, und es wird nicht das letzte Mal sein!

Der Geistliche beginnt den Gottesdienst mit dem Trauspruch, den der Vater, die Einstellung seiner Tochter gut kennend, für sie ausgewählt hat. Er ist dem Buch Ruth aus dem Alten Testament entnommen:

> Wo du hingehst, da will ich auch hingehen; wo du bleibst, da bleibe ich auch. Dein Volk ist mein Volk, und dein Gott ist mein Gott. Wo du stirbst, da sterbe ich auch; da will ich auch begraben werden.

Darauf folgt eine lange, nicht erinnerungswürdige Predigt über die religiöse Bedeutung der Ehe. Ruth hat Schwierigkeiten, ihre Aufmerksamkeit diesem Fremden zu widmen, und ist erleichtert, als die Moralpredigt endlich vorüber ist. Sie tröstet sich damit, daß nicht dieser Geistliche, sondern Gott sie in Wirklichkeit mit Jürgen verbunden hat. Jürgen steckt ihr den Trauring an die rechte Hand. Er wurde aus zwei alten Golddukaten gegossen, die im Namen von Jürgens Vorfahren geprägt worden waren – ein echter *Kleist*-Ring also! Konsistorialrat Geisler erklärt die beiden zu Mann und Frau und beschließt die Zeremonie mit dem Segen.

Nun ist Ruth keine Gräfin mehr. Als wollte der Vater diese entscheidende Statusänderung betonen, gibt er Jürgen die Anweisung, seine Braut von der linken auf die rechte Seite zu führen. Dies soll, ebenfalls nach alter Tradition, die Besitznahme der Braut durch den Bräutigam symbolisieren.

Wieder zieht die ganze Gesellschaft – Graf und Gräfin voran, das Brautpaar als nächstes – hinunter in den großen Empfangssaal, wo bereits die Tafel für ein üppiges Hochzeitsmahl gedeckt ist. An jedem der 70 Plätze steht ein Namenskärtchen. An beiden Enden der Tafel hält je ein Diener einen Stuhl bereit für Ruth und für ihre Mutter. Auf beiden Seiten der

Tafel sorgen die Herren dafür, daß ihre Tischdamen sich gesetzt haben, bevor sie selber Platz nehmen. Als alle zum Grafen hinüberblicken und warten, wie es weitergeht, senkt dieser den Kopf zum Gebet, wie es vor jeder Mahlzeit in der Familie gesprochen wird. Nun hört man Geschirrklappern, und während die Suppe aufgetragen wird, schlägt der Graf mit dem Löffel an das Glas, um sich Gehör zu verschaffen. Alles erhebt sich in Erwartung des Trinkspruches, der seit Generationen von getreuen Preußen immer als erster ausgebracht wird – nämlich der Trinkspruch auf das Wohl Wilhelms, König von Preußen und deutscher Kaiser.

In den nächsten zwei Stunden wird in dem prächtigen Saal mit der gebotenen vornehmen Zurückhaltung gespeist und getrunken. Immer wieder ertönt ausgelassenes Gelächter, und Heiterkeit breitet sich über die ganze Tafel aus. Gegen Ende der Mahlzeit erhebt der Graf sein Glas zum Abschied seiner Tochter, »dem Sonnenschein des elterlichen Hauses«. An diesem Punkt versagt ihm die Stimme, und er muß seine Abschiedsrede kurzerhand abbrechen. Ruth am anderen Ende des Tisches wird ebenfalls von Gefühlen übermannt und würde sich am liebsten ein letztes Mal ihrem Vater in die Arme stürzen. Natürlich tut sie es nicht.

Ruths Schwiegervater Hans Hugo von Kleist beendet das Schweigen sofort mit einer Darstellung seines Respektes und seiner Wertschätzung des Grafen und der Gräfin sowie seiner Freude über die Vereinigung zweier so alter und treuer Familien wie die der Zedlitz und Kleist. Er legt dar, von welch großer Bedeutung diese Heirat für die Zukunft Preußens sei und schließt mit einer Anspielung auf die deutsche Nation, einer zugleich humorvollen, aber auch etwas scharfen Bemerkung. Alle Anwesenden verstehen Kleists respektlose Nebeneinanderstellung Preußens und Deutschlands. Hans Hugo von Kleist, ältester Freund und Zimmergenosse Otto von Bismarcks aus Junggesellentagen, ist mit des Kanzlers Ansichten über einen modernen deutschen Nationalstaat nicht einverstanden.

Am späten Nachmittag begeben sich Ruth und Jürgen auf Hochzeitsreise. Die Kutsche aus Großenborau, deren Messingbeschläge in der Sonne funkeln, steht schon bereit. Der Kutscher befindet sich auf seinem Platz, und der alte Diener der Familie, der Ruth die Tür aufhält, verabschiedet sie mit den Worten: »Gnädige Frau, Gottes Segen sei mit Ihnen.« Was für ein eigenartiges Gefühl, gnädige Frau genannt zu werden! Selbst in Großenborau wird sie nie wieder »Konts Ruth« sein.

II

Die Frau des Landrats

1886-1897

Besuch in Kieckow

Februar. Die Hochzeitsreise beginnt am Bahnhof von Oppeln. Mit dem Schnellzug fahren Ruth und Jürgen nach Breslau, von dort über Posen nach Berlin. In der Berliner Wohnung von Jürgens Vater wird Ruth mit ihrer neuen Rolle als Schwägerin von Elisabeth und Anton, Jürgens Geschwistern, konfrontiert. Die beiden lassen sie eine gewisse Zurückhaltung spüren, und Ruth fragt sich, woran das liegen mag. Es ist die erste Enttäuschung in ihrer jungen Ehe, wodurch ihre seit dem Hochzeitstag anhaltende Begeisterung etwas gedämpft wird.

Ruths anfänglicher Respekt Vater Kleist gegenüber entwickelt sich schnell zu einer immer tiefer werdenden Zuneigung, was sie selbst überrascht, denn ihr Schwiegervater besitzt weder die Flexibilität noch den Optimismus, den sie an ihrem eigenen Vater so liebt. Ihr Schwiegervater gilt als Konservativer unter den Konservativen. Er sieht mit eher negativen Erwartungen in die Zukunft – sowohl die Politik und die Religion als auch private Familienangelegenheiten betreffend.

Vor 40 Jahren hatten Vater Kleist und Otto von Bismarck ein kleines Zimmer in einer bescheidenen Pension in Berlin geteilt. Sie waren beide Aristokraten und Mitglieder des preußischen Herrenhauses. Bismarck hatte gerade Johanna von Puttkamer, Hans Hugos Nichte, geheiratet, so daß Hans Hugo von Kleist zu »Onkel Hans« für seinen Freund und Altersgenossen wurde. Damals war Bismarck noch ein Gegner der liberalen und nationalistischen Ideen, die sich in Preußen, aber auch in anderen deutschsprachigen Ländern und fast in ganz Europa schnell ausbreiteten, er war also mit Hans Hugo von Kleist noch einer Meinung. In dieser Zeit schien es Bismarck in den Augen von Hans Hugo an der richtigen Frömmigkeit zu fehlen, was Hans Hugo durch tägliche Gebete und Gespräche mit ihm in der gemeinsamen Unterkunft zu verbessern suchte.

Die Herkunft und Lebenseinstellung dieser beiden Landbesitzer aus Pommern hatte einen gemeinsamen Ursprung. Ihre Übereinstimmung ging soweit, daß Bismarck seinen noch ledigen Onkel bei der Wahl seiner Braut – Gräfin Charlotte zu Stolberg und Wernigerode – beriet, ja weit mehr noch, er schritt sogar ein, als Hans Hugo von Kleist seinen Heiratsantrag so lange hinausschob, bis Komteß Charlotte als Probeschwester ins Diakonissenmutterhaus eingetreten war und kurz vor der Einsegnung als Diakonisse stand.

Im Laufe der Jahrzehnte verblaßte Otto von Bismarcks preußische Grundhaltung, ganz zu schweigen von seiner Einstellung gegenüber Pommern. Er wurde zu einem immer stärkeren Verfechter eines expandierenden deutschen Reiches, nämlich des von ihm geschaffenen Nationalstaates. Als überragendem Politiker gelang es ihm, Feinde in Verbündete und Freunde in Gegner zu verwandeln, ganz nach Bedarf seiner politischen Zielsetzung.

In jenen Tagen zeigt sich in Vater Kleists Gesichtsausdruck ein gewisses Unbehagen, das selbst in glücklichsten Momenten nicht von ihm weicht. Ruth vermutet, seine Traurigkeit sei auf die Politik zurückzuführen, da allgemein bekannt ist, daß Otto von Bismarck Hans Hugo von Kleist und Gleichgesinnte öffentlich zu »Reichsfeinden« erklärt hat.

Ruths Mutmaßungen sind jedoch nur teilweise richtig. Die Sorge um die Zukunft seiner Heimat und seiner Ländereien in Pommern beschäftigt Kleist in zunehmendem Maße. In schlaflosen Nächten grübelt er darüber nach, wie er seine Güter Kieckow und Klein Krössin seinem jüngeren Sohn vermachen könnte, ohne seine beiden anderen Kinder zu verletzen, die unverheiratet sind. Im preußischen Adel plant man für die zukünftigen, noch ungeborenen Generationen.

Am Ende ihres Aufenthalts in Berlin besteigen Ruth und Jürgen wieder den Zug und hoffen, nun etwas mehr Zeit füreinander zu finden. Die letzte Etappe ihrer Reise führt sie nach Köslin in Pommern, wo Jürgen seinen ersten richtigen Posten in der königlichen Verwaltung antreten wird. Von Berlin aus reisen sie in Richtung Nordosten, überqueren die Oder und fahren langsam von Ort zu Ort in Richtung Ostsee. Hier gibt es keine Schnellzüge, denn das Land ist nur dünn besiedelt – ein deutliches Zeichen, daß Pommern nicht mit Schlesien vergleichbar ist. Die Landschaft unterscheidet sich sehr von der Umgebung Großenboraus mit den hübschen Dörfern, den sauberen Häusern mit den rot gedeckten Dächern und gepflegten Gärten. Alleine wäre Ruth vielleicht versucht gewesen umzukehren, aber mit Jürgen an ihrer Seite würde sie ohne zu zögern in eine Wüste ziehen, was Pommern nun wirklich nicht ist!

Als Ruth und Jürgen mit dem Zug in Köslin ankommen, ist es kalt und düster, die Stadt liegt unter einer Schneedecke begraben. Die winterliche Stimmung verstärkt noch die graue Monotonie. Selbst das Haus, in das Jürgen seine Braut bringt, ist äußerlich, auch für niedrigste Ansprüche, trostlos – die Wohnung befindet sich über einem kleinen Geschäft. Ruth und Jürgen erreichen ihre Räume im zweiten Stock des schmucklosen Steinhauses über eine dunkle Treppe. Die Zweifel, die Ruth über ihr neues Heim am Ende der Treppe gehabt haben mag, verfliegen jedoch schnell. Jürgen öffnet mit Schwung die Tür, und als Ruth die Wohnung betritt, steht vor ihr eine ehemalige Spielgefährtin ihrer Kindheit aus dem Dorf in Großenborau in einem frisch gestärkten Dienstmädchenkleid. Voller Freude umarmt Ruth die junge Frau, vergessend, daß Herrin und Bedienstete immer eine gewisse Distanz wahren sollten.
Ruths Blicke wandern über die frisch gestrichenen und renovierten Räume, die ihr neues Heim sein werden. Wie jedes der sechs Zimmer wurde auch der Eingangsraum von Jürgen speziell für seine junge Frau eingerichtet zwar spärlich, aber hier und dort befinden sich kleine Dinge und Erinnerungsgegenstände aus Kieckow. Den Fremdenführer in einem touristischen Bergdorf nachahmend, erklärt Jürgen mit wichtiger Stimme, dies sei der »Berliner Salon«, eine Kombination von Eß- und Wohnzimmer, wie sie in den großen, modernen Wohnungen in Deutschlands Hauptstadt jetzt üblich sind. Eingerichtet ist dieser Salon unter anderem mit einem prächtigen alten Büfett mit Bleiglastüren; dahinter entdeckt Ruth im Licht der Wandleuchter funkelnde Kristallgläser. Sie waren unter den Hochzeitsgeschenken, die alle vorausgeschickt worden waren. Es besteht kein Zweifel, das Dienstmädchen mußte während seiner ersten Tage in Pommern sehr emsig gearbeitet haben. Am Arm führt Jürgen Ruth in das kleine Arbeitszimmer, dort ist ein Schreibtisch ganz für sie alleine. Dann geht es weiter in einen sonnigen

Salon, wo sie ihren Nachmittagstee einnehmen werden. Zurück im Berliner Salon treten sie durch die halb geöffneten Doppeltüren in das etwas dunkler gehaltene Herrenzimmer mit den schweren Aschenbechern und der Zigarrenkiste und weiter in das Schlafzimmer mit dem großen Doppelbett und einem riesigen Kleiderschrank. Mit den Worten: »Dies ist *unser* Raum«, nimmt Jürgen seine frisch angetraute Frau in die Arme.

An ihrem ersten Sonntag in Köslin bereitet sich Ruth auf den lang erwarteten Besuch in Kieckow vor. Trotz des Neuschnees und der eisigen Kälte läßt Jürgen die Kutsche vom Gut nach Köslin kommen, um seine junge Frau und ihn zum ersten Besuch ihres späteren Zuhauses abzuholen. Die Entfernung beträgt 36 Kilometer, so daß der Kutscher noch bei Dunkel-

Ruth und Jürgen von Kleist auf ihrer Hochzeitsreise

heit aufbrechen muß. Einige Stunden später stehen Pferde und Kutsche vor dem Haus in Köslin bereit.

Das junge Paar – Ruth in Pelzmütze, Mantel und Muff, Geschenke ihres Vaters, die sie im Norden vor der Kälte schützen sollen – besteigt die Kutsche, die sich sogleich in Richtung Süden in Bewegung setzt. Voller Temperament preschen die Pferde durch die kalte Morgenluft, die jungen Eheleute sind warm in eine Felldecke gehüllt.

Der Weg von Köslin nach Kieckow führt durch Belgard, das alte Zentrum der Kleistschen Ländereien. Man spürt deutlich, wie sehr sich Jürgen hier zu Hause fühlt. Er beginnt, Ruth aus seiner Familiengeschichte und den noch heute starken, aus grauer Vorzeit stammenden Familienbindungen zu erzählen. Die Familie geht zurück auf einen Conrad Klest, der erste Kleist, der sich hier im 13. Jahrhundert niederließ, als Masowien noch dem polnischen Königreich angehörte.

Jürgen fährt mit seinen Schilderungen auch fort, als die Kutsche die lebhafte Stadt Belgard, Sitz der Kreisverwaltung, erreicht. Im 16. Jahrhundert wurde praktisch der gesamte Kreis von der einen oder anderen Linie der Kleists beherrscht. Bis zum 18. Jahrhundert war das Land weiter aufgeteilt worden; die Dörfer und Güter Muttrin, Villnow, Tychow, Schmenzin, Kieckow und Krössin blieben aber allesamt im Besitz der Familie Kleist. Schließt man auch die weiblichen Nachfahren Klests aus Belgard in die Nachforschungen mit ein, kann man mit großer Sicherheit annehmen, daß alle Landbesitzer dieses Kreises auf irgendeine Weise mit dem slawischen Einwanderer Conrad Klest verwandt sind.

Hinter Belgard wird die Fahrt angenehmer und die Landschaft einladender. Jürgen erzählt weiter von früher. Der Großvater, Hans Jürgen von Kleist, war im Besitz von drei Belgarder Gütern: Kieckow, Klein Krössin und Groß Tychow, insgesamt 24000 Morgen Land. Als der König ihn zum Landrat des Kreises Belgard ernannte, war er der größte Landbesitzer der Gegend. Kaum im Amt, begann der Großvater mit dem Bau befestigter Straßen, die alle Güter des Kreises und Belgard miteinander verbinden sollten. Diese neuen Straßen sollten auf beiden Seiten von Bäumen – Linden, Buchen und Ulmen – gesäumt werden zum Schutz gegen die von der Ostsee kommenden eisigen Winterwinde.

Die von Hans Jürgen von Kleist angelegten Alleen unterscheiden diesen Landstrich deutlich von anderen Landschaften Deutschlands. Selbst die

50jährige Benutzung durch Pferdegespanne konnte den stabil gebauten Straßen kaum etwas anhaben. Und erst die Bäume! Nach einem halben Jahrhundert waren die Baumkronen von Großvaters Linden zu einem schützenden Dach zusammengewachsen, das selbst ohne Blätter der Kutsche aus Kieckow guten Windschutz bot.

Vierundzwanzig Kilometer hinter Belgard erscheint das Schloß von Groß Tychow am Horizont, jetzt das Zuhause von Jürgens Vetter und Cousine zweiten Grades, Graf und Gräfin von Kleist. Früher lebte dort einmal sein Großvater Hans Jürgen, der nach dem Tod seiner ersten und in der Folge auch seiner zweiten Frau mit seinen fünf Kindern nach Kieckow gezogen war. Dort heiratete er ein drittes Mal – die Witwe Auguste von Borcke, Jürgens Großmutter. Hans Hugo von Kleist, Jürgens Vater, war das einzige Kind, das aus dieser Ehe hervorging und in Kieckow das Licht der Welt erblickte. Er erbte das Gut sowie das benachbarte Klein Krössin. Wie schon sein Vater zuvor wurde auch Hans Hugo von Kleist eines Tages zum Landrat des Kreises Belgard ernannt. Im Gegensatz zu Hans Jürgen jedoch machte Hans Hugo von Kleist Karriere in der preußischen Verwaltung und entwickelte sich zu einer einflußreichen Persönlichkeit in der preußischen Politik. Jürgen äußert Ruth gegenüber seine Enttäuschung darüber, daß Kieckow und Klein Krössin in den letzten Jahrzehnten gelitten haben. Seiner Erfahrung nach gehe eine längere Abwesenheit des Gutsbesitzers meistens mit einer Vernachlässigung der Landwirtschaft und einer Verschlechterung der Stimmung im Dorf einher. Von diesen Beobachtungen sagt er seiner Frau jedoch nichts.

Drei Kilometer südlich von Groß Tychow hält die Kutsche kurz an einer Kreuzung und biegt dann in einer Neunzig-Grad-Kurve nach links ab, um in ein Dorf zu gelangen. Die weiterhin gut ausgebaute Straße wird hier von Ahornbäumen gesäumt. Zur Linken liegen wie hingestreut ein Dutzend bescheidene, strohgedeckte Holzhütten, in einer kleinen Senke im Norden erkennt man einen Stall sowie eine Kornkammer. Jürgen zeigt auf ein niedriges Fachwerkhäuschen dahinter, wo, wie er sagt, sein Gutsverwalter wohne. Dies ist also das Dorf Klein Krössin. Ruths Stimmung sinkt, als sie das Dorf der Kleists mit Großenborau vergleicht, aber sie beißt sich auf die Zunge, um nichts zu sagen, was ihren gutherzigen Mann verletzen könnte.

Auf ihrem Weg durch das Dorf begegnen sie einem Mann mit einem Kind, die ihnen beide zuwinken. Jürgen grüßt spontan zurück. Ruth gefällt das freundliche, breite Lächeln auf den Gesichtern, und sie sagt sich, das Leben könne hier nicht so schlecht sein, wie es zunächst den Anschein erweckte. Dem Kutscher fällt es immer schwerer, die Pferde im Zaum zu halten, da sie bereits den Stall wittern – es sind nur noch drei Kilometer, und sie befinden sich bereits auf Grund und Boden von Jürgens Vater. Da kommen die ersten Gebäude von Kieckow in Sicht – ein Hühnerhaus, ein Kornspeicher, ein Schuppen zur Linken, dann die ersten Dorfhäuser zur Rechten, in der Ferne mehrere aus Ziegeln gebaute Ställe. Was Ruth jedoch nicht entdecken kann, ist die Brennerei, die normalerweise die Güter überragt und prägt. Auf Kleistschem Land gab es so etwas noch nie, und das wird auch in Zukunft so bleiben.

Aber wo befindet sich das Gutshaus? Kurz darauf, als die Kutsche links in einen überfrorenen Weg einbiegt, der auf beiden Seiten mit einer kahlen, ausgewachsenen Hecke eingefaßt ist, taucht es auf. Jürgen drückt Ruth fester an sich und zeigt mit der anderen Hand auf die kahlen Büsche: »Warte nur bis zum Frühling, mein Liebling, dann werden die Fliederbüsche über und über blühen.« Offenbar ist ihm die Enttäuschung seiner Braut nicht entgangen.
Die Kutsche fährt in den offenen Hof des Gutshauses von Kieckow, ein einstöckiges Bauwerk mit steinernen Grundmauern. Das weitläufige Gebäude ist reich mit Stuck verziert, das kunstvoll entworfene Dach mit roten Ziegeln gedeckt – selbst die gewölbten kleinen Giebel über jedem Dachfenster in den Unterkünften der Dienstboten. Für Ruth ist dieses Dach die schönste Überraschung des Tages – nie hatte Jürgen erwähnt, daß Kieckow das hübscheste Dach habe, das sie je gesehen hat. Unter dem Dach befinden sich die Wohnräume der Familie. Das Zentrum des Hauses bildet die große Halle mit symmetrisch angeordneten, zweiflügeligen hohen Sprossenfenstern.

Der Wagen rollt die leicht steigende Anfahrt zum Eingang hinauf und hält unmittelbar vor dem verglasten Eingang. Der Kutscher springt vom Bock, doch kommt er einen Moment zu spät, denn Jürgen steht schon da, bereit, Ruth beim Aussteigen die Hand zu reichen. Während sie die Decke zurückwirft und aus der Kutsche steigt, öffnen sich die Glastüren. Das Paar wird von der Hausdame mit einem freundlichen Lächeln, einem Knicks und festem Händedruck begrüßt.

Hans Hugo von Kleist lebt mit dem von Geburt an kränklichen Hans Anton und Elisabeth, auf deren Hilfe er stark angewiesen ist, hauptsächlich in Berlin. So kommt es, daß sich die Hausdame während der letzten Jahre meist allein in dem Haus aufhält. Vater Kleist ist nun 71 Jahre alt, und die Bewohner von Kieckow wünschten, er käme wieder in sein Zuhause zurück. Das Dorf und die landwirtschaftlichen Betriebe haben sehr unter seiner langen Abwesenheit gelitten. Nie kann ein Pächter oder angestellter Verwalter die Anwesenheit engagierter Besitzer ersetzen.

Ruth durchquert die verglaste Veranda und betritt durch die massiven Holztüren die Eingangshalle von Kieckow. Im Inneren erscheint ihr alles vertraut, obwohl sie noch nie so weit oben im Norden war. Wie in jedem Gutshaus, das sie kennt, gibt es auch hier schwere Samtvorhänge, die im Winter gegen die bittere Kälte schützen. Genau wie zu Hause hängen im Salon Porträts von früheren Königen und treuen Vasallen an den Wänden, von denen die Landbesitzer abstammen.

Auf dem Tisch wurde bereits der Tee angerichtet, doch Ruth möchte sich nicht setzen, bevor sie nicht die anderen »Persönlichkeiten« in diesem Raum kennengelernt hat. Als erster und wichtigster ist da natürlich Friedrich der Große, zwar schon seit genau 100 Jahren tot, aber sehr wohl lebendig im Herzen eines jeden Preußen. Er wird auf der einen Seite von General von Borcke und auf der anderen Seite von General von Kleist flankiert, beides Jürgens Vorfahren.

Auf der gegenüberliegenden Wand sieht man Hans Jürgen, dreimal verheiratet, und seine letzte Frau Auguste, die Großmutter, an die sich Jürgen in Liebe erinnert. Wie doch die Vergangenheit und die Gegenwart ineinander übergehen, denkt Ruth, wenn man in einem alten Gutshaus aufwächst. Dann gibt es noch Porträts neueren Datums vom Vater, Hans Hugo von Kleist, und der Mutter, der verstorbenen Gräfin Charlotte. Sie trägt eine goldene Halskette mit einem großen, schwarzen, goldumrandeten Kreuz, in dessen Mitte ein riesiger Amethyst sitzt. Ruth fragt, ob es dieses Kreuz wirklich gibt oder ob der Künstler seiner Phantasie freien Lauf gelassen hätte. Jürgen versichert ihr, seine Mutter habe immer, solange er zurückdenken könne, an Sonntagen und während der Fastenzeit dieses Kreuz getragen. Das Kreuz war ein Geschenk des Königs von Preußen an Jürgens Großvater, Graf Stolberg; nach dem Tod des alten Grafen ging das Kreuz an seine Tochter Charlotte, Jürgens Mutter.

Im Lauf der Jahre erhielt das Kreuz mystische Kräfte in den Augen der Dorfbevölkerung von Kieckow, da die Mutter es immer auf ihrem üblicherweise dunklen Kleid trug, wenn sie Kranke oder Sterbende besuchte. In der Familie wird es heute noch das Stolbergsche Kreuz genannt. Derzeit gehört es Jürgens Schwester Elisabeth. (Was Jürgen nicht weiß, ist, daß es die Dorfbewohner das Zauberkreuz nennen und daß sich jung und alt fragt, wer es nach Elisabeth tragen wird.)

Unter Charlottes Porträt steht eine Vase mit Birkenzweigen, deren Knospen sich gerade öffnen – die Hausdame hat sie offenbar dorthin gestellt. Kieckow trauert noch über den Verlust der Herrin, die das Kreuz getragen hat.

Endlich begeben sich Ruth und Jürgen zum Tee, der mit belegten Broten serviert wird. Es werden auch verschiedene Kuchen mit und ohne Früchte angeboten, wie es die Tradition seit Urzeiten gebietet. Jürgen besteht darauf, nicht zuviel Zeit zu verlieren, da er seiner Frau vor Anbruch der Dunkelheit jedes einzelne Zimmer aus der Welt seiner Kindheit zeigen möchte. Neben der Eingangshalle, der Bibliothek und dem Salon befinden sich die Privaträume der Familie und die große Festhalle, an die eine glasbedachte Terrasse angrenzt. Ruth nimmt sich vor, sehr viel Zeit auf der Terrasse zu verbringen, da sie eine schöne Aussicht auf den Wald von Kieckow bietet und auch an Regentagen geschützt ist. Als sie noch ein Kind war, sagte ihr der Vater, der Wald gebe einem Weisheit und Stärke; dieser Gedanke hat sich in ihr festgesetzt.

Die klamme Kälte und graue Monotonie dieses Februarnachmittages lasten jedoch weiter schwer auf der Stimmung der Besucherin. Sie würde zu gerne einige Veränderungen vornehmen, hier einen Vorhang entfernen, dort eine Tür öffnen, ein Möbelstück umstellen, ein anderes ersetzen. Ruth ist sich aber bewußt, daß sie sich zurückhalten muß, da sie nicht die Herrin von Kieckow ist. Bis Vater Kleist zu einer langfristigen Entscheidung kommt, ist Elisabeth, die sich seit dem Tod ihrer Mutter um das Wohl des Vaters und des Bruders kümmert, die Herrin. Dies ist also Elisabeths Haus. Ruth erinnert sich an die kühle Atmosphäre bei ihrem Zusammentreffen mit der Schwägerin – vielleicht sollte man es verstehen. Als Tochter eines Gutsbesitzers erzogen zu werden und dann nie Frau eines Gutsherrn zu werden, ist ein bitteres Los. Möglicherweise beantwortet das auch die Frage, warum viele Frauen aus dem preußischen Adel in Diakonissenmutterhäuser eintreten.

Während Ruth über Elisabeths Stellung und ihre eigene Jugend nachdenkt, erscheint plötzlich der Kutscher. Er müsse leider stören, aber es werde schon dämmerig und die Kutsche stehe vor der Tür bereit, um sie beide in die Kirche zu bringen. Seit mehr als einer Stunde warten dort Vertreter des Dorfes im Freien in der Hoffnung, die neue Frau von Kleist begrüßen zu dürfen.

Die Kutsche nimmt den Weg zurück, an den Fliederhecken entlang, biegt links in die gepflasterte Straße ein, die in das Zentrum des Dorfes führt, und fährt am zugefrorenen Teich vorbei bis zur Kirche. In der Kälte stehen die drei Gutsverwalter des Kreises, zwei für Kieckow, einer für Klein Krössin, die gewählten Sprecher jedes Dorfes und der Dorflehrer, alle sonntäglich gekleidet. Jürgen stellt jeden der Männer in der Reihenfolge ihres Ranges vor. Ihm ist klar, daß sie die noch sehr junge Frau begutachten, die ihrer Meinung nach die nächste Herrin des Gutes Kieckow sein wird.

Nach der Verabschiedung der Delegation steigen Ruth und Jürgen alleine die vier Steinstufen hinab, die in die Gruft unter der Kirche führen. Ein schwaches Licht erhellt notdürftig den Raum. Ruth erkennt am anderen Ende des niedrigen Gewölbes einen Altar und davor einen Sarg. Zunächst ist sie schockiert, denn Jürgen hat sie auf diesen Anblick nicht vorbereitet, er erklärt ihr aber schnell, hier lägen die sterblichen Überreste seiner Mutter. Seit ihrem Tod war fast ein Jahr vergangen. Ruth kann sich nicht erinnern, daß in Großenborau oder Schwentnig, ihrer schlesischen Heimat, die Toten so lang nicht beerdigt wurden, es sei denn, es herrscht tiefster Winter! Sollten die Gebräuche im Norden etwa anders sein? In Wahrheit unterscheiden sich die Sitten Pommerns nicht so sehr von denen Schlesiens. Nur hatte der Vater bislang nicht die Kraft besessen, die endgültige Beerdigung seiner Frau anzuordnen. Für ein Weilchen sitzen Ruth und Jürgen auf der Bank vor dem Altar. Sie legen ihre Hände gemeinsam auf den Sarg der Mutter, während Jürgen einen Psalm rezitiert. Eigenartigerweise ein Psalm des Dankes.

Jürgen führt Ruth die wenigen Stufen hinauf aus der Gruft. Ein paar Schritte weiter und sie gelangen in die bescheidene Kirche, die Vater und Mutter Kleist erbaut haben. Kieckow besitzt keinen eigenen Pastor, denn das kleine Gotteshaus ist eine Nebenkirche, so ist es der Pfarrer von Groß Tychow, der bereits vor dem Altar wartet. Jürgen zeigt auf den Steinboden der Kirche und erzählt von dem denkwürdigsten Gottesdienst, der hier in dieser kleinen Kirche stattgefunden hat. Im Jahre 1878 wurde auf Kaiser Wilhelm I. ein Mordanschlag verübt. Als diese Schreckensnachricht Kieckow erreicht hatte, rief Vater Kleist alle Dorfbewohner in der Dorfkirche zusammen, wo sie sich hinknien sollten, während er, auch auf Knien, ein Mea culpa im Namen der gesamten Gemeinde sprach. Er bezichtigte das ganze Volk, sich selbst eingeschlossen, der schweren Sünde der Unterlassung, da sie alle dem Kaiser ihre uneingeschränkte Ergebenheit versagt hätten. Er schloß mit einer Bitte, über die noch heute im Dorf geredet wird: »Himmlischer Vater! Wir liegen vor dir, tief in den Staub gebeugt. Schlag auf Schlag trifft uns deine Hand.«[2] Dieses Ereignis zeigt, Gott und König standen im Land der Kleists auf einer Stufe.

Zusammen mit dem Pastor betrachten Ruth und Jürgen das große, aus Holz geschnitzte Kreuz über dem Altar. Es ist eine exakte Kopie des berühmten Achtermann-Kruzifixes, das für die Gruft des Schlosses Charlottenburg in Berlin geschaffen wurde. In ihrer tiefen Religiosität ist Ruth stark berührt von diesem künstlerisch wertvollen Symbol. Unzählige Male in ihrem späteren Leben wird es ihr Trost spenden, und es wird die große Katastrophe überstehen.

Spät nachts, als Ruth sich nach der langen Fahrt zurück nach Köslin zur Ruhe gelegt hat, denkt sie noch einmal über die Ereignisse des Tages nach. Alles in allem war Kieckow für sie eine Enttäuschung und in keinster Weise mit den großen Gütern Schlesiens vergleichbar. »Jürgen«, entfährt es ihr, »wo sind eigentlich die pommerschen Schlösser?« Im Halbschlaf antwortet Jürgen: »Unsere Vorfahren wohnten in Lehmkaten. Pommern war von je her ein armes Land und zwang zu einer bescheidenen Lebensführung.«

DER KÖNIG IST TOT

1886, APRIL. Es ist bereits Frühling, dennoch ist in Pommern der Schnee noch kaum von den Feldern gewichen. Zum zweiten Mal in ihrem Leben reist Ruth nach Kieckow, diesmal für eine ganze Woche, um mit Jürgens Familie Ostern zu verbringen.

Jürgens Vater ist in Begleitung von Elisabeth und Hans Anton aus Berlin nach Kieckow zurückgekehrt. Ungeachtet der politischen Probleme in der Hauptstadt hat er sich vorgenommen, während der Karwoche auf seinem Landsitz zu sein. Der Zustand des Hauses zeugt leider von der langen Abwesenheit der Familie, daher waren die Dorfbewohner tagelang damit beschäftigt, das Innere des Hauses und den Hof in Ordnung zu bringen. Dieses Jahr geben sie sich besondere Mühe, denn schließlich kommt Jürgen, der Erbe Kieckows, mit seiner Frau zum Osterfest nach Hause.

Wieviel freundlicher ist Kieckow doch im Frühjahr. Zwar gibt es außer den früh blühenden Krokussen noch kaum Blumen, die Wiesen und Bäume sind jedoch in einen zartgrünen Hauch getaucht, der neue Hoffnung ausdrückt. In Ruth erwacht eine erste Zuneigung zu ihrer künftigen Heimat.

Hans Hugo von Kleist hat zu seiner Rolle als Hausherr zurückgefunden und die zweimal täglich stattfindenden Gebete in Kieckow wieder eingeführt. Morgens und abends versammeln sich alle Bediensteten und Familienmitglieder in der weiß getünchten Eingangshalle des Gutshauses. Der einzige Unterschied zu früher besteht darin, daß Jürgens Mutter nicht mehr dabeisein kann und daß es keine kleinen Kinder gibt, die auf dem Boden sitzend mit ihren zarten Stimmen in den Abschlußchoral einstimmen. Im Gutshaus von Kieckow hat es immer Kinder gegeben, und Hans Hugo von Kleist hofft, daß bald wieder welche im Haus sein werden.

Entlang der Wände stehen einfache Holzbänke, die für alle ausreichend Sitzplatz bieten. Der Vater bleibt als einziger stehen und liest einen Text aus der Bibel, den er im Anschluß erläutert. Die Einfachheit und Klarheit dieser Aussagen und das Singen des Chorals »Morgenglanz der Ewigkeit«, der zur Familienhymne der Familie Kleist erkoren wurde, bewegen Ruth sehr.

Jürgen erinnert sich an ein Ereignis in seiner Kindheit, an dem dieses Kirchenlied ebenfalls gesungen wurde. Es war ein herbstlicher Morgen, kurz vor Sonnenaufgang, als er sich auf dem Weg ins Internat befand. Er saß neben seinem Vater in einer der Kutschen aus Kieckow und zitterte nicht nur vor Kälte, sondern auch vor Angst, denn es war noch dunkel, als sie sich auf den Weg machten.

Als sie Klein Krössin erreichten und in die Postkutschenstraße einbogen, verfärbte sich der Himmel rot von der aufgehenden Sonne. In dem Moment ertönte des Vaters Stimme mit dem Jürgen so bekannten Kirchenlied. Der Kutscher stimmte mit ein (es gab damals in Kieckow niemanden, der dieses großartige Lied nicht kannte), nach einer Weile erhob auch der Junge zaghaft seine Stimme. Wie durch ein Wunder verschwand seine Angst vor der noch unbekannten Schule. Ruth ist mit dieser Geschichte nun ebenso vertraut wie Jürgen selbst, denn sie ist Teil des Kleistschen Erbes, das jetzt auch das ihre ist.

Als die Eltern Kleist in Kieckow lebten, wurden die morgendlichen und abendlichen Gebetsstunden durch die große, am Dach des Hauses außen angebrachte Eisenglocke eingeläutet. Damals nahmen alle Dorfbewohner an den Andachten teil, was Ruth tief berührt. Wenn sie und Jürgen einmal Kieckow übernehmen, wird diese Glocke wieder alle Dorfbewohner zum Gebet des Haushalts rufen. Ruth ist zu der Überzeugung gelangt, Gott ist in Kieckow allgegenwärtig. Trotz ihrer Jugend entsteht bei ihr das Gefühl, es werde einmal an ihr sein, diesen Zustand aufrechtzuerhalten.

Ruths erstes Osterfest in Kieckow wird jedoch von einigen Unsicherheiten überschattet. Sie kommen hauptsächlich in Gesprächen zwischen Jürgen und seinem Vater zutage, wirken sich jedoch auch auf Ruths Verhältnis zu Hans Anton und Elisabeth aus.

Gibt es keine gegenteiligen Abmachungen, so wird in Preußen der gesamte Landbesitz an den ältesten Sohn vererbt. Laut Gesetz dürfen Güter nicht geteilt werden, was historisch gesehen der Machterhaltung im Königreich gedient hat. Innerhalb der Familien ist dadurch jedoch häufig Zwietracht entstanden.

Hans Anton, der älteste Sohn, leidet seit seiner Kindheit an einer Lähmung, weshalb ihm die militärische Laufbahn verwehrt blieb. Sein Studium konnte er aber beenden, und er begann eine Karriere in der preußischen Verwaltung. Jürgen, Kleists zweitältester Sohn, wünschte sich nichts sehnlicher, als die militärische Laufbahn einzuschlagen – ein Junker[3] im ursprünglichen Sinn des Wortes zu werden. Vater Kleist aber war anderer Meinung und wählte für seinen dritten Sohn die militärische

Laufbahn, denn dessen Erfolgsaussichten für ein Studium waren gering. Dieser Sohn namens Friedrich Wilhelm, Patenkind des verstorbenen Königs, dessen Namen er auch trägt, erkrankte im Verlauf seines Militärdienstes und starb. Nun gibt es noch Elisabeth, die den Namen der verstorbenen Königin, ihrer Patin trägt. Sie begleitet und versorgt ihren Vater, seitdem er zum Witwer wurde. Traditionsgemäß ist sie die Herrin von Kieckow. Wie Ruth sollte auch Elisabeth eines Tages heiraten und Herrin eines anderen großen Landsitzes werden, also das Leben führen, auf das sie vorbereitet wurde. Dies ist jedoch nicht eingetreten – und es wird auch nie mehr der Fall sein. Elisabeth bleibt mit Kieckow verbunden, wo sie, wann immer sie dort ist, wie ihre Mutter früher das einfache, dunkle, auf dem Land übliche Kleid trägt. An Sonntagen und während der Fastenzeit legt sie, wie einst ihre Mutter, das schwarze Stolbergsche Juwelenkreuz an, das Symbol der Herrin von Kieckow.

Ruths Schwiegervater Hans Hugo von Kleist

OKTOBER. Wieder einmal, zum dritten Mal im 19. Jahrhundert, wird ein Kleist aus Kieckow Landrat des Kreises Belgard. Die Ernennung und der Umzug bringen viele Vorteile mit sich. Jürgens rascher Aufstieg zum Landrat von Belgard war eigentlich überraschend, denn in diesem Kreis gibt es einige, die der Meinung sind, die Kleists seien zu etabliert und zu mächtig. Vater Kleist wurde jedoch nicht müde, sich für seinen Sohn einzusetzen, was schließlich zum Erfolg führte.

Der Landrat von Belgard muß sich mit einer bescheidenen Wohnung zufriedengeben. Sie befindet sich im zweiten Stock eines alten Fachwerkhauses am Ufer des Flusses, der sich von Kieckow in nördlicher Richtung bis zur Ostsee schlängelt. Der Besitzer des Hauses, der im Nachbarhaus eine Färberei betreibt, wohnt im Erdgeschoß. Beide Wohnungen und die Färberei verbindet ein viel genutzter, belebter Hof, in dem sich auch Stallungen befinden. Ein weiterer positiver Aspekt der Belgarder Wohnung, außer der Lage am Flußufer, ist der parkähnliche Garten auf der anderen Straßenseite, der dem Hausbesitzer gehört. Von ihrem kleinen Balkon aus können Ruth und Jürgen über den Hof auf die riesige, alte Eiche blicken, die das beherrschende Element des Gartens darstellt, und sich die Fliederbüsche vorstellen, die sie hier zum Frühlingsbeginn pflanzen werden.

NOVEMBER. Hans Jürgen von Kleist, Namensvetter seines Urgroßvaters und der ganze Stolz seiner Eltern, erblickt zu Hause in Belgard das Licht der Welt. Der Termin für die Taufe wird so gewählt, daß alle noch lebenden Großeltern teilnehmen können. Der Graf und die Gräfin von Zedlitz und Trützschler sind von Posen gekommen; Hans Hugo von Kleist hat eine besonders hitzige parlamentarische Debatte in Berlin verlassen und ist nach Kieckow geeilt, um an diesem großen Ereignis teilhaben zu können. Persönlich bringt er die Taufschale aus Kieckow nach Belgard. Sie hat bereits zwei Generationen von Kleist-Kindern zur Taufe gedient. Wegen des rauhen Klimas muß die Taufe in der bescheidenen Wohnung der Eltern abgehalten werden. Danach findet ein kleines Essen statt, auf dem natürlich die unvermeidlichen Reden nicht fehlen dürfen! Beide Großväter sind begabte Redner, die es sich nicht nehmen lassen, die Bedeutung dieses Familienereignisses und den Platz des neugeborenen Kindes in der Ewigkeit und der Vergänglichkeit des Universums darzustellen.

1887, MÄRZ. Wilhelm I., Kaiser des Deutschen Reiches, feiert seinen 90. Geburtstag im Neuen Palais zu Potsdam. Das gesamte preußische Herrenhaus, darunter auch Hans Hugo von Kleist und Graf Robert von Zedlitz und Trützschler, wurde zu diesem Ereignis eingeladen. Die Feier ist mehr eine Versammlung der preußischen Aristokratie, der alten Garde, als ein Staatsakt des Deutschen Reiches. Wie üblich steht Reichskanzler Bismarck im Mittelpunkt des Geschehens. An diesem Tag scheint er erregt, er ärgert sich offensichtlich über einige von Kronprinz Friedrich Wilhelm und seiner Frau Victoria getroffene Anordnungen.

Kronprinzessin Victoria, die erstgeborene Tochter der Queen Victoria und des Prinzen Albert, hat nach Meinung Bismarcks einige gefährliche politische Ideen aus England in ihre neue Heimat mitgebracht, die auch ihren Mann infiziert haben. Ungeachtet seiner früheren Zuneigung zu englischen Frauen (ihm wird nachgesagt, als junger Mann zwei englische Schönheiten geliebt zu haben) verachtet er Prinzessin Victoria und ist voller Sorge um die Zukunft des Deutschen Reiches nach dem Tod Wilhelms I. Der in die Jahre gekommene Reichskanzler ist so beunruhigt, daß er auf eine göttliche Fügung hofft – vielleicht könnte der Kronprinz vor seinem Vater sterben? Die ganze Welt weiß von Friedrich Wilhelms schwacher Gesundheit, auch wenn es der Hof nie zugegeben hat; daher befindet sich bei dem festlichen Anlaß in der großen Halle des Palastes Prinz Wilhelm, der älteste Sohn des Kronprinzen und Enkel des Kaisers und damit zweiter in der Thronfolge, an der Seite des Fürsten Bismarck. Nachdem Hans Hugo und Graf Robert auf ein langes Leben mit vielen derartigen gesellschaftlichen und politischen Ereignissen zurückblicken können, sind sie in der Lage, politische Schlußfolgerungen aus scheinbar so banalen Dingen wie den Bewegungen des Reichskanzlers während einer Geburtstagsfeier zu ziehen. Die beiden tauschen leise, hinter vorgehaltener Hand, ihre Beobachtungen und ihre Besorgnis darüber aus.

Weit entfernt von der spannungsgeladenen Situation in Berlin geht der junge Landrat von Belgard mit Energie und voller Optimismus an seine berufliche Aufgabe. In einer geräumigen Wohnung neben der Färberei von Belgard sorgt Ruth liebevoll und zufrieden für ihren kleinen Sohn. Ein leichter Schatten, der im zweiten Jahr der vielversprechenden Ehe über dem Glück der jungen Familie liegt, steht mit der unsicheren Zukunft, über die sich die ältere Generation in Berlin sorgt, jedoch in keinem Zusammenhang. Er wird vielmehr verursacht von der besitzergreifenden Art der jungen Ehefrau ihrem Mann gegenüber, beruhend auf einer übertriebenen Angst, Jürgen zu verlieren, von der sie schon einmal, kurz nachdem sie ihn kennengelernt hatte, befallen war. Zwar schilt sie mit sich wegen ihres kindischen Benehmens, doch kann sie unglücklicherweise nur schwer die Fassung bewahren, wenn Jürgen die Nacht nicht zu Hause verbringen kann, was mindestens einmal im Monat sein muß.

Sechzig Kilometer südlich von Belgard liegt Bad Polzin, die zweite, blühende Stadt des Kreises Belgard. Jeden Monat verbringt Jürgen zwei Tage in Polzin; der Abschied ist für Ruth schier unerträglich. Vom Balkon aus beobachtet sie, wie die Kutsche in Richtung Süden auf der Landstraße ihren Blicken entschwindet, und jedesmal bricht sie in Tränen aus.

Jürgen erfüllt die Arbeit in seinem Kreis mit großem Optimismus. Seine täglichen Aufgaben erledigt er äußerst gewissenhaft, die Fahrten nach Polzin genießt er. Er stellt Fragen und beobachtet alles genau, in der Hoffnung, die hier verwirklichten, innovativen Ideen in Belgard einführen zu können. Glücklicherweise wird er nicht abgelenkt durch Gedanken an die auf dem Balkon weinende, vom Abschiedsschmerz überwältigte Ruth. Weder sie noch die Dienstboten werden ihm je ein Sterbenswörtchen davon erzählen.

Auf seinen Besuchen in Polzin tankt Jürgen Energie und Inspiration. Außer der Einwohnerzahl – in beiden Städten leben etwa 3000 Menschen – haben Belgard und Polzin so gut wie nichts gemeinsam. Belgards Gründung geht zurück auf Jürgens Vorfahren Klest, der im 13. Jahrhundert dem Deutschen Ritterorden nach Pommern folgte, während Polzin im 16. Jahrhundert unter polnischer Herrschaft entstand und ursprünglich von jüdischen Siedlern bewohnt war. Heute sind zehn Prozent der Bevölkerung jüdisch, die Stadt ist reich an vorbildlichen, modernen Unternehmen – ein blühendes Zentrum des Handels in der sonst trägen pommerschen Wirtschaft. Die Juden sind hauptsächlich im Viehhandel und der Lederherstellung beschäftigt. Daneben gibt es die nichtjüdischen Weber, deren Fleiß und Handwerkskunst die Stadt in ganz Preußen berühmt gemacht und ihr einen beneidenswerten Reichtum verschafft haben. Die Straßen in Polzin sind gesäumt von prächtigen, aus Ziegel und Stein gebauten Wohn- und Geschäftshäusern, umgeben von sorgfältig gepflegten, öffentlichen Promenaden und Parks. In der Stadt verkehren so viele Kutschen wie nirgendwo sonst im ländlichen Pommern. Für den Kreis Belgard ist es ein Segen, über ein so reiches Zentrum innerhalb seiner Grenzen zu verfügen. Jürgen hegt den Wunsch, die Lebendigkeit und die außerordentlichen Leistungen Polzins auch in die nördlichen Randgebiete seines Bezirks übertragen zu können.

Diesbezügliche Pläne hat er bereits mit seinem Vater besprochen, der vor 30 Jahren ähnliche Beobachtungen gemacht und Vergleiche angestellt hat. Als der Vater noch Landrat von Belgard war, setzte er beispielsweise bei der Kreisverwaltung höhere Steuern auf Grundbesitz durch, die dem Polziner Krankenhaus zuflossen, damit jeder Bürger des Kreises kostenlose medizinische Behandlung erhalten konnte.

Für Vater Kleist ist das Leben eine Schwarzweißmalerei mit wenigen Grauschattierungen dazwischen. Vor zehn Jahren hatte er damit begonnen, sich sehr für eine neue politische Bewegung, die Christlich-soziale Partei zu engagieren. Diese Bewegung wurde von Adolf Stoecker ins Leben gerufen, dem charismatischen Oberhofprediger, dem Vater Kleist sehr zugetan war. Der Name von Stoeckers Vereinigung besagt bereits, wofür sie sich einsetzt – soziale Reformen, Verbesserung der Situation der Arbeiterschaft, Verminderung der Klassengegensätze und vor allem für eine Verbrüderung auf christlicher Basis. Einem feudalistischen, vom Konservativismus durchdrungenen Menschen, der gleichzeitig vom Geist der Wiederbelebung des Christentums im Pommern des 19. Jahrhunderts erfüllt ist, bieten Stoeckers radikale Ideen eine gesellschaftliche Erneuerung im evangelischen Sinne.

Die Kehrseite dieser Partei ist ihr heftiger, eklatant zur Schau getragener Antisemitismus, den Kronprinz Friedrich Wilhelm als »Schande und Schmach für Deutschland« bezeichnet hat. Hans Hugo ist sich der Schattenseite von Stoeckers christlichem Idealstaat wohl bewußt, verteidigt ihn aber mit der Aussage, die Darstellung der Juden sei nicht ganz ungerechtfertigt und überhaupt nur Teil eines Programms, mit dem die geistigen Qualitäten ganz Deutschlands neu belebt werden könnten.

Männer wie Hans Hugo haben eine zwiespältige Einstellung zu den wenigen Juden, denen sie im täglichen Leben begegnen. Zum einen bewundert er die Betriebsamkeit der Stadt Polzin, das Handelszentrum des Kreises Belgard, dessen Mittelschicht von Juden dominiert wird.

Dennoch distanziert er sich von allen Juden mit der Behauptung, sie seien nicht besser als Straßenmusikanten. Als sein Sohn sein Befremden über diesen unpassenden Vergleich äußert, berichtet ihm der Vater von seinen Schwierigkeiten, als er noch für Kieckow zuständig war.

Damals gab es nichts Schlimmeres für die Arbeit auf dem Gut als eine Gruppe von Straßenmusikanten. Sie kamen morgens, blieben den ganzen Tag, machten Musik für das ganze Dorf und kassierten bei den Dorfbewohnern ab. Die Arbeiter opferten ihre letzten, hart verdienten Münzen, eine reine Geldverschwendung für die Leute und ein verlorener Arbeitstag für den Gutsbesitzer. Nach Vater Kleists Ansicht seien die jüdischen Händler nicht besser. Sie kamen nach Kieckow in der Absicht, Tierhäute zu kaufen, kamen aber nur dann, wenn der Gutsverwalter nicht da war. Die Arbeit im Dorf kam zum Stillstand, während sie zankten und feilschten und Geld oder wertlosen Plunder anboten im Tausch gegen die großen und kleinen Häute, welche die Männer während der Saison zusammengetragen hatten. Dafür bekamen sie nach Vaters Überzeugung viel weniger, als die Häute wert waren, weswegen er seit dieser Zeit die Juden in Kieckow nicht mehr duldete.

Jürgen erinnert seinen Vater daran, daß die jüdischen Händler die Bauern wenigstens mit Geld bezahlt hätten, wovon es in Kieckow wahrhaftig äußerst wenig gab. Außerdem, fährt Jürgen voller Zuversicht fort, werden die expandierende Eisenbahn und die neuen landwirtschaftlichen Methoden die fahrenden Händler und Musikanten bald vertreiben. Für Neinsager und noch mehr für Demagogen hat er nichts übrig. Was Jürgen dabei übersieht, ist, daß Ideen nur langsam sterben und die Menschen glauben, sich nicht erinnern zu können, aber auch nicht bereit sind zu vergeben und zu vergessen. Dreißig Jahre nach Vaters Verwicklung in Adolf Stoeckers idealistischen Feldzug wird ein Mann namens Adolf Hitler Stoeckers Thesen überarbeiten, alle christlichen Elemente daraus verwerfen und die antijüdischen Aspekte weiterentwickeln. Hitlers Thesen werden in ein Buch mit dem Titel »Mein Kampf« eingehen. Nur wenige Deutsche werden dieses Buch lesen, einige dieser wenigen aber werden von der idealisierten Darstellung der Nation und des Volkes begeistert sein. Sie werden vielleicht sogar Entschuldigungen für die unvertretbaren und widersinnigen rassistischen Thesen finden, ähnlich wie Vater Kleist damals mit Stoeckers Ideen verfahren war.

Unter den wenigen, die »Mein Kampf« gelesen haben, wird es aber auch einzelne geben, die erkannt haben, wie ernst es Adolf Hitler mit seinen rassistischen, gegen die Juden oder die Slawen gerichteten Theorien meint. Dazu werden zwei Kleists aus Pommern gehören, der eine aus Kieckow und der andere aus Schmenzin. Sie werden ihre Warnung schriftlich in einem Traktat niederlegen, das keine Beachtung finden wird. Dessenungeachtet werden die Deutschen 60 Jahre später, 100 Jahre nach Stoeckers Umtrieben, einander zuflüstern: »Ja, die Kleists aus Pommern; die sind schon seit Jahrhunderten Antisemiten.«

1888, MÄRZ. Ruth erwartet ihr zweites Kind, aber dennoch befindet sie sich mit Jürgen auf Händen und Knien im Garten gegenüber der Färberei von Belgard. Die beiden pflanzen zusammen die Fliederbüsche, die sie aus Kieckow mitgebracht haben, und der kleine Hans Jürgen sieht ihnen dabei zu.

Graf Robert von Zedlitz und Trützschler steht bloßen Haupts vor der Garnisonskirche in Potsdam. Vor seinen Augen wird der Sarg Kaiser Wilhelms I. von einem bespannten Leichenwagen heruntergehoben. Die Leibgarde des Königs salutiert vor dem Sarg. Robert ist begeistert von den präzisen Bewegungen der Leibgarde und erinnert sich an die Zeit, als er selbst Leibgardist war. Fast reflexartig salutiert auch er. Wie hat sich die Welt doch verändert in all den Jahren.
In seiner Nähe steht auch Hans Hugo von Kleist, ebenfalls in Gedanken versunken, während er den Weg des Sarges und das Salutieren für den verstorbenen Kaiser beobachtet. Der heutige Tag ist ein Tag der Trauer für Vater Kleist. Kalt bläst der Wind; der neue Kaiser Friedrich III., wie er sich entgegen der preußischen Tradition nennt, ist todkrank; Otto von Bismarck wirft nicht einen Blick in Richtung seines »Onkel Hans«.

JUNI. Schon wieder stehen Graf Robert von Zedlitz und Trützschler und Hans Hugo von Kleist bloßen Hauptes nebeneinander vor der Garnisonskirche. Diesmal wird der Sarg Friedrichs III. in die Familiengruft der Hohenzollern getragen. Er, der bei Amtsantritt bereits schwer an Krebs erkrankt war, konnte sein Amt nur 99 Tage ausüben. Die königliche Leibgarde salutiert vor dem Sarg und wendet sich dann, um dem neuen König und Kaiser, Friedrichs Sohn Wilhelm II., zu salutieren.

1888, JULI. An einem sonnigen, warmen Nachmittag wird die erste Tochter von Ruth und Jürgen von Kleist geboren. Sie erhält den Namen Spes, lateinisch für »Hoffnung«; am nächsten Morgen bereits verläßt Ruth das Bett und geht mit der kleinen Tochter auf den Balkon ihrer Wohnung in Belgard, um den Garten auf der anderen Straßenseite zu bewundern, der im Frühjahr mit so viel Liebe angepflanzt wurde.

Eine Woche später versammeln sich die Familien von Ruth und Jürgen zur zweiten Taufe in Belgard, dieses Mal in der mittelalterlichen Marienkirche, der sich Ruth mittlerweile tief verbunden fühlt. Das Bauwerk aus dem 14. Jahrhundert mit dem hohen, spitz zulaufenden Mittelschiff gilt als das herausragende Kunstwerk Pommerns. Wieder hat Vater Kleist die Taufschale aus Kieckow mitgebracht, die jetzt auf dem Taufstein unterhalb des berühmten Altars aus dem 17. Jahrhundert steht. Die Blumen, die um die Taufschale gelegt sind und in zwei Vasen den Altar schmücken, hat Ruth selbst im Garten am anderen Ufer des Flusses gepflückt.

Blumen haben in ihrem Leben immer eine wichtige Rolle gespielt. Im Alltag gehen selbst die langweiligsten Arbeiten leichter von der Hand, wenn man sich an Blumen erfreuen kann; bei festlichen Anlässen, wie zum Beispiel zu dieser Taufe, bringen Blumen einen Zauber über die ohnehin empfundene Freude; später wird Ruth erfahren, daß Blumen aus ihrem Garten sie trösten und in Zeiten tiefster Traurigkeit und Verzweiflung ihre Leiden lindern können.

In Form einer kleinen Prozession kehrt die Familie aus der Kirche in die Wohnung zurück, wo das Festessen stattfinden wird. Der Festsaal befindet sich oberhalb des engen, unordentlichen Innenhofes und ist nur über eine dunkle Steintreppe zu erreichen. Die junge Mutter und ihre Dienstboten müssen ständig gegen Mäuse in den Schränken des Eßzimmers ankämpfen, aber es wäre undenkbar, eine Feier wie diese nicht zu veranstalten. In der preußischen Aristokratie dient ein solches Essen der Aufrechterhaltung der Tradition einer Gesellschaftsklasse, wenn nicht gar der ganzen Nation. Zumindest sind die Eltern und Großeltern des Kindes dieser Meinung, und sie glauben, das Kind werde ebenfalls eines Tages ihre Ansicht über den Lauf der Welt teilen. Spes jedoch wird später vieles in Frage stellen, dagegen rebellieren und schließlich einen anderen Weg einschlagen.

Am Ende des Tages kehrt Vater Kleist in seiner Kutsche nach Kieckow zurück, um die Taufschale wieder an ihren Ehrenplatz zu bringen. Er ist müde; er macht sich Sorgen über die Sozialisten und die polnischen Nationalisten, über geschäftliche Dinge – alles Vorboten zukünftiger Veränderungen in Pommern. Der Pachtvertrag für Kieckow wird in acht Jahren auslaufen, Hans Hugo spürt jedoch, er wird diesen Termin nicht mehr erleben. Sein größter Wunsch ist, daß Ruth und Jürgen das Gut übernehmen, wie er es in seinem Testament auch verfügt hat.

In der Zwischenzeit erfreuen sich die jungen Eltern an ihrem kleinen Sohn und der neugeborenen Tochter. Auch nehmen sie in zunehmendem Maße am gesellschaftlichen Leben Belgards teil. Sie haben einen Freundeskreis gewonnen, dessen Verbindungen mehrere Generationen zurückreichen, unter anderem auch zu Familien, die ursprünglich gegen einen weiteren Kleist aus Kieckow als Landrat des Kreises opponiert hatten. Doch im Unterbewußtsein von Ruth ist stets der Gedanke vorhanden, eines Tages Herrin von Kieckow zu werden. Das beflügelt ihre Phantasie und gibt ihr Hoffnung für die Zukunft.

1889. Der Landrat von Belgard hat dem Kreistag vorgeschlagen, eine offizielle Residenz zu schaffen, in der es nicht nur angemessene Wohnräume für seine Familie gibt, sondern auch Büros und repräsentative Empfangsräume, über die ein Landrat verfügen sollte. Jürgen hegt offenbar Erinnerungen an die elegante Residenz des Regierungspräsidenten in Oppeln, wo er seine Braut umworben und später geheiratet hat. Freilich stößt sein Vorschlag auf einige Bedenken, da eine Residenz eine Menge Geld kosten wird und der chronische Geldmangel in Pommern nicht nur auf Grundbesitzer und Bauern beschränkt ist.

Von einigen Seiten wird Jürgens Vorschlag verspottet, aber dennoch stimmt der Rat schließlich zu. Bald erwirbt der Kreis ein stattliches Gebäude an der Kreuzung des Belgarder Boulevards mit der ebenso schönen Luisenstraße. Hinter dem Haus liegt eine Wiese brach, die der Kreis gleich dazukauft. Ruth und Jürgen entwerfen zusammen die Pläne für einen formalen Garten und Park, der Teil der Residenz des Belgarder Landrats werden soll. Der Entwurf der Parkanlagen, die Überwachung der Bepflanzung und das Anlegen der Wege werden zu

Ruths schönsten Erinnerungen an ihre Belgarder Zeit gehören – nicht nur, weil sie viele Stunden mit Jürgen alleine bei der Planung verbrachte, sondern weil sie versteckte Talente in sich entdeckte, die sonst vielleicht nie zum Vorschein gekommen wären.

Die Wohnräume der Familie in der neuen Residenz sind mit der bescheidenen Wohnung neben der Färberei überhaupt nicht zu vergleichen. Erstens gibt es hier keine Mäuse, ein Zustand, den Ruth unter allen Umständen aufrechterhalten will. Zum anderen sind die Zimmer geräumig, ja so groß, daß zusätzliche Möbelstücke aus Kieckow herbeigeschafft werden müssen, um die leeren Ecken zu füllen. Für jedes Zimmer, das auf der Gartenseite liegt, gibt es einen Balkon. Es sind nur wenige Wochen im Jahr, an denen Ruth und Jürgen nicht den Tee auf einem Balkon einnehmen und dabei der Gartenarbeit zusehen. Jürgens Büro, die offiziellen Empfangssäle und die Wohnräume befinden sich nun unter einem gemeinsamen Dach. Ruth weiß Jürgen jetzt ständig zu Hause, für eine besitzergreifende Ehefrau, wie sie es ist, ein idealer Zustand.

1890. Fürst Otto von Bismarck übergibt dem jungen Kaiser Wilhelm II. sein Rücktrittsgesuch von seinem Posten als Reichskanzler und Ministerpräsident Preußens aus Protest gegen des Kaisers Entscheidung, einen Rückversicherungsvertrag mit Rußland zu kündigen und statt dessen mit Österreich-Ungarn engere Beziehungen zu knüpfen. Die außenpolitischen Fähigkeiten Bismarcks sind freilich ungleich besser als die des jungen Kaisers. Ohne seinen Rat wird Wilhelm eine Politik betreiben, die schließlich den östlichen Nachbarn Rußland befremden und den Weg zum Ersten Weltkrieg bereiten wird.
Bismarck hat zuvor bereits häufig beim Kaiser um seinen Rücktritt nachgesucht. Als Wilhelms Großvater noch im Amt war, benutzte Bismarck dieses Mittel regelmäßig, wenn es den Anschein hatte, als würde er an Macht verlieren. Damals lenkte der Kaiser immer wieder ein, da er unter keinen Umständen seinen Kanzler verlieren wollte. Sein Enkel jedoch hat eigene Vorstellungen. Er nimmt den Rücktritt mit innerer Zufriedenheit an, auch wenn er nach außen Bedauern äußerte. Nach 40jährigem Dienst für fünf Könige Preußens, wovon drei auch deutsche Kaiser waren, dankt Otto von Bismarck voller Bitterkeit und ohne Zweifel auch von tiefer Traurigkeit erfüllt ab. Er ist 75 Jahre alt, der Kaiser ist noch nicht 31. Der

einzige, der mit ihm aus der Regierung ausscheidet, ist sein Sohn Herbert von Bismarck, Patensohn Hans Hugo von Kleists. Otto hatte immer gehofft, Herbert werde ihn eines Tages ablösen, weswegen er ihn zum Staatssekretär, zum Leiter der deutschen Außenpolitik, ernannt hatte. Als treuer Sohn muß Herbert aber den gleichen Weg gehen, zurücktreten und seines Vaters Verbitterung und Trauer teilen.

Und Hans Hugo von Kleist? Er ist ebenfalls 75 Jahre alt, wovon er 40 Jahre der Öffentlichkeit gedient hat. Für ihn bedeutet der Rücktritt neue Hoffnung, sein Freund Otto werde endlich, nach Jahren der Entfremdung und Abwendung, zu den Junkern zurückkehren. Im Gegensatz zu Bismarck ist Hans Hugo von Kleist nicht verbittert. Nie hat er andere manipuliert oder sich die Politik zunutze gemacht. Er ist immer seinen Idealen treu geblieben, hat Gott, seinem Vaterland und seiner Familie gedient. Zwar hat er nie die Höhen Bismarcks erreicht, er ist aber auch nie so tief gefallen wie dieser. Hans Hugo von Kleist wird in Berlin im preußischen Herrenhaus bleiben, wo er, wie in den letzten 40 Jahren, unter den Konservativen seine Stimme abgeben wird. Nun setzt er seine Hoffnung auf den vom Kaiser selbst ausgesuchten neuen Ministerpräsidenten Preußens und deutschen Reichskanzler, Leo von Caprivi – ein schlesischer Aristokrat, der mehr mit Graf Robert als mit diesem alten pommerschen Junker gemein hat.

1891, Februar. An einem Sonntagmorgen, dem ersten Tag des Monats und nur drei Tage vor dem Geburtstag seiner Mutter, wird Konstantin von Kleist in der neuen Residenz des Landrats von Belgard geboren. Draußen läuten die Kirchenglocken, als wollten sie die Ankunft dieses Sonntagskindes verkünden.

August. Der Landrat, seine Frau und die drei Kinder verbringen die Sommerferien nahe der Oder im alten Stolbergschen Familienschloß, wo Mutter Kleist aufgewachsen ist und wo heute Jürgens Großtante Gräfin Elisa zu Stolberg-Wernigerode lebt. Selbst für Ruth, Tochter aus einem Gutshaus, hat das Stolbergsche Schloß etwas Märchenhaftes. Es ist umgeben von riesigen Wäldern. Das Schloß selbst besteht aus unzähligen Zimmern, eines schöner und phantasievoller eingerichtet als das andere. Jürgen und seiner Familie werden ein ganzer Flügel sowie ein

Kindermädchen und weit mehr Diener zur Verfügung gestellt, als sie benötigen. Im Kinderzimmer liegen auf dem Diwan des Kindermädchens drei wunderschön gekleidete Puppen, jede mit einem zarten Porzellankopf und zum Kleid passendem Satinhäubchen. Wäre das Kindermädchen nicht eingeschritten, hätten Hans Jürgen und seine Schwester Spes die hübschen Puppen gleich für ihr Lieblingsspiel »so tun als ob« verwendet. Tante Elisa erzählt stolz, diese Puppen stammten aus ihrer Kindheit und würden für Kinder, die vielleicht eines Tages auf Schloß Stolberg leben werden, sorgfältig aufbewahrt.

Im Winter 1945 werden vier Enkelkinder von Ruth, das älteste gerade zwanzig Jahre alt, mit einem Pferdewagen in Stolberg ankommen; sie werden auch in Räumen dieses Flügels untergebracht werden, jedoch nur für eine Nacht. Wie damals Ruth und ihre Kinder werden sie über die Schönheit der Porzellanpuppen mit den exquisiten Kleidchen und Satinhäubchen staunen. Die Besucher werden sich am nächsten Morgen, mit neuem Proviant versorgt, rasch auf den Weg machen. Die Puppen lassen sie zurück, so wie sie sie gefunden haben. Eine Woche später wird das Schloß von schwerer Artillerie beschossen, bis außer Schutt und Asche nichts mehr übrig ist.

1892, JANUAR. Vater Kleist ist schwer erkrankt, er ist aber nicht bereit, Berlin zu verlassen. Zum ersten Mal seit vielen Jahren steht ein Gesetz zur Abstimmung an, das ihm sehr am Herzen liegt und das gute Chancen hat, angenommen zu werden. Der kühne neue Schritt geht auf niemand anderen zurück als Graf Robert von Zedlitz und Trützschler, Ruths Vater. Nur wenige Monate zuvor hatte Caprivi den Grafen von Posen abberufen und ihn zum preußischen Kultusminister ernannt. In dieser Funktion ist er nicht nur für Bildung und Erziehung in allen preußischen Provinzen, sondern auch für die Erhaltung der schwierigen Beziehungen zwischen Kirche und Staat zuständig.
Graf Robert ist nun 55 Jahre alt, seine Energie und Lebenskraft lassen ihn jedoch jünger erscheinen. Unter Bismarck war das Verhältnis zwischen Kirche und Staat in Deutschland einem ständigen Wechsel unterworfen, je nachdem, ob der Reichskanzler die Stimmen der Katholiken, die hauptsächlich in der Zentrumspartei vertreten waren, benötigte oder nicht.

Reichskanzler von Caprivi dagegen mißt der Kirche mehr Bedeutung bei, vor allem wegen ihrer Rolle im Schulsystem. Die Wahl Graf Roberts bestätigt dies. Als neuer Kultusminister hat er Gesetzesentwürfe eingebracht, die den Religionsunterricht an öffentlichen Schulen wieder gestatten. Andere strenge, gegen die Kirche gerichtete Gesetze, die zu Anfang der Bismarck-Ära erlassen wurden, wird er revidieren. Diese Gesetze waren Teil von Bismarcks hartem und emotionalem Kampf gegen die katholische Kirche und vor allem gegen den Jesuitenorden, der in der katholischen Schulbildung eine große Rolle spielte. Die pommerschen Junker hegen zwar keine besondere Vorliebe für die katholische Kirche, wenden sich aber mehr und mehr gegen diese Gesetze, da sie auch die evangelische Kirche ihres Einflusses auf die Schulerziehung der Kinder berauben. Hans Hugo steht fest auf der Seite der pietistischen Junker, die sich dieser Gesetze erwehren; Graf Robert steht auf seiten der Pommern in der Ablehnung der Gesetze. Er sieht jedoch nicht nur ihre religiösen Konsequenzen, sondern lehnt sie aus politischen Gründen ab. In den polnischen Provinzen Preußens wird das sich ausbreitende nationale Bewußtsein noch dadurch verstärkt, daß sich die tief religiösen Katholiken wegen ihres Glaubens verfolgt fühlen.

Im Namen des Reichskanzlers von Caprivi und mit Unterstützung des Kaisers hat Graf Robert einen revolutionären Schulgesetzentwurf in den preußischen Landtag eingebracht. Hans Hugo ist außer sich vor Freude. Trotzdem hofft er, die Debatte möge kurz sein, da er von einem schweren Husten geplagt ist, dem das schlechte Wetter Berlins keine Besserung bringt. Seine Tochter Elisabeth, die ihn überallhin begleitet, ist über den Gesundheitszustand des Vaters besorgt und würde ihn am liebsten heim nach Kieckow bringen.

MÄRZ. Zwei Monate bereits dauert die vehemente Debatte in der preußischen Abgeordnetenkammer, die mit einer Schärfe geführt wird, wie man sie seit einem Jahrzehnt in Deutschland nicht mehr gekannt hat. Fast könnte man glauben, es entstehe ein neuer Religionskrieg. In Belgard liest Ruth die täglich aus Berlin eintreffenden Briefe von Vater Kleist, in denen er gewissenhaft über Vater Zedlitz' Fortschritte in der Durchsetzung des Gesetzentwurfs berichtet. Es sind kurze Zusammenfassungen nicht nur der Reden, die ihr Vater vor der Kammer gehalten hat, sondern auch der Aussagen seiner Anhänger. Aus seinen Briefen schließt Ruth, daß die

Abstimmung bald stattfinden und Vaters klare Vorstellung von Kirche und Staat bald Wirklichkeit werden wird.

Völlig unerwartet beginnt der Kaiser jedoch zu wanken und entzieht in der Folge dem Entwurf seine Unterstützung. Graf Robert ist sprachlos, widerruft den Gesetzesentwurf und reicht seinen Rücktritt als Kultusminister Preußens ein. Reichskanzler von Caprivi ist außer sich vor Wut über die Charakterschwäche des Kaisers und tritt 24 Stunden später von seinem Posten als Ministerpräsident Preußens zurück. Als deutscher Reichskanzler bleibt er jedoch im Amt. Zum ersten Mal in der Geschichte Deutschlands werden diese beiden Posten nicht mehr von einer Person bekleidet, ein schlechtes Omen für Caprivis Durchsetzungsfähigkeit als Reichskanzler und, was noch schlimmer ist, für die Stabilität des Deutschen Reiches. Vier Jahrzehnte nach seinem Eintritt in die Politik verläßt Hans Hugo seine Wohnung in Berlin und kehrt mit Elisabeth nach Kieckow zurück.

APRIL. Der Gutsherr besucht nun regelmäßig die Kirche von Kieckow, und wie in früheren Jahren beginnt der Sonntagsgottesdienst erst dann, wenn auch er anwesend ist. Gewöhnlich dauert die Predigt in Kieckow sehr lang. An seinem ersten Sonntag zu Hause nickt der Gutsherr während der Predigt des Pfarrers ein, man hört sein lautes Schnarchen. Das wird jedoch nie mehr vorkommen – der alte Herr hat geschworen, nie wieder einzuschlafen! Jedesmal zu Beginn der Predigt steht er auf und bleibt bis zu deren Ende stehen. Keiner aus der Gemeinde wagt einen verstohlenen Blick in seine Richtung; nicht einmal die Kinder belächeln ihn. In Kieckow ist das, was der Gutsherr tut, automatisch richtig.

Elisabeth, jetzt die Herrin von Kieckow, sitzt neben ihrem Vater. Über ihrem dunklen Kleid und Mantel trägt sie das Stolbergsche Kreuz. Insgeheim fragen sich die Dorfbewohner, wann es die neue, junge Herrin übernehmen wird und was dann aus der ihnen so vertraut gewordenen Elisabeth wird. Im Dorf wird viel darüber spekuliert, wer das magische Kreuz einmal tragen wird. Die Weisen sagen jedoch: »Wartet ab.«

1892, Mai. Hans Hugo von Kleist liegt im Sterben. Von Kieckow aus geht die Nachricht nach Belgard, Stettin und Berlin. Kaiser Wilhelm sendet ihm eine persönliche Botschaft, in der er ihm die Wiedererlangung voller Gesundheit wünscht. Hans Hugo, der noch bei vollem Bewußtsein ist, belächelt die Botschaft, weiß er doch, daß der Kaiser solche Wünsche nur verschickt, wenn der Zustand hoffnungslos ist. Trotzdem ist er hocherfreut; als preußischer Aristokrat freut sich er über die Anteilnahme seines Königs.

Frühmorgens am 20. des Monats erlischt Vater Kleists Lebenslicht. Seine Kinder Hans Anton, Jürgen und Elisabeth sind an seinem Sterbebett versammelt. Bis zum Abend ist auch Ruth mit den Enkelkindern Hans Jürgen, Spes und Konstantin eingetroffen. Es wird Ruths erste Beerdigung in ihrem Erwachsenenleben werden, für die sie, wie sie feststellen muß, noch nicht die entsprechende Kleidung besitzt. Die Hausdame kommt ihr sofort zu Hilfe, indem sie ihr innerhalb von 24 Stunden von der Schneiderin des Dorfes eine vollständige Trauerbekleidung mit Hut und langem Schleier anfertigen läßt. Ruth erkennt sich im Spiegel kaum wieder und hofft, sie werde dieses Kleid viele Jahre lang nicht mehr benötigen.

Wie sollte sie auch ahnen, daß sie in nur fünf Jahren diese Kleidung wieder anziehen und dann 12 Monate lang Tag für Tag tragen wird!

Die Plätze in der Kirche von Kieckow reichen nicht aus, um allen Trauergästen Platz zu bieten, viele stehen in den Gängen oder hören, so gut es geht, von draußen zu. Außer den Familienangehörigen und den Dorfbewohnern sind Gutsbesitzer und Bekannte anwesend, die meisten kommen aus dem Kreis Belgard, manche jedoch auch aus weiter entfernten Orten wie Stargard, wo die Herrensitze der Puttkamers und Bismarcks liegen. Die meisten Zeitgenossen von Vater Kleist sind zwar nicht mehr unter den Lebenden, aber einige wenige gibt es noch. Dazu gehört Philipp von Bismarck, Otto von Bismarcks Neffe, ein langjähriger Freund von Hans Hugo von Kleist. Die Abwesenheit des ehemaligen Reichskanzlers fällt auf. Im Alter von 77 Jahren befindet sich Otto von Bismarck auf einer Vortragsreise durch Deutschland, durch die er die Gunst der Deutschen erwerben und wieder an die Macht gelangen möchte. Die langjährigen

Freunde und Familienmitglieder sind empört über seine Abwesenheit und erinnern sich daran, wie sie ihn einst, als sie alle noch viel jünger waren, den »wilden Junker« getauft haben.

Viele offizielle Gäste sind angereist, die sich in das Gästebuch des Gutshauses eintragen und im Gedächtnis von drei Generationen der Kleists aus Kieckow bleiben werden. Unter ihnen waren als des Kaisers persönlicher Vertreter Adjutant von Jacobi, der Oberpräsident von Pommern von Puttkamer, sowie der Staatssekretär des Reichsschatzamtes Freiherr von Maltzahn und Freiherr von Manteuffel, der Vizepräsident des Herrenhauses.

Fünfzig Jahre später wird Ruths Sohn Hans Jürgen das Gästebuch verbrennen, denn im Dritten Reich werden die Menschen nach ihren Kontakten beurteilt und verdächtigt.

Der Herr von Kieckow ist tot. Sein Nachfolger kann erst in vier Jahren eingesetzt werden, wenn der Pachtvertrag für Kieckow abläuft. Für eine vorzeitige Ablöse des Pachtvertrags ist nicht genug Geld vorhanden. In der Zwischenzeit regiert Elisabeth über Kieckow, während Hans Anton kommt und geht, ganz wie ihm gerade zumute ist. Jürgen und Ruth kehren mit ihren Kindern nach Belgard zurück. Über die Zukunft des Gutes spricht Jürgen wenig, vertraut Ruth jedoch wehmütig an: »Ach, könnten wir doch nur zusammen in Kieckow leben, aber wahrscheinlich wäre das zuviel des Glücks.«

In der Gruft unter der Kirche von Kieckow stehen nun zwei Särge; Vater Kleists sterbliche Überreste befinden sich neben denen der Mutter. Jürgen, der sonst jede Freude und Sorge seines Lebens mit Ruth teilt, sagt dazu nichts. Sie spürt jedoch, daß sich die Geschwister mit ihm über den Ort, an dem ihre Eltern begraben werden sollen, nicht einig sind.

September. Jürgen wurde als Reserveoffizier für einen Monat militärischer Ausbildung in die Armee einberufen. Zum ersten Mal seit seiner Hochzeit hat er einen solchen Befehl erhalten, denn eigentlich gehört er nicht zu den aktiven Reservisten. Die Einberufung ist jedoch eine Ausnahmeübung und, wie es heißt, für den Notfall; sie hängt offensichtlich mit der immer ehrgeiziger werdenden Außenpolitik des Kaisers zusammen, die böse Zungen als »Säbelrasseln« bezeichnen. Jürgen sind diese politischen Entwicklungen nicht verborgen geblieben. Als Reserveoffizier ist er jedoch verpflichtet, seinen militärischen Pflichten nachzukommen und wieder einmal seine uneingeschränkte Loyalität dem Kaiser gegenüber unter Beweis zu stellen.

Ruth hatte immer Mitleid mit den jungen Ehefrauen empfunden, deren Männer als aktive Reservisten jedes Jahr einen ganzen Monat von ihren Familien getrennt werden. Nun muß sie diese Erfahrung selbst machen. Als ihr Vater, Graf Robert, die Nachricht von der Einberufung hört, lädt er Ruth umgehend ein, diesen Monat in Großenborau zu verbringen. Nach so vielen Jahren im öffentlichen Dienst ist er mit seiner Frau auf das Gut zurückgekehrt, das er nun selbst verwaltet. Ruth hat seit ihrer Heirat ihre schlesische Heimat nicht mehr gesehen, und für die Kinder wird es der erste Besuch dort sein.

Am Bahnhof von Belgard vergießt Ruth Tränen beim Abschied von ihren Kindern. Der sechsjährige Hans Jürgen hält seine kleine Schwester Spes fest an der Hand, damit die quirlige vierjährige nicht auf die Gleise fällt. Der kleine Konstantin, den das Kindermädchen auf den Armen trägt, lächelt tapfer und winkt seiner Mutter zu. Die vier fahren mit dem Zug voraus nach Großenborau, Ruth wird später nachkommen. Zunächst begleitet sie Jürgen nach Berlin, wo sie sein Regiment bei der Parade erleben soll, bevor es ins Manöver zieht.

Von ihrem reservierten Platz aus am Paradeplatz in Tempelhof verfolgt Ruth die großartige Parade. Ebenso wie ihr Mann läßt auch sie sich von der Atmosphäre leicht begeistern. Die vorbeimarschierenden Truppen mit den bunten Fahnen und den Militärkapellen, die die Melodien des Regiments spielen, begeistern sie. Schließlich ist sie eine Preußin, der alle Ideale ihrer Vorfahren, Generationen von treuen Untertanen des Königs, in die Wiege gelegt wurden.

Seit den Tagen ihrer Kindheit hat sich die deutsche Armee zu einer modernen Kriegsmaschinerie entwickelt, die bei Paraden einen großartigen Anblick bietet. Leider gelingt es ihr nicht, von ihrem Platz aus ihren Leutnant zu erkennen, sie tröstet sich jedoch mit dem Gedanken, daß ihnen beiden noch eine gemeinsame Nacht im Hotel Bellevue in Berlin verbleibt.

Früh am nächsten Morgen verabschiedet sich Jürgen in voller Uniform. Für Ruth ist es natürlich ein emotionsgeladenes Ereignis; entgegen ihren guten Vorsätzen schafft sie es nicht, ein »tapferer Soldat« zu sein.

Einen Tag später sitzt Ruth am Bahnhof Friedrichstraße geraume Zeit vor der planmäßigen Abfahrt des Zuges nach Freystadt in einem Abteil. Zum Zeitvertreib blickt sie aus dem Fenster und entdeckt zufällig ein über die Straße gespanntes Transparent. Mit Überraschung liest sie darauf die Ankündigung, das Erste Garde-Feldartillerieregiment – Jürgens Regiment – werde auf seinem Weg ins Manöver hier vorbeimarschieren. Sie ist sprachlos; in der Ferne hört sie bereits die Militärkapelle. Hastig verläßt sie ihr Abteil, steigt aus dem Zug und eilt über die Straße, um einen besseren Blick auf die herannahende Militärkapelle zu gewinnen. Hinter der Kapelle befinden sich der Kommandeur, sein Adjutant sowie der Hauptmann, alle drei hoch zu Roß. Dann folgt in präzisem Gleichschritt ein Zug nach dem anderen, jeder unter Führung eines Leutnants. Da kommt auch schon der Zug mit Jürgen an der Spitze! Einen kurzen Moment sieht er sie direkt an, ohne jedoch die geringste Regung zu zeigen. Dann ist er aus ihrem Gesichtsfeld verschwunden. Sie weiß aber, er hat sie erkannt, da er mit einer minimalen Bewegung seinen Degen senkte.

Jetzt ist Jürgen also ganz Soldat und gewaltsam derjenigen entrissen, die ihn mehr als alles andere auf der Welt liebt. Ruth ist diese Vorstellung unerträglich. Tränenüberströmt kehrt sie ins Abteil zurück, verbirgt ihr Gesicht in dem gepolsterten Sitz und weint untröstlich, bis sie in Freystadt anlangt, wo sie ihre drei glücklichen Kinder auf dem Bahnsteig erblickt. Erst hier kann die junge Ehefrau und Mutter ihre Fassung zurückgewinnen. Später wird sich Ruth wegen ihres unziemlichen Verhaltens Vorwürfe machen, aber sie wird sich auch vergeben, da sie glaubt, ihr Herz habe bereits vorher gewußt, was so unerbittlich auf sie zukommen würde.

1893, Mai. Ruths und Jürgens zweite Tochter Maria wird in der Residenz des Landrats von Belgard geboren. Von Geburt an hat das entzückende, kleine Mädchen dichte, schwarze Löckchen und einen fröhlichen Gesichtsausdruck.

Marias Taufe ist die erste ohne Vater Kleist, aber dafür sind Ruths Eltern sowie ihre Schwester Anni von Tresckow mit ihrem Mann Hermann anwesend. Das Kind ist gesund, die Taufschale funkelt im Licht. Kann sich eine Familie mehr wünschen?

1896, MAI. Viele Ereignisse, gute wie schlechte, treffen aufeinander. Der Pachtvertrag für Kieckow ist endlich ausgelaufen, das ganze Gut samt allen Schulden gehört jetzt also Jürgen, so wie Vater Kleist es verfügt hat. Tagelang werden leere Wagen nach Belgard geschickt, die voll beladen mit Kisten und Möbeln nach Kieckow in das Gutshaus zurückkehren. Die Mutter, ihre vier Kinder, eine Köchin, ein Dienstmädchen und das Kindermädchen ziehen einen Sommer lang von der Residenz des Landrats in das Gutshaus von Kieckow um. Das halbe Dorf ist in die Vorbereitungen mit eingebunden, denn seit Jahren ist für die Instandhaltung des Hauses fast nichts geschehen. Als wollten sie ihre neue Herrin willkommen heißen, blühen in Kieckow die Kastanienbäume, die Flieder- und Schneeballbüsche um die Wette. Selbst die Azaleen haben schon dicke Knospen, obwohl sie normalerweise erst in einem Monat blühen.

Für Ruth wäre dies eine Zeit höchster Freude, wäre da nicht der Auszug von Elisabeth. Während Ruth sich seit ihrem ersten Besuch vor zehn Jahren ständig auf diese Heimkehr gefreut hat, bedeutet sie für Elisabeth Vertreibung, obwohl ihr Jürgen versichert hat, ihr Zimmer stehe ihr jederzeit zur Verfügung, wann immer sie es wünsche. Sie zieht jedoch nach Berlin in die Wohnung, die sie einmal zusammen mit dem Vater und Hans Anton bewohnte. Vor seinem Tod hat der Vater sie ihr vermacht, damit sie immer ein eigenes Zuhause ganz für sich allein haben würde. Für Elisabeth ist der Einzug der neuen Herrin von Kieckow ein bitteres Los. Sie wird nur noch zweimal in das Haus zurückkehren, in dem sie aufgewachsen ist, jedesmal zur Beerdigung eines Bruders. Mit Elisabeth geht auch das Stolbergsche Kreuz; Ruth tadelt sich insgeheim dafür, jemals dieses Symbol weiblicher Macht begehrt zu haben.

Der Bruch mit Elisabeth wurde bald von Jürgens gesundheitlichen Beschwerden in den Schatten gestellt. Der Umzug war natürlich sehr anstrengend für ihn, hinzu kommt, daß er nun die ganze Woche über allein in Belgard ist. Jeden Freitagnachmittag steht die Kutsche aus Kieckow vor dem Büro des Landrats, um den Ehemann und Vater nach Hause zu bringen. Eines Tages, als Ruth ihn bei seiner Ankunft umarmt, ermahnt er sie: »Nicht so heftig, mein Liebling.« Und eines Nachts im Bett erklärt er ihr entschuldigend, aber bestimmt: »Ich muß mich heute nacht von dir wegdrehen, meine Liebe; ich verspüre zu große Schmerzen, wenn ich auf dieser Seite liege.« Dieses Geständnis versetzt Ruth einen mindestens ebenso schmerzvollen Stich ins Herz.

Schließlich gelingt es Ruth, Jürgen von der Notwendigkeit eines Urlaubs zu überzeugen – an einem Kurort, wo er in heißen Quellen baden könne. Sie verlassen Kieckow für einen ganzen Monat; die Kinder bleiben unter der Obhut der Dienerschaft, das Gut wird vom Verwalter geführt, und die Verwaltung des Kreises obliegt Jürgens Assistent. Wie gut es doch ist, sich auf seine Angestellten verlassen zu können!

SEPTEMBER. Der Urlaub hat Jürgen gutgetan; zwar ist der Schmerz noch vorhanden, aber wenigstens fühlt er sich kräftiger. Er selbst schlägt vor, das traditionelle Erntedankfest in Kieckow wieder einzuführen, was Ruth überglücklich macht. Zum letzten Mal wurde es vor 12 Jahren abgehalten, nach dem Tod von Mutter Kleist konnte sich der Vater jedoch nie mehr überwinden, dieses beliebte Fest wieder zu feiern. Seit ihrer Ankunft in Kieckow hat Ruth im Dorf regelmäßig Besuche gemacht. In nur vier Monaten hat sie viel über die Menschen hier gelernt – über ihre Hoffnungen, ihre Erinnerungen und ihre Traditionen. Mittlerweile kennt sie jede Familie mit Namen. Aus Unterhaltungen mit ihnen hat sie immer wieder herausgehört, wie beliebt die Feste in Kieckow waren. Sie versichert ihrem Mann: »Weißt du, Jürgen, dieses Jahr wird es ein Fest wie nie zuvor geben!«

OKTOBER. Es ist Sonntag morgen, der Gottesdienst in der Kirche ist früher zu Ende gegangen als jemals zuvor. Aus Rücksicht auf das Fest hat der Pastor die kürzeste Predigt seines Lebens gehalten! Die Bewohner der zwei Dörfer – Kieckow und Klein Krössin – sind vor dem Schulhaus von Kieckow versammelt. Der Dorfsprecher gibt lauthals seine Anweisungen und versucht, die aufgeregten, ungestümen Kinder in die Prozession einzureihen – »Jungens zu den Männern, Mädchen zu den Frauen«. Jeder Mann trägt eine Sense, jede Frau einen Rechen. Die Werkzeuge sind mit Blumengirlanden geschmückt.
Auf der Rampenvorfahrt vor dem Gutshaus erwarten Ruth und Jürgen die Prozession. Neben ihnen stehen ihre vier Kinder, Hans Jürgen, Spes, Konstantin und Maria, dahinter Jürgens Vetter aus dem weiter östlich gelegenen Schmenzin, Ruths Schwester Anni von Tresckow mit ihrem Mann und zahlreiche Freunde und Kollegen aus dem Kreis Belgard. Kurz nachdem die ersten Musiktöne zu ihnen herüberdringen, ist auch schon die Prozession in Sicht – zunächst nur als Farbtupfer zwischen den

mächtigen Bäumen, bald ist die ganze Menschenmenge zu erkennen, die den Weg zum Gutshaus nimmt. Die Prozession wird angeführt von einem einzelnen Posaunisten, der mit seinem Instrument eine ganze Blaskapelle ersetzen muß. Direkt hinter ihm geht eine sehr alte Frau mit der Erntekrone, die sie selbst hergestellt hat – ein dicker Blumenkranz, in den je eine Ähre von den verschiedenen Getreidesorten und ein Blatt von jeder in Kieckow oder Klein Krössin wachsenden Frucht hineingebunden ist. Mit den Armen gestikulierend und mit dem verabredeten Kopfnicken versammelt der Sprecher die Dorfbewohner. Als endlich alles ruhig ist, belohnen die Zuschauer die Prozession mit begeistertem Applaus. Als auch dieser verebbt, tritt der Hofmeister vor, nimmt die Erntekrone der alten Frau und überreicht sie feierlich dem Herren von Kieckow und Klein Krössin.

Gutshaus in Kieckow

Wieder ertönt die Posaune, diesmal mit der Melodie eines Erntedankliedes, das an diesem Sonntag in jeder Kirche auf jedem Landsitz in ganz Preußen gesungen wurde, solange die Erinnerung zurückreicht:

Nun danket alle Gott
Mit Herzen, Mund und Händen …

Nun ist der Gutsherr an der Reihe. In dem Bewußtsein, in Vaters Fußstapfen zu treten, richtet Jürgen, die Erntekrone in Händen haltend, das
Wort an die Menge. Das Thema dieses Erntedankliedes aufnehmend,
dankt er Gott für die reiche Ernte und allen Bewohnern von Kieckow und
Klein Krössin für ihre geleistete, harte Arbeit, ihre Ehrlichkeit und ihre
Treue zu Gott, dem Vaterland und dem Hause Kleist. Abschließend
dankt er dem verstorbenen Herrn von Kieckow dafür, daß die Familie
Kleist nun wieder in der traditionellen Landwirtschaft in diesem alten
preußischen Gebiet tätig sein kann. Wegen seiner angeschlagenen Gesundheit ist die Rede kurz, manche Zuhörer sind jedoch zu Tränen gerührt.

Nun tritt der Vorarbeiter vor, um dem Gutsherrn mit den traditionellen
Worten zu antworten. Er nimmt diese Gelegenheit mit besonderer Ergebenheit wahr, da auch das Dorf unter der jahrelangen Verpachtung des
Guts gelitten hat. Anschließend dreht er sich seinen Männern zu, die mit
ihm zusammen den Hochruf ausbringen: »Er lebe hoch, lebe hoch, lebe
hoch.« Er wird traditionsgemäß dreimal ausgerufen – einmal für den
Gutsherren, einmal für die Herrin und das dritte Mal für die Kinder des
Gutshauses. Zu jedem Wort schlagen die Männer ihre Sensen im Takt
aneinander. Wieder stimmen die Dorfbewohner ein Lied an, während
der Gutsherr die Erntekrone an einem gut sichtbaren Platz auf der Vor-
derseite des Hauses aufhängt, wo sie bis zur nächsten Ernte bleiben wird.

Dies war nur der erste Akt. Der zweite Akt ist das Festessen, das in dem
leeren Kornspeicher stattfindet. Ein Dutzend lange Tische wurden für
das Festmahl aufgestellt, auf der einen Seite sitzen der Gutsherr, seine
Familie und seine Freunde, die andere Seite ist für die Dorfbewohner
reserviert. Als alle sitzen, erhebt sich der Pastor, um das Tischgebet zu
sprechen. Dann müssen alle noch einmal aufstehen, und als sie endlich
soweit sind, folgt ein »Hoch« auf den Kaiser. Nun kann die Mahlzeit
serviert werden, die mit Hilfe aller 40 Dienstboten, die auf die eine oder
andere Weise mit dem Gutshaus in Verbindung stehen, zubereitet
wurde. In dem großen, hohen Raum herrscht ausgelassene Stimmung,
man hört fröhliches Gelächter.

Nach dem Essen erhebt sich Jürgen von Kleist, einen riesigen silbernen Weinkelch in der Hand. Er lädt alle ein, mit ihm zu trinken, nimmt einen Schluck und gibt den Kelch an Ruth weiter, die ebenso daraus trinkt; der Kelch wird von Person zu Person den ganzen Tisch entlang weitergereicht. Ein Dienstbote steht bereit, um den Kelch zum nächsten Tisch zu bringen, wo er wieder weitergereicht wird, und weiter zum nächsten Tisch, bis jeder von dem Wein getrunken hat.

Draußen auf dem Rasen rennen die Kinder ausgelassen hin und her. Sie können ihre Vorfreude kaum verbergen, denn sie wissen, daß der dritte Akt speziell ihnen gilt. Mitten unter den Kindern befinden sich auch Hans Jürgen, Spes, Konstantin und Maria. Nun kommt der große Moment für die neue Herrin. Ruth veranstaltet für die Kinder eine Reihe von Spielen – Sackhüpfen, Blindekuh und ein Wettklettern –, die sie selbst als Kind gern gespielt hat. Für die Gewinner gibt es kleine Preise, die offiziell mit Handschlag übergeben werden.

Der letzte Akt findet auf der Wiese unter den Bäumen statt. Dafür haben die Männer des Dorfes bereits die langen Tische und Stühle nach draußen gebracht. Die Dienerschaft deckt die Tische und schleppt Kannen mit Kaffee und Kuchentabletts herbei, während alle Plätze um die Tische herum schnell besetzt sind. Entsprechend der Tradition, die vor zwei Jahrzehnten von Ruths Schwiegermutter eingeführt wurde, geht Ruth mit den Kaffeekannen von Tisch zu Tisch und schenkt persönlich den heißen Kaffee in leere Tassen oder füllt unermüdlich halbleere nach, bis die Dorfbewohner bei Sonnenuntergang und der einsetzenden Kühle des Abends nach Hause zurückkehren. Immer wieder bedanken sie sich überschwenglich, oft mit Tränen in den Augen, und verabschieden sich bis zum nächsten Jahr.

Im nächsten Jahr wird jedoch kein Erntedankfest stattfinden; erst eine Generation später wird dieses Fest wieder in Kieckow gefeiert werden.

»TREU BIS ZUM TODE«

1896, NOVEMBER. Durch das Fest wurde Jürgens Gemütszustand stark verbessert, es konnte jedoch nicht dazu beitragen, seine ständig fortschreitende Krankheit aufzuhalten. Ruth ist stolz darauf, wie sehr Jürgen und den Dorfbewohnern dieses von ihr ganz allein organisierte Fest gefallen hat, ihre frohe Stimmung schlägt jedoch schnell um, als sie Jürgens schlimmer werdende Schmerzen bemerkt. Es fällt ihm bereits schwer zu essen, er magert zusehends ab. Sein Arzt verschreibt ihm abermals einen einmonatigen Ortswechsel, diesmal in einem Sanatorium im Süden. Einen ganzen Monat lang erholen sich Jürgen und Ruth, die mit ihrem fünften Kind schwanger ist, in einem Kurort in den Bergen. Pflichtbewußt trinken sie das Wasser, baden in den mineralischen Heilbädern und halten sich an eine milde Diät, die den Kranken gesund machen und der werdenden Mutter guttun soll. Jürgens Zustand bessert sich jedoch nicht merklich.

1897, Mai. Die dritte Tochter von Ruth und Jürgen wird in der Residenz des Landrats von Belgard geboren. Wenige Tage später wird sie in der alten Marienkirche auf den Namen Ruth getauft, das Wasser dazu wird der Taufschale aus Kieckow entnommen. Ihre Mutter vergießt Tränen des Glücks und der Trauer, ahnt sie doch, daß ihre jüngste Tochter den Vater nie richtig kennenlernen wird.

Oktober. Die Residenz des Landrats in Belgard steht fast leer, seit der Landrat nicht mehr in der Lage ist, seinen beruflichen Pflichten nachzukommen. Leidend schleppt er sich auf dem Gut umher, sitzt allein auf der Veranda und versucht, im Anblick des Waldes Trost zu finden. Weder seine Frau noch die Kinder, nicht einmal seine jüngste Tochter, können seine Leiden lindern, da die Schmerzen unerträglich geworden sind. Nach Ansicht des Arztes leidet Jürgen an einer Nierenerkrankung, die sich in ihrem weiteren Verlauf auch auf sein Gehirn auswirken wird. Die Diagnose bestätigt sich, denn mittlerweile erkennt Jürgen kaum mehr seine eigenen Kinder. Zwar hat der Arzt jede Hoffnung auf Heilung aufgegeben, aber dennoch schlägt er Ruth vor, Jürgen noch einmal in ein Sanatorium zu bringen.
Ruth ist hin- und hergerissen zwischen den Bedürfnissen ihres Mannes und ihren Mutterpflichten, letztendlich entscheidet sie sich zugunsten ihres Mannes. Der Winter steht vor der Tür, und es kostet Ruth ihre gesamte Kraft, Jürgen in ein Sanatorium in den österreichischen Alpen zu bringen. Unter Mithilfe des Kutschers und des Gutsverwalters wird er in die Kutsche geladen zur Fahrt nach Belgard, wo er in ein Zugabteil, das in ein Kojenbett umgebaut worden war, getragen wird. Von da ab ist

sie allein mit ihrem Patienten und versucht, ihm die Reise so bequem wie möglich zu machen. In Dresden müssen sie in einen anderen Zug umsteigen, um nach Österreich zu gelangen. Lange vor der Ankunft in Dresden verschlechtert sich Jürgens Zustand so dramatisch, daß Ruth den Entschluß faßt, nicht weiterzufahren. In Dresden angekommen, holt sie Hilfe herbei und läßt ihren sterbenden Mann in ein Hotelzimmer bringen.

NOVEMBER. Jürgen von Kleist verläßt diese Welt in einem ihm fremden Hotelzimmer in Dresden. Ruth kehrt mit dem Sarg ihres verstorbenen Mannes im Zug nach Kieckow zurück. Ihr ganzes Leben lang hat sie ein Übermaß an Tränen vergossen, auch wenn es manchmal gar nicht notwendig war, aber jetzt fließt keine einzige.

Der große Saal ist schwarz dekoriert, Jürgens Sarg steht bis zu seiner Bestattung in der Mitte des Raumes. Ruth, die noch kaum Todesfälle in der Familie erlebt hat, fühlt sich zunächst getröstet durch die kleineren Kinder, die, scheinbar ungestört durch den Sarg, weiterhin ihren Spielen nachgehen. Eines Nachmittags jedoch, als sie am Zimmer der Buben vorbeikommt, dringt herzerweichendes Weinen durch die geschlossene Tür. Sie betritt das Zimmer und findet den siebenjährigen Konstantin in tiefem Schmerz auf dem Boden liegend. Als sie ihn in die Arme nimmt und ihn endlich beruhigen kann, bittet der Junge sie, den Sarg zu öffnen, damit er einmal noch seinen Vater ansehen könne. Ruth muß es ihm verweigern. Nie wieder in seinem Leben wird Konstantin Tränen vergießen. Es wird gelegentlich vorkommen, daß sie ihm in die Augen treten, aber er wird so lange die Zähne zusammenbeißen, bis sie vergehen. Für einen Junker schickt es sich nicht zu weinen.

Jürgens Schwester Elisabeth, sein Bruder Hans Anton, der Graf und die Gräfin von Zedlitz sowie Ruths Schwestern und Brüder sind mit ihren Ehepartnern in Kieckow versammelt. Elisabeth trägt Trauerkleidung und um den Hals das goldumrandete Stolbergsche Kreuz. Davon nimmt Ruth jedoch keine Notiz, ihre Trauer ist zu tief. Sie trägt das lange, schwarze Kleid, das damals für sie genäht wurde, als ihr Schwiegervater Hans Hugo starb.

Von nah und fern kommen Besucher, um an der Beerdigung teilzunehmen und um der jungen Witwe zu dem schweren Verlust ihre Anteilnahme auszusprechen, deren verstorbener Mann die Hoffnungen auf die Zukunft Preußens und des Deutschen Reiches verkörpert hatte. Die

Kirche von Kieckow ist zum Bersten gefüllt, allein der Platz des Gutsherrn bleibt leer – für Ruth ein sehr schmerzhafter Hinweis, daß Jürgen nie wieder an ihrer Seite sein wird. Im Friedhof neben der Kirche war bereits ein Grab ausgehoben, nach dem Gottesdienst ordnet die Witwe jedoch an, der Sarg solle nicht auf den Friedhof, sondern in die Gruft unterhalb der Kirche neben die Särge seiner Eltern getragen werden.

Nachdem der Sarg dort abgestellt war, bittet Ruth, allein gelassen zu werden. Mit der kleinen Ruth auf dem Arm führt sie dann ihre vier größeren Kinder die drei Stufen hinunter in die Gruft. Hans Jürgen hält Spes fest an der Hand, Maria klammert sich schutzsuchend an Konstantin. Ruth versammelt ihre Kinder rund um den Sarg und spricht Worte zu ihnen, die sie noch nicht verstehen: »Treu bis zum Tode – so war euer Vater und auch euer Großvater vor ihm. Das werden auch wir sein. So lautet mein Glaube, möge es auch der eure werden – treu bis zum Tode.«

An den darauffolgenden Tagen verabschieden sich die Freunde und Familienmitglieder nach und nach von der trauernden Familie in Kieckow. Schließlich ist nur noch Ruths Vater geblieben. Ruth, die zum ersten Mal mit ihm allein ist, wirft sich ihm in die Arme. Nun stürzen alle Tränen, die seit Jürgens Tod unterdrückt waren. »Vater, ich schaffe es nicht«, weint sie. Ohne zu zögern antwortet er: »Jetzt im Moment kannst du es nicht, mein Kind, aber du wirst es lernen.« Die beiden sprechen von der Zukunft Kieckows.

Unter den Junkern gibt es kaum Fälle, in denen Landbesitze nach dem Tod des Herrn von der Witwe weitergeführt werden. In der Familie Kleist war dies einmal bereits der Fall, als die verwitwete Mutter des ersten Hans Jürgen Mut genug hatte, Groß Tychow und Klein Krössin zu erhalten, bis ihr Sohn erwachsen war. Seither ist ihre Beherztheit immer wieder bewundert worden. Ruths Vater versichert ihr, sie sei aus dem gleichen Holz geschnitzt und könne es ebenso schaffen. Ruth erklärt sich bereit, die Herausforderung anzunehmen, auch wenn sie wenig Vertrauen in ihre Fähigkeit, ein Gut zu leiten, setzt.

Nach der Abreise des Vaters ist Ruth allein mit ihrer Trauer, ihren Kindern, dem Gutshaus, zwei Dörfern und einem großen landwirtschaftlichen Betrieb. Sobald seine Kutsche außer Sichtweite ist, geht sie an das Büffet im Speisesaal, entnimmt zwei Kerzenleuchter aus Zinn, zwei lange Kerzen, Streichhölzer und einen Feuerstein, eilt dann zu dem großen Garderobenschrank in der Eingangshalle, wählt einen Umhang mit Kapuze, zieht ihn an und verläßt leise das Haus. Die Sonne ist längst untergegangen, aber es ist noch nicht Zeit zum Abendessen. Sie läuft die Straße hinunter, nach links durch das Dorf, am Teich vorbei zur Rückseite der Kirche und steigt die drei Stufen zur Gruft hinab. Sie öffnet die Tür und betritt den dunklen, feuchten Raum. Vorsichtig tastet sie sich zum Altar, steckt die Kerzen in die Leuchter und entzündet sie mit einem Streichholz. Mehr als eine Stunde lang ist sie mit Jürgen alleine, als die Hausdame in der Türe steht. »Gnädige Frau? Frau von Kleist, Ihre Kinder warten auf Sie, und das Baby weint. Bitte kommen Sie zum Abendessen.«

1898, JUNI. Zuversichtlich und voller Energie kommt Ruths Vater aus Großenborau in Kieckow an, bereit, die Situation des Landbesitzes mit seiner Tochter und dem Verwalter zu besprechen. Er wird in Belgard mit der Kutsche abgeholt und zum Gutshaus gebracht, wo er an der Tür von Ruth und einer Schar Kinder begrüßt wird. Daß die junge Mutter, gerade 32 Jahre alt, sogar zu Hause von Kopf bis Fuß tiefstes Schwarz trägt und ihr Gesicht mit einem schwarzen Schleier bedeckt, beunruhigt ihn. Dennoch ist es ein fröhliches Wiedersehen, als alle zusammen in der Bibliothek den Tee einnehmen. Ein Diener geleitet dann den Vater hinauf ins Gästezimmer im ersten Stock. Er öffnet gerade erst seine Tasche, als es schon an der Türe klopft. Es ist die Hausdame. »Der Herr Graf möge mich entschuldigen, ich würde ihn gerne einen Moment sprechen.« Graf Robert bittet sie einzutreten und schließt die Türe; beide bleiben stehen. »Es geht um Ihre Tochter, Frau von Kleist; es stimmt etwas nicht mit ihr. Jede Nacht ist sie unten in der Gruft und sitzt bei den Toten. Mindestens einmal die Woche beteiligt sie sogar die Kinder daran. Ich weiß, es ist nicht gut für sie, aber ich habe da keinen Einfluß. Ich wollte nur, daß Sie wissen, wie es steht. Bitte entschuldigen Sie mich, Herr Graf.«
Mit einem Knicks verabschiedet sie sich, geht zur Türe, öffnet sie und ist verschwunden.
Zwei Tage lang läßt sich der Vater Zeit, um zu beobachten. Besonders auf seine älteste Enkelin Spes richtet er sein Augenmerk, die, jetzt zehn Jahre alt, ihn ein wenig an seine Tochter Ruth erinnert. Sie besitzt dasselbe

Temperament wie Ruth, ihr fehlt jedoch ein wenig die starke Führung, die nur ein Vater geben kann. In Gedanken nimmt er sich vor, hier später vielleicht behilflich zu werden. Ansonsten findet er die Kinder in jeder Weise vorbildlich, was ihm unter vier Augen auch von dem Kindermädchen und der erst kürzlich eingestellten Gouvernante bestätigt wird. Wie ihm der Verwalter berichtet, ist die Aussaat in vollem Gange, und der landwirtschaftliche Betrieb scheint in guten Händen zu sein. Über die Schulden, die auf Kieckow lasten, kann er jedoch nur mit Ruth sprechen. Dafür, entscheidet er, ist aber noch nicht die richtige Zeit gekommen.

Am dritten Abend seines Besuches spricht er seine Tochter in der Bibliothek direkt an: »Ruth, es ist an der Zeit, mit dem Trauern aufzuhören. Nimm Hut und Schleier ab, sie sind nicht mehr gut für dich. Kümmere dich um deine Kinder, bevor du es vielleicht einmal bereust. Und laß die Toten in Frieden ruhen, auch deinen Mann Jürgen. Gib morgen den Arbeitern die Anweisung, drei Gräber auszuheben, bestatte die Särge und verriegele die Tür zur Gruft. Ich halte den Zustand unter der Kirche für barbarisch, ja sogar für unchristlich.«
Ruth schockieren die Worte ihres Vaters, und wieder fließen die Tränen so, daß sie nicht sprechen kann. Der Vater wartet geduldig, bis sie die Fassung wiedergewinnt. Dann erklärt sie ihm, die Särge von Jürgens Eltern seien nicht beerdigt worden, da sich nach dem Tod von Jürgens Vater die Geschwister nicht entschließen konnten, ihre Eltern auf dem Friedhof von Kieckow zu bestatten. Warum, wisse sie nicht, da Jürgen nie darüber sprechen wollte. Daß es mit Jürgen so nicht weitergehen könne, wisse sie. In Wirklichkeit täte es ihr weh, seinen Sarg in der dunklen Gruft sehen zu müssen, aber bislang konnte sie sich einfach noch nicht zu der Anweisung durchringen, ihn begraben zu lassen. Sie geht zu ihrem Vater und umarmt ihn voll Dankbarkeit.
Am Morgen von Vaters letztem Tag in Kieckow ergeht die Anordnung, den verstorbenen Gutsherrn beerdigen zu lassen. Am Nachmittag begeben sich Ruth, ihr Vater und die fünf Kinder zum Friedhof, wo der Pastor ohne allzuviel Emotionen eine fast nüchterne, mit vielen Gebeten angereicherte Andacht hält. Nach der Segnung hebt der Vater seine Hand, als wolle auch er die Gruppe segnen. Statt dessen erklärt er mit einer Stimme, die sonst im Parlament angebracht ist: »Die Zeit der Trauer in Kieckow ist vorbei.«

Am nächsten Morgen begleitet Ruth ihren Vater im offenen Wagen nach Belgard. Sie sitzt neben ihm und dem Kutscher auf der Bank, sie trägt ein einfaches, schwarzes Kleid, dazu einen schwarzweißen Umhang und ihren schwarzen Hut, jedoch keinen Schleier mehr. Auf der Straße zwischen Kieckow und Klein Krössin winken die Männer von den Feldern ihrer Herrin und dem Besucher zu. Die beiden winken zurück und lächeln freundlich.

JUNI. Nachdem Ruth nun nicht mehr in die Gruft gehen muß, hat sie eine andere Möglichkeit gefunden, ihren unersetzlichen Verlust zu überwinden. Sie hat sich vorgenommen, die Geschichte ihrer Ehe niederzuschreiben, damit sie und ihre Nachfahren den Mann niemals vergessen, den sie über alles liebte – Jürgen von Kleist aus Kieckow. In den langen Abendstunden des Sommers sitzt sie an ihrem Schreibtisch und beginnt, ihre Erinnerungen zu Papier zu bringen. Die Erinnerungen werden nie beendet werden. Während ihres langen Lebens schreibt Ruth immer wieder ein wenig weiter, vor allem, wenn Ereignisse der Gegenwart zu schmerzlich sind, um darüber nachzudenken. Sie erinnert sich daran, was Jürgen so einzigartig machte, ihn von allen anderen Männern unterschied, was sie so an ihm liebte, und schreibt ihre Gedanken in dem ihr eigenen Stil:

> »Er war fromm im wahrsten Sinne des Wortes. Unter Frömmigkeit verstehe ich, daß ein Mensch seine Haltung, sein Tun, sein ganzes Wesen bewußt unter Gottes Willen stellt. Er führte ein Leben in der Zucht, die sich eigene Ungeduld nicht durchgehen läßt, die immer darauf bedacht ist, das Rechte zu tun. Aber er verlangte die gleiche Zucht von seiner Frau und allen, mit denen er zu tun hatte, auch von seinen Untergebenen. Er war wahrhaftig und gerecht und treu.«

Beim Schreiben dieser Erinnerungen, erlangt Ruth ihr seelisches Gleichgewicht wieder und nimmt Jürgens Hinterlassenschaft an – die Bereitschaft, die Zukunft zu gestalten, indem sie die Gegenwart meistert.

III

Die Witwe von Kieckow

1898-1911

Eine Besucherin aus Kniephof

AUGUST. Umringt von ihren Kindern sitzt die junge Witwe auf der Terrasse beim Tee und liest aus dem Märchenbuch der Brüder Grimm vor. An der Terrassentüre steht ein Kindermädchen bereit, sollte das kleine Ruthchen unruhig werden, aber selbst sie, erst eineinhalb Jahre alt, lauscht andächtig Mutters Stimme, die einmal die gute Prinzessin und dann die böse Hexe mimt. Sehr zur Enttäuschung der Kinder findet die nachmittägliche Märchenstunde ein plötzliches Ende, als ein langjähriger Diener der Familie auf der Stufe zur Terrasse erscheint und ein Telegramm für die Mutter in den Händen hält:

> LIEBE FREUNDIN STOP UNTERWEGS VON DANZIG NACH KNIEPHOF MIT DEM ABENDZUG STOP UM ACHT IN TYCHOW STOP FREUE MICH AUF EUCH UND KIECKOW STOP DEINE TREUE HEDWIG BISMARCK STOP

Ruth ist hocherfreut über den bevorstehenden Besuch der verwitweten Hedwig von Bismarck, mit der sie durch die allgemeine Familienfreundschaft der Kleists und der Bismarcks verbunden ist. Fast nie hat sie jedoch Zeit mit ihr alleine zugebracht. Es ist höchste Zeit, diese Beziehung zu vertiefen! Ruth wendet sich den Kindern zu, um sie an ihrer Freude teilhaben zu lassen, doch hat sie damit in diesem Augenblick keinen Erfolg.

Bislang sind Ruth und Hedwig viermal zusammengetroffen, zweimal in Kniephof und zweimal in Kieckow. Das erste Treffen fand im Sommer 1886 statt, als Hedwig und Philipp von Bismarck Jürgens Braut in die Bismarckschen Kreise einführten. Das zweite fand 1892 in Kieckow statt anläßlich der Beerdigung von Jürgens Vater. Zwei Jahre später trafen sie einander abermals in Kniephof zur Beisetzung von Hedwigs Ehemann

Philipp, während der Anlaß des bislang letzten Treffens in Kieckow Jürgens Begräbnis war. Dieses Wiedersehen wird anderer Natur sein – ein Zusammentreffen zweier Witwen, die beide große Güter leiten und für je zwei Dörfer verantwortlich sind, also selbständig die schweren Aufgaben eines preußischen Landbesitzers erfüllen müssen. Schnell gibt Ruth dem Überbringer der Nachricht eine Reihe von Anweisungen – er soll den Kutscher herschicken, die Hausdame das Gästezimmer herrichten lassen, und das Kindermädchen soll die Kinder zur Begrüßung des Gastes vorbereiten. Bevor die Kinder aber losziehen, fragt sie noch, welches Lied sie für die Besucherin singen wollen. Einstimmig kommt die Antwort: »Der alte Barbarossa.« Ruth täuscht ein wenig Überraschung vor, weiß sie doch, daß dies das Lieblingslied ihrer Sprößlinge ist. Es erzählt die Legende Kaiser Friedrich Barbarossas, der unter einem Felsen schläft, das Kinn auf einen Marmortisch aufgestützt, durch den im Laufe der Zeit sein Bart hindurchgewachsen ist und der hier schlafend auf seine Wiederkehr wartet.

Ebenso wie ihre Kinder ist auch Ruth fasziniert von der Legende des schlafenden Barbarossa, aber im Gegensatz zu ihnen denkt sie auch über die Symbolkraft des beliebten Gedichtes nach. Gerade zu dieser Zeit erhält es besondere Bedeutung durch den Tod Otto von Bismarcks Ende Juli. Er war es und nicht der jetzige Kaiser, auch nicht sein Vorgänger, der seinen Landsleuten Barbarossa wieder ins Gedächtnis gerufen hat. Ruth hegt zwiespältige Gefühle gegenüber Bismarck, der Preußen und die anderen deutschen Staaten zwar zu einem modernen Nationalstaat vereint, jedoch auch den derzeitigen Kaiser gnadenlos verspottet hat. Wie gut wird es tun, sich darüber mit Hedwig auszutauschen.

Allein auf der Terrasse zurückgeblieben denkt Ruth über die komplexe Geschichte dieser erfolgreichen Familie nach, die so viele talentierte Mitglieder hervorgebracht hat, angefangen bei der Mutter aller, Wilhelmine Mencken von Bismarck, Tochter eines Berliner Gelehrten und Professors.

Ruth ist auch bekannt, daß ein Sohn der Familie Mencken gegen den Willen seines Vaters nach Amerika ausgewandert war, was sie an ihren eigenen Bruder Robert und dessen Wunsch erinnert, nach Amerika zu emigrieren, um etwas Neues aus seinem Leben zu machen. Warum nur hegen die jungen Männer immer wieder diesen Wunsch, wo doch in preußischen Landen eine Fülle von Aufgaben und Chancen wartet? Ihr Bruder Robert hatte seine Idee auf Vaters Wunsch aufgegeben und ist nun der persönliche Adjutant eines kaiserlichen Prinzen. Eigentlich spielt er mehr oder weniger die Rolle der Gouvernante eines jungen Mannes, dem nichts anderes einfällt, als die Familie des Kaisers in peinliche Situationen zu bringen. Seit Jürgens Tod war Robert schon oft zu Besuch und unterhielt seine Schwester mit Geschichten über das oberflächliche Leben am Hofe. So sehr Ruth der neueste Klatsch auch amüsiert, so sehr sorgt sie sich um das Haus Hohenzollern. Wenn doch die Machthaber dem jahrhundertealten Ruf Gottes, des Vaterlandes und der Familie folgen würden, wie es die Kleists und die Zedlitze, ja auch die Bismarcks Generation für Generation getan haben.

Ruth analysiert in Gedanken ihre fünf Kinder und überlegt, welches davon eventuell eines Tages den Wunsch haben könnte, nach Amerika auszuwandern. Ihre Gedanken kehren wieder zu Wilhelmine Mencken zurück, der intellektuellen Frau, die Ferdinand von Bismarck, einen preußischen Offizier und Besitzer von drei Gütern in Pommern, geheiratet hat. Er soll der beste aller Junker gewesen sein, er liebte die pommersche Landschaft, schützte Wälder und Felder und war Meister auf dem Gebiet einer in Pommern weitverbreiteten Leidenschaft, der Jagd. Aus dieser etwas überraschenden Heirat gingen drei höchst begabte Kinder hervor – Bernhard, Otto und Malvina. Fast achtzig Jahre später spricht man in Pommern noch immer von der unglücklichen Verbindung zwischen der Professorentochter und einem pommerschen Junker!

Das Landhaus in Kniephof war der Geburtsort von Bernhard und Otto, und es blieb das Zuhause ihrer Kindheitsjahre mit einer unglücklichen, kränkelnden Mutter. Als sie noch sehr jung waren, wurden die beiden zur Vorbereitung auf ein Universitätsstudium in ein Internat nach Berlin geschickt. Weit entfernt von zu Hause entwickelte sich eine tiefe Freundschaft zwischen den beiden von Heimweh geplagten Jungen vom Lande. Der ältere, Bernhard, beschützte seinen jüngeren Bruder Otto in der fremden, unfreundlichen Umgebung. Die Strenge der Mutter zahlte sich letztendlich aus, indem beide Söhne ihre Ausbildung erfolgreich abschlossen. Bernhard wurde wie Ruths Mann Jürgen Landrat in der preußischen Verwaltung, Otto aber wurde zur Legende. Der entscheidenden Bedeutung des mütterlichen Einflusses auf die Entwicklung ihrer Kinder, selbst einer so unglücklichen Frau wie Wilhelmine, ist sich Ruth bewußt. Im stillen betet sie zu Gott, sie möge dabei mindestens ebenso erfolgreich sein wie diese arme Frau.

Otto kehrte als junger Mann nach Kniephof zurück und übernahm die Leitung des Gutes, gab sich gleichzeitig jedoch Trinkgelagen hin und gebärdete sich wie ein Wilder. Die Gesellschaft taufte ihn den »wilden Junker von Kniephof«. Dennoch gelang es ihm in dieser Zeit, die tief verschuldete Landwirtschaft auf eine gesunde wirtschaftliche Grundlage zu stellen. Bernhard heiratete ein Mädchen vom Nachbargut Lasbeck; aus der Verbindung ging lediglich ein einziger Sohn namens Philipp hervor, da die junge Mutter wenige Wochen später starb. Zweiundzwanzig Jahre später zeichnete sich Philipp, nun junger Leutnant in der preußischen Armee, durch außerordentliche Leistungen im Krieg gegen Frankreich aus, ein Krieg, den nach der Meinung vieler sein Onkel heraufbeschworen hatte. Der Sieg ging an Preußen, und zum Dank belohnte der Kaiser Otto von Bismarck mit Grundbesitz in dem von Preußen neu eroberten westlichen Landesteil. Philipp kehrte aus dem Krieg zurück, übernahm Lasbeck von seinen Großeltern mütterlicherseits und vereinigte es mit Kniephof, das er von seinem Onkel Otto von Bismarck erworben hatte. Seine Laufbahn als Gutsbesitzer begann Philipp, indem er heiratete und seiner jungen Frau zunächst ein neues Gutshaus in Kniephof errichten ließ. Später baute er eine Straße durch den dichten Wald zwischen den zwei Dörfern, so daß für die Arbeiter und all die anderen, die jeden Tag zwischen den Gütern pendeln mußten, der Weg erleichtert wurde. Die Dorfbewohner tauften diesen romantisch gelegenen Weg den »Leutnantspfad«, der nach Philipps Tod zu einer lebendigen Erinnerung an den Herren von Kniephof und Lasbeck wurde. Ruth erinnert sich eines Spazierganges Arm in Arm mit Jürgen kurz nach ihrer Hochzeit. Sie wanderten die ganze Strecke hin und wieder zurück und träumten von ihrem künftigen Leben in Kieckow.

Wie schon seine Mutter, so starb auch die Frau Philipp von Bismarcks kurz nach der Geburt ihres ersten Kindes. Das schreckliche Schicksal dieser Frauen erinnert Ruth an zwei Geburten im Dorf, denen sie kürzlich beiwohnte. Bei der ersten konnte die Mutter eines gesunden Kindes nicht gerettet werden, und bei der zweiten gebar eine gesunde Mutter ein

Kind, das innerhalb weniger Stunden starb. Von der Herrin von Kieckow wird erwartet, bei Geburten anwesend zu sein. Aus diesem Grund hat Ruth nun begonnen, sich Kenntnisse über die Pflege und Versorgung werdender Mütter und über Geburtshilfe anzueignen. Als Mutter von fünf gesunden Kindern zählt sie sich selbst zu denen, die vom Glück begünstigt wurden.

Kurze Zeit nach dem Tod seiner Frau lernte Philipp Hedwig von Harnier kennen und heiratete sie. Sie stammte aus der lieblichen Landschaft entlang des Rheins. Nun hatte sein Sohn wieder eine Mutter und Kniephof und Lasbeck eine neue Herrin. Ruths Gedanken verweilen bei den Worten Herr und Herrin, Worte, die für althergebrachte Privilegien und genau definierte Pflichten stehen, eine Art Arbeitsteilung, die sich in Hunderten von Jahren in der Feudalgesellschaft entwickelt hat. Erstaunlicherweise funktioniert dieses System um die Jahrhundertwende noch immer, solange Herr und Herrin am Leben sind oder, wie in Hedwigs Fall, die Herrin die Rolle des Gutsherren zu übernehmen vermag.

Hedwig trifft spätabends in einem überdachten Wagen in Kieckow ein. Die fortgeschrittene Zeit erlaubt wenig mehr als eine herzliche Umarmung und ein paar Worte, um sie willkommen zu heißen. Ruth geleitet Hedwig zu ihrem Zimmer, gefolgt von einem Zimmermädchen, das eine Kanne heißen Tee bringt.

Beim Morgengebet im Speisezimmer von Kieckow werden Hedwig die Kinder vorgestellt. Ruth nimmt am Harmonium Platz und improvisiert über ihr Lieblingslied – ein Talent, um das Jürgen seine Frau angeblich beneidete. Sie jedoch beneidete ihn wiederum um die Gabe, gut vom Blatt spielen zu können, was ihr nicht gelingen mag. Hedwig sitzt auf einem der Stühle am Eßtisch, dem Harmonium zugewandt, während Kindermädchen und Gouvernante zu ihrer Linken und Rechten sitzen. Dahinter stehen die Hausdame, die Dienstmädchen und zwei ältere männliche Bedienstete. Ruth erhebt sich von der Bank, nimmt die Bibel und öffnet sie an einer Stelle, die speziell für einen lange erwarteten Gast markiert wurde. Sie liest die entsprechenden Bibelverse vor und spricht dann ihre eigenen Begrüßungsworte, erinnert die Anwesenden an ihre individuellen und kollektiven Pflichten Gott gegenüber und spricht schließlich ein Dankgebet für Gottes Segen im Namen aller Anwesenden. Zum Abschluß wird ein Lied gesungen, das Ruth wieder begleitet. Das

Lied ihrer Wahl überrascht keinen, denn es ist ebenso das Lied der Bismarcks als auch der Kleists – »Morgenglanz der Ewigkeit«. Die größeren Kinder kennen alle fünf Strophen auswendig. Unter der Melodie fällt eine klare, saubere Altstimme auf, die souverän dem Gesang die Qualität einer Kirchenaufführung verleiht. Es ist die Stimme von Spes, die mit ihren zehn Jahren die Bedeutung von Harmonie begriffen hat, lange bevor sie Noten lesen konnte. Ihre musikalische Begabung ist der Mutter eine große Freude. Wenn Besucher im Hause sind, erhält das Frühstück eine Festlichkeit, die sonst nur für Sonntage reserviert ist. Statt Schweineschmalz gibt es frische Butter aufs Brot (normalerweise wird die gesamte in Kieckow hergestellte Butter außerhalb des Gutes verkauft); außerdem wird hausgemachte Birnenmarmelade aus der letzten Ernte gereicht. Nach dem Frühstück ziehen sich Ruth und Hedwig in die Bibliothek zurück, denn es gibt viel zu besprechen.

Im Eßzimmer sind die Kinder, wie es ihre Aufgabe ist, damit beschäftigt, den Tisch abzuräumen. Spes erteilt die Anweisungen; der kleinen Ruth hat sie aufgetragen, die Servietten abzuräumen. Zwar hat die Kleine soeben erst das Laufen gelernt, aber schon nimmt sie stolz jede Serviette einzeln, rollt sie vorsichtig zusammen, steckt sie in den dazugehörenden gravierten, silbernen Serviettenring und versucht vergeblich, sie auf das Büfett zu legen. Konstantin, siebeneinhalb Jahre alt und groß genug, um auf das hohe Büfett langen zu können, bemerkt ihre Schwierigkeiten und hilft ihr. Von allen Kindern ist Konstantin derjenige, der sich am meisten um die Bedürfnisse anderer kümmert. Er ist fast immer ein sanfter Junge, mit einer Ausnahme, wenn es gilt, seine Schwestern zu beschützen. Erst kürzlich mußte ihn seine Mutter zurechtweisen, da er ein älteres Kind im Dorf geschlagen hatte, das den kleinen Wagen der Kinder mit Maria umgeworfen und sich dann selbst an ihren Platz gesetzt hatte. Die Zurechtweisung war für Mutter und Sohn gleichermaßen schmerzhaft.

In der Bibliothek beginnen die beiden Frauen, beim Tee über Familie und Kinder zu plaudern. Hedwig erzählt von ihrer Ankunft in Pommern, damals, als jung Verheiratete – die desolate Landschaft, die einfache Infrastruktur, die ernsten Gesichter, alles ein starker Kontrast zu der warmen, kultivierten Atmosphäre in Südwestdeutschland, wo sie aufwuchs. Ruth muß lachen, als Hedwig von der Verlorenheit spricht, die sie beim ersten Anblick von Kniephof empfand, erinnert sie sich doch an ihre eigene Enttäuschung beim ersten sonntäglichen Besuch an einem tristen Wintertag in Kieckow. Bereits jetzt fühlen sich die beiden Frauen enger verbunden.

Hedwig teilt mit Ruth ihre Erinnerungen an die zärtlichen und auch schwierigen Erfahrungen, die sie machte, als sie begann, bei Philipps kleinem Sohn die Mutterrolle zu übernehmen, und auch an die Schwierigkeiten und Fehlschläge zu Beginn ihrer Ehe – ihr Heimweh, ihre Bestürzung über den rauhen und sarkastischen Humor der Bismarcks und die Erkenntnis, daß der Name Bismarck vor allem Tradition bedeutet. Sie erinnert sich, wie fremd sie sich bei ihrem ersten Auftritt in der Gesellschaft benachbarter Gutsbesitzer fühlte, als sie die Ablehnung der Damen spürte, weil sie ein weißes Kleid trug statt der hier üblichen grauen und schwarzen Farben. Dennoch konnte sie sich auf Philipp, ihren treuesten Verbündeten, verlassen, und in dem schönen Park von Kniephof und auf dem Weg durch den Wald nach Lasbeck fand sie immer Trost. Langsam schwanden Hedwigs anfängliche Bedenken, vor allem, nachdem sie drei weitere Kinder geboren hatte – Gottfried, Herbert und schließlich Elisabeth. Jedes Kind schlief die ersten Monate seines Lebens in der Bismarckschen Wiege, einem Prunkstück, das aus dem Stamm einer riesigen Eiche gefertigt wurde. In das Holz sind Ornamente aus Wald und Feld hineingeschnitzt. Hedwig zählt die Namen der Bismarckschen Nachkommen auf, die bereits in diesem Familienerbstück gelegen haben. Der erste war Otto von Bismarck, obwohl seine Mutter Wilhelmine den Auftrag für die Wiege erteilte, als sie mit Bernhard schwanger war. Unglücklicherweise jedoch wurde der Handwerker, dessen Name nicht mehr bekannt ist, erst mit der Arbeit fertig, als Bernhard bereits der Wiege entwachsen war. Auf diese Weise wurde sie als »Ottos Wiege« bekannt und gehört seitdem zu Kniephof. Seit Elisabeth ist kein Kind mehr in der Wiege gelegen, und Hedwig fragt sich, wessen Kind wohl das nächste sein würde.

Keine der beiden Frauen kann wissen, daß das letzte Kind, das in Otto von Bismarcks Wiege geschaukelt wird, ihrer beider Urenkel sein wird, kurz bevor die Wiege zusammen mit allem anderen Hab und Gut in Flammen aufgehen wird.

Hedwigs jüngste Erinnerungen an ihren Onkel Otto von Bismarck gehen zurück auf dessen letzten Besuch in Kniephof vor fünf Jahren. Er war zur Beerdigung seines Neffen Philipp hergekommen. Alt war er geworden, gar nicht mehr der große Kanzler, vor dem ganz Europa einst zitterte. Nach dem Begräbnis ging er auf Hedwig zu und bat sie, mit ihm einen letzten Spaziergang durch den Park der Heimat seiner Kindheit zu machen. Offenbar betrachtete der alte Herr dies als eine Gelegenheit zum Abschiednehmen. Arm in Arm wandelten der alte Kanzler und die soeben verwitwete Herrin durch den Park, bis sie an eine freie Wiese gelangten. Sie standen vor einer riesigen Fichte, und der alte Mann erzählte ihr: »Als Kind bin ich oft mit meiner Mutter hier gesessen, außer Sicht des Hauses und des Dorfes. An warmen, sonnigen Nachmittagen nahm meine Mutter, was nur ich weiß, ein Vergrößerungsglas aus ihren Rocktaschen. Sie fing die Sonnenstrahlen damit ein und hielt es über ihren Leib, um ihre kranke Leber zu wärmen und die Schmerzen zu lindern.« Bei diesen Worten versagte ihm die Stimme, und Hedwig legte zärtlich ihre Arme um den alten Mann, um mit ihm die Trauer über das verschwendete Leben dieser begabten Frau zu teilen, die immer eine Fremde in Pommern geblieben war.

Aber nun kommt Hedwig auf den Hauptgrund ihres Besuches in Kieckow. Sie ist mit der Absicht hergekommen, der jungen Witwe, deren Lebensweg dem ihren so ähnlich ist, mit Rat zur Seite zu stehen. Ihr jüngstes Kind war gerade acht Jahre alt, als Philipp an Grippe erkrankte und innerhalb einer Woche starb. Zurück ließ er eine Frau, die nun ohne Mann ihr Leben meistern mußte, vier Kinder, denen der Vater genommen war, und ein Gut, das keinen Gutsherren mehr hatte. In Pommern, so weist Hedwig darauf hin, stehe das Gut immer an erster Stelle; das Wichtigste sei, einen vertrauenswürdigen Verwalter zu finden, der seine Arbeit gut macht und von den Arbeitern respektiert wird.
Ruth zuckt zusammen, denn diese drei Eigenschaften vermißt sie eher bei dem Verwalter, den Jürgen kurz vor Beginn seiner Krankheit eingestellt hat. Ebenso obliege es der Witwe, fährt Hedwig fort, in allen Aufgaben, die im Haus oder im Dorf anfallen und von ihr persönlich überwacht werden, größte Geschicklichkeit zu beweisen, sei es beim Reinigen der Lampen, beim Anpflanzen und Pflegen des Gemüsegartens, Einkochen, Spinnen, Weben, Nähen, selbst beim Schlachten von Schweinen und

Hühnern habe sie besser zu sein als alle anderen. Ruth nickt mit dem Kopf. Vom Weben und Nähen abgesehen, brachte sie aus Großenborau wenig praktische Fertigkeit mit, doch hatte sie sich in zwei Jahren in Kieckow schon vieles angeeignet. Sie schwört sich, Hedwigs Rat zu befolgen und all diese Fähigkeiten zu erlernen. Hedwig rät ihr auch dringend, das Kaufen oder Verkaufen von Tieren, seien es Pferde, Schweine oder Rinder, am besten Männern zu überlassen, da es in Pommern keine Frau gebe, die mit einem Juden handeln könne! Ruth wundert sich, wie unterschiedlich die Ansichten über diese Menschen sind. Hedwigs Aussage hätte ebenso die Meinung ihres Schwiegervaters sein können, wäre jedoch niemals von ihrem eigenen Vater oder von Jürgen gemacht worden.

Schließlich sei die Buchhaltung nicht zu vergessen. Das Fehlen entsprechender Fertigkeiten habe in den letzten Jahrzehnten ein Gut nach dem anderen im östlichen Preußen ruiniert. Ruth hat sich bereits intensiv mit der Buchführung von Kieckow beschäftigt und festgestellt, daß die Vergangenheit tatsächlich einige Unklarheiten aufweist. Unter Jürgens Herrschaft waren die Bücher durchschaubarer geworden, so daß die Schulden nun klar ersichtlich sind. Ruth nimmt sich vor, die Bilanzen auszugleichen, und schwört, das Gut niemals so tief verschuldet an ihren Sohn zu übergeben, wie Jürgen es vor einigen Jahren übernehmen mußte. Ihr Sohn Hans Jürgen, inzwischen zwölf Jahre alt, ist mit seinen großen, offenen, ehrlichen Augen dem Vater sehr ähnlich.

Zum Mittagessen ist die Zahl der Kinder auf neun angestiegen, denn im Dorf ist eine Frau erkrankt. Der Vater arbeitet mit den anderen Männern auf dem Feld, und Ruth hat angeordnet, daß in solchen Fällen die Kinder das Mittagessen im Gutshaus einzunehmen haben. Spes und Hans Jürgen haben bereits die richtige Anzahl von Plätzen gedeckt, auch die zusätzlichen Servietten und hölzernen Serviettenringe aus den Beständen der Dienstboten sind aufgelegt. Für Ruths Kinder ist das Tischdecken neben dem Zusammensetzen von Puzzeln die liebste Freizeitbeschäftigung. Noch erkennen sie nicht, daß jedes von der Mutter für sie erdachte Spiel sie auf das spätere Leben vorbereiten soll.
Heute ist es die fünfjährige Maria, die leise, aber mit einer Klarheit und Ernsthaftigkeit, die die Besucherin tief berühren, das Tischgebet spricht.

Nach dem Essen gibt die Mutter bekannt, daß Spes eine Auswahl von Mozartstücken auf dem Flügel in der großen Halle vortragen werde, gefolgt von einem Lied, das die Kinder zu Ehren des Gastes singen würden. Spes' Vorspiel einer Sonatine ist fehlerfrei. Ruth ist glücklich über Spes' Talent, auch freut sie sich über ihre eigenen Erfolge als Klavierlehrerin, aber es ist ihr auch bewußt, daß dieses begabte Kind eine bessere Ausbildung benötigt, als sie ihm von der Mutter geboten werden kann. Über das erfolgreiche Vorspiel und den Applaus freut sich natürlich auch Spes, sie bedankt sich dafür mit einem tiefen Knicks. Während die Mutter sich am Klavier niederläßt, stellen sich die fünf Geschwister vor ihrem kleinen Publikum auf – bestehend aus Hedwig, der Gouvernante, dem Kindermädchen, dem Verwalter und den vier Kindern aus dem Dorf. Nach einer kurzen Einleitung auf dem Klavier beginnt der Chor das Lied vom alten Barbarossa:

> Der alte Barbarossa,
> Der Kaiser Friederich,
> Im unterird'schen Schlosse
> Hält er verzaubert sich …

Später am Nachmittag spazieren die beiden Frauen Arm in Arm vom Gutshaus aus, die eine in Grau, die andere in einem blauen Kleid mit weißen Tupfen. Der Anblick der Witwe von Kieckow, einmal nicht in schwarz gekleidet, erregt bei allen Aufsehen. »Gnädige Frau«, grüßt der Gärtner, der kurz die Harke aus der Hand legt und den Hut abnimmt. »Gnädige Frau«, grüßt auch der Schmied, der sich von seinem Hocker erhebt und mit der Hand über das Gesicht fährt. Und so geht es weiter, während Ruth der Freundin den Gemüsegarten zeigt, über den Hof geht, die Pferdeboxen und die Schweineställe, die Futterweiden und das ganze Gut vorführt. Beim neu angelegten Blumengarten verweilt sie etwas länger, um einen dicken Strauß mitzunehmen. Dieser Blumengarten ist die erste Veränderung in Kieckow, das ansonsten keine Veränderungen aufweist. Nun machen sich die beiden Frauen auf den Weg zu einer alten Frau, die von Geburt an auf dem Gut lebt und heute ihren 90. Geburtstag feiert.
Als die Zeit für Hedwig von Bismarcks Abreise gekommen ist, versammelt Ruth ihre Kinder auf der Terrasse der großen Eingangshalle. Jedes Kind

hält eine andere Blume aus Mutters Garten in der Hand. Hedwig nimmt die Blumen entgegen, um daraus einen Strauß zu binden, und als die kleine Maria an der Reihe ist und ihr das Geschenk entgegenstreckt, kann sie nicht anders, als die Kleine in die Arme zu nehmen. Nachdem sie ihre Freundin ein letztes Mal umarmt hat, steigt die Besucherin in den wartenden Wagen. Ruth ruft ihr noch einen letzten Abschiedsgruß zu, der jedoch schon im Geräusch der Räder des die Anfahrt hinunterrollenden Wagens untergeht. Die Kutsche läßt die mächtige Eiche im Hof hinter sich, rollt auf die befestigte Straße, dann geht es durch das Dorf, zwischen den Feldern Kieckows hindurch, an Klein Krössin vorbei und schließlich zum Bahnhof in Groß Tychow.

MÄNNLICHE BESUCHER IN KIECKOW

1898, SEPTEMBER. Im Lauf eines einzigen Monats melden vier Herren ihren Besuch in Kieckow an. Der erste Besucher, wie könnte es anders sein, ist Vater Zedlitz. Er ist gerade auf dem Weg von Berlin nach Großenborau. Kaiser Wilhelm II. hat Graf Robert aus seinem Ruhestand zurück in die preußische Regierung berufen, diesmal als Oberpräsident der Provinz Hessen-Nassau. Nach einer Pause von sechs Jahren, in der er sein eigenes Gut leitete, kehrt der 60jährige Graf nun in die Politik zurück, um eine Region zu regieren und zu befrieden, in der die Wunden von Bismarcks antikatholischen Erlassen noch deutlich spürbar sind. Auf seiner Fahrt dorthin nimmt der Graf den Umweg über Kieckow. Er ist höchst erfreut über die gute geistige Verfassung seiner Tochter und über die üppigen Ernteerträge dieses Jahres.

Im Verlauf seines Besuches erzählt Ruth dem Vater von ihrer Entscheidung, in Stettin eine Wohnung zu nehmen, damit ihre Kinder eine Schule besuchen können und gleichzeitig ein Zuhause haben. Vorsichtig, um ihn nicht zu verletzen, macht sie deutlich, daß in heutigen Zeiten eine häusliche Schulbildung nicht mehr ausreiche, sie aber einen Internataufenthalt für Hans Jürgen und Spes und bald auch für Konstantin nicht zu finanzieren vermag. Für Konstantin sei eine gute Schulbildung ganz besonders wichtig. Als zweitältester habe er keine Aussichten, das Gut zu erben, und für eine militärische Laufbahn scheine er auch nicht geeignet;

daher bleibe für ihn der Besuch eines Gymnasiums, danach die Ausbildung an der Universität. Graf Robert ist mit Ruths Idee zwar einverstanden, er fühlt sich aber verpflichtet, sie auf die Probleme hinzuweisen, die entstehen, wenn ein Gutsbesitzer nicht auf seinem Gut lebt. Ruth ist der Meinung, sie könne größere Schwierigkeiten vermeiden, wenn sie jeden Monat zwei Tage in Kieckow verbringe. Sie versichert ihrem Vater, sie sei entschlossen, ihren Plan in die Tat umzusetzen. Innerlich ist er glücklich über die wachsende Zuversicht seiner Tochter, und er verspricht ihr, alle drei Monate zu Besuch zu kommen.

Während Vater und Tochter die Wirtschaftsgebäude besichtigen und den Fortschritt der Arbeiten begutachten, erspähen sie in der Ferne zwei Reiter, die von Osten im vollen Galopp über die Wiesen auf Kieckow zukommen. Ruth weiß, es kann sich nur um die Kleists aus dem nahen Schmenzin handeln, also um Hermann und einen seiner Söhne. Fünf Minuten später reiten ein Mann und ein Junge in den Hof ein, springen vom Pferd und übergeben dem Stallknecht die Zügel. Die einfache Kleidung Hermann von Kleists würde nie seinen Status als Besitzer dreier riesiger Güter verraten. Der Sohn folgt seinem Vater und reicht der ihm vertrauten Nachbarin, Tante Ruth, und dem Unbekannten die Hand. Als Ruth ihr Erstaunen darüber ausdrückt, warum Ewald nicht im Internat sei, antwortet der Junge mit einem scheuen Lächeln: »Jetzt sind Ernteferien.« Wie sein Vater trägt der neunjährige Ewald grob gesponnene Kleidung, dazu Lederstiefel aus Schmenzin.

Bislang haben Hermann und Graf Robert sich erst ein einziges Mal, nämlich anläßlich Jürgens Beerdigung, getroffen. Hermann von Kleist, der sich mit der Bewirtschaftung und Erhaltung der alten Kleistschen Ländereien in Pommern ausgelastet fühlt, hatte nie das Bedürfnis nach einer politischen oder gesellschaftlichen Karriere, die so viele seiner Gleichgestellten eingeschlagen haben. Er hat auch nie die pietistischen Neigungen seiner Verwandten in Kieckow geteilt; er habe, so behauptet er, auf seine Weise mit dem Schöpfer Frieden geschlossen. In adligen Kreisen wird er zwar als Krautjunker von Schmenzin bezeichnet, seine Bauern und Arbeiter haben dem rauhen, aber gutmütigen Herrn jedoch immer nur tiefe Loyalität und echte Zuneigung entgegengebracht. Ewald gerät mehr nach der Mutter, er ist zurückhaltend und schämt sich offensichtlich ein wenig der rauhen Art seines Vaters. Hermanns Frau Lili ist eine typische Vertreterin der kühlen, zurückhaltenden preußischen Aristokratin. Stets trägt sie das dunkelgraue, hochgeschlossene Kleid der preußischen Adeligen, niemals läßt sie einen vergessen, daß sie einst eine Gräfin aus Ostpreußen war. Von Ewald verlangt sie, immer der Beste zu sein. Nur ein »gut« im Schulzeugnis reicht ihr nicht. Selbst während der Ernteferien muß er die meisten Tage über seinen Büchern sitzen, um im nächsten Zeugnis ausschließlich »sehr gut« zu erhalten. Ruth fühlt sich dem naturverbundenen Hermann viel näher als seiner gezierten, anspruchsvollen Frau. Den jungen Ewald hat sie schon längst in ihr Herz geschlossen. Sie wünschte nur, er bekäme etwas mehr von der Freiheit, die sie versucht, ihren beiden eigenen Söhnen zu geben.

Die Gelegenheit nutzend, dem Jungen eine Freude zu machen, lädt sie die beiden Besucher aus Schmenzin zum Kaffee ein. Das Angebot wird ohne Zögern angenommen. In der Nähe entdeckt sie einen der Stallknechte und schickt ihn mit zwei Aufträgen zum Gutshaus. Die Hausdame erhält die Anweisung: »Kaffee für drei in der Bibliothek in einer Viertelstunde«; und aus dem Schulzimmer wird Hans Jürgen in die Bibliothek bestellt, um Ewald von Kleist zu begrüßen. Er soll ihn zum Nachmittagstee für die Kinder mitnehmen.

Bei Kaffee und Keksen mit Birnenmarmelade bietet Hermann von Kleist aus Schmenzin seinen Rat und Beistand in allen Kieckow und Klein Krössin betreffenden Belangen an. Er warnt davor, auf Eigentum Geld zu leihen, da Hypotheken das Werk des Teufels in Gestalt der Bankiers, ob Juden oder Christen, seien. Bei dieser Warnung senkt Ruth verlegen den Blick, da sie es nicht wagen würde, die tiefe Verschuldung Kieckows zuzugeben.

Im Kinderzimmer buhlen die Kinder Ruths um die Aufmerksamkeit des sportlich gekleideten Ewald. Seine Stiefel sind eindeutig die eines Reiters, und seine derbe, warme Kleidung verbreitet Stallgeruch. Hans Jürgen wünschte, er hätte auch solche Kleidung und einen Vater, mit dem er durch Wälder und über Felder reiten könnte. Als bemerkte er diese unausgesprochene Sehnsucht, lädt Ewald Hans Jürgen ein, bald mit ihm über versteckte Waldwege und Wiesen nahe des Gutes zu reiten.

Dreißig Jahre später werden Ewald und Hans Jürgen zusammen auf diesen versteckten Waldwegen entlangreiten, um mit Mutter Ruth ein

Buch zu diskutieren, das sie beide gelesen haben – *Mein Kampf* von einem Adolf Hitler.

Nur eine Woche nach Vater Zedlitz' kurzem Besuch erhält Ruth einen Brief von ihrer Schwester Anni von Tresckow, die derzeit in Marburg lebt. Seit der Geburt ihres ersten Kindes, einem Sohn, zu Beginn des Jahres ist Anni depressiv und etwas kränklich; der Brief bestätigt ihren Zustand abermals. In einem etwas fröhlicher gehaltenen Absatz informiert Anni die Schwester, daß ihr Mann Hermann sich auf dem Weg nach Hause von Manövern im Osten befände und beabsichtige, in Kieckow haltzu-machen. Sie nennt es einen brüderlichen Besuch, aber Ruth weiß, wie sehr Anni sich um sie sorgt und deshalb ihren ernsthaften, strengen Mann vorbeischickt, um sich nach ihrem Befinden zu erkundigen.

Zwei Tage später empfängt Ruth in einem weiß getupften, marineblau-en Kleid ihren Schwager, den sie kaum kennt, mit einer ihm fast unbe-kannten Herzlichkeit. Einerseits verbindet die zwei Schwestern eine außerordentlich starke Familienähnlichkeit, andererseits unterscheiden sich die beiden durch eine völlig unterschiedliche Lebensauffassung. Hermann hatte diesen Besuch als Gelegenheit aufgefaßt, seiner verwit-weten Schwägerin eine kleine Freude zu bereiten. Statt dessen ist nun Ruth diejenige, die den Klagen des Ehemannes über den schlechten Gesundheitszustand seiner unglücklichen Frau zuhört. In ihrer offenen Art versucht Ruth, ihren strengen Schwager zu einer verständnis- und liebevolleren Einstellung seiner Familie gegenüber zu bewegen. Natürlich sei das Leben einer Offiziersfrau nicht gerade glücklich – die ständigen Umzüge, keine richtige Heimat und vor allem keinen Ort, der zu einem Zuhause werden könnte. Ruth beschwört Hermann, bei der Planung der Zukunft seine Familie, die von Jahr zu Jahr sicher größer wird, stärker mit einzubeziehen. Nach seiner Abreise ist sie zwar nicht sicher, ob dieses Gespräch ihn beeinflußt hat, aber sie bittet Gott um eine glückliche Zukunft für Anni. Der vierte und letzte Besucher im September ist Fritz von Woedtke, ein entfernter Verwandter von Jürgen (in Belgard sind eigentlich alle Landbesitzer auf die eine oder andere Art und Weise ver-wandt). In der Bibliothek eröffnet Ruth ihm ihren Plan, im nächsten Jahr die Kinder nach Stettin zu bringen.

Wie aber soll es mit Kieckow weitergehen? Ruth bittet um seine Meinung. Sie habe vor, jeden Monat zwei Tage in Kieckow zu sein, um überall nach dem Rechten zu sehen und die Buchhaltung eigenhändig zu überprüfen. Erfreut über die erstaunliche Zuversicht dieser Frau bietet Fritz von Woedtke seine Dienste in den Wochen von Ruths Abwesenheit an. Er verwalte schließlich den Besitz der Familie Woedtke schon seit Jahren und im näheren und weiteren Umkreis gebe es keinen besseren. Ruth unterbricht ihn mit der Bestätigung, daß das Gut der Familie Woedtke tatsächlich ein Musterbetrieb und Vorbild in der ganzen Gegend sei. Beim Abschied wird die Abmachung getroffen, daß er wenigstens einmal im Monat, während der Aussaat und während der Ernte auch öfter, Kieckow und Klein Krössin besuchen würde. Mit einem Handkuß und militärischem Gruß verabschiedet er sich von Ruth.

NOVEMBER. Wenn Fritz von Woedtke sich in Kieckow aufhält, nimmt er das Abendessen im Gutshaus ein. Sind auch die Kinder anwesend, sitzt er bei Tisch auf dem Platz, an dem der Gutsherr immer saß. Auf diese Weise und durch viele andere Kleinigkeiten signalisiert die Witwe von Kieckow nach draußen und vor allem den Gutsarbeitern, daß Herrn von Woedtke die Stellung und Rechte des Gutsherrn für die Dauer seiner Anwesenheit übertragen wurden. Sie beginnt, ihrem neuen Berater völlig zu vertrauen und zeigt ihm die Bücher, die Ställe und Scheunen, die Schmiede, die Sattlerei, die Schreinerei, die Molkerei, das Dorf, die Kirche mit der Gruft, das Gutshaus vom Erdgeschoß bis zum Dach, die Schule, den Dorfteich und sogar den Friedhof.

ZUHAUSE IN STETTIN

1899, APRIL. Als »Kinderpension« bezeichnet Ruth die teilmöblierte Wohnung, die sie mit den Kindern sowie der Köchin aus Kieckow und einem Dienstmädchen bewohnt. Sie liegt in der neuen Wohngegend von Stettin, einer Stadt so alt wie die Familie Kleist. Ursprünglich beschränkte sich die Stadt auf das Tal westlich der Oder. Sie wurde bewacht von einer Burg und geschützt durch eine Stadtmauer. Beides stammt noch aus der Zeit, als Stettin zur Hanse gehörte. Damals war Stettin als Handelszentrum die Verbindung zwischen dem pommerschen Hinterland und der Ostsee, dessen Wohlstand mit den Geschicken der Hanse eng verknüpft war. Wäre die industrielle Revolution nicht gewesen, hätte dieser stille natürliche Hafen mehr mit den anderen, Hunderte von Kilometern entfernten Ostseehäfen gemein gehabt als mit den Städten seines großen Hinterlandes.

Zu Ruths Lebzeiten hat sich der Charakter dieser alten Stadt gewandelt. Vor 15 Jahren wurde die mittelalterliche Stadtmauer eingerissen, um die Entstehung von Wohnsiedlungen auf den umliegenden Hügeln zu fördern. In der Folge entstand außerhalb der Altstadt eine hübsche Gartenstadt mit Seen und Parkanlagen sowie weiten Grünflächen entlang der Flußniederung.

Die »Kinderpension« umfaßt das gesamte Erdgeschoß eines stattlichen Wohnhauses. Dazu gehört ein Musikzimmer, ein Wohnzimmer, ein Eßzimmer und vier Schlafzimmer sowie Küche, Bad mit Zentralheizung und fließendem Wasser. Die Kinder finden vor allem das fließende Wasser faszinierend, das sie weder von Kieckow noch von den größeren Herrenhäusern der Umgebung kennen, ganz zu schweigen von den Dörfern. Keine Dienstboten mehr, die Porzellankrüge die Treppen hinauf- und hinuntertragen – glücklicherweise, denn hier in Stettin hat die Familie nur noch ein einziges Dienstmädchen. Zunächst war der Wasserhahn und die Toilettenspülung im Badezimmer eine Quelle höchsten Vergnügens für Maria und Ruthchen, bis die Mutter diesem Spiel ein rasches Ende setzte.

Spes herrscht über das Schlafzimmer der Mädchen, das mit einem Doppelbett, einer Liege und einem riesigen Kleiderschrank ausgestattet ist. Hans Jürgen und Konstantin teilen sich das Jungenzimmer trotz ihres Altersunterschiedes brüderlich. Die beiden in vielen Dingen unterschiedlichen Brüder verbindet eine enge, erstaunlich konfliktfreie Freundschaft. Ruth hat sich das kleinste Schlafzimmer reserviert. Auf die Frage des immer wißbegierigen Konstantin, warum sie den kleinsten Raum gewählt habe, antwortet Ruth mit einem liebevollen Lächeln: »Weißt du, ich betrachte die ganze Wohnung als mein Zimmer.« Der achtjährige Konstantin versteht diese Einstellung nicht so ganz.
Das vierte Zimmer mit dem Doppelbett, einem geräumigen Schrank und einem Schreibtisch ist das Gästezimmer. Selbst auf Kosten des Raumangebotes für die Kinder besteht Ruth darauf, ständig ein zusätzliches

Schlafzimmer zur Verfügung zu haben. Zu tief sitzt bei ihr die Einstellung aus den Landhäusern, wo es zu jeder Zeit Platz gibt für unerwarteten Übernachtungsbesuch.

Alles in der Stettiner Wohnung ist kleiner als in Kieckow. Das Musikzimmer wird vollständig von dem Flügel ausgefüllt, der mit einem Wagen aus Kieckow hergebracht wurde. Dort stand der Flügel in der großen Halle, wo er, außer wenn Spes bei warmen Wetter darauf übte, kaum genutzt wurde. Zu den Morgen- und Abendgebeten spielte Ruth immer auf dem Harmonium im Eßzimmer. Bei kaltem Wetter erhielt Spes dort auch ihren Klavierunterricht. In Stettin aber steht der Flügel im Zentrum des Geschehens – bei den Morgen- und Abendgebeten, bei Spes' täglichem Üben und den häufigen, vierhändigen Konzerten, zu denen Ruth keine Gelegenheit ausläßt, wenn sie einen geeigneten Partner findet. Ruth genießt dabei die Gemeinschaft wie auch die Gelegenheit, sich im Notenlesen zu üben und so ihre Fähigkeit, vom Blatt zu spielen, zu verbessern. In ihren Gedanken an Jürgen hat sie oft bereut, ihm nicht eine bessere Begleiterin am Klavier gewesen zu sein. Allzuoft hatte er sie getadelt: »Meine liebste Ruth, wenn du nur ein wenig für unser gemeinsames Spiel üben würdest.«

Das Eßzimmer ist viel kleiner als das in Kieckow, ebenso der Tisch und das Büfett, aber die Zahl der Personen ist dementsprechend auch geringer – eben eine Mutter und ihre fünf Kinder. Nicht einmal die Lehrerin der jüngeren Kinder lebt bei der Familie. Sie stammt aus Stettin und kommt jeden Tag, um Maria im Wohnzimmer Unterricht zu geben. Das Wohnzimmer sieht mit den zwei kleinen Schulbänken aus Kieckow ein wenig wie ein Schulzimmer aus.

Für die drei älteren Kinder bedeutet Stettin das Ende ihrer Ausbildung durch Hauslehrer im Schulzimmer des Gutshauses. Hans Jürgen und Konstantin werden am Kaiser-Wilhelm-Gymnasium angemeldet, wo sie im Lauf der Zeit auf ein Universitätsstudium vorbereitet werden sollen. Spes besucht eine private Lehranstalt, eine Art höhere Töchterschule, die aber in ihren Lehrplänen nicht dem Standard des Gymnasiums für Jungen entspricht. Für Ruth jedoch, die ihre gesamte Schulbildung entweder zu Hause oder im Pfarrhaus in der Nähe von Oppeln erhielt, ist die Ausbildung ihrer Tochter bereits avantgardistisch. Spes erhält neben dem Schulbesuch eine ernsthafte Klavierausbildung, die ihr später eine gewisse Karriere als Pianistin eröffnet. Dies war vor ihr noch keiner Frau der

Familie Kleist gelungen. Selbst für die Köchin und das Dienstmädchen hat das Leben in der Stettiner Wohnung eine neue, abenteuerliche Qualität gewonnen. Sie bewohnen ein Zimmer drei Stockwerke höher unter dem Dach, wo alle Dienstboten, auch die der anderen Wohnungen, untergebracht sind. Darin unterscheidet sich ihr Leben nicht viel von Kieckow, außer daß es einsamer ist ohne die vielen anderen Dienstboten und Dorfbewohner in der Nähe. Aber in vieler Hinsicht ist das Leben in Stettin leichter. Gleich im Anschluß an das Eßzimmer und nicht mehr im Keller wie in Kieckow befindet sich eine moderne Küche; es müssen keine Porzellankrüge mehr geschleppt werden, außer wenn heißes Wasser zum Baden benötigt wird.

In anderer Hinsicht ist Stettin aber nicht so bequem wie Kieckow. In der Stadt muß die Köchin jeden Tag frische Milch, Fleisch und andere Dinge einkaufen, die nicht über längere Zeit gelagert werden können. Doch ist die Speisekammer gefüllt mit Früchten, Gemüsen und anderen Produkten aus der Landwirtschaft des Gutsbetriebes. Da das Dienstmädchen nicht alle Aufgaben im Haushalt allein bewältigen kann, besteht Ruth darauf, daß alle fünf Kinder mithelfen und beispielsweise ihre Betten selber machen, den Tisch decken und das Geschirr abtrocknen.

Zum ersten Mal in ihrem Leben beobachtet Ruth die Gesellschaft einer Industriestadt und muß feststellen, daß sich die Welt viel schneller verändert, als sie es je für möglich gehalten hätte. Ihr vertrauter Lebensstil könnte sich, so folgert sie, entscheidend verändern, bevor vielleicht ihre Kinder, sicher aber ihre Enkel, erwachsen sind.

Zu oft schon hat die Herrin von Kieckow das Leid der Familien im Dorf erlebt, wenn Söhne oder Töchter den Entschluß äußern, das Dorf verlassen zu wollen, um ihr Glück in der Welt zu versuchen. Häufig enden diese jugendlichen Ambitionen in den Fabriken und Armensiedlungen der deutschen Industriestädte. Gelegentlich erleiden diejenigen, die das Dorf verlassen, ein noch schlimmeres Schicksal – Armut, Krankheit und früher Tod. Manchmal kehrt aber auch ein Sohn, der zu Wohlstand gekommen ist, auf Besuch in das Dorf seiner Kindheit zurück. Dann sind seine Eltern überglücklich, und die Nachbarn kommen, um ihn zu bewundern. Nie jedoch ist ein Nachkomme eines Dorfbewohners von Kieckow, der mehr oder weniger erfolgreich sein Glück woanders in der Welt versucht hat, zurückgekehrt, um wieder dort zu leben.

JUNI. Ruth ist ihrem Entschluß treu geblieben, die Leitung von Kieckow weiterhin zu überwachen. Während des Frühjahrs fährt sie einmal im Monat dorthin; mit dem Zug von Stettin nach Groß Tychow, weiter mit der Kutsche nach Kieckow, und am nächsten Nachmittag wieder zurück mit dem Wagen nach Groß Tychow und mit dem Zug nach Stettin.

Heute mittag kommt die Herrin von Kieckow zu Besuch. Ein bedachter Wagen wartet bereits am Bahnhof von Groß Tychow. Fritz von Woedtke ist von seinem Landsitz herübergefahren, um sie abzuholen. Mit seinem Sohn Jürgen, etwa im Alter von Hans Jürgen, erwartet er sie auf dem Bahnsteig. Dann ist es soweit, Fritz von Woedtke hilft Ruth auf den gepolsterten Sitz im hinteren Teil der Kutsche und nimmt dann mit seinem Sohn vorne beim Kutscher Platz. Ruth fühlt immer einen kleinen Stich im Herzen, wenn sie einen Vater mit seinem Sohn in enger Verbindung sieht, weiß sie doch, daß ihre Söhne diese Erfahrung nie haben werden.
Die Pferde setzen sich in Bewegung in Richtung Süden auf der Straße nach Klein Krössin. Die großblättrigen Ahornbäume, deren Äste die Straße überspannen, bilden über ihnen ein Dach, das an das Gewölbe einer Kathedrale erinnert. Die Straße führt durch Felder und Weideland, das früher einmal den Kleists gehörte, wie auch die Wälder in der Ferne. Dahinter erkennt Ruth ihre eigenen Ländereien – den Wald des Dorfes, dann die scharfe Linkskurve, hinter der das Dorf Klein Krössin liegt. Ein Kind am Straßenrand winkt dem herankommenden Wagen zu. Nun sind es noch drei Kilometer nach Kieckow, es folgt eine weitere Linkskurve, und schon mündet man in die kurze Straße zum Gutshof ein. Die Kutsche fährt an der alten Eiche vorbei und die Auffahrt hinauf zum Haupteingang, wo die treue Hausdame bereits wartet, um ihre Herrin willkommen zu heißen.

Es ist der Beginn eines geschäftigen Nachmittags in Kieckow. Ruth begibt sich direkt in ihr Zimmer im ersten Stock, wo ihre Kleidung für Kieckow bereitliegt. Da die Zeit bei diesen Besuchen immer knapp ist, wartet bereits ein Dienstmädchen, um Ruth beim Ablegen der schweren Reisekleidung zu helfen und ihr das im Gutshaus übliche einfache Kleid und den Umhang zu reichen. Ohne sich aufzuhalten, begibt sich Ruth ins Büro, um mit dem Verwalter die neuen Einträge im Hauptbuch durchzugehen. Beim nachfolgenden Essen alleine mit Fritz bespricht sie ihre Vorhaben und eventuell anstehende Probleme.

Nach dem Essen ist es höchste Zeit, die Arbeiten dieses Monats zu überprüfen. Ruth geht zunächst zu Fuß zu den Ställen, den Scheunen, der Molkerei und zum Kornspeicher, dann besteigt sie den Wagen, um die Felder zu besichtigen, wobei sie der Verwalter normalerweise begleitet. Noch immer fühlt sich Ruth nicht ganz sicher im Umgang mit den Feldarbeitern, obwohl dieses Gefühl der Unsicherheit nicht aufkommt, wenn sie dieselben Männer und ihre Frauen im Dorf aufsucht. Wie Vater Zedlitz ihr jedoch vorausgesagt hat, wird sich auch das zu gegebener Zeit bessern.

Rechtzeitig zum Tee kehrt sie ins Gutshaus zurück. Auf ihre Einladung nehmen der Pastor von Groß Tychow, der Lehrer von Kieckow und Fritz daran teil. Für Ruth ist es eine gute Gelegenheit, Details aus der Schule und von Problemen, die gelöst werden müssen, zu erfahren.

Fritz von Woedtke und sein Sohn verabschieden sich nach dem Tee und kehren auf ihr Gut zurück, während Ruth sich in ihr Zimmer zurückzieht und die Post dieses Monats durchgeht. Die Hausdame hat die Briefe bereitgelegt, obenauf befindet sich ein Umschlag mit dem Poststempel Kniephof und dem Siegel der Bismarcks, also ein Brief von Hedwig. Sie äußert sich besorgt über ihre Söhne, den 18jährigen Gottfried und den 15jährigen Herbert. Beide sind in Stettin untergebracht, wo sie, wie auch Ruths Söhne, das Kaiser-Wilhelm-Gymnasium besuchen. Hedwig fragt Ruth, ob sie ihr eine bessere Unterkunft empfehlen könne, wo die vaterlosen Söhne eine etwas disziplinierte Umgebung vorfinden würden als das Haus einer älteren Witwe nahe der Schule, in welchem sie jetzt wohnen. Während Ruth über das Problem sinnt, kommt ihr die naheliegende Lösung – was nützt ein Gästezimmer in Stettin, wenn es nicht denjenigen zugute kommt, die es benötigen? Sofort nimmt sie den Federhalter zur Hand und schreibt: »Liebe Hedwig ...«

Spät am nächsten Morgen unternimmt Ruth ihren monatlichen Besuch im Dorf. Auf der Straße herrscht reges Treiben. Gerade ist die Schule zu Ende, die Kinder sind überall beim Spiel anzutreffen, entweder Murmeln oder Fangen, die Alten sitzen vor ihren Häusern und sehen ihnen zu. Einige Frauen rühren Butter vor dem Haus, der Duft von frisch gebackenem Brot liegt in der Luft. Ruth trägt zwei Blumensträuße auf dem

Arm, der erste ist für eine junge Mutter und ihr Neugeborenes. Trotz Ruths Abwesenheit bei der Geburt geht es Mutter und Kind gut. Ruth nimmt sich Zeit für ein Gespräch mit der Frau, sie erinnert sie an die Bedeutung von Reinlichkeit, Ernährung und frischer Luft für die Gesundheit des Säuglings.

Von dort aus geht Ruth zu einem anderen Haus, um einen schwerkranken, dem Tode nahen Mann zu besuchen. Neben Blumen bringt sie der Familie des Mannes Trost und Zuspruch. Ihre Worte bedeuten ihnen viel, da auch sie selbst auf der Höhe ihrer Jugend ihren Mann verloren hat, der nach schwerem Leiden gestorben ist. Zwar ist das Paar noch ziemlich jung, doch sind die Kinder bereits erwachsen. Eine Tochter arbeitet im Gutshaus, sie wird demnächst den Kutscher heiraten. Eine weitere Tochter und zwei Söhne sind bereits verheiratet. Die Söhne haben selbst Kinder, daher steht ihnen ein eigenes Haus im Dorf zu, die verheiratete Tochter muß jedoch mit ihrem Mann bei den Eltern leben. Mit einem Blick bemerkt Ruth, wie beengt sie hier sind; die Küche ist viel zu klein für die zwei Frauen, und es gibt keine Möglichkeit, sich ein wenig zurückzuziehen. Ruth lädt die Frau des schwerkranken Mannes zu einem Spaziergang die Straße entlang ein und teilt ihr dann mit, sie werde in den letzten Stunden ihres Mannes nicht anwesend sein können, verspricht ihr aber, zur Beerdigung zu kommen. Sie solle das Gutshaus benachrichtigen, damit ein Telegramm nach Stettin geschickt werden könne.

AUGUST. Hans Jürgen, Konstantin und Spes haben einen ganzen Monat schulfrei. Ruth ist mit den Kindern, der Köchin und der Magd nach Kieckow zurückgekehrt, wo die Kinder vier Wochen auf dem Lande und in den Wäldern verbringen werden. Die Hauslehrerin bleibt in Stettin, so daß auch die kleine Maria Ferien hat, eine Zeit der Freiheit innerhalb der von ihrer Mutter weit gesteckten Grenzen. Ruth hat den August zum »französischen Monat« erklärt. Dies bedeutet, daß die Unterhaltung bei den Mahlzeiten auf französisch geführt wird. Wie sich herausstellt, ist sie bei der Konversation hauptsächlich auf sich alleine gestellt, zu ihrer Überraschung jedoch entdeckt sie, daß die Beteiligung ihrer Kinder umgekehrt proportional zu deren Alter ist. Klein Ruthchen zeigt die beste Ausdrucksweise und Aussprache, Maria kommt auf den zweiten Platz.

Der August ist auch der Gewittermonat, der sowohl Landbesitzern als auch Dorfbewohnern gleichermaßen Angst macht. Gewitter bringen Blitze mit sich, und Blitze bergen die Gefahr von Bränden. Es gibt kein Gut in Pommern, dessen Bewohner nicht lebhafte Erinnerungen an Feuer hätten, bei denen sie hilflos zusehen mußten, wie ihre Häuser den Flammen zum Opfer fielen. Über die Jahrhunderte haben die Wälder von Pommern den Menschen das brennbare Baumaterial für ihre Häuser, Ställe und Scheunen geliefert. Erst seit kurzem weicht die Fachwerkbauweise langsam modernen, ganz aus Ziegeln gebauten Häusern.

Das Gutshaus von Kieckow steht auf einer kleinen Anhöhe oberhalb des Dorfes und der Gebäude des Gutshofes. Der Putz auf den Außenwänden verdeckt die darunterliegende Holzkonstruktion; außer dem roten Ziegeldach und dem Fliesenfußboden ist nichts daran feuerfest. Die Nebengebäude und Häuser im Dorf sind sogar noch mehr gefährdet, da ihre Dächer mit Stroh gedeckt sind. An diesem Augustabend ist die Luft schwer und feucht, in der Ferne hört man das dumpfe Grollen eines Gewitters. Viele Generationen sind in Kieckow mit der Angst vor diesem Geräusch und den darauffolgenden verheerenden Gewitterstürmen aufgewachsen. Die Kinder im Gutshaus liegen im Bett, Ruth aber bleibt auf. Sie rechnet damit, daß das Gewitter nach Mitternacht über Kieckow hereinbrechen wird, und beschließt, mit der Hausdame und dem alten Beschließer, der noch aus Vater Kleists Zeiten stammt, unten im Eßzimmer der Dienstboten beim Tee darauf zu warten.

Um zwei Uhr morgens werden alle aus dem Schlaf gerissen. Die Kinder erhalten den Auftrag, Regenkleidung mitzubringen, da unter Umständen alle das Haus verlassen müssen. Während die Dienstboten mit ihrem Regenzeug in der Hand in der Küche warten, versammelt Ruth ihre Söhne und Töchter im Eßzimmer und singt mit ihnen die drei sogenannten Sturmlieder, die sie so nennt, weil in ihnen Gott um Gnade angefleht wird – Gott tröste die Ängstlichen und schütze die Gefährdeten. Die beiden Jungen bemühen sich, ihren beiden jüngeren Schwestern beizustehen und sich mutig zu zeigen. Sie singen mit einer normalerweise nicht vorhandenen Inbrunst. Nur Spes läßt sich von der drohenden Gefahr nicht aus der Ruhe bringen. Gelassen bemerkt sie, sie werde sich auf dem Sofa in der Bibliothek schlafen legen und wünsche geweckt zu werden, wenn die Aufregung vorbei sei. Bei anderen Gelegenheiten würde Ruth ihre eigenwillige Tochter zur Ordnung gerufen haben, aber heute nacht empfindet sie ihr unbekümmertes Auftreten als gutes Vorbild für die anderen. Sollte im übrigen der Blitz einschlagen und das Haus in Brand setzen, müßten sowieso alle an der Bibliothek vorbei nach draußen.

OKTOBER. Die Zahl der Kinder in der Kleistschen »Kinderpension« ist mit der Ankunft der beiden Pflegekinder – Gottfried und Herbert von Bismarck – von fünf auf sieben gestiegen. Sie erhalten das Doppelbett im Gästezimmer.

In der deutschen Literatur gibt es einen Ausdruck, vor allem in einem Frühwerk des großen Goethe, der die Schwierigkeiten eines Jungen beim Erwachsenwerden vortrefflich beschreibt. Es ist der »Sturm und Drang«, der Gottfried offensichtlich in eine Krise geführt hat. Im Alter von fast 19 Jahren ist er keineswegs ein glücklicher junger Mann. Auch von seinen Abschlußprüfungen ist er noch weit entfernt. Er zeigt aber durchaus Talent auf dem Gebiet der Musik und der Kunst. Am Kaiser-Wilhelm-Gymnasium wurde Gottfried kürzlich ernstlich getadelt, da er sich über die ungerechte Behandlung einiger Schüler durch den Direktor der Privatschule erzürnt hatte. Ruth, die von Herzen mit diesem sensiblen Jugendlichen fühlt, der so mit dem Leben zu kämpfen hat, versucht, Hedwig davon zu überzeugen, ihn auf eine andere, nämlich die staatliche Schule wechseln zu lassen. Die beiden verwitweten Mütter tauschen eine Vielzahl von Briefen darüber aus, ob Gottfried die Schule abschließen oder aber eine kaufmännische Lehre aufnehmen sollte. Eines Tages wird er natürlich das Gut Kniephof übernehmen, wofür eine kaufmännische Ausbildung doch viel wertvoller als ein Universitätsstudium sei. Das ist jedenfalls Ruths Beurteilung der Sturm-und-Drang-Periode des Sohnes ihrer Freundin.

Ruth nimmt auf Gottfrieds Alltagsleben auf ihre Art und Weise Einfluß, ohne seine Mutter damit zu behelligen. Vor drei Jahren begann er zusammen mit anderen Schülern seiner Klasse und gleichaltrigen Mädchen des Lyzeums mit Tanzstunden. Diese Kurse dienen zur Vorbereitung der Jungen und Mädchen auf ihre spätere Rolle in der Gesellschaft. Ruth, die damals, kaum 16 Jahre alt, an der Ballsaison in Oppeln teilgenommen hatte, kennt den Ablauf und den eigentlichen Zweck dieser Veranstaltungen. Doch ist Stettin mit Oppeln nicht zu vergleichen, und die ungestümen Mädchen in den Tanzstunden hier unterscheiden sich sehr von den wohlbehüteten Komtessen aus Großenborau. Am schlimmsten ist, daß sie Gottfried von Bismarck über die Maßen den Kopf verdrehen.

Ruths Heilmittel heißt Ablenkung. Glücklicherweise zeigt Gottfried beträchtliches Talent für das Klavierspiel, und so führt ihn Ruth in die vierhändigen Klavierstücke ein, die sie früher mit Jürgen zusammen gespielt hatte. Er begeistert sich sofort für diese schöne Freizeitbeschäftigung und widmet von den zwei Monaten, die er in Ruths Zuhause zubringt, drei bis vier Abende pro Woche den Kompositionen für vier Hände. Ruth fühlt sich durch diesen Erfolg in ihrer Lebenseinstellung bestätigt.

Der 15jährige Herbert besucht dieses Jahr seine allerersten Tanzstunden. Die forschen Stettiner Mädchen zieht er an wie Bienen den Honig. Dennoch fällt es Herbert nicht schwer, sich gleichwohl den Anforderungen seiner Pflegemutter anzupassen. Durch seinen gutmütigen Charakter ist er der ganzen Familie ans Herz gewachsen.

1900, APRIL. Maria und Ruthchen sind in Tränen ausgebrochen, denn Gottfried und Herbert haben ihre Koffer gepackt und sind zum Aufbruch bereit. Sie ziehen um in Junggesellenstuben. Die Reaktion der Mädchen könnte einen jedoch glauben machen, sie wanderten nach Amerika aus! Herbert schwingt die siebenjährige Maria hoch in die Luft, so daß ihre dunklen Locken um ihren Kopf herumfliegen. Er verspricht ihr, eines Tages würde er auf einem Schimmel nach Kieckow reiten und sie auf sein Schloß auf dem höchsten Berg entführen. Ruth bemerkt seine tiefe Aufrichtigkeit und vermutet, dies ist der Grund, warum ihn seine Partnerinnen in der Tanzschule so anziehend finden. Nie käme ihr in den Sinn, daß er Maria tatsächlich eines Tages auf sein Schloß entführen würde, auch wenn der Berg nur ein kleiner Hügel in der Gegend von Lasbeck ist. Auf diese Weise werden die Kleists und die Bismarcks aus Pommern ein zweites Mal in der Geschichte vereint.

Als Gottfried, bereits ein junger Mann mit breitem Schnurrbart, das kleine Ruthchen in die Arme nimmt, fühlt sich Ruth an einen Vater erinnert, der seine kleine Tochter hochhebt. Eines Tages wird Gottfrieds Sohn Ruthchens Tochter heiraten, und so werden die Kleists und die Bismarcks aus Pommern zum dritten Mal in der Geschichte vereint.

1906. In bestimmten Kreisen ist der junge Graf Robert von Zedlitz und Trützschler mittlerweile fast so bekannt wie sein Vater. Seit drei Jahren ist er Hofmarschall, also zuständig für alle finanziellen Angelegenheiten, die mit des Kaisers Hauptresidenzen in Potsdam und Berlin sowie auch mit anderen königlichen Residenzen in ganz Deutschland zusammenhängen. Erst kürzlich ist zu der Vielzahl von Palästen ein weiteres monströses Gebäude in der Stadt Posen hinzugekommen, ein Ort, den der Kaiser trotzdem fast nie besucht, da ihm seine polnischen Untertanen zu wenig Zuneigung bekundet haben. Seit bereits mehr als einem Jahrzehnt hat die politische Agitation unter den slawischen Völkern zugenommen, was zufälligerweise zeitlich mit der Ablösung des alten Grafen Robert von seiner Position als Oberpräsident von Posen zusammentrifft. Damals hatte die wichtigste oppositionelle Zeitung in polnischer Sprache dem Grafen Robert ein verstecktes Kompliment gemacht, indem sie seine Abreise als einen Schritt zu mehr polnischem Nationalismus würdigte. Der Grund für dieses zweideutige Kompliment lag darin, daß der Graf während seiner Amtszeit die gegen die Polen gerichteten Unterdrückungsmaßnahmen so mäßigte, daß die polnische Bevölkerung jegliche Motivation für den Freiheitskampf gegen Deutschland verlor. Später, als preußischer Kultusminister, führte seine moderate Einstellung Graf Robert zum Rücktritt, als der Kaiser ihm seine Unterstützung verweigerte. Nun befindet sich sein Sohn, der junge Graf Robert, am kaiserlichen Hof in einem Anstellungsverhältnis auf überaus familiärer Ebene, aber dennoch ist er nicht in der Lage, auch nur die geringste Reform durchzuführen in dem seiner Meinung nach byzantinischen Kreis von Schmarotzern, die den Kaiser ablenken, irreführen und sogar mit ihrem Klatsch und ihrer Kleinlichkeit anstecken.

Roberts Aufnahme in den inneren Kreis um Kaiser Wilhelm empfinden viele als überraschend, vor allem, da er eine Bürgerliche, wenn auch die Tochter eines reichen Bankiers, geheiratet hat – nämlich Olga Bürgers, die zeitlebens Robert und Großenborau sowohl in guten als auch in den schlechtesten aller Zeiten treu zur Seite stehen wird. Seiner Schwester Ruth und allen, die der Familie nahestehen, zeigt Roberts neue Position nicht nur, wie sehr der Kaiser den Bruder schätzt, sondern auch, daß jener in seiner neuen Machtposition die traditionelle Engstirnigkeit des preußischen Hochadels überwunden hat. Robert behauptet von Ruth im Scherz, sie sei dem preußischen Königshaus mehr verbunden als der Kaiser selbst! Ihre Ergebenheit könne er nur so erklären, daß sie den Hof des Kaisers nicht kenne, was auch immer so bleiben werde, solange sie ihre Ohren vor der unangenehmen Wahrheit verschließe, die er ihr bereitwillig eröffnen würde, wenn sie nur zuhören wollte.

Ein Beweis der fast an Dummheit grenzenden Engstirnigkeit des Hofes ist ein vor kurzer Zeit geschehenes Fiasko in Zusammenhang mit der »jüdischen Frage«. Das Problem wird regelmäßig beiseite gelegt, mindestens einmal in jeder Generation, um dann mit der nächsten in etwas anderer Form wieder an die Oberfläche zu gelangen. Derzeit besteht es darin, daß Juden, die nicht bereit sind zu konvertieren, das Offizierspatent in dem elitären deutschen Reserveoffizierskorps, dem Männer mit Namen wie Kleist und Zedlitz seit Generationen angehören, verweigert wird.

Als der Kaiser den alten Grafen Robert 1898 aus dem Ruhestand holte und ihn zum Oberpräsidenten von Hessen-Nassau in Kassel ernannte, wurde der Graf, ohne es zu merken, in ein erneutes Aufflackern der »jüdischen Frage« verwickelt. Kurz nachdem er sein Amt in Kassel angetreten hat, lernte er einen jungen Mann kennen, dessen Familie der letzte Teil der noch in Deutschland lebenden Rothschild-Dynastie ist – Baron von Goldschmidt-Rothschild. Graf Robert war von dem jungen Mann sehr beeindruckt, von seiner außergewöhnlichen Begabung, seiner ausgezeichneten Bildung, seinem guten Aussehen und seinen makellosen Manieren. Was könnte man mehr Positives über einen jungen Freund berichten? Nach Meinung von Graf Robert gab es über Goldschmidt-Rothschild noch viel zu sagen. Er war ehrgeizig und wäre gerne Reserveoffizier geworden, war jedoch nicht bereit, für den Zugang zu dieser erlesenen Gruppe zum Christentum zu konvertieren. Unter Juden mit ähnlichen Bestrebungen war diese Art von Kapitulation häufig zu finden. Graf Robert betrachtete die Weigerung als Zeichen seines erhabenen Charakters und machte seinen Einfluß geltend, um ihm zu dem Offizierspatent zu verhelfen. Trotz der Anstrengungen des Grafen erhielt Rothschild die begehrte Stellung nicht.

Im Jahr 1903, als Graf Robert für seinen Freund intervenierte, berief ihn der Kaiser als Oberpräsident in seine Heimat Schlesien, in das Land seiner Vorfahren. Für den Grafen bedeutet das die Erfüllung seiner Träume. Er wohnt nun mit der Gräfin in der herrlichen Residenz in Breslau, dem Juwel der deutschen Städte im Osten. Der Graf befindet sich wieder in der Mitte seiner alten Freunde und in der Nähe seines geliebten Großenborau. Zwar hat das Gut seit seiner Abberufung wieder unter Vernachlässigung gelitten, aber er wird die Ländereien nicht aufgeben in der Hoffnung, daß sein Sohn Robert Großenborau eines Tages übernehmen und zu neuer Blüte führen wird.

Der Graf ist noch immer beunruhigt über die Rolle des Kaisers in der Rothschild-Affäre. Könnte es sein, daß ihm dieser begehrte Posten in der Absicht übertragen wurde, ihn von Goldschmidt-Rothschild und der Kontroverse fernzuhalten? Wenn dies so wäre, könnte der Graf die Maßnahme auch als Bestätigung seines politischen Einflusses sehen. Statt dessen ist er höchst besorgt über die Zukunft einer Nation, deren Führung nicht bereit ist, alte Vorurteile auszumerzen. In Schlesien, wo seit Jahrhunderten Juden leben, ist die »jüdische Frage« in Vergessenheit geraten. Auf den Gebieten Bildung und Recht, unter den Landbesitzern und vor allem in der Welt der Banken und des Handels arbeiten, lernen und leben Juden und Nichtjuden nebeneinander in einer Gemeinschaft. Könnte so eine Gemeinschaft doch auch zwischen Deutschen und Polen entstehen! Was Graf Robert hierbei jedoch entgeht, ist die Natur des Nationalismus. Deutsche Juden fühlen sich als Deutsche, während die polnische Bevölkerung ihre Selbständigkeit wiedererlangen möchte.

September. Weit im Norden von Breslau und nicht weniger weit entfernt von dem Reserveoffizierskonflikt gehen Ruth von Kleist und ihre Sprößlinge in der Stettiner Wohnung dem Alltagsleben nach. Sie wohnen bereits das siebente Jahr in dieser Stadt. Noch immer unternimmt Ruth ihre monatlichen Reisen nach Kieckow. Am Bahnhof von Groß Tychow erwartet sie der Kutscher, um sie zum Gut zu bringen. So hat sich für Ruth seit dem Tod ihres Mannes, abgesehen von der Tatsache, daß sie sich selbst viel besser kennengelernt hat, nicht viel verändert. Fritz von Woedtke ist weiterhin ihr Berater, dem sie vertraut, und die Hausdame leitet wie eh und je den Haushalt des Gutshauses.

Wenn Veränderungen im Leben stattfinden, so hängen sie mit den Kindern zusammen. Ruth hat jeden Tag Anlaß, sich über die Entwicklung ihrer Kinder zu freuen, und sie dankt Gott morgens und abends, daß sie bislang die ihr von Ihm zugedachte, einsame Aufgabe ohne größere Probleme zu erfüllen vermochte.

Hans Jürgen, nun fast 20 Jahre alt, hat die Abschlußprüfungen am Kaiser-Wilhelm-Gymnasium mit Erfolg abgelegt. Als Mann verläßt er die »Kinderpension« und nimmt ein Studium der Forstwissenschaft auf, das ihn auf seine Rolle als Gutsbesitzer vorbereiten soll, für die er vom ersten Tag seines Lebens an vorgesehen war. Doch nicht gleich beginnt sein akademisches Leben, er verbringt zuvor noch ein paar Wochen in Kieckow – seinem zukünftigen Landbesitz. Fritz von Woedtke hat dem ältesten Kleist-Sohn immer väterliches Interesse entgegengebracht. Derzeit korrespondieren die beiden wieder einmal, um die Jagdsaison in Kieckow vorzubereiten. Die letzte Jagd hatte dort vor Hans Jürgens Geburt stattgefunden! Es wird beschlossen, dieses Jahr an nur zwei Tagen Jagd abzuhalten, die erste im Oktober auf Niederwild und eine zweite auf Rotwild im November. Hermann von Kleist aus Schmenzin bietet seinen Rat an (mehr als Hans Jürgen lieb ist) bezüglich der Plazierung der wichtigsten Gäste und der Richtung, in welcher die Treiber zu ziehen hätten. Hermann behauptet, die Wälder von Kieckow besser zu kennen als jeder andere im Kreis Belgard. Sein Sohn Ewald verbringt nun häufiger Zeit in Schmenzin, da auch er das Gut eines Tages von seinem ernsten Vater übernehmen wird. Hans Jürgen gefällt der Gedanke, daß dieser gutmütige, rücksichtsvolle Jugendfreund, der reiten konnte wie der Wind, einmal sein Kollege und Nachbar wird.

Er kann natürlich nicht vorhersehen, wie Ewald sich zu seinem besten Freund und treuesten Verbündeten entwickeln wird, bis er eines Tages von der Gestapo abgeholt und er ihn nie wiedersehen wird.

Ruths älteste Tochter Spes, ein hochbegabtes Mädchen, ist gerade 18 geworden. Zwischen ihr und der Mutter hat sich die Beziehung nicht besonders gut entwickelt. Daß sie dieses Jahr in die Gesellschaft eingeführt werden muß, bereitet Ruth ernsthafte Sorgen. Als erstes erhebt sich die finanzielle Frage. Geld ist immer knapp, vor allem, da vier Kinder Privatschulen besuchen und Spes den besten Klavierunterricht erhält, der in Stettin zu bekommen ist. Ein weiteres Problem sieht Ruth in der Stettiner Gesellschaft, der es nach ihrer Meinung an Geschmack zu mangeln scheint. Sie erinnert sich an ihre Jungmädchenzeit, damals konnte eine junge Dame mit einem einzigen Kleid eine ganze Ballsaison bestreiten. In Stettin aber ist dies ganz anders, für sechs verschiedene Bälle müssen auch sechs verschiedene Kleider vorhanden sein, eines schöner als das andere. Und erst der modische Stil – darin kann die Tochter aus Kieckow nicht annäherungsweise mithalten!

Glücklicherweise ist der Großvater nicht nur in Sachen Politik und Religion ein weiser Mann. Für die Familie ist er eine Quelle der Weisheit und ein Felsen, auf den man bauen kann. Immer wieder gelingt es ihm, Menschen in verworrenen Situationen, die nicht seine Stärke besitzen, zu helfen. Über Spes' Zukunft hat er natürlich auch schon nachgedacht. Seine Pläne für sie legt er in einem Brief dar, der ohne Ruths Einfluß entstanden ist. Als Oberpräsident von Schlesien ist es die Aufgabe des Grafen, den ersten Ball der Wintersaison in seiner Residenz abzuhalten. Da ein alter Graf und seine Gräfin einen Grund für eine solche Veranstaltung bräuchten, so fragt er an, ob es möglich wäre, Spes von der Schule zu beurlauben und für einige Zeit zu ihren Großeltern nach Breslau zu schicken. Ein neuer Steinweg-Flügel stehe ungenutzt in der großen Halle und warte auf Spes' talentiertes Spiel. Außerdem stünden für den Privatunterricht zwei junge Damen zur Verfügung, eine für die französische Sprache, die andere fürs Englische, und es warteten eine Reihe von Schneidern auf die Gelegenheit, der reizenden Spes von Kleist ein oder zwei Kleider zu fertigen. Ruth ist zu Tränen gerührt, als sie sich die großartigen schlesischen Bälle wieder in Erinnerung ruft.

NOVEMBER. Einladungen zur Eröffnungsveranstaltung der Breslauer Ballsaison in der prachtvollen Residenz des Oberpräsidenten gehören derzeit zum Begehrtesten in der Stadt. Der Großvater hat die letzten Anweisungen zur Auswahl der Gäste gegeben, heute arrangiert er die Namensschildchen persönlich auf der festlich gedeckten Tafel, während die Großmutter das Aufdecken jedes einzelnen Glases und Tellers und das Falten der Servietten überwacht.

Unter den geladenen Gästen befindet sich ein Graf, der im Ruf steht, einer der reichsten Landbesitzer Schlesiens zu sein. Von ihm ist bekannt, daß er sich öffentlich dazu bekennt, eine jüdische Großmutter zu haben. In Deutschland, selbst in diesen modernen Zeiten, ist dies ein erstaunliches Geständnis. Großvater Zedlitz aber weist dieses Thema als nicht diskutierenswert von sich. Er hegt große Bewunderung für diesen Grafen, den er als reife, integere Persönlichkeit, guten Christen und wirklichen Anhänger der Traditionen der Familien Zedlitz und Kleist kennt. Zudem gehört er dem schlesischen Hochadel an, und er ist unverheiratet. Genau wie der Vater früher die Tischnachbarn seiner Töchter auswählte, geht der Großvater nun die Gästeliste durch und wählt einen geeigneten Mann für seine älteste Enkelin aus. Spes von Kleist wird an der rechten Seite des ledigen Grafen sitzen.

1907, Januar. Für Spes ist dieser Besuch im winterlichen Schlesien wie ein Märchentraum – das Erlebnis, in der riesigen Halle auf dem wundervollen Steinweg zu üben, die Theater- und Konzertbesuche und vor allem die Feste in den riesigen Landhäusern außerhalb Breslaus oder in einem der eleganten Stadthäuser. Langsam beginnt Spes, den Hinweis ihrer Mutter zu begreifen, man könne Schlesien in keinster Weise mit Pommern vergleichen. Es gibt viele junge Männer, die mit Spes tanzen und sich mit ihr bei einem Glas Punsch unterhalten. Und auf jedem Ball ist auch der Freund des Großvaters zugegen, der nicht mehr als ein paar freundliche Worte mit ihr wechselt und lediglich einen einzigen Tanz mit ihr tanzt, wie es die Etikette gebietet.

Trotz der Zurückhaltung des Grafen ist sich Spes seines Interesses an ihr wohl bewußt. Sie vermutet, er wird dieser Tage beim Großvater vorsprechen, was auch tatsächlich geschieht. Nach dessen Besuch sucht sie der Großvater, er findet sie am Klavier und zieht sich einen Stuhl heran. Der Freier habe um ihre Hand angehalten; dies sei nur ein vorläufiger Antrag, da er natürlich noch das Einverständnis der Mutter einholen müsse. »Spes, mein Kind, bevor die Dinge ihren Lauf nehmen, möchte ich fragen, wie du darüber denkst und fühlst.« Lange sitzt Spes schweigend da, die Hände im Schoß, den Blick auf die Tasten gesenkt. Es geht hier um so vieles; aber Spes weiß sehr wohl, was sie will.

Die Antwort ist ein klares Nein. Der Großvater fragt, ob mehr dahinterstecke. Ist ihr der Graf etwa persönlich nicht angenehm? Möchte sie erst noch mehr über seine Herkunft oder seine Zukunftsaussichten wissen? Spes antwortet: »Großvater, ich kann diesen Mann nicht heiraten. Ich weiß, er ist zu einem Viertel jüdisch, man sieht es ihm sogar an.«

Februar. Spes ist wieder zu Hause in Stettin, einen Monat früher, als die Mutter sie erwartet hatte. Der Großvater hatte es entschieden. Ein Brief von ihm erklärt, daß die Dinge sich nicht so entwickelt hätten, wie er und Großmutter es sich erhofft hatten; sie seien eine so eigensinnige junge Dame wie diese Tochter Ruths nicht gewöhnt. Zweifelsohne sei Spes mit einem jungen Mann aus Pommern besser gedient, wobei der Graf und die Gräfin jedoch nicht viel helfen könnten. Ruth bedeutet dies eine große Enttäuschung; in ihren Hoffnungen für Spes hatte sie noch einmal ihre eigene märchenartige Verlobungszeit durchlebt.

Spes' musikalische Verpflichtungen nehmen sie so sehr in Anspruch, daß sie den Gedanken an eine Heirat erst einmal weit von sich schiebt. Es reicht ihr kaum die Zeit, um sich genügend auf ein Klavierkonzert hier und einen Soloabend dort vorzubereiten – die ernsthafte und begabte Pianistin wurde mittlerweile von den Stettiner Musikkreisen entdeckt.

NOVEMBER. Spes hat eine Einladung zum ersten Fest der Stettiner Ballsaison erhalten. Es wird vom Besitzer einer wohlhabenden Handelsfirma veranstaltet, und zu den Gästen werden hauptsächlich die Inhaber von Fabriken und Transportunternehmen, die das Leben der Stadt prägen, gehören. Natürlich fehlen auch deren Söhne und Töchter im heiratsfähigen Alter nicht. Die Ballsaison dient vor allem als Möglichkeit, Ehen zustande zu bringen, die der Aufrechterhaltung der Gesellschaft in der nächsten Generation dienen. Auf den Bällen der Stettiner Gesellschaft findet man wenig adlige Familien, da die Stadt keineswegs ein Zentrum der preußischen Aristokratie darstellt. Dazu kommt, daß die pommerschen Landbesitzer, die durch ihre Anwesenheit dieses Manko ausgleichen könnten, das kommerzielle Zentrum eher meiden.

Die Namen Spes von Kleist und ihrer Mutter, der ehemaligen Gräfin von Zedlitz und Trützschler, stehen hoch oben auf jeder Gästeliste dieser Saison. Ruth beabsichtigt, mehrere Ereignisse zu besuchen, wählt diese mit Sorgfalt aus und wägt genau alle Gründe ab, die für oder gegen die Annahme einer Einladung sprechen könnten. Spes wird nur ein einziges Ballkleid zur Verfügung haben, eine Tatsache, die allein schon die Zahl der Bälle, die Mutter und Tochter besuchen können, einschränkt. Ruth wird das lavendelfarbene Kleid ihrer Aussteuer tragen, das ihr auf den Hochzeiten und Taufen über die Jahre hinweg gute Dienste geleistet hatte. Für Spes hat sie ein fertiges, weißes Kleid mit Spitzenkragen erworben. Gemessen an Stettiner Maßstäben ist es ein äußerst schlichtes Kleid, aber es wird Spes viele Jahre gut kleiden. Ruth lehnt es ab, ihre Garderobe den wechselnden Stilrichtungen der Mode zu unterwerfen und nach Belieben auszutauschen. Geld für die eigene Eitelkeit auszugeben ist ihr fremd – ein typischer Charakterzug der Kleists.

1908, JANUAR. Auf einem großartigen Ball im Landhaus des Stettiner Hafenmeisters lernt Spes von Kleist den 15 Jahre älteren Walter Stahlberg kennen. Er ist Inhaber einer florierenden Ölgesellschaft, ein stattlicher, sehr gut aussehender Mann. Auch wirkt er sehr viel entschlossener als alle Männer, die Spes bislang aus Familienkreisen kennt. Vor allem aber ist er gelassen und selbstsicher und scheut sich nicht, seine Überzeugungen und Absichten offen zu äußern. In seiner forschen Art fragt er Spes, welche Bälle noch auf ihrer Liste stünden, damit er nur ja keinen davon versäume.

Die ganze Wintersaison lang haben sich Walter Stahlberg und Spes immer wieder getroffen, miteinander geredet und getanzt. Spes erfährt von Walter – der für sie nun nicht mehr »Herr Stahlberg« ist –, daß seine Familie seit drei Generationen in Stettin lebt. Walters Großvater gründete die Firma zu einer Zeit, als die Stettiner Wirtschaft mehr von der Ostsee als vom pommerschen Hinterland lebte. Selbst heute noch wird das Rohmaterial für den Stahlbergschen Betrieb von Schiffen geliefert, die, aus Ostasien und Südamerika kommend, in den Hafen einlaufen. Spes sieht in Walter und der Stahlbergschen Fabrik das Tor zur großen weiten Welt, eine Möglichkeit, über Oder und Ostsee hinauszukommen. Walter hingegen erfährt in Spes und deren Familie eine Kontinuität und Stabilität, die er seit seiner Kindheit gesucht hat. Seine Eltern waren in jungen Jahren verstorben, und ihm fehlt im Prinzip die Familie.

Es war daher für niemanden überraschend, als Walter Stahlberg kurz vor Beginn der Osterferien einen Heiratsantrag macht. Ruhig erklärt Spes dem Freier, sie beabsichtige, als Konzertpianistin Karriere zu machen. Mehr noch, nachdem sie ihre Schule abgeschlossen habe, hoffe sie, ihr Musikstudium in Berlin fortzusetzen. Mit solchen Zukunftsplänen könne sie unmöglich an eine Heirat denken! Ihre Antwort an Walter Stahlberg ist ein unumstößliches Nein.

1908, APRIL. Ruth ist zu Ostern mit vier ihrer Kinder nach Kieckow zurückgekehrt. In Vorbereitung auf sein Lebenswerk als Landbesitzer und Leiter eines Gutes setzt Hans Jürgen sein Studium an der preußischen Akademie für Forstwissenschaft fort. Am Nachmittag des Karfreitag, als sich sowohl im Haus als auch im Dorf eine gedämpfte und ehrfurchtsvolle Stimmung ausbreitet, klopft Spes an der Tür zum Schlafzimmer der Mutter und tritt leise ein. Ruth sitzt in einem Armlehnstuhl am Fenster und liest aus dem Neuen Testament über den Leidensweg Christi und seinen Tod am Kreuz. Der Besuch von Spes unterbricht zwar ihre Karfreitagsmeditation, aber dennoch freut sie sich darüber, da sich ihre Tochter nur selten vertrauensvoll an sie wendet.

Spes setzt sich auf den Boden, nimmt die rechte Hand ihrer Mutter in ihre beiden Hände und legt den Kopf auf den Schoß der Mutter. Das hat sie seit ihrer Kindheit nicht mehr getan, und Ruth erschrickt darüber. Zunächst spricht Spes nicht. Ruth wartet geduldig, dann beginnt das Mädchen: »Mutterchen, Walter Stahlberg hat mir vor zwei Monaten einen Heiratsantrag gemacht. Es war auf dem Ball des Landrats in Stettin. Er möchte mich heiraten, ich aber habe abgelehnt. Ich erzählte ihm, ich würde nach Berlin gehen und Musik studieren. Ich habe das völlig unmißverständlich und in ernstem Tonfall gesagt, damit er nicht versuchen würde, mich umzustimmen. Ich weiß, daß du mich gerne verheiratet sehen würdest wie alle anderen auch, deswegen hatte ich Angst, es dir zu erzählen.«

»Und warum hast du abgelehnt?« fragt die Mutter.

»Hauptsächlich weil ich eines Tages eine große Pianistin sein möchte. Ich will nach Berlin gehen, vielleicht sogar vor dem Kaiser spielen. Außerdem ist Walter nicht wie wir, Mama. Er ist in der Stadt aufgewachsen, und wir wissen nichts über seine Familie.«

Ruth entzieht der Tochter ihre Hand, sie sucht nach einem Taschentuch, als bereits dicke Tränen über ihre Wangen rollen. Noch nie hat Spes ihre Mutter so verzweifelt gesehen. Was hat sie nur angestellt, um diese Reaktion bei der Mutter hervorzurufen? Allmählich läßt das Schluchzen nach, und die Gründe kommen zum Vorschein – die Sorge um drei Töchter, die nie eine Mitgift haben werden, da nie genug Geld vorhanden sein wird; die Notwendigkeit, einen guten und liebevollen Mann zu finden, was dem Adel mehr bedeutet als materielle Güter. Und nun hatte es innerhalb von zwölf Monaten zwei Heiratsanträge gegeben – und beide waren abgelehnt worden!

Als Spes die eigentlichen Gründe der Mutter klarwerden, bricht auch sie in Tränen aus. Deswegen also Stettin und die Mädchenschule, die Stunden am Klavier – alles, um eine gute Heirat zu erwirken, jemanden anzulocken, der sich für eine Ehefrau aus der Familie Kleist, auch ohne Mitgift, interessiert. Die Ungerechtigkeit eines solchen Systems erzürnt das Mädchen, sie stürzt auf die Tür zu. Inzwischen hat aber die Mutter ihre Besinnung wiedererlangt und spricht zum ersten Mal in ihrem Leben zu ihrer Tochter als einer Gleichberechtigten:»Spes, mein Kind, wir können das System nicht ändern, vielleicht ist es gar nicht so schlecht. Sieh dir die Frauen in unserer Familie an, vor allem die vielen verwitweten Frauen in der Geschichte der Kleists. Sie haben die Ländereien zusammengehalten und sie ungeteilt an die Söhne vererbt. Walter Stahlberg weiß, daß Spes von Kleist aus solchem Holz geschnitzt ist, auch wenn sie keine Mitgift aufzuweisen hat. Daß er dich heiraten möchte, spricht für seinen Charakter. Ich könnte mir vorstellen, daß auch er dich gerne als Konzertpianistin sehen würde. Ich kenne den jungen Mann gut genug, um beurteilen zu können, wie enorm ehrgeizig er ist. Überlege es dir noch einmal, Spes, damit du später nichts zu bereuen hast.«

Spes erhebt sich vom Boden, umarmt und küßt die Mutter, die ihr durch ihre offene Betrachtungsweise eine andere Sicht der Dinge ermöglicht hat. Dann geht sie direkt in ihr Zimmer, setzt sich an den Schreibtisch und beginnt einen Brief an Walter Stahlberg. Ohne sich zu entschuldigen, teilt sie mit, sie habe ihre Meinung geändert und lade ihn nach Kieckow ein, damit er mit der Mutter sprechen könne.

Am Tag nach Ostern wird im Kreis Belgard das allererste Automobil gesichtet. Es ist in Richtung Kieckow unterwegs, von der Hauptstraße südlich von Groß Tychow biegt es nach links ab, fährt an dem Dorf Klein Krössin vorbei, zwischen den frisch angepflanzten Feldern, durch das Dorf Kieckow hindurch und dann die von Fliederhecken gesäumte Straße zum Gutshaus hinauf. Hinter sich hat es eine riesige Staubwolke aufgewirbelt, aufgeschreckte Tiere fliehen. Die Feldarbeiter kommen gelaufen, ihre Münder stehen vor Staunen offen. Sie sind verblüfft, noch nie haben sie eine so erstaunliche Maschine auf vier Rädern gesehen.

Nachdem er morgens Spes' Brief erhalten hatte, zog Walter Stahlberg seine Reisekleidung an und machte sich unverzüglich von Stettin auf den Weg direkt nach Kieckow, wo er noch vor Einbruch der Dämmerung eintreffen wollte. Der alte Beschließer aus Großvater Kleists Zeiten begrüßt den Besucher an der Tür und nimmt dessen Schutzbrille, Kopfbedeckung, Mantel und Gummistiefel entgegen. Schon vieles hat der alte Mann in seinem langen Leben gesehen, aber noch nie ein neumodisches Gerät, wie es da vor dem Haus steht. Schnell geleitet er den Besucher in die Bibliothek und holt die Hausdame aus der Küche, damit er sich schnell zu den anderen Dienstboten gesellen kann, die sich in kürzester Zeit auf der Auffahrt zum Gutshaus versammelt haben und die neueste Errungenschaft der Technik in Augenschein nehmen.

Die Hausdame eilt zum Schulzimmer, wo Ruth, Maria und Ruthchen Bücher sortieren. »Herr Walter Stahlberg aus Stettin wartet in der Bibliothek auf die gnädige Frau.«
Kurz darauf begrüßt Ruth den unangemeldeten Besucher: »Herr Stahlberg, ja, natürlich sind wir uns bereits begegnet, mehrmals im vergangenen Winter. Setzen Sie sich bitte.« Zunächst folgen die obligatorischen verbindlichen Worte, die höflichen Fragen, mit denen man den Gesprächspartner erst einmal einzuschätzen versucht. Aber Ruth hat noch nie längere Einleitungen vor dem Besprechen ernsthafter Angelegenheiten geduldet, und Herr Stahlberg scheint der gleichen Meinung zu sein. Sehr schnell kommt er zum eigentlichen Thema. In den letzten Monaten habe er der gnädigen Frau Tochter, Fräulein Spes, näher kennengelernt, und er habe zugegebenermaßen eine tiefe Verehrung und Zuneigung zu ihr entwickelt. Einige Zeit lang habe er geglaubt, sie zu lieben, und er habe ihr tatsächlich einen Heiratsantrag gemacht. Die Tochter habe den Antrag sogleich abgelehnt. Heute morgen jedoch habe er einen Brief von Fräulein Spes erhalten – Herr Stahlberg zieht ihn aus der Jackentasche –, in dem sie schreibe, ihre Gefühle zu ihm hätten sich geändert und sie nähme seinen Antrag von neulich an. Dann verstummt er für einen Moment, als wolle er Kraft sammeln für seine weitere Unterhaltung.
»Gnädige Frau, nachdem Ihre Tochter meinen Heiratsantrag abgelehnt hatte, habe ich die Umstände unseres Kennenlernens und unserer Freundschaft noch einmal überdacht. Ich glaube, damals habe ich nicht

genau gewußt, was ich will. Ich habe mir unsere Beziehung und alle anderen Umstände noch einmal durch den Kopf gehen lassen und bin zu dem Schluß gekommen, daß der Antrag verfrüht war. Hätte ich nur die leiseste Ahnung gehabt, daß Ihre Tochter ihre Meinung ändern könnte, hätte ich den Antrag längst widerrufen. Ich hoffe, Sie verstehen das; wir jungen Männer können bei charmanten und begabten jungen Damen sehr schnell ungeduldig werden. Ich wäre Ihnen zutiefst verbunden, wenn Sie liebenswürdigerweise Ihre Tochter informieren könnten, wie es zwischen uns beiden steht. Ich möchte keinesfalls Spes' Gefühle verletzen; als ihre Mutter aber werden Sie sicherlich geeignete Worte dafür finden.«

Herr Stahlberg erhebt sich von seinem Stuhl und schickt sich an, den Raum zu verlassen. Wenn er glaubt, damit sei alles erledigt, dann irrt er gewaltig. Der junge Mann ist zwar bereits 35 Jahre alt, aber noch nie hat er eine Persönlichkeit wie Ruth von Kleist, geborene Gräfin von Zedlitz und Trützschler, kennengelernt. Sie erhebt sich zu ihrer vollen Größe, nimmt die Schultern zurück und erklärt: »Herr Stahlberg, Sie haben sich meiner Tochter gegenüber äußerst ungebührlich benommen und so meine ganze Familie beleidigt. Nein, ich werde nicht Ihren Boten spielen. Sie werden selbst mit ihr sprechen!« Sie befiehlt ihm zu bleiben, während sie ihre Tochter sucht, und schon hat sie eilig das Zimmer verlassen. Spes hält sich im Eßzimmer auf. Am Harmonium sitzend, versucht sie ruhig zu bleiben, denn ebenso wie die ganze Nachbarschaft weiß auch sie, daß Walter Stahlberg mit ihrer Mutter in der Bibliothek ist. Ruth flüstert ihr einige Worte ins Ohr und begleitet sie dann zur Bibliothek, doch hineingehen muß die Tochter alleine. Die Mutter schickt sie hinein und schließt die Tür hinter ihr.

Ruth erwartet in ihrem Wohnzimmer den Ausgang des Dramas in der Bibliothek. Nach kurzer Zeit legt sich ihr Ärger und weicht einer Welle des Bedauerns. Nie in ihrem ganzen Leben hat sie so unfreundlich mit einem Menschen gesprochen. Und was hatte Herr Stahlberg denn so Schlimmes getan? Ist es nicht besser, vor der Heirat genau zu wissen, was man will, als es zu spät herauszufinden? Natürlich sollte Spes in den pommerschen Adel heiraten. Vielleicht war das ganze Abenteuer in Stettin ein Fehler. Werden Maria und Ruthchen auch solche Probleme haben, wenn sie in dem Alter sind? Mit geschlossenen Augen, die Hände auf dem Schoß fest gefaltet, schickt Ruth ein Stoßgebet zu ihrem Schöpfer. Danach fühlt sie sich erleichtert. Für den Rest ihres Lebens wird sie den Vorfall in der Bibliothek von Kieckow, wo sie Walter Stahlberg so abscheulich behandelte, als eine Zeit im Gedächtnis behalten, in der sie vom Teufel besessen war. Immer, wenn sie sich daran erinnert, wird sie sich gedemütigt fühlen.

Zwanzig Minuten später öffnen sich die Türen zur Bibliothek, und Spes von Kleist kommt am Arm Walter Stahlbergs heraus. Ihre Augen sind von den Tränen leicht gerötet. Das gut aussehende Paar betritt den Raum, in dem Ruth alleine wartet. Sie erhebt sich, um den beiden entgegenzugehen, und die jungen Leute nehmen ihre Hände. Herr Stahlberg gibt bekannt, daß er und Fräulein Spes sich verlobt hätten.

OKTOBER. Der Ballsaal des Stettiner Hotels Preußenhof ist mit Unmengen von Herbstblumen geschmückt. Die standesamtliche Trauung war am Tag zuvor im Rathaus vollzogen worden, die kirchliche Zeremonie in der Stunde vor Mittag in der Kapelle des Diakonissenmutterhauses Bethanien. Die Vorschrift, daß die standesamtliche Trauung vor der kirchlichen stattzufinden habe, stammt aus der Zeit Otto von Bismarcks; noch heute ist dies für die Kleists ein Ärgernis.

Das Brautpaar empfängt die Gäste formlos am Eingang des Ballsaals, wo das Hochzeitsessen in Kürze beginnen wird. Zwei lange Tische wurden aneinandergereiht, so daß genau 40 Personen daran Platz finden. Die Gästeliste liest sich wie ein Familientreffen der Zedlitz und Trützschlers aus Großenborau – Vater und Mutter, mittlerweile Großvater und Großmutter, deren Sohn Robert und Schwiegertochter Olga aus Berlin, die Tochter Lisa, heute Lehrerin, Tochter Anni mit Ehemann Hermann von Tresckow aus Wartenberg (endlich ein Ort, den Anni ihr Zuhause nennen kann, denn Hermann hat die Armee verlassen, als er dieses Gut erbte), ihr Sohn Stefan und seine Frau Lene aus Frauenhain und Etti, die jüngste, mit ihrem Mann Carl von Rohr. Dies ist das erste Treffen der ganzen Familie Zedlitz im 20. Jahrhundert.

Ohne Hermann von Kleist aus Schmenzin und seine Frau Lili, die Gräfin, wäre der Anteil der Kleists bei diesem Familientreffen gering ausgefallen. Von Jürgens Generation ist nur noch Elisabeth am Leben, unverheiratet lebt sie in Berlin. Sie hat die Einladung ausgeschlagen. Lili sieht man auf den ersten Blick die ostpreußische Aristokratin an, und im Vergleich zu ihr fühlt sich Ruth schäbig. Unter den Gästen ist auch Hedwig von Bismarck aus Kniephof.

Dann sind anwesend die Söhne der Familien, die die Namen Kleist, Zedlitz, Tresckow und Bismarck in der nächsten Generation weiterführen – Hans Jürgen und Konstantin, Roberts drei Söhne, Annis Söhne Gerd und Henning, die Schmenziner Söhne Hermann Conrad und Ewald und Hedwigs Söhne Gottfried und Herbert, Ruths Pflegesöhne aus der »Kinderpension«.

Und auf der Seite der Damen? Zuallererst ist da Spes, die Braut, die nie von Walters Seite weicht und charmant alle guten Wünsche entgegennimmt. Hedwigs erwachsene Tochter Elisabeth beschäftigt sich mit Maria und Ruthchen, zu ihnen gesellen sich die zwei kleinen Töchter von Tante Lene und Onkel Stefan. Die Familie Stahlberg ist lediglich durch den Bräutigam und zwei seiner Freunde vertreten.

Vierzig Frauen, Männer und Kinder aus drei Generationen stehen hinter ihren Stühlen in dem Ballsaal, während der Pastor, der bereits den Traugottesdienst gehalten hat, ein kurzes Tischgebet spricht. Nach dem »Amen« nimmt jeder Gast seinen Platz ein. Dann erheben sich alle Gäste abermals. Mit einem halb gefüllten Weinglas warten sie schweigend, während der Großvater, Graf Zedlitz, seinen ersten Trinkspruch ausbringt: »Auf seine Majestät, den deutschen Kaiser und König von Preußen. Er lebe hoch!«

Nach vielen weiteren Trinksprüchen und Gängen wird die Tafel aufgehoben, und die Gäste teilen sich zur Unterhaltung in Grüppchen auf. Ruth fühlt sich zu der jungen Generation ihrer Familie viel stärker hingezogen als zu ihren Altersgenossen. Vor allem genießt sie es, sich mit Ewald von Kleist zu unterhalten, dessen ausgeprägter Konservativismus ihre eigenen orthodoxen Ansichten eher liberal erscheinen läßt und dessen religiöse Äußerungen fast an Ketzerei grenzen. Aber dies kann ihre Zuneigung zu dem leidenschaftlich engagierten Sohn vom Schmenziner Land nicht schmälern. Den Tresckow-Söhnen ist eine gewissen Strenge eigen, die Ruth noch nie bei Kindern beobachtet hat. Gerd ist erst zehn Jahre alt, aber dennoch ist er bereits ein Ebenbild seines zurückhaltenden, militärischen Vaters. Wenigstens scheint Henning, der jüngere der beiden Brüder, ein wenig von Annis Eigenschaften zu haben. Ruth sorgt

sich um ihre kränkliche, ängstliche Schwester, die den schweren Verpflichtungen eines so ausgedehnten und abwechslungsreichen Gutes wie
Wartenberg nicht gewachsen zu sein scheint.

Während die anderen Gäste plaudern, ziehen sich zwei Herren unauffäl-
lig in eine stille Ecke zurück, in der sie in Ruhe sprechen können. Großvater Zedlitz muß eine dringende Angelegenheit mit seinem Sohn besprechen, der, wie er hofft, Einfluß auf den Kaiser nehmen kann. Der alte
Graf empfindet die Aussagen und Maßnahmen Kaiser Wilhelms als ständige Quelle der Beschämung für den Adel und als persönliche Pein. Vor
nur einer Woche hat sich der Fürst von Bülow, der dritte Reichskanzler
seit der Entlassung Bismarcks, an den Großvater in Breslau gewandt. Wie
es scheint, wird die leidige Goldschmidt-Rothschild-Affäre in Kürze
wieder einmal entbrennen und diesmal Bülow mit in den Abgrund stürzen. Er hatte kürzlich Rothschild in das diplomatische Korps berufen und
nach London geschickt, um dort geheime Informationen über die
Kriegsbereitschaft der Engländer, zu denen er durch seine britischen
Bankverbindungen Zugang finden könnte, zu beschaffen. Nun bereite die
Oppositionspresse deswegen einen neuen Skandal vor, weil diesem Juden,
der Anteil an den geheimsten Angelegenheiten des Reiches hat, die
Aufnahme in das Reserveoffizierskorps verweigert wird. Bülow traue sich
nicht, den Kaiser direkt anzusprechen, da er bereits auf anderen Gebieten bei Wilhelm in Ungnade gefallen sei. Eine Konfrontation könne ihn
leicht seinen Posten als Kanzler kosten. Daher hat er Graf Robert gebeten, durch seinen Sohn zu intervenieren.
»Vater, wenn Bülow dem Kaiser gegenübersteht, bekommt er kalte Füße.
Meiner Meinung nach ist er ein Feigling. Ich werde mich um die Ange-
legenheit kümmern, aber ich bin sicher, daß sich nichts ändern wird.
Seine Majestät neigt dazu, in solchen Dingen nur den schlechtesten
aller Ratschläge anzunehmen.«
Robs Worte werden sich als richtig erweisen, denn innerhalb weniger
Wochen wird der Kaiser Bülow entlassen. Danach werden Bülows Tage
am Hof gezählt sein.
Plötzlich wendet Großvater Zedlitz seinen Blick auf einen Punkt hinter
Robs Kopf. Fragend dreht sich der junge Graf um und entdeckt seine
Schwester Ruth, die direkt hinter ihm steht. Offensichtlich hat sie jedes
Wort gehört. Er geht zu ihr und umarmt sie mit besonderer Herzlichkeit.

»Ruth, meine Liebe, möge dieser Kaiser nie einen Keil zwischen dich und mich treiben«, beschwört er sie.

»MEINE VERLORENEN SÖHNE«

1910. Über der Stettiner Wohnung liegt eine Art einsame Stille. Ruth steht an der Balkontür des Musikzimmers und blickt hinaus in den Garten, der einmal den Kindern zum Spiel diente. Wie jedes Jahr zu Beginn des Frühjahrs ist auch jetzt die Erde mit einem Teppich bunter Krokusse übersät. Der Garten steht in stillem Glanz, ungestört von den Spielen und sportlichen Aktivitäten heranwachsender Kinder. Wenn Stille je Einsamkeit bedeutet, dieser Garten strahlt sie zu dieser Jahreszeit aus. Einst war Ruths Wohnung das Zuhause ihrer fünf Kinder, zeitweilig auch das der zwei Bismarck-Söhne; mittlerweile sind alle erwachsen – bis auf zwei, die 17jährige Maria und Ruthchen, die bald 13 wird. Beide Mädchen besuchen die höhere Schule, Maria hat noch ein Jahr vor sich.

Was ist aus den anderen drei Kindern geworden? Hans Jürgen steht kurz vor dem Examen als Forstwirt und wird anschließend ein Praktikum beginnen. Trotz seines jugendlichen Alters übernimmt er bereits einige Aufgaben eines Gutsbesitzers. In Kieckow berät Fritz von Woedtke weiterhin den Verwalter, wann immer Hans Jürgen zugegen sein kann, hört er dabei zu, um zu lernen. Der alte Beschließer aus Großvater Kleists Zeit ist gestorben und wurde auf dem Kieckower Friedhof begraben. Sein altes Zimmer wird nun von der Hausdame, die mittlerweile im Ruhestand ist, bewohnt. Es ist nur ein kleines Zimmer, aber durch seine Lage im Erdgeschoß mit Prestige verbunden, denn das Parterre ist normalerweise für die Familie des Gutsbesitzers und ihre Gäste reserviert. Der Raum wurde frisch gestrichen und nach ihren Bedürfnissen eingerichtet. Die meiste Zeit verbringt sie damit, Wäsche des Gutshauses zu flicken und Hans Jürgens Kleidung zu stopfen oder Dinge zu häkeln, die zu besonderen Ereignissen, wie zum Beispiel bei Taufen oder Konfirmationen, an die Arbeiterfamilien verschenkt werden. Im Sommer pflegt sie den Garten der Gutsfrau, die meistens in Stettin weilt.

Hermann von Kleist kommt immer von Schmenzin herübergeritten, wenn er weiß, daß Hans Jürgen dort ist. Der ältere Kleist hat das Gut Dubberow bereits an seinen erstgeborenen Sohn Hermann Conrad vererbt. Schmenzin wird eines Tages Ewald gehören; sein Vater wartet schon ungeduldig auf den Tag, an dem er seinen Posten in der preußischen Verwaltung aufgeben und aufs Land zurückkehren wird. In der Zwischenzeit warnt Hermann Hans Jürgen vor den sozialen und wirtschaftlichen Forderungen, die ihm die Kieckower Arbeiter zweifelsohne stellen werden. Er gehört zu den alten Konservativen, die gegen die neuen Gesetze eingestellt sind, die die Ausbeutung der Industriearbeiter in den Städten mildern sollen. Wie viele andere seiner Art glaubt auch Hermann, diese Maßnahmen würden lediglich mehr Landarbeiter dazu bringen, in die Städte abzuwandern. An dieser Entwicklung würden die großen Güter, das östliche Bollwerk Preußens und damit Deutschlands, zugrunde gehen. Hans Jürgen hört ihm zu, stellt aber seine Ansichten in Frage. Noch ist er nicht davon überzeugt.

Am Wasser, in der Nähe von Stettin, haben sich Spes und Walter Stahlberg ein elegantes Landhaus gebaut. Die Einrichtung entspricht Spes' gutem Geschmack, mit dem sie aufgewachsen ist, sie zeugt aber auch von einem Reichtum, der weit über das hinausgeht, was in Kieckow je vorhanden war. Den beiden wurde eine Tochter geboren, die sie – nach ihrer Großmutter und ihrem Urgroßvater – Ruth Roberta getauft haben. Das Kind ist Ruths größtes Vergnügen, sie lebt nur noch für deren gelegentliche Besuche in der Stettiner Wohnung. Ruth wünschte, Spes würde die kleine Raba öfter vorbeibringen, aber dies ist kaum möglich, da die Stahlbergs für Spes' Klavierstudium eine weitere Wohnung in Berlin unterhalten. Walter verbringt die Woche über meistens in Stettin, wo er eine kleine Wohnung in der Nähe der Stahlbergschen Fabrik bewohnt. An den Wochenenden finden zahlreiche Reisen zwischen den beiden Städten statt, immer mit dem Kindermädchen im Gefolge.
Ruth ist mit diesem Nomadendasein eigentlich nicht einverstanden, wenn sie es mit ihrer eigenen Ehe und idealistischen Anschauung einer Ehefrau, die zufrieden in der Aura ihres Mannes lebt, vergleicht. Doch stellt auch sie diese romantischen Ansichten in Frage und überlegt, was Jürgen wohl heute von ihr, der entschlossenen und unabhängigen Frau, die einmal seine naive und behütete Braut war, denken würde. Ruth versucht sich vorzustellen, wie sich ihre Ehe unter dem Einfluß des modernen Lebens

entwickelt haben könnte. Ihre Vorstellungen sind immer etwas verschwommen, vor allem ihre Erinnerung an Jürgen, der heute 56 Jahre alt wäre und wahrscheinlich graue Haare hätte. Sie verbannt diese unnützen Gedanken, damit sie nicht ihre Erinnerungen, die sie als ihren wertvollsten Schatz hegt, verwischen können. Sie fragt sich auch, wie es mit Maria und Ruthchen weitergehen werde. Werden auch sie das alte Preußen verlassen? Werden sie, wie Spes, eine Lebensweise aufgeben, deren Entstehung und Verfeinerung mehr als 700 Jahre lang gedauert hat? Sie hofft es nicht, da Deutschland noch immer von den Ländereien in Pommern lebt. Jedes pommersche Gut benötigt auch weiterhin sowohl seine Herrin als auch seinen Herren.

Konstantin – ein fröhlicher und doch sanfter, freudestrahlender und gutmütiger Junge – ist von allen Kindern Jürgen am ähnlichsten. Er ist Ruths Sonntagskind! Sein Schicksal ist das des zweitgeborenen Sohnes, des Junkers, wie sie früher genannt wurden. Vor fast einem Jahr hatte er mit Leichtigkeit das Abitur bestanden und dann seinem Stettiner Zuhause Lebewohl gesagt. Durch Walter, dessen Geschäftskontakte alle Regionen des Deutschen Reiches umfassen, bekam Konstantin eine Lehrstelle in einer Karlsruher Bank. Dort lernt er Rechnungswesen und andere Dinge, welche für die von ihm gewählte Laufbahn im Handel und im Geschäftsleben Voraussetzung sind. Konstantin versichert immer wieder, daß die Geschäftswelt für ihn die einzig richtige sei. Seine Mutter glaubt aber, er versuche, das Beste aus seiner Situation zu machen. Die Briefe, die Ruth von ihm erhält, sind ihr von größter Wichtigkeit.
Konstantin, der in seiner geringen Freizeit von der Bank genug Beschäftigung für drei Leben hineinpackt – Theater- und Konzertbesuche in Karlsruhe, Unterricht in spanischer Gitarre, Vorlesungen über Politik und Philosophie, selbst eine Literaturgruppe, in der die neuesten Theaterstücke von den Mitgliedern laut gelesen werden – , schreibt ihr: »Mama ... Heute ist nun Leseabend, wo endlich die ‚Candida‘ von Shaw herankommt. Ich freue mich schon wahnsinnig darauf, und Du mußt das Stück einfach lesen.«[4]
Sein Gehalt bei der Bank ist gering, aber trotzdem konnte Konstantin genug Geld ansparen, um eine Woche nach München zu fahren und dort die Alte und Neue Pinakothek zu besuchen. Zufällig trifft er dort Gottfried von Bismarck, seinen ungestümen Freund aus der Stettiner Woh-

nung. Gottfried studiert Philosophie und Kunst an der Universität und hofft, wie er sagt, das Mysterium der Kreativität zu lösen; im Unterbewußtsein jedoch schiebt er nur die Zukunft, mit der er unlösbar verbunden ist, ein wenig hinaus. Inzwischen hält seine Mutter Hedwig von Bismarck Kniephof zusammen in der Hoffnung auf den Tag, an dem ihr älterer Sohn nach Hause zurückkehren und die Leitung von ihr übernehmen wird. Das Schicksal dieser jungen Männer, deren familiärer Hintergrund so ähnlich ist, ist schon eigenartig; derjenige, der das Land einmal erben wird, würde es am liebsten verlassen, und derjenige, der es verlassen muß, wünschte, er könnte bleiben.

Konstantins Briefe enthalten viele Fragen über Kieckow. »Blühen die Kastanien? ... Wie geht es Mutters Garten und dem Rheumatismus von Frau Hannemann (die alte Wirtschafterin in Kieckow)?« Und als seine Mutter schreibt, sie würde Spes und die kleine Raba gerne auf ihrer Reise über Belgard und Kieckow nach Kolberg an die Küste begleiten, schickt ihr Konstantin 100 Mark mit der Bemerkung: »Es trifft sich spaßig, daß gerade bei mir ,aus einem alten Fonds' 100 Mark frei geworden sind, auf deren Eingang ich nicht mehr gerechnet hatte. Bitte verwende sie dafür. Der Zaster würde sonst dem Roten Kreuz zufließen.«

SEPTEMBER. Maria singt gerade Tonleitern im Musikzimmer der Stettiner Wohnung. Ihre Lehrer heben ihr erstaunliches Talent hervor und empfehlen, sie solle ihre Stimme ausbilden. »Sie ist sehr musikalisch, und ihre Stimme ist ganz außergewöhnlich«, berichten sie. An diesem Nachmittag liest Ruth in einem Buch über moderne Bibelinterpretation. Ruthchen befindet sich ebenfalls im Musikzimmer und lernt ihre Englischlektion. Die Jüngste ist bereits so versiert, daß die Mutter sie »unsere Englischlehrerin« nennt. Diese gemütliche Sonntagnachmittagszene wird bald durch das Dienstmädchen unterbrochen, das einen Besucher ankündigt: »Herr Herbert von Bismarck wünscht, die gnädige Frau zu sprechen.« Maria verstummt, während ihre Gedanken zurückwandern zu dem charmanten Herbert, der schon ihr Herz gebrochen hatte, als sie kaum sieben Jahre alt war. Sie fragt sich, wie viele gebrochene Herzen inzwischen auf sein Konto gehen.

Ruth, die noch immer ein wenig wie ein Schulmädchen reagiert, wenn sie Nachricht von einem lang vermißten Freund erhält, eilt zum Eingang, ihre beiden Töchter etwas zurückhaltend hinterher. Dort steht Herbert, der inzwischen ein richtig vornehmer Herr mit Melone, Spazierstock und Geschäftsanzug geworden ist. Herbert ist nicht so groß wie Hans Jürgen oder Konstantin und ein ganzes Stück kleiner als Walter Stahlberg. Aber die Bismarcks waren nie von großer Statur, schon eher ähnlich den Männern aus der Zedlitz-Linie. Maria fühlt sich von seinen klaren blauen Augen angezogen, die so viel Glück und Wärme und eine deutliche Zuneigung der Mutter entgegenstrahlen.

Ruth führt ihren Besucher in das Wohnzimmer. Ihre Freude über das Wiedersehen mit dem Pflegesohn, ihr Überschwang der Gefühle, ist nicht zu übersehen. »Nun setz dich auf das Sofa, in die Mitte«, sagt sie ihm. »Maria, nimm Platz neben Herbert hier, und Ruthchen, du auf der anderen Seite. Ich werde mich euch gegenüber setzen und meinen Blick an euch allen weiden, besonders aber an diesem feinen Herrn aus der preußischen Verwaltung – dein Großonkel Otto wäre mächtig stolz auf dich gewesen!«

Tee ist bereits auf dem Weg, Ruth entschließt sich, ausnahmsweise ein wenig von dem Cognac zu servieren. »Diese Heimkehr müssen wir feiern. Herbert, ich denke oft an dich und Gottfried, meine verlorenen Söhne. Einst habe ich euch sehr liebgehabt, und dann seid ihr weggegangen. Natürlich hatte ich kein Recht, euch so fest in mein Herz zu schließen – wie lang wart ihr bei uns? Es kann nicht mehr als ein paar Monate gewesen sein.«

In der darauffolgenden Stunde erzählt Herbert, was in den Jahren seither passiert ist – der Abschluß seines Universitätsstudiums, sechs Monate Reserveoffizier in der Armee, dann das juristische Staatsexamen. Alsdann absolvierte er ein Praktikum bei Landräten in zwei verschiedenen Provinzhauptstädten, und nun war er zum Vertreter des Regierungsbezirks in Stettin ernannt worden. Von Kniephof bringt Herbert ebenfalls gute Nachrichten. Seine Mutter Hedwig schickt Grüße und die Ankündigung, daß Gottfried heiraten werde – nämlich Gertrud Koehn, eine künstlerische und musikalische junge Dame aus Berlin. Herbert meint, sie werde sicherlich die intellektuellste aller Bismarcks sein, zumindest seit Urgroßmutter Wilhelmine. Dies sagte er zwar mit einem Zwinkern der Augen, aber Ruth läßt ihm nichts durchgehen. »Herbert, du weißt, man soll keine solchen Vergleiche ziehen. Deine Urgroßmutter war wirklich brillant, aber sie hatte auch große Qualen auszustehen.«

Maria zu Herberts Rechten wagt es nicht, sich zu bewegen, und wartet auf das, was ihrer Meinung nach gleich folgen muß. Wird Herbert nun seine eigene Verlobung bekanntgeben? Wo sind all die Mädchen, von denen er früher immer sprach, die zur Kirche gingen, nur um zu sehen, bei wem er saß?

Später, nachdem Herbert gegangen war, gesteht Maria ihrer Mutter, sie habe früher oft Märchen gesponnen, in denen Herbert immer der Prinz gewesen sei. Ruth lächelt mitfühlend und erinnert sich an ihre eigenen Träume von Jürgen und ihre schmerzhafte Ungewißheit.

OKTOBER. Als wäre Herberts Rückkehr nicht schon Freude genug, kommt auch Konstantin eines Nachmittags überraschend an, klopft an die Tür und berichtet, er werde als Kaufmann eine Stelle im Vertrieb der Stahlberg-Werke antreten. Walter und Konstantin haben die Abmachung geheimgehalten, um Ruth damit zu überraschen. Sie werden reich belohnt durch ihre freudige Umarmung und die Freudentränen, die sie kaum zurückhalten kann.

Konstantin hat nun einen eigenen Wohnsitz, aber die Sonntagnachmittage sind für den Tee in der »Kinderpension« (er ist der einzige, der noch die liebevolle Bezeichnung für die Wohnung seiner Mutter verwendet) reserviert. Meistens wird er von Herbert begleitet, und oft laden sie Freunde dazu ein, die Ruth noch aus der Gymnasialzeit kennt. Sie nennt diese Zusammenkünfte die goldenen Stunden. Ruth hat Maria zusätzlich zu ihren normalen Schulstunden zu einem Näh- und Schneiderkurs angemeldet, zudem hat sie noch einen privaten Gesangslehrer engagiert. Mutter und Tochter hüten ein Geheimnis, an dem sie Herbert und Konstantin vorerst nicht teilhaben lassen. Unter Anleitung näht sich Maria Kleider für die bevorstehende Ballsaison; bis November wird sie drei Abendkleider fertig haben, zwei, die sie abwechselnd auf den Bällen tragen wird, und eines für Theater und Konzerte. Ruth ist auf Marias Geschicklichkeit sehr stolz und auch beruhigt, daß das Mädchen auf die anspruchsvolle Aufgabe einer Gutsfrau gut vorbereitet sein wird.

1911, FEBRUAR. Die Ballsaison war selbst für Stettiner Maßstäbe äußerst glanzvoll, reich an wunderbaren Erinnerungen, die Maria den Rest ihres Lebens bewahren wird. Von November bis Aschermittwoch fand jedes Wochenende mindestens ein Ball statt. Und seit dem ersten festlichen Abend im November hat Herbert von Bismarck ausschließlich Augen für das »Mädchen aus Kieckow« gehabt, wie er sie von jetzt an nennt. Dazu gab es noch die philharmonischen Konzerte, die Kammerkonzerte, zwei Reihen von Theaterstücken – eine klassisch, die andere modernes Drama, und nicht zu vergessen die Oper.

Seit ihrem ersten Jahr in Stettin hat Ruth immer mehrere Abonnements bestellt und jedes ihrer Kinder abwechselnd zu mindestens einer Aufführung in jeder Serie mitgenommen. Dieses Jahr scheint sie Karten für alle Serien zu haben, die Stettin bietet. An einem Abend geht Konstantin mit Maria, dann Herbert mit Ruthchen oder Maria und Ruthchen alleine, die von Konstantin nach der Aufführung abgeholt werden, aber meistens gehen Herbert und Maria zusammen, und fast nie ist Ruth dabei. Jedesmal hat sie sich eine andere Ausrede ausgedacht – »der Tag heute war zu anstrengend« … oder »die beiden Mädchen müssen das Stück sehen« … oder »ich bin zu alt für Strindberg«. Für jede Gelegenheit findet sie einen anderen Grund. Keiner glaubt ihr ein Wort davon, aber jeder weiß, daß es ihr gutes Recht ist, so zu handeln.

MÄRZ. Herbert und Maria sind gerade aus der Kirche zurückgekehrt. Ganz im Gegensatz zu sonst stehen sie etwas unbeholfen im Wohnzimmer. Herbert wirkt nervös, was nicht seine Art ist. Als Maria ihn bittet, sich zu setzen, geht er zunächst auf den Stuhl zu, dreht sich dann plötzlich zu ihr um und nimmt ihre Hände in die seinen. In wenigen, wohl formulierten Worten erklärt er dieser schönen, dunkelhaarigen Kleisttochter seine Liebe und bittet sie, seine Frau zu werden. Ebenso wie vor 24 Jahren ihre Mutter wirft sich Maria in die Arme ihres Liebsten und legt ihren Kopf an seine Brust. Im Gegensatz zu der Mutter spricht sie jedoch kein Wort, sie läßt die Freude auf ihrem Gesicht für sich sprechen. Auf diese Weise sind Herbert von Bismarck, der Erbe von Lasbeck, und Maria von Kleist miteinander verlobt.

Sie eilen zum Zimmer der Mutter, die zwischen den Freudentränen hindurchlächelt. Herbert hatte bereits mit Ruth gesprochen. Es wird sogar die Kutsche aus Kniephof jeden Moment erwartet. Die drei werden sich direkt auf den Weg zu Hedwig von Bismarck machen, um mit Herberts Mutter das Glück zu teilen und ihr die neue Schwiegertochter vorzustellen. Man könnte auch vermuten, daß die beiden Witwen, die so viel Freud und Leid miteinander geteilt haben, sich zusammen einen Traum wie diese Verbindung ausgedacht haben.

1912, Februar. Die Hochzeit von Herbert von Bismarck und Maria von Kleist findet im Diakonissenmutterhaus in Stettin statt.

Anwesend sind Marias Schwestern und ihre beiden Brüder, ihr Schwager und die zwei Kinder der Stahlbergs, die kleine Raba und der Säugling Alexander. Großvater und Großmutter Zedlitz sind aus Berlin angereist, wo sie jetzt ihren Ruhestand verbringen. Vor zwei Jahren war der Großvater als Oberpräsident von Schlesien wegen seiner angegriffenen Gesundheit zurückgetreten, aber selbst damals hatte der Kaiser seinen endgültigen Rücktritt nur sehr zögernd angenommen.

Ruths Bruder Robert und seine Frau Olga sind nicht zu Marias Hochzeit nach Stettin gekommen. Rob hatte den Dienst beim Kaiser niedergelegt und seinen Posten als Hofmarschall aufgegeben. Auch wenn er es nicht öffentlich zugibt, sind es die Schwächen und Torheiten bei Hofe sowie die Kleinlichkeit und Intrigen der engsten Berater des Kaisers, die ihn anwidern. Robert schreibt aus Schlesien, daß Großenborau in erbärmlichem Zustand gewesen sei, als er es übernommen habe, und daß die völlige Renovierung des Gutshauses vom Keller bis zum Dach noch nicht ganz abgeschlossen sei. Daher könne er das Gut derzeit nicht verlassen. Ruth ist enttäuscht, da Rob unter ihren Geschwistern immer eine besondere Stelle in ihrem Herzen eingenommen hat.

Die Mehrzahl der Hochzeitsgäste kommt von der Bismarckschen Seite. Zwar ist Herberts unmittelbare Familie sehr klein, es sind aber Vettern nicht nur ersten, sondern auch zweiten Grades mit dem Automobil oder per Zug vom einen Ende Pommerns zum anderen gereist. Die Witwe aus Kieckow hat allen Grund, über die Verbindung der beiden Familien glücklich zu sein. Ihre Zuneigung zu Herbert bekommt nun einen festen Platz in ihrem Herzen, sie übersteigt jetzt die Zuneigung zu seinem Bruder Gottfried, die durch dessen Heirat ein wenig abgekühlt war.

Vielleicht erinnert sich Gottfried der abendlichen Stunden mit Ruth am Klavier in Stettin, oder vielleicht war es Ruths strenger, aber liebevoll gemeinter Tadel an seinen jugendlichen Eskapaden, weshalb er Ruth seiner Frau Gertrud als »meine Stettiner Mutter« vorstellt. Gertrud von Bismarck, die mehr in den intellektuellen Kreisen Berlins zu Hause ist, ist nun die Herrin von Kniephof. Sie und Gottfried heirateten in Berlin vor einem Jahr, ihr erstes Kind wird demnächst das Licht der Welt erblicken.

Die beiden haben sich in Kniephof niedergelassen, und Gottfried hat die Leitung des Gutes von seiner Mutter übernommen. Über der jungen Ehe schwebt jedoch schon eine dunkle Wolke, da Gottfried auf der Hochzeitsreise schwer an Grippe erkrankte und sich noch immer nicht ganz davon erholen konnte. Alle beten und hoffen, Gottfried möge seine volle Gesundheit im gesunden Klima Pommerns wiedererlangen.

Man könnte versucht sein, die beiden Kleistschen Hochzeiten – erst die von Spes, dann die Marias – vergleichen zu wollen. Um die Festtafel von Spes' Hochzeit saßen vierzig Personen, während es bei Maria doppelt so viele sind. Ansonsten gibt es kaum Unterschiede. Großvater Zedlitz beginnt mit dem Trinkspruch auf den Kaiser, in seiner Stimme hört man jedoch eine Traurigkeit, die nicht allein von seinem Alter herrühren kann. Nicht nur seinem Sohn, sondern auch dem alten Grafen Robert sind zu viele Dinge bekannt. Er beklagt die mangelnde Führung in Berlin und die Tollkühnheit des Kaisers, durch die er sich selbst in dieses Vakuum gebracht hat. Nach Meinung des Grafen kann dies katastrophale Folgen haben, denn die Unentschlossenheit Wilhelms II. birgt große Gefahren in sich. In der Innenpolitik hält er sich für unfehlbar, in der Außenpolitik trumpft er mit Drohungen auf, und in keinem der beiden Bereiche handelt er konsequent.

Eine Heirat in die kaiserliche Familie der Hohenzollern hätte der Familie Kleist kaum mehr Freude bereiten können als die Verbindung mit den Bismarcks. Doch die Befürchtungen des Großvaters überschatten das Fest. Man könnte fragen: »Ist dies das letzte Mal?«

Nach dem 1. Weltkrieg werden Historiker zahlreiche Bücher schreiben über die Gründe, die zum Krieg führten. Die Vorkriegszeit wird als Zeit der Veränderung in die Geschichte eingehen, die das Ende der Bismarck-Ära, den Zerfall der Monarchie und das endgültige Aussterben des Feudalismus in Deutschland zur Folge hatte. Maria und Herbert und alle ihre Nachkommen werden diese Epoche als Anfang einer langen und glücklichen Ehe in Erinnerung behalten, die viel schlimmere Zeiten, als sich die Historiker je vorstellen konnten, überdauern wird.

IV

DER GUTE SOLDAT

1912-1930

KONSTANTIN

SEPTEMBER. Für Mutter und Tochter – Ruth und Ruthchen – ist in der Stettiner Wohnung wieder der Alltag eingekehrt. Die Monate nach Marias Hochzeit bedeuteten für die Mutter eine Umstellung und eine Zeit des Nachdenkens. Das hektische Tempo, das seit Jürgens Tod beinahe 15 Jahre lang ihr Leben bestimmte, hat sich nun derart verlangsamt, daß sie jeden Tag die Rückkehr Ruthchens aus der Schule erwartet. Selbst das Dienstmädchen und die Köchin haben auf einmal Zeit übrig, was es in Kieckow nie gegeben hat und bislang auch in Stettin nicht denkbar war. Man könnte sogar behaupten, im persönlichen Leben dieser Frauen spiegelt sich die Stimmung der ganzen Nation wider. Im Verlauf der vergangenen zehn Jahre hat sich eine düstere Vorahnung im Land verbreitet: die Erwartung eines Krieges in Europa, in den Deutschland zusammen mit allen anderen großen Nationen verwickelt sein wird. An Marias Hochzeit kam diese Vorahnung in Vater Zedlitz' Trinkspruch zum Ausdruck. In ganz Preußen scheint man stillschweigend übereinzustimmen, daß weder der Kaiser noch sein Kanzler in der Lage seien, durch die gefährlichen Strudel des modernen Europa einen risikoarmen Kurs zu steuern. Wäre nur Otto von Bismarck noch am Leben! Mit ihm könnte man auf einen Erfolg ohne Krieg hoffen; wenn es aber Krieg gäbe, dann könnte man wenigstens damit rechnen, ihn zu gewinnen.

In diesen Zeiten sagen die intellektuellen Pessimisten in Berlin (und selbst in Pommern, wenn man Gottfried von Bismarcks Ehefrau Gertrud dazu rechnet) den Sturz des Kaisers und das Ende der Monarchie voraus. Solche Vorhersagen erfüllen Ruth mit tiefer Traurigkeit. Sie gibt zwar zu, daß Kaiser Wilhelm entscheidende Fähigkeiten eines Herrschers vermissen läßt; aus Roberts Zeiten am Hof weiß sie zu viele Details, um diese

Tatsache übersehen zu können. Aber die Amtsführung eines einzigen Mannes ist nichts im Vergleich zu den fünf Jahrhunderten, in denen eine Ordnung entstanden ist, ein System, in dem jeder Mann und jede Frau einen festen Platz hat, der sowohl Pflichten als auch Privilegien einschließt. Über allem steht außerdem Gottes Wille. Eine weltliche Ordnung kann nur existieren unter der geistlichen, von Jesus Christus regierten Ordnung. Was die Zukunft auch bringt, Ruth wird bereit sein, die Monarchie gegen jede Gefahr zu verteidigen und ihre Pflicht zu tun, wie sie auch von ihren Kindern Hans Jürgen bis Ruthchen ganz sicher weiß, daß sie es ebenso tun werden.

Konstantin hat soeben seine Reserveoffiziersausbildung abgeschlossen. Als vor einem Jahr die Möglichkeit des Kriegsausbruchs bereits in der Luft lag, hatte er seine Stelle in der Stahlbergschen Fabrik aufgegeben und sich freiwillig zur Ausbildung gemeldet, um für alle Eventualitäten gerüstet zu sein. Konstantins Veranlagung würde ihn zwar nie für die Offizierslaufbahn geeignet erscheinen lassen, dennoch ist er ein nicht weniger treuer Soldat als Hermann von Trescow, Ruths ernsthafter Schwager, für den die Armee noch immer den einzigen Lebensinhalt darstellt.

Hermann hat nur widerwillig seine militärische Laufbahn aufgegeben, als es unumgänglich für ihn wurde, die Tresckowschen Ländereien zu übernehmen. Ruth hält Hermann und Anni, sich selbst und nun auch ihre Kinder – die Menschen, die ihr Leben diesem geschichtsträchtigen Gebiet gewidmet haben – für ebenso berechtigt, sich Soldaten zu nennen wie Männer, die Uniform und Waffen tragen.

Das Schicksal hat Konstantin nicht nur vom Land der Kleists, sondern ganz aus Preußen weggeführt. Er hat in Frankfurt am Main, einer Stadt, die nicht nur in Kilometern, sondern auch in ihrer Lebenseinstellung weit von Pommern entfernt ist, bei einer Firma eine Stelle angenommen. Mit seinen bescheidenen finanziellen Mitteln trägt er dazu bei, die finanzielle Lage des Gutes zu verbessern. Warum? »Wenn Kieckow stark ist«, erklärt er seiner Mutter, »sind wir alle am stärksten.«

Konstantin wurde Privatsekretär bei Wilhelm Merton, Gründer der vermögenden Metallgesellschaft in Frankfurt. Diese begehrte Stellung hatte er Großvater Zedlitz zu verdanken, der in seiner Zeit als Oberpräsident von Hessen-Nassau eine tiefe, persönliche Freundschaft mit

Merton geknüpft hatte. Seiner Mutter versichert Konstantin, ihm seien noch nie Geschäftsleute von größerer Integrität begegnet als Wilhelm Merton, der Frankfurter Jude. Dies sind starke Worte für einen Enkelsohn Hans Hugo von Kleists!

Der alte Merton hat Konstantin, sehr zu dessen Gefallen, in seine Gesellschafts- und Familienkreise eingeführt. Durch ihn hat er Professor Stein von der Universität Frankfurt kennengelernt und sich in dessen Abendvorlesungen eingeschrieben, die sich mit Gewerkschaften, den Wohnverhältnissen von Arbeitern und anderen sozialen Problemen beschäftigen. Im Gegensatz zu anderen Universitätsprofessoren ermutigt Stein seine Hörer zu Diskussionen nach den Vorlesungen. Konstantin motivieren und beflügeln die neuen Ideen, die aus den sich ändernden Bedingungen in Deutschland hervorgehen.
Mit Professor Stein besucht er die Zentrale einer sozialistischen Gewerkschaft, wie er in einem seiner regelmäßigen Briefe an seine Mutter in Stettin schreibt. Ruth liest Konstantins Briefe zunächst mit Erstaunen, dann noch einmal mit liebevoller Heiterkeit. Wie weit ihr Sohn sich vom Land der Kleists entfernt hat! Wäre sie vielleicht auch gerne frei wie er? Wenn man mit dem Land so eng verbunden ist wie Ruth, Hans Jürgen und Maria es sind, ist man auch in eine bestimmte Weltanschauung eingebunden. Nur Spes und Konstantin sind wirklich frei, seit sie das Land verlassen haben – zum Besseren oder zum Schlechteren. Und Ruthchen? Ruth hofft, sie werde in die Fußstapfen ihrer Mutter, ihrer Großmutter und all der Frauen vor ihr treten, so wie es die Geschichte, wenn nicht Gott selbst, für sie bestimmt hat. Konstantin teilt diese Meinung. Seiner jüngsten Schwester gegenüber, der einzigen, die ihren Vater nie gekannt hat, übernimmt er eine gewisse Vaterrolle. Stillschweigend legt er regelmäßig etwas Geld für ihre Mitgift zur Seite, um es ihr zu ermöglichen, eines Tages einen standesgemäßen Mann zu heiraten und irgendwo in Preußen auf ihrem eigenen Gut leben zu können.

1913, FEBRUAR. Ruth feiert ihren 46. Geburtstag alleine mit Ruthchen in Stettin. Vor ihr liegt ein Berg von Briefen, die alle in einer Zeit, in der die Ereignisse die Familienmitglieder mehr als je zuvor sich voneinander zu trennen scheinen, den Familienzusammenhalt vertiefen. In Konstantins Brief befinden sich drei Geldscheine, die er in seinem Schreiben nicht erwähnt, als seien sie per Zufall in den Umschlag gelangt. Er schreibt an seine Mutter:

>»Nun bist Du wieder an der Jahreswende, und wir alle hoffen und wünschen Dir, daß das neue Jahr Dir vom Guten das Beste und Schönste bringen möchte. Wenn man Dir das Leben so gestalten könnte, daß Du es sorgenfrei genießen könntest, das weißt Du ja, daß alle Deine Kinder nichts lieber täten. Und was an uns resp. an mir liegt, so will ich jedenfalls versuchen, Dir keine neuen Sorgen aufzuerlegen. Hoffentlich gelingt mir das einigermaßen.«[5]

So weit entfernt und doch so nah ist ihr der zweite Sohn. Mehr als alle anderen Kinder vertritt er in dieser Zeit seinen verstorbenen Vater in Ruths Leben.

MÄRZ. In Kieckow hat Hans Jürgen die Leitung des Gutes voll übernommen und ein gewaltiges Umbauprojekt begonnen. Das Gutshaus wird um eine Etage aufgestockt und der gesamte erste Stock renoviert. Selbst das untere Stockwerk wird dabei nicht außer acht gelassen, da Küche und Waschküche ebenso von den neuen Installationen und Wasserleitungen profitieren sollen.

Nach Ende des Umbaus ist das Gutshaus kaum mehr mit dem bescheidenen, verwinkelten Gebäude zu vergleichen, das Ruth vor mehr als einem Vierteljahrhundert kennengelernt hat. Heute kann es mit jedem Landhaus in Pommern mithalten. Im neuen zweiten Stock befinden sich Schlafzimmer und Wohnzimmer, sogar ein Schulzimmer, denn Hans Jürgen plant, dieses Haus zu einem Zuhause für viele Kinder zu machen. Die Fenster des zweiten Stocks sind symmetrisch angeordnet und in das mansardenartige Dach integriert. Darüber befinden sich wieder die Dachbodenfenster, die in Form kleiner Gauben in das Ziegeldach eingelassen sind.

Nachdem alle Schlafzimmer nach oben verlegt wurden, gibt es jetzt ausreichend Platz für einen geräumigen Salon, ein Büro und eine Schlafzimmersuite für den Herrn und die Herrin von Kieckow. In Kürze wird eine neue Herrin hier einziehen, denn Hans Jürgen hat sich verlobt! Am meisten hat jedoch die große Halle den Zustand des Hauses verändert. Von außen wird sie von fünf Rundbogenfenstern eingerahmt, jedes mit einem fächerförmigen Oberlicht. Davor befindet sich eine über der Wagenanfahrt aufgestockte Terrasse. Im Inneren führt eine großzügige Treppe von dem alten Terracottafußboden zu einer mit einem massiven Holzgeländer eingefaßten Galerie. Von der hohen Decke hängt ein riesiger Kronleuchter. Oben und unten führen hohe Holztüren an drei Seiten in die vielen Räume dahinter. Alles in allem, vom Untergeschoß bis zum Dachboden, hat das Gutshaus von Kieckow jetzt mehr als 40 Zimmer!

JUNI. Hans Jürgen von Kleist heiratet in einem Badeort an der Ostsee Maria von Diest, die kaum 20jährige Tochter eines Armeeoffiziers. Ruth hat sich geschworen, diese junge Frau werde nicht an der Langlebigkeit ihrer Schwiegermutter zu leiden haben: Noch zu lebhaft erinnert sie sich an ihre Zeit des Wartens und des Zusehens, während Kieckow in den letzten Jahren, als ihr Schwiegervater noch am Leben war, immer mehr verfiel.

Nach der Hochzeit kehrt Ruth direkt nach Stettin zurück mit dem Vorsatz, dort ein ausgefülltes Leben zu demonstrieren, bis sich Hans Jürgens Frau Maria einen festen Stand in Kieckow verschafft hat. Ruth macht sich über ihre Schwiegertochter, die fortan den Kosenamen Mieze erhält, keine Sorgen. Dennoch kann die ehemalige Herrin von Kieckow nicht anders, als den Nutzen ihres eigenen Lebens in Frage zu stellen – ein Leben, welches sie weit entfernt von ihrer Heimat, mit der sie verwurzelt ist, in einer gemieteten Wohnung in einer abgelegenen Industriestadt verbringt.

OKTOBER. In Frankfurt verbringt Konstantin immer mehr Zeit in den Kreisen der Familie Merton. Während der Opernsaison ist Konstantin ein begeisterter Opernbesucher, häufig in der Loge der Mertons. Wie alle kultivierten Deutschen, ob Juden oder Christen, ist er hingerissen von den Opern des modernen deutschen Romantikers Richard Wagner. Auf der Bühne der Frankfurter Oper werden Aufführungen, die Konstantin zuerst in dem weniger kosmopolitischen Stettiner Opernhaus sah, zu unvergeßlichen Erlebnissen. Es sei, als wäre Wagner weiter als alle vor ihm in die emotionale Tiefe der deutschen Psyche gedrungen und hätte die deutsche Seele offengelegt, schreibt Konstantin an seine Mutter in Stettin.

1914, Juni. Hinterher wird man sagen, es mußte zu dieser Katastrophe kommen. Damit wird nicht nur die Herrschaft der Hohenzollern gemeint sein, von der lange so viel im Leben abhing, sondern auch die Konfrontation, die ins Verderben führt. Im Frühsommer 1914 scheint ein Konflikt fast unausweichlich; dennoch ahnen nur wenige, daß der bevorstehende Krieg den ganzen Kontinent in Mitleidenschaft ziehen und Waffen zum Einsatz bringen wird, die die Zahl der Opfer in schwindelnde Höhen treiben. Dies hatte niemand bei der gut organisierten und oft praktizierten europäischen Kriegführung für möglich gehalten. Und wer hätte geglaubt, der Krieg werde in Österreich-Ungarn ausgelöst, ein Gebiet, an das Preußen im vergangenen Jahrhundert wenig Zuneigung verschwendet hat?

Am 28. Juni zieht ein junger serbischer Nationalist in Sarajewo seine Waffe und erschießt Erzherzog Franz Ferdinand, den Thronfolger und Neffen des österreichischen Kaisers Franz Joseph.

Juli. An einem schönen Sonntagnachmittag zwei Wochen später findet in Kieckow ein großes Familientreffen statt. Der Garten steht in voller Blüte, und das Getreide wogt sanft im Wind. Mitglieder dreier Familien – der Bismarcks, der Diests und der Kleists – sind im Gutshaus versammelt.

Luitgarde von Bismarck, die neugeborene Tochter von Maria und Herbert, sowie Ferdinande von Kleist, die Neugeborene von Mieze und Hans Jürgen, waren soeben mit Wasser aus der Kieckower Taufschale getauft worden.

Nach der Zeremonie in der großen Halle versammelt sich die Gesellschaft an der langen Tafel im Eßzimmer. Ruth, die Großmutter, hat die Sitzordnung nach preußischer Tradition festgelegt. Sich selbst hat sie dort plaziert, wo früher ihr Schwiegervater Hans Hugo saß und wo später für ihren eigenen Vater, den Grafen Robert, immer reserviert war. Dem Großvater war es aufgrund seines schlechten Gesundheitszustandes nicht möglich, die Reise nach Kieckow anzutreten. An seiner Stelle erhebt sich Ruth und spricht den ersten Trinkspruch auf Wilhelm, den König und Kaiser, und anschließend einige Worte zu den Zukunftsaussichten, die das widerspiegeln, was ihr Vater an Marias Hochzeit vor zwei Jahren gesagt hatte. Nur steht dieses Schicksal nun direkt bevor. Der von Otto von Bismarck vor 40 Jahren geschaffene Frieden hat durch den Schuß in

Sarajewo ein jähes Ende gefunden. Es bleibt nichts, als die Ereignisse abzuwarten, die folgen werden.

Taufe von Ferdinande von Kleist und Luitgarde von Bismarck, Ruth stehend hinter den beiden Müttern mit den Täuflingen

Am späten Nachmittag, die Sonne steht bereits im Westen des Gutshauses, begibt sich die ganze Gruppe hinaus auf die glasüberdachte Terrasse, um von einem Photographen aus Belgard im Bild festgehalten zu werden. Ruth wird diesen Tag als einen gesegneten Tag in Erinnerung behalten. Im Lauf der Jahre wird die Bedeutung dieses Tages noch steigen, denn man wird sich daran erinnern, daß es die letzte Zusammenkunft und Gelegenheit war, um gemeinsam nicht nur für die Kinder und ihre Familien zu beten, sondern auch für die Monarchie und den König und Kaiser – möge er ewig leben!

Am 29. Juli erklärte Österreich Serbien den Krieg. Zwei Tage später wurden russische Truppen entlang der Grenze zu Österreich mobilisiert, da Rußland, Serbiens großer Verbündeter, sich verpflichtet fühlt, die kleine Nation zu verteidigen. Die deutsche Regierung reagiert auf diese Teilmobilmachung mit einem zwölfstündigen Ultimatum an Rußland, seine Armeen abzuziehen.

Am Mittag des 1. August befindet sich Deutschland im Krieg mit Rußland. Um 19 Uhr stellt Deutschland ein weiteres Ultimatum, dieses Mal
wird Belgien aufgefordert, Deutschland im Falle eines Krieges den
Durchmarsch durch sein Land zu gestatten.

August. Am 3. August erklärt Deutschland Frankreich den Krieg, einem
Land, das durch einen gegenseitigen Verteidigungspakt mit Rußland
verbündet ist; am nächsten Morgen überqueren deutsche Truppen die
belgische Grenze. Wilhelms Berater rechnen mit der Neutralität Englands, da der Kaiser ein Neffe ersten Grades des Königs von England ist.
Diese Hoffnung stellt sich als falsch heraus. Bevor der Morgen graut, tritt
England auf der Seite Frankreichs und Rußlands in den Krieg ein. Später wird behauptet werden, die ersten Tage des Weltkriegs seien eine
berauschende Zeit für die Führer der deutschen Kriegsmaschinerie gewesen. Historiker werden in ihren Beurteilungen die Theorie aufstellen,
die Kommandeure hätten sich jahrelang auf dieses Ereignis vorbereitet,
aber so sehr diese Spekulation im allgemeinen zutreffen mag, so wenig gilt
sie für eine Familie von Reservisten – die der Kleists aus Kieckow. Da sie
jedoch treue Soldaten sind, reagieren sie auf den Krieg ohne Zögern und
ohne ihn in Frage zu stellen.

Nach der Taufe in Kieckow kehrt Ruth umgehend nach Stettin zurück.
Ruthchen besucht weiterhin die Schule, sie befindet sich im vorletzten
Jahr ihrer Ausbildung. Ruhe und Frieden werden verdrängt von diesen
unheilvollen ersten Tagen, die schnelle Entscheidungen fordern. Die
Nachricht von der Generalmobilmachung in Deutschland erfährt die
Öffentlichkeit in den Morgenzeitungen auf der Straße. Noch am Vormit-
tag ist Ruth auf dem Postamt, um ein Telegramm nach Kieckow aufzu-
geben:

»Benötige zwei Wagen in Stettin morgen stop komme mit
ruthchen und dienstmädchen nach Kieckow stop Mutter.«

Am Nachmittag erhält Spes in der Stahlbergschen Villa von einem Boten folgende Nachricht ihrer Mutter:

»Spes, meine Liebe, ich reise entweder morgen zu später Stunde oder übermorgen früh nach Kieckow ab. Wir müssen miteinander sprechen, bevor ich aufbreche. Kannst Du mit den Kindern noch heute zur Wohnung kommen? … Gott segne uns alle, vor allem unsere mutigen jungen Männer.«

Zur Teezeit treffen Spes und ihre drei Kinder, Raba, Alexander und Hans Conrad, der im Februar geboren wurde, mit der Kutsche ein. Walter hat keine Zeit, seine Familie mit dem Auto herzubringen, da er in der Fabrik noch einige Vorkehrungen zu treffen hat. Morgen wird er sich bei seinem Kavallerieregiment einfinden müssen.

Ruth spricht offen und entschlossen mit ihrer willensstarken Tochter. Sie werde ihre Wohnung hier augenblicklich schließen und Ruthchen, die Köchin und das Dienstmädchen nach Kieckow bringen. Sie bestehe darauf, daß auch Spes ihr Haus schließen müsse. Sie gebe zu, daß es aufwendig sei, eine Villa mit einer ganzen Riege von Dienstboten stillzulegen. Dies sei eine außergewöhnliche Forderung, aber es seien ja auch außergewöhnliche Zeiten.

Einen Tag später treffen drei Telegramme in der Wohnung ein, eines von Hans Jürgen in Kieckow, eines von Konstantin aus Frankfurt und eines von Maria aus Lasbeck. Hans Jürgen schreibt:

»WAGEN HABEN KIECKOW BEI TAGESANBRUCH VERLASSEN STOP GROSSES SCHLAFZIMMER FÜR DICH BEREIT STOP ERWARTEN RUTHCHEN UND SPES MIT KINDERN STOP HANS J MELDET SICH DIENSTAG IN KÖSLIN STOP KÜSSE VON MIEZE UND HANS J.«

Von Konstantin:

»MUTTERCHEN STOP REISE HEUTE NACH BERLIN STOP WERDE WOHL RICHTUNG OSTEN UND SÜDEN EINSCHLAGEN STOP ALLES IN FRANKFURT HINTERLASSEN WIE ES IST STOP HOFFE BIS WEIHNACHTEN ZURÜCK ZU SEIN STOP FÜR IMMER DEIN KONSTANTIN«

Und von Maria:

»LIEBSTE MUTTER STOP HERBERT MELDET SICH MORGEN STOP HERBERT MEINT ES WERDE BALD ALLES VORBEI SEIN STOP MÖCHTE UNS IN KIECKOW WISSEN STOP NEHME MIT L HEUTE ABEND DEN ZUG STOP HABE HANS J TELEGRAFIERT STOP DEINE MARIA«

Im 12. Jahrhundert ritten die treuen Vasallen Barbarossas in den Krieg, wenn der Schlachtruf ertönte, während sich die Frauen und Kinder, auch Soldaten, hinter den Gräben und Mauern ihrer Burgen in Sicherheit brachten. Dem alten Zedlitz aus Zedelic oder einem Kleist aus Belgard nicht unähnlich, führt Ruth von Kleist ihre Brigade von Frauen und Kindern in die Festung Kieckow. Dort wird sie wie ein General regieren, bis die Sicherheit des Vaterlandes wiederhergestellt ist und die Männer nach Hause zurückgekehrt sind. Ruth wendet sich an Gott, um ihn zu bitten, daß alles bald vorbei sein möge; gleichzeitig ist sie auch dankbar, für die Aufgabe auserwählt worden zu sein, die Familie zu schützen und die Ostflanke des Hohenzollernreiches zu halten. Wie kann sie jemals geglaubt haben, für sie gebe es nichts mehr zu tun!

»MIT FLÜGELN WIE ADLER«

1915. Das Weihnachtsfest ist vergangen, und es ist noch immer kein Ende des Krieges in Sicht, statt dessen wütet er immer schlimmer an zwei Fronten und zur See. In Kieckow betrachtet Ruth ihr kleines Reich, und sie ist sich bewußt, was ihre Anwesenheit hier bedeutet – daß sie und ihre vier Töchter (für Ruth ist Mieze eine echte Kleist-Tochter) die Hüterinnen der Festung sind. Für die Zukunft Preußens und Deutschlands sind sie kein bißchen weniger wichtig als die jungen Männer, die ihr Leben an der Front einsetzen. Diese Erkenntnis ist für die führende der Frauen auf Kieckow gleichzeitig Beruhigung und Sorge.

Die Neuigkeiten von den Fronten sind erschreckend. Deutschlands anfängliche Siege an zwei Fronten lösten bei der Bevölkerung einen wahren Siegestaumel aus; Belgien wurde ohne Schwierigkeiten erobert, und die kaiserlichen Armeen stießen innerhalb weniger Wochen tief auf französisches Gebiet vor. Dann jedoch kam alles zum Stillstand. Den Armeen gelingt weder ein weiterer Vormarsch, noch treten sie den Rückzug an. Sie halten nur ihre schlammigen Stellungen, die Situation ist völlig festgefahren. Die Westfront ist zu einem Labyrinth von Gräben und Tunneln geworden, aus denen immer wieder Soldaten wie Maulwürfe zu neuen Vorstößen auftauchen, die außer unzähligen Opfern nichts bringen. Die schnellen Kavallerieangriffe, für die die deutschen Armeen einst berühmt waren, sind einer völlig anderen, sich langsam vorwärts bewegenden

Kriegführung gewichen mit motorisierten Lastwagen und Soldaten, die in tiefen Schützengräben voller Schlamm ausharren. Dieser Krieg wird zu einer gigantischen Materialschlacht neuester Kriegsgeräte, und die menschlichen Opfer erreichen bisher unvorstellbare Größenordnungen. Und doch reitet Walter Stahlberg weiterhin in seiner Paradeuniform und führt die gleichen perfekten Bewegungsabläufe aus, die Graf Robert von Zedlitz und Trützschler schon vor einem Dreivierteljahrhundert übte. Großvater Zedlitz weilt nicht mehr unter den Lebenden, er ist im Oktober letzten Jahres gestorben. Walter führt die alte Tradition des Rittmeisters auf dem Exerzierplatz der kaiserlichen Garde fort, wo er andere die Disziplin lehrt, die Pferd und Reiter zu einer sich kunstvoll und präzise bewegenden Einheit werden läßt. Wozu, das ist die Frage.

An der deutschen Ostfront bewegen sich die Truppen noch vorwärts, oft mit großer Geschwindigkeit, die Kavallerie reitet noch, obwohl sie für die Maschinengewehre des 20. Jahrhunderts ein sehr zweifelhaftes Gegengewicht darstellt. Die russischen Armeen haben Teile Ostpreußens erobert und sind bis in die deutschen Provinzen Polens vorgedrungen, in Gebiete, die als Puffer zwischen Pommern und Rußland wirken. Die Russen werden von jenen Deutschen mit einer Mischung aus Bewunderung und Geringschätzung betrachtet. Aber solange es Junker in Pommern gibt, wird es nie an loyalen Offizieren mangeln, die des Kaisers Armeen an der Ostfront führen – Offiziere wie Hans Jürgen und Konstantin von Kleist, Herbert von Bismarck, Ewald von Kleist und Hermann von Tresckow. Diese Männer kämpfen in dem Bewußtsein, daß ihre Güter wie Kieckow, Klein Krössin, Schmenzin, Lasbeck, Kniephof und Wartenberg in den Händen von Frauen sind, deren Entschlossenheit der ihren in nichts nachsteht.

In Lasbeck herrscht Hedwig von Bismarck, wie sie es seit Jahren tut, während im benachbarten Kniephof ihr Sohn Gottfried erkrankt ist. Seine Frau Gertrud, die Tochter des Musikers aus Berlin, die in Pommern noch immer als Fremde gilt, führt das Gut, als sei sie in diese Rolle hineingeboren worden. Ihre Interessen gelten nicht nur dem bedrohten Vaterland, sondern auch ihren zwei kleinen Söhnen, für die sie den Bismarckschen Landbesitz erhalten und verbessern will, wie es vor ihr die Schwiegermutter getan hat.

In Schmenzin trägt Lili von Kleist, die geborene Gräfin und nun Witwe, ihren Kopf sehr hoch. Ihres ist das größte von den Kleistschen Gütern. Sie regiert es mit eiserner Hand und wartet auf den Tag, an dem ihr Sohn Ewald aus dem Krieg zurückkehren wird. Dieser junge Mann, der zu einem Erzkonservativen geworden ist und keine Kompromisse duldet, wird selbst in Pommern als Eigenbrötler betrachtet. Vierzig Jahre später werden ihn die Nazis unter der Guillotine hinrichten. Für andere aber wird er zum Helden werden.

Auf Gut Wartenberg ergreift eine weitere ehemalige Gräfin, Ruths Schwester Anni, die Initiative. Sie sorgt für das ganze Dorf und ihre drei kleinen Kinder. Ihr Ehemann und ihre zwei älteren Söhne, Gerd und Henning, kämpfen für das Vaterland und ihren Besitz. Von all diesen Frauen ist Anni vielleicht die für ihre Aufgabe am wenigsten geeignete. Sie, die in der lieblicheren Landschaft Schlesiens aufwuchs, wird sich nie ganz an die rauheren Bedingungen der Neumark und an den strengen Junker Hermann von Tresckow gewöhnen.

Ihre Schwester Ruth, der *General* von Kieckow und Klein Krössin, ist das genaue Gegenteil. Seit ihrer Rückkehr aus Stettin hat sie das Gutshaus und die beiden Dörfer zu einer Einheit verbunden, die Organisation funktioniert so reibungslos wie zu den besten Zeiten der Kleistschen Dynastie. Der Einfluß dieser entschlossenen Frau ist im ganzen Kreis Belgard zu spüren. Zur Aufstockung der deutschen Kriegskasse hat Ruth eine Aktion gestartet, in der Gold und Edelsteine für die Armeen des Kaisers von jedem Landbesitzer und Stadtbewohner des Bezirks gesammelt werden. Um mit gutem Beispiel voranzugehen, haben die Mutter und ihre Töchter alles Wertvolle aus ihren Schmuckkästen geopfert. Von der Mutter kamen beträchtliche Reichtümer zusammen – Hochzeitsgeschenke von der Familie Zedlitz, den Rohrs, den Blankenburgs, den Bismarcks und natürlich von Jürgen und Vater Kleist.

Was macht es schon, wenn all diese Stücke ursprünglich in der Absicht geschenkt wurden, den zukünftigen Generationen weitervererbt zu werden. Wenn das Heimatland Opfer fordert, muß jeder Soldat dem Ruf folgen! Der Krieg hat außer dem Verlust des Schmucks noch weitere große Opfer von Kieckow abverlangt. Achtzig Arbeiter haben sich für den Militärdienst gemeldet, die besten Arbeitspferde wurden von der Regierung requiriert. Für die Arbeit in der Landwirtschaft blieben nur die alten und schwachen Tiere. Das derart geschwächte Gut erfuhr aber durch die

Verfügung eines Bürokraten aus der Regierung eine weitere Behinderung. Er ordnete an, daß jedem Tier nicht mehr als drei Pfund Hafer pro Tag gefüttert werden dürfen, also eine Ration, die für ein einigermaßen gesundes Arbeitstier bei weitem nicht ausreicht. Die leitende Hand des Gutsherrn fehlt in vielen Bereichen. Hans Jürgen hat mit Hilfe eines Verwalters und eines Angestellten persönlich die Buchführung, die Einkäufe und Verkäufe besorgt. Alle befinden sich seit August im Krieg. Ohne seine Führung leitet der Verwalter diesen Landwirtschaftsbetrieb von 6000 Morgen Größe mit einer Unbeweglichkeit, die alle Hoffnung auf eine angemessene Produktivität, geschweige denn auf Wohlstand im Keim erstickt.

Im Gutshaus stehen die vier Töchter unter Ruths Anleitung, die jeder einen Aufgabenbereich zugeteilt hat. Mieze, die eigentliche Herrin des Gutes, bleibt für den Haushalt verantwortlich, hat aber dankbar die Gesamtverantwortung des Gutes ihrer Schwiegermutter abgetreten. Ein Kindermädchen ist für die drei Säuglinge zuständig – Hans Conrad, Sohn von Spes, Ferdinande, die Tochter von Mieze, und Luitgarde, Marias Tochter. Die Kinderzimmer von Kieckow, die jetzt um einen zusätzlichen, größeren Raum erweitert wurden, sind der lebhafteste Teil des Hauses. Die drei Mütter erscheinen, sooft sie können, zwischen der Erfüllung der ihnen übertragenen Aufgaben.
Irgendwann im Leben wird jede Mutter über die Art und Weise, wie sie ihre Kinder erzogen hat, nachdenken. Meistens geschieht dies mit einem Gefühl der Zufriedenheit, immer jedoch ist auch ein wenig Bedauern dabei. Ruth ist da keine Ausnahme, vor allem wenn sie über ihre Beziehung zu der ältesten Tochter nachdenkt. Sie gibt zu, daß bei Spes bereits im frühesten Kindesalter Fehler gemacht wurden. Das talentierte Kind mit der ausgeprägten Musikalität und dem musikalischen Gehör wurde zu oft von schwierigen Aufgaben verschont, mit denen die anderen zu kämpfen hatten. In diesen Kriegszeiten ist jedoch niemand von Verantwortung ausgenommen. Ruth hat Spes und Maria die Aufgaben zugeteilt, die sie für die wichtigsten hält. Maria wird die Lehrerin im Schulzimmer der Familie, in dem auch die beiden älteren Kinder von Spes den ersten Schulunterricht erhalten sollen. Spes hat die 50 Kinder in der Dorfschule von Kieckow übernommen, da der Schulleiter, so wie alle anderen jungen Männer, zum Militärdienst eingezogen wurde. Spes ist

in ihre Aufgabe außerordentlich gut hineingewachsen, so fühlt sich Ruth in ihrer Wahl bestätigt.

Ruthchen wurde von der Mutter die unerfreulichste aller Aufgaben übertragen – die Verantwortung für die Bücher der fragilen Landwirtschaft von Kieckow und Klein Krössin. Während Ruth die Rolle des Lehrers in der Feudalgemeinschaft für die wichtigste halten mag, weiß jeder Dorfbewohner und jeder Arbeiter, daß seine Zukunft direkt mit dem Auf und Ab in der Bilanz der Gutsverwaltung zusammenhängt.

Ruthchen sitzt in ihrem einzigen dunkelgrauen Rock tagaus, tagein im Arbeitszimmer, trägt Zahlen in die Bücher ein und versucht, deren Bedeutung zu erfassen. Sie empfängt den Verwalter jeden Morgen zur selben Stunde und spornt ihn vor dem Hintergrund der wirtschaftlichen Abwärtsentwicklung an. Trotzdem ist sie sich in der Anwesenheit dieses De-facto-Gutsherren ihrer eigenen Machtlosigkeit bewußt.

Für Ruthchen gibt es weder eine Ballsaison noch Feste, Theaterbesuche oder jene willkommenen Gelegenheiten, bei denen sich die ledigen jungen Damen und Herren der Aristokratie treffen und zusammenfinden, immer im Interesse der Familie und des Vaterlandes. Ihre Schwestern fragen sich schon insgeheim, ob Ruthchen unverheiratet bleiben wird, eine zweite Elisabeth von Kleist oder eine Diakonisse.

Spes, deren spitze Zunge oft verletzend ist, hat ihre Schwester die heilige Ruth getauft, nicht ohne Grund. Ruthchen erscheint immer zum Morgen- und Abendgebet, aber nur selten dazwischen. Den heroischen Persönlichkeiten der Kleists und Zedlitz nicht unähnlich, widmet sich Ruthchen von Kleist für die Dauer des Krieges fast ausschließlich den Bilanzbüchern von Kieckow.

1916. Mit Pferden, Maschinen und Waffen und vor allem mit tapferen Soldaten, von denen viele gefallen sind, haben die Armeen des Kaisers den Feind aus den östlichen Gebieten Deutschlands vertrieben. Noch vor Ende des Jahres werden diese Truppen durch Preußen und das russische Polen tief bis auf russisches Gebiet vorgestoßen sein. Die Truppen des Zaren sind demoralisiert, eine Revolution bahnt sich an. In Deutschland keimt dieses Jahr vorsichtiger Optimismus.

Könnte dieser Optimismus sich nur auch in Richtung Westfront verbreiten. Dort, in diesem versunkenen Pfuhl, sind unzählige tapfere junge Männer für ihr Vaterland gestorben, und doch haben diese Opfer keinen sichtbaren Erfolg bewirkt. Die kaiserlichen Armeen unterstehen auf Gedeih und Verderb dem direkten Kommando von Kronprinz Wilhelm, dem Sohn des Kaisers. Seine Fähigkeiten mögen dahingestellt bleiben, aber die Tatsache an sich ist von großer symbolischer Bedeutung.

Als die Engländer und Franzosen eine Offensive starten, wird Konstantin von Kleist nach Verdun befohlen. Vor Ende des Jahres fallen mehr als eine Million junger deutscher, französischer und englischer Soldaten oder werden schwer verletzt im Kampf um dieses eine Dorf, in einem Kampf, in dem es keine Sieger geben wird. Unter den Gefallenen wird auch Konstantins engster Kamerad sein. An die Mutter dieses jungen Mannes schreibt er:

> »… trotzdem kann ich ihm nicht nachtrauern. Seit ich so viele Gefallene sah, weiß ich, daß der Tod etwas ganz Natürliches ist und daß er nur der Abschluß eines Teiles von unserem Dasein bildet. Und ich lebe in der Gewißheit, in irgendeiner Form mit meinem Freunde wieder vereinigt zu werden.«[6]

Im Dezember ist ein weiterer Todesfall Anlaß für einen Brief Konstantins an seine Mutter. Dieser Verlust kam fast einem Todesfall im Familienkreis gleich. Er schreibt aus Verdun:

> »Der alte Merton ist gestorben: Du wirst es wohl in der Zeitung gelesen haben. Mehr als manches anderen Tod hat mich das in dieser Zeit des Sterbens erfaßt. Ich weiß, daß er ein besonderes tendre für mich hatte. Das hätte mir zweifellos die äußere Gestaltung meines Lebens später erleichtern können. Aber, das ist's nicht, was ich bedauere. Sein Vorbild und seine väterliche Fürsorge haben wohl seit meinem Austritt aus dem Elternhause den größten Einfluß auf mich gehabt, von allen Leuten, mit denen ich in Berührung kam. Ich schätzte ihn nicht nur als einen nach meiner Überzeugung selten genialen Kaufmann und Organisator, ich verehrte ihn in noch höherem Maße als Mensch. Seinen großzügigen philantropischen Instituten danke ich die schönsten

Anregungen meines beruflichen Lebens. So wünschte ich, ich könnte es ihm noch einmal danken!«[7]

Als Konstantins Mutter diese Lobeshymne ein zweites Mal liest, so wie sie es mit jedem Brief von ihrem Sohn tut, fühlt sie sich an eine Begebenheit erinnert – der kleine Konstantin weinte sich die Augen aus, weil er seinen toten Vater nicht ein letztes Mal betrachten durfte. Sie wünschte, sie hätte die Gelegenheit gehabt, Merton, den Juden, den Ersatzvater ihres Sohnes, einmal kennenlernen zu dürfen.

1917. In diesem Jahr geht ein gefährlicher Feind fast zugrunde, um dann durch einen noch tödlicheren ersetzt zu werden.
In Rußland wird die Regierung des Zaren von Revolutionstruppen gestürzt. Zu normalen Zeiten würde ein solches Ereignis bei loyalen Monarchisten wie den Kleists aus Kieckow Furcht hervorrufen. Für Deutschland aber bedeutet die russische Revolution eine positive Entwicklung, eine Art Frieden und ein Ende des Krieges an der Ostfront.
In Frankreich dauert der Stellungskrieg an, jedoch unter veränderten Voraussetzungen. Die von der Ostfront nach Westen verlegten müden und geschwächten Truppen haben den gestärkten Alliierten wenig entgegenzusetzen. Die Vereinigten Staaten von Amerika sind in den Krieg eingetreten. Sie stellen nicht nur Truppen, sondern weitaus wichtigere Dinge wie Waffen und Lebensmittel für die schwer mitgenommene Zivilbevölkerung zur Verfügung. Selbst die großen Güter Pommerns sind arm im Vergleich mit dem unbegrenzten Nachschub an Lebensmitteln, der den Feinden Deutschlands nun über den Atlantik geliefert wird.

September. Konstantin hat in weniger als drei Monaten die Ausbildung zum Ersatzpiloten abgeschlossen. Die Helden der Luft, denen von der notleidenden Bevölkerung mythische Fähigkeiten zugeschrieben werden, entgehen nicht weniger dem Schicksal ihrer sterbenden Kameraden im Feld. Von einem Flugfeld hinter den Linien von Verdun schreibt Konstantin nach Hause:

»Liebste Mutter, … Dieser Erfahrung werden keine Worte gerecht, wie kein anderes Erlebnis in diesem Dasein auf Erden – aufzusteigen mit Adlersflügeln …«

OKTOBER. In Kieckow ist die Ernte eingebracht; das Ergebnis ist weder das beste noch das schlechteste in der Geschichte des Gutes. Ruthchen trägt die Mengen in die Bücher ein und versucht zu schätzen, wieviel Geld sie später einbringen werden. Es ist Sonntagnachmittag, Ruth sitzt in der Nähe und liest ihr aus Konstantins neuestem Brief vor:

>Die mäßigen Ernteaussichten in Kieckow sind ja alles andere als erfreulich. Aber die Hauptsache bleibt doch schließlich, daß die allgemeine deutsche Ernte gut ist. Hoffentlich kommt sie auch gut und rechtzeitig herein. Ich habe schon immer etwas Angst wegen Frost …<[8]

Ruthchen entschließt sich, noch heute an ihn zu schreiben. Konstantin darf sich keine Sorgen machen; er muß wissen, daß in der Heimat alles in Ordnung ist, zumindest soweit man dies erwarten kann, wenn klapprige Pferde, alte Männer und Frauen für die Ernte zuständig sind.

Am Montagmorgen ist ein Radfahrer vom Bahnhof Groß Tychow zum Gut Kieckow unterwegs. Er hat für Ruth von Kleist zwei Telegramme dabei. In den letzten beiden Jahren sind viele Telegramme zugestellt worden, bislang waren die Empfänger immer Familien aus dem Dorf. Stets waren es Nachrichten über Opfer – manchmal über Verwundete, die sich von ihren Verletzungen erholen würden, meistens jedoch wurden Todesfälle gemeldet. Schon drei Jahre ist die Fahne des Deutschen Reiches, die weithin sichtbar vom Mast in Kieckow weht, fast ebenso oft auf Halbmast gesetzt wie auf voller Höhe gewesen. Das Gutshaus selbst blieb bislang von solchen Schreckensmeldungen verschont, so daß Ruth schon glaubte, dies würde so weitergehen. Sie hat den Radfahrer nicht gesehen, der gerade den Weg zur Einfahrt heraufkommt. Andere haben ihn aber erblickt und die Frage – »Ist der Gutsherr gefallen?« – verbreitet sich in beiden Dörfern wie der Wind.
Ruth empfängt das Telegramm an ihrem Schreibtisch. Ihre vier Töchter, die von den Dienern herbeigerufen worden waren, sind bei ihr. Sie kann den Inhalt bereits erraten, denn die Telegramme sind an sie adressiert und nicht für Mieze, Spes oder Maria bestimmt. Es bedeutet, daß der Gutsherr nicht gefallen ist. Die Mutter öffnet das erste Telegramm und liest:

»Aus dem Felde, 7. Oktober 1917. Leutnant von Kleist heute mittag mit Flugzeug abgestürzt, schwer verwundet. Brief folgt.«[9]

Zu Tode erschreckt reißt sie das zweite Telegramm auf und liest:

»Aus dem Felde, 7. Oktober 1917. Leutnant von Kleist ist heute seinen Verletzungen erlegen, erbitten Drahtnachricht ob Überführung stattfinden soll. Reihenbildzug 3.«[10]

Ruths erste Worte gelten dem Diener an der Tür, der zu den Familienmitgliedern in gebührendem Abstand steht: »Die Fahne muß wieder auf Halbmast gesenkt werden.«

Aus dem Schrank wird das schwärzeste aller Kleider hervorgeholt, das, mittlerweile 20 Jahre alt und viel getragen, zu eng geworden ist für Ruth. Die Schneiderin von Kieckow beeilt sich, das Gewand Ruths stärker gewordenen Figur anzupassen. Wenige Stunden nach dem Eintreffen der Nachricht trägt Ruth wieder Trauer.

Am Mittwoch trifft ein drittes Telegramm ein, das wieder an die Mutter adressiert ist:

»Aus dem Felde, 9.10.1917. Empfangen Sie mit den Ihrigen meine aufrichtige Teilnahme zum Heldentode Ihres vortrefflichen Sohnes, dessen treue Arbeit und Hingabe an unserer grossen Sache ich in dankbarer Erinnerung bewahren werde. Wilhelm, Kronprinz.«[11]

Erstaunlicherweise spendet dieses Telegramm der Mutter wohltuenden Trost. Für die Mutter wird der schwere Verlust durch die Beileidsbekundung ein wenig erträglicher; es wird ihr bewußt, daß einige für das Vaterland ihr Leben lassen müssen.

Am Freitag erreicht Konstantins letzter Brief Kieckow. Er wurde einen Tag vor seinem Tod verfaßt.

»Liebste Mutter – Nun ist's schon wieder den dritten Tag schlechtes Wetter. Das ist recht ärgerlich und langweilig auf die Dauer. Bei uns vor Verdun ist überhaupt nichts mehr los in der Luft. Man muß sich schon auf der Erde zu schaffen machen. …«[12]

Konstantin wurde an einem Sonntag geboren, und es war ein Sonntag, an dem er starb. Eine Woche später, ebenfalls an einem Sonntag, wird sein Leichnam vom Kieckower Wagen am Bahnhof Groß Tychow abgeholt, nach Hause gebracht, und wiederum eine Woche später, am Sonntag, den 21., wird Konstantin von Kleist neben seinem Vater auf dem Friedhof von Kieckow zur letzten Ruhe gebettet. Diese Bestattung ist nicht die erste, noch wird sie die letzte sein, die der Pastor von Groß Tychow für die Gefallenen aus Kieckow abhält. Bei jeder dieser Gelegenheiten wächst er weit über seine eigenen Fähigkeiten hinaus. Ruth deutet dies als Zeichen göttlicher Eingebung. Im Andenken an den gefallenen Konstantin hält der Pastor die Grabrede über die Bibelstelle im 1. Johannesbrief Kapitel 3 Vers 16:

> »… An einem Sonntage wurde er seinen Eltern geschenkt, ein Sonntagskind war er. Sonne hatte er im Herzen, eine Sonnenspur hinterläßt er hier unten. Er ist nicht verloren, nicht untergegangen … An einem Sonntage haben Engel seine Seele aufwärts getragen dem Lichte zu … Soldatenlos – lieblich Los. Was wir lieben ist geblieben, bleibt in Ewigkeit … Mit Fried' und Freud' fahr' ich dahin, ein Gotteskind ich allzeit bin. Der Tod ist verschlungen in den Sieg …«[13]

Es sind aber nicht die Worte und der Trost des Pastors, sondern die kleine Ansprache von Konstantins Kameraden, die der Mutter am meisten zu Herzen geht. Der Kamerad ist Leutnant Zernick, er stammt weder aus Pommern, noch ist er ein Junker oder in irgendeiner Weise dem Adel zugehörig. Trotzdem wurde er von den Offizieren und Mannschaftskameraden aus Konstantins Staffel ausgewählt, den Leichnam des Kameraden zur letzten Ruhestätte zu begleiten.

An einem kalten Oktobertag haben Männer aus dem Dorf den Sarg Konstantins im Friedhof in das offene Grab hinuntergelassen. Zernick blickt auf den Sarg und spricht mit großem Ernst zu seinem gefallenen Kameraden. Er beschreibt, welches Leid Konstantins Tod seinen Fliegerkameraden und allen, die ihn kannten, gebracht hat. Er schließt mit folgenden Worten, an die man sich erinnern wird, solange es die Familie Kleist gibt:

> »… Doch ich will nicht klagen und nicht viel Worte machen. Das ist nicht Soldatenart und wäre vor allem nicht in Deinem Sinne. Drum nimm nur unser Gelöbnis entgegen: Du wirst in unseren Herzen fortleben, auch wenn Du nicht mehr unter uns weilst, und Du wirst uns wie bisher als leuchtendes Vorbild vorschweben, nach dem wir dem großen Ziele entgegenstreben, für das Du Dich in heiliger Vaterlandsliebe geopfert hast. Das wird in Deinem Sinne sein. Lebe wohl!«[14]

NOVEMBER. Fünf Frauen, fünf kleine Kinder und ein Säugling – Maria von Bismarcks zweites Kind Jürgen, der in ihren Armen schläft – stehen um das noch frische Grab auf dem Friedhof von Kieckow. Die älteste von ihnen, die Mutter, spricht ein einfaches Gebet zur Weihung des soeben gesetzten Grabsteines. Darauf wurden folgende Worte, die alle der hier Anwesenden überdauern sollen, eingemeißelt:

Konstantin von Kleist-Retzow
1891-1917
»Mit Flügeln wie Adler«

Diesmal flossen keine Tränen.

VOM KÖNIG VERRATEN

1918, MÄRZ. Natur und Leben haben sich zusammengetan und in Kieckow ein Gefühl der Hoffnung hervorgerufen. Der Frühling ist dieses Jahr früh ausgebrochen, und die russische Front ist mit einem einzigen Federstrich verschwunden. An der deutschen Ostfront ist es ruhig, die kampferprobten Truppen werden mit allen verfügbaren Eisenbahnwaggons so schnell wie möglich nach Westen verlegt. Das Pfeifen der Dampflokomotiven ist in ganz Kieckow und dem Umland zu hören.

Die überraschende Wendung begann im Oktober, als die Bolschewiken in der zweiten Revolution in Rußland die Macht übernahmen. Einer viel blutigeren Revolution als die erste, in der vor einem Jahr der Zar gestürzt worden war. Die Bolschewiken schlossen mit Deutschland einen Vertrag, in dem sie praktisch kapitulierten. Das verdanken die Junker von Pommern hauptsächlich dem radikalsten der roten Revolutionäre – Wladimir Lenin. Diese Vertragsverpflichtung wird sich als genauso kurzlebig erweisen wie jeder andere deutsche Sieg in diesem Krieg.

Man sagt, der Tod eines Kindes hinterläßt tiefere Wunden als der Verlust jeder anderen geliebten Person. Ruth von Kleist, ihre Kinder und Enkel werden später von dem gefallenen Konstantin als dem »begabtesten aller Kinder«, dem »vielversprechendsten Sohn« und dem »Lieblingskind« der Mutter sprechen. In jedem Jahrhundert wurden ähnliche Worte in allen Sprachen der Welt von Müttern gebraucht, die Söhne oder Töchter verloren haben. Dazu zählen auch die 15 Mütter der Dörfer Kieckow und Klein Krössin, deren Söhne für das Vaterland gefallen sind.
Ruth hat ihre Trauerkleidung wieder abgelegt. Sie muß diesen Müttern, den Witwen und verwaisten Kindern der Kriegsopfer ein Vorbild sein. In der frischen Frühlingsluft macht sie ihre Besuche in Kieckow und Klein Krössin nicht ein- oder zweimal die Woche, sondern fast jeden Tag. Dabei wird sie ausnahmslos von der neunjährigen Raba – Ruth Roberta Stahlberg – und deren sechs Jahre altem Bruder Alla – Alexander - begleitet. Ruth bedauert es sehr, daß ihre Kinder und Enkel nur wenig von den tiefen Wurzeln und Beziehungen wissen, die die Menschen auf den pommerschen Gütern miteinander verbinden. Raba und Alla sind wie ihre Mutter Stadtkinder. Der Krieg kann nicht mehr viel länger dauern, und nach seinem Ende werden die Kinder das Land wieder verlassen. Sie hofft, ihnen mit den Begegnungen im Dorf bleibende Eindrücke mitgeben zu können.
Das Leben im Dorf ist für die staunenden Stahlberg-Kinder interessanter als Marionettentheater – Frauen in bäuerlicher Kleidung sitzen vor ihren Hütten und rühren Butter, der appetitanregende Duft von frisch gebackenem Brot strömt aus den offenen Türen, die jungen Mädchen in den Melkerinnen-Röcken vertreiben sich mit Reifenspielen die Zeit, bis sie wieder zum Melken in den Stall gerufen werden. Auf dem Kleistschen Gut gibt es 20 Melkerinnen und 80 Kühe, dazu noch Kühe, die den Dorfbewohnern privat gehören. Selbst wenn die englische Blockade ewig

dauern sollte, wird diese Kleistsche Hochburg immer Milch, Butter, Käse und Brot für Deutschland produzieren!

Eine Frau reicht Ruth ein Sträußchen Krokusse, die sie dankbar annimmt. Dann bringt sie aus ihrem Haus zwei Scheiben frisch gebackenen Brotes, dick mit Butter und Honig bestrichen, für die beiden Kinder. Mit äußerster Selbstdisziplin, die Arme fest hinter dem Rücken verschränkt, lehnen die Enkelin und der Enkel aus dem Gutshaus höflich das verlockende Angebot ab. Raba spricht für sie beide: »Wir dürfen Honig und Butter nicht essen, solange es in Stettin Kinder gibt, die hungern müssen.«

Auf dem Weg zurück zum Haus auf der Anhöhe würdigt die Großmutter liebevoll das Opfer ihrer beiden Schützlinge. Fast vier Jahre lang hat es im Gutshaus keine Butter mehr gegeben, Honig nur an Sonntagen. Raba und Alla haben ihre Großmutter nicht enttäuscht.

AUGUST. In diesen Tagen bleibt vieles unausgesprochen in Kieckow. Die derzeitigen Nachrichten vom Krieg lassen weit weniger Hoffnung aufkommen als die vom Frühling. Der unerwartete Frieden mit Rußland und die kühnen Initiativen General Ludendorffs im Westen brachten nur kurzzeitige Erfolge. Man sagt, die Moral an der Front sei tiefer gesunken als jemals zuvor. Noch viel schwerwiegender sind die Gerüchte von großangelegtem Verrat bei der Marine – ein Schiff nach dem anderen soll gemeutert haben. Aber was kann man schon erwarten von der deutschen Marine, diesem verrückten Traum eines törichten Kaisers! In der Armee kommt der Gedanke der Meuterei gar nicht erst auf; allen Entwicklungen in der Geschichte zum Trotz kann sich Deutschland auf den preußischen Soldaten als Bollwerk der Nation vollkommen verlassen.

An einem warmen, dunstigen Morgen im August, an dem alle sechs Kinder des Gutshauses, selbst der zweijährige Jürgen von Bismarck, draußen auf der Wiese im Sonnenschein herumtollen, bringen in einiger Entfernung größere Kinder mit ihren Müttern und Großeltern die Ernte von Kieckow ein. Alte Wagen, von klapprigen Pferden gezogen und von alten Männern und Frauen gelenkt, warten ruhig am Rande der Felder, bis sie gebraucht werden. Die Kleistschen Kinder vergnügen sich unter der Obhut des Kindermädchens und glauben, einen großen Beitrag zu leisten, indem sie den gefügigen Tieren Klee füttern. In diesem Landstrich beteiligen sich die Frauen aus dem Gutshaus traditionell nicht an den Arbeiten in der Landwirtschaft. Daher befinden sie sich außer Sichtweite, sie arbeiten aber ebenso geschäftig in Ruthchens Büro. Es gilt, Nachrichten zwischen Feld und Büro zu übermitteln, vor allem über die neuesten Preise, die von den aus Groß Tychow zurückkehrenden Wagen mitgeteilt werden.

Das letzte Gefährt ist von Groß Tychow aus durch das Dorf zum Haus zurückgekehrt. Der Kutscher steigt ab und geht zu einer Hintertüre, durch die er Ruthchens Büro direkt erreicht. Er legt ihr die Post des Tages auf den Tisch, einen Stapel von Briefen, die sortiert und im Dorf verteilt werden müssen. So modern sich das entlegene Kieckow geben mag, es hat noch keinen direkten Postzustelldienst.

Ruthchen sieht die Post durch in der Hoffnung, Nachricht von Hans Jürgen, Herbert oder Walter oder von einem von Mutters Neffen zu erhalten. Derzeit befinden sich so viele Männer im Krieg, jeder an einem gefährlicheren Ort als der andere. Heute ist kein Brief von ihnen darunter, dafür aber einer an die Mutter, dessen Umschlag mit bemerkenswert schöner Schrift adressiert ist. Den Namen des Absenders hat Ruthchen noch nie gehört – Hans von Wedemeyer. Sie legt ihren Stift weg und geht in das Wohnzimmer der Mutter. Ruth ist dabei, einen Brief an einen der Männer im Felde zu schreiben.
Sie lädt Ruthchen ein, ein wenig zu bleiben; während sie den Namen auf dem Umschlag liest, erinnert sie sich an ein Ehepaar, das sie und Jürgen vor langer Zeit bei einem ihrer Sanatoriumsaufenthalte während Jürgens Krankheit kennenlernten. Die Wedemeyers, eine angesehene Familie von einem Gut in der Nähe Wartenbergs, sind Freunde von Anni und Hermann von Tresckow. Ruth erinnert sich, daß sie Kinder hatten, drei Töchter und zwei Söhne. Einer der beiden könnte Hans heißen. Sie öffnet den Brief und liest vor. Es handelt sich tatsächlich um diese Familie; der Vater ist gestorben und die Mutter führt nun das Gut. Hans, der jüngere Sohn, ist vor kurzem aus Palästina zurückgekehrt, wo er unter Franz von Papen diente. Nun ist Hans von Wedemeyer im nahen Köslin und erhält dort eine Fliegerausbildung. Es sei nur ein kurzer Lehrgang, der nicht mehr als drei Monate dauere, und er würde gerne Frau von

Kleist aufsuchen, um Grüße von seiner Mutter zu überbringen. Ruth nickt stumm. Ohne daß davon die Rede war, weiß sie, daß Hans von Wedemeyer unverheiratet ist und eine Frau sucht. Selbst in Kriegszeiten, wenn keine Bälle und Empfänge stattfinden, sucht die preußische Aristokratie nach Wegen, ihren Fortbestand zu sichern.

Ruth schreibt dem jungen Mann eine Nachricht und übergibt sie Ruthchen, damit sie morgen in der Früh mit dem Milchwagen auf den Weg geschickt werde.

Am letzten Sonnabend des Monats wird Leutnant Hans von Wedemeyer das Gut Kieckow besuchen. Der Diener führt den Besucher zu Ruth in das Wohnzimmer. Nacheinander erscheinen ihre Töchter, und als Ruthchen dazukommt, ist bereits eine angeregte Unterhaltung im Gange, in deren Mittelpunkt die Mutter steht. In wenigen Minuten wird Hans von Wedemeyer zu einem alten Freund der Familie. Er ist groß – größer als alle Männer der Familie mit Ausnahme von Walter –, und in seiner Uniform stellt er ganz und gar den Märchenprinzen dar, den sich das Mädchen erträumt hatte. Am erstaunlichsten jedoch ist seine frappierende Ähnlichkeit mit dem gefallenen Konstantin – das Leuchten seiner Augen, die muntere und schlagfertige Beredsamkeit und trotzdem vorhandene Ernsthaftigkeit dieses Mannes lassen ihn schnell die Zuneigung der fünf Frauen gewinnen.

Das Abendessen wird serviert, und während der Mahlzeit wendet sich die Unterhaltung ernsthafteren Themen zu. Der Leutnant wird sogar dazu angeregt, nach der Bibel zu verlangen. Später begibt sich die Familie in die große Halle, wo die Teetafel noch einmal an diesem Tag gedeckt ist. Spes nimmt am Klavier Platz und begleitet ihre Schwestern beim Singen von Brahmsliedern.

Am Sonntagmorgen findet der traditionelle Gottesdienst statt. Ruth hat in der vordersten Bank zwischen Leutnant von Wedemeyer und Maria Platz genommen. Ruthchen sitzt auf der anderen Seite des Besuchers, Spes an der Orgel; die Kinder haben sich in den anderen Bänken der Familie aufgereiht, Mieze befindet sich irgendwo zwischen ihnen. Die hinteren Bänke sind von den Dorfbewohnern besetzt, denen es nicht entgangen ist, daß Fräulein Ruthchen offenbar einen Freier hat. Er ist groß und gutaussehend und entspricht dem, was sie ganz und gar verdient.

Nach dem Essen pilgert die Familie durch den Wald zu einer kleinen, von Fichten umgebenen Lichtung. Viele Jahrzehnte hindurch haben die Arbeiter die von den Kieckower Feldern aufgesammelten Steine hierhergebracht. Als Kind hat Konstantin oft seine Schwestern zu dieser geheimen Festung geführt, von der aus er das Land verteidigt und einäugige Piraten in Schach gehalten hat. Seit seinem Tod haben seine Mutter und die Schwestern diesen Ort zu einer Art Gedenkstätte für Konstantin gemacht, die sie oft besuchen. Die Steine wurden kreisförmig aufgeschichtet, so daß die Besucher einander gegenübersitzen können. Eine Stunde lang sitzen die Frauen von Kieckow ruhig da und lauschen Hans von Wedemeyers Erzählungen über seine Erlebnisse in den Anfangsjahren des Krieges in Frankreich hinter den Linien, wo Freund von Feind manchmal schwer zu unterscheiden waren.

Vor Einbruch der Dunkelheit ist der Besucher wieder abgereist, mit dem Wagen nach Groß Tychow und mit der Bahn nach Belgard, von dort wird er mit einem anderen Zug nach Köslin fahren. Statt auf dem Bahnsteig zu warten, entschließt er sich, die alte Marienkirche am Marktplatz aufzusuchen und die Ereignisse der letzten zwei Tage zu überdenken. Ziemlich rasch kommt er zu der Gewißheit: »Dies Mädchen wird meine Frau werden!« Als Ruthchen später davon erfährt, wird sie es für eine Fügung Gottes halten, daß er ihren Märchenprinzen, ohne daß er es wußte, in die Kirche geführt hat, in der sie getauft wurde. Der Einfluß Ruth von Kleists auf ihre Kinder und Enkel läßt sie göttliche Führung in vielen Ereignissen ihres persönlichen Lebens erkennen.

SEPTEMBER. Hans von Wedemeyer stattet seiner verwitweten Mutter einen eiligen Besuch ab, um ihr von seiner Absicht zu berichten, eine Tochter Frau von Kleists, der Witwe des Landrats, zu heiraten. Frau von Kleist habe er noch nicht angesprochen, da er zuerst die Einwilligung seiner Mutter einholen wolle. Auf ihre Fragen: »Wie alt ist sie? Was gefällt dir an ihr? Wie sieht sie aus?« kann er nur mit Achselzucken antworten. Die Wahrheit ist, er kann sich gar nicht mehr genau erinnern, so abgelenkt war er vom Eindruck dieser Familie von Frauen – jede der jungen Frauen gerade gewachsen und schlank, offen und temperamentvoll, geradezu ein Quartett von Schönheiten, an dem sich das Auge

weidet. Er werde sich später genauer informieren; momentan sei nur
wichtig, daß er beabsichtige, die jüngste von ihnen – Ruth, von allen
Ruthchen genannt – zu heiraten.

OKTOBER. Deutschland hat Amerika ein Waffenstillstandsangebot unterbreitet – ein Versuch, diesen bitteren Krieg und die schweren Kämpfe zu
beenden. In Berlin gibt es viel kleinliches Gezänk, über dem ganzen Land
liegt eine starke Unruhe. Jeder hofft auf ein Ende des Gemetzels an der
Westfront, es herrscht aber auch die Sorge, auf einen Waffenstillstand
könnte eine blutige Revolution folgen.

Dieses Jahr findet trotz allem eine Jagd in Kieckow statt. Hans von
Wedemeyer aus Köslin wird der wichtigste Gast sein. Außer Fritz von
Woedtke gibt es im ganzen Bezirk keinen einzigen standesgemäßen
Mann, den man hätte einladen können. Glücklicherweise gibt es noch ein
paar Arbeiter, die die Rolle der Treiber übernehmen und dem geladenen
Gast die Tiere vor die Flinte treiben können.
Am Wochenende der Jagd befinden sich 24 Personen am Frühstückstisch.
Etwa nach der Hälfte der Mahlzeit – er scheint die anderen im Raum gar
nicht zu bemerken – unterbricht Hans die Unterhaltung und sagt zu
Ruth: »Gnädige Frau, ich hätte gerne etwas unter vier Augen mit Ihnen
besprochen.«
Alleine mit Ruth im Wohnzimmer bittet Hans von Wedemeyer darum,
Tochter Ruthchen einen Heiratsantrag machen zu dürfen. Die Mutter
antwortet mit einer nicht unberechtigten Frage: »Lieben Sie meine Toch-
ter denn?«
Die Antwort des Freiers ist in ihrer Ehrlichkeit äußerst ungewöhnlich:
»Nein, aber ich weiß, daß ich sie heiraten möchte und daß ich sie heiraten muß; meiner Meinung nach ist das Vertrauen die wichtigste Voraussetzung für eine Ehe.«
»Glauben Sie denn, daß meine Tochter Sie liebt?« fährt Ruth fort.
Seine Antwort ist bestenfalls als fragwürdig zu bezeichnen: »Ich habe
keine Ahnung, ob sie mich liebt. Ich habe ja kaum ein Wort mit ihr gewechselt!«

Als Ruth ihren Töchtern von dieser Unterredung berichtet, herrscht
einige Bestürzung. Für morgen hat sie eine Landpartie mit Pferde-

kutschen arrangiert – sie selbst wird mit einer weiblichen Begleitung und dem Kutscher in der ersten Kutsche fahren, dahinter soll Ruthchen mit dem jungen Mann am Zügel des zweiten, etwas kleineren Wagens folgen. Die älteren Schwestern sind erzürnt. Auch wenn die Mutter von diesem jungen Mann in Uniform begeistert ist, muß ihm doch ihre Tochter nicht auf einem silbernen Tablett gereicht werden. Spes und Maria, selbst die sanfte Mieze, wollen das wehrlose Ruthchen beschützen.

Ruthchen fühlt sich äußerst unwohl und schlägt vor, die ganze Fahrt abzusagen, da morgen Zahltag der Arbeiter sei und sie unter allen Umständen am Nachmittag im Büro arbeiten müsse. Mutter Ruth läßt sich jedoch nicht so leicht umstimmen. Ihre Intuition sagt ihr, Hans von Wedemeyer ist Ruthchens Märchenprinz, so wie es vor Jahren Jürgen von Kleist der ihre war. Wenn es sein muß, dann warten die Arbeiter eben auf ihren Lohn, die nachmittägliche Ausfahrt wird wie geplant stattfinden.

Am nächsten Tag befindet sich Ruthchen neben Hans auf dem Kutschbock. Im Gespräch geht es um lauter sachliche Fragen. Hans spielt Ruthchen den Ball zu, und sie wirft ihn spielend zurück. Die beiden verstehen sich.

Am Abend bringt Ruthchen ihre Mutter zu Bett, und diese stellt ihr dabei eine vorsichtig tastende Frage: »Was würdest du denn dazu meinen, Hans von Wedemeyer zu heiraten?« Ruthchen ist empört über diese Frage und behauptet, sie fände es für sich ganz unnötig zu heiraten. Ruth ist klug genug, sofort zu schweigen.

Am Tag der Abreise des Leutnants begegnet Ruthchen ihm vor dem Frühstück im Korridor. »Wie haben Sie geschlafen?« fragt Hans. »Danke, gut«, erwidert Ruthchen.

»Ach, und ich habe schlecht geschlafen oder vielmehr gar nicht.« Der junge Mann sieht ihr in die Augen mit einer tiefen Ernsthaftigkeit und nicht ohne Schmerz.

Ruthchen senkt scheu ihren Blick zu Boden. »Und ich habe Sie belogen, denn mir ging es ebenso.«[15]

Mit dieser ungewöhnlichen Unterhaltung verloben sich Ruthchen von Kleist und Hans von Wedemeyer. Alle beiderseits ausgedachten Reden fielen ins Wasser, und Hans schloß seine innerlich bebende Braut in die Arme.

Zwei Wochen später ist Hans wieder in Kieckow, diesmal ist er eine Zeitlang vom Dienst freigestellt, um einen Grippeanfall zu kurieren. Ob Krieg oder nicht, die Tradition der Aristokratie verlangt von jedem jungen Mann, daß er innerhalb von drei Tagen nach der Verlobung seine Zukünftige der Mutter vorzustellen hat. Ruthchen und Hans nehmen die Kutsche nach Groß Tychow und von dort den Zug in Richtung Süden zu der verwitweten Mutter von Hans.

Wie einstmals ihre Mutter reist auch Ruthchen auf neuen Pfaden in eine Gegend, die sie noch nicht kennt – die preußische Neumark östlich der Oder, die im Norden an Pommern und im Süden an Schlesien grenzt. Im Gegensatz zu ihrer Mutter jedoch ist Ruthchen überwältigt von der Schönheit der Landschaft, aus der ihr Verlobter stammt. Am Eingang des Gutshauses erwartet sie die verwitwete Mutter. Sie ist elegant gekleidet in dem traditionellen grauen Gewand des Landes, ihr silbergraues Haar ist zu einem Knoten hochgesteckt. Sie begrüßt die zukünftige Tochter mit ausgesprochener Wärme und offener Herzlichkeit.

November. Die Zeit ist abgelaufen. Deutschlands Verbündete – Bulgarien, die Türkei und Österreich – haben kapituliert. Amerika hat auf Deutschlands Friedensangebot mit der Forderung nach einem Waffenstillstand und der Errichtung einer demokratischen Republik reagiert. In Deutschland weitet sich die Revolution auf fast alle deutschen Städte aus, Kaiser Wilhelm hat den letzten seiner zahlreichen Kanzler während des Krieges entlassen. Der neue Kanzler ist Friedrich Ebert, ein Sozialist. Und als sei dies noch nicht genug der Prüfung für die Ergebenheit der preußischen Aristokratie, hat der Kaiser auch noch die Forderung angenommen, abzudanken und das Land zu verlassen.

Von allem Unglück, das Familien wie die der Kleists und der Wedemeyers, der Bismarcks und Trescows nach dem Ende dieses Weltkrieges befällt, ist diese Entscheidung Wilhelms die bitterste: als deutscher Kaiser abzudanken, heimlich zu verschwinden und so seine treuen Vasallen zu verlassen, die seine Person und die Hohenzollern-Dynastie mit ihrem Leben verteidigt hätten. Solange die Söhne und Töchter Ruth von Kleists leben, wird man Wilhelm II. niemals vergeben.

1918, NOVEMBER. Eine Horde Deutscher, mit leuchtend roten Fahnen, Schlagstöcken und Heugabeln bewaffnet, hat die Kaserne der Luftwaffe in Köslin angegriffen. Leutnant von Wedemeyer ist bereit, sie unter Einsatz von Waffen zu verteidigen, sein Kommandeur weigert sich jedoch, den Befehl dazu zu erteilen. Der Kaiser habe Deutschland verlassen, Deutschland sei nun eine Republik. Wenn die Leute den Stützpunkt haben wollten, so sollten sie ihn haben. Aus Verachtung für seinen Vorgesetzten, der ohne Widerstand zu leisten die Kaserne aufgegeben hat, kündigt der Leutnant sofort seine Stellung. Die Sorge um das Leben seiner Mutter läßt Hans umgehend einen Zug nach Hause besteigen. Mitten auf der Strecke wird der Zug von Revolutionären eingenommen, die sich mit Gewalt den Weg durch den Zug bahnen, dabei Offiziere ansprechen und ihnen die Achselschnüre und Abzeichen von der Uniform reißen – nicht so jedoch bei Leutnant von Wedemeyer! Als ein Mann mit roten Kokarden auf ihn zugeht, warnt Hans ihn davor, die kaiserliche Uniform anzutasten. Der Mann hält kurz inne, Zeit genug für Hans, um vom Zug zu springen. Noch ist er 30 Kilometer von zu Hause entfernt und muß den Rest des Weges zu Fuß zurücklegen, aber er findet seine Mutter wohlauf und gut beschützt von den treuen Dorfbewohnern.

Einen Tag später wird irgendwo in einem französischen Wald in einem Eisenbahnwaggon die Waffenruhe zwischen Deutschland und seinen Feinden unterzeichnet. In einem hastig geschriebenen Brief bittet Hans Ruthchen eindringlich, sofort in die Neumark zu reisen, damit sie sich schnell verheiraten könnten. Wenn es schon eine Revolution der Bolschewiken geben sollte, so wollte er mit seiner Braut doch wenigstens am selben Baum gehängt werden. Aus der Sicht von Kieckow erscheint die Situation nicht weniger dringlich, und Mutter Ruth hält eine rasche Heirat ebenso für notwendig, sie diktiert jedoch, daß die Hochzeit in Kieckow stattzufinden habe.

Am 17. November heiraten Ruthchen und Hans in der Kirche von Kieckow. Sie ist die erste Braut aus dem Gutshaus, die hier heiratet. Alle Anwesenden sind sich einig, daß es in der Familie noch nie eine strahlendere Braut gegeben hat. In dem Hochzeitskleid ihrer Schwester Maria und in den Brautschuhen ihrer Schwägerin Mieze ist Ruthchens Verwandlung nur noch mit der Geschichte der Märchenprinzessin Aschenputtel zu vergleichen. Es fällt nicht einmal auf, daß die Eheringe aus geformtem Stahl gefertigt sind.

Am nächsten Morgen machen sich die frischgebackenen Eheleute bei leichtem Schneefall auf den Weg zu ihrem neuen Zuhause in der Neumark – nach Pätzig, dem Wedemeyerschen Gut, das nun Hans gehört. Ruth verabschiedet das junge Paar mit Tränen der Freude und des Bedauerns, und als die Kutsche von Kieckow auf dem Weg ins Dorf außer Sichtweite ist, zieht sie sich in ihr Wohnzimmer zurück, um sich ihren Gedanken und Erinnerungen hinzugeben. Wie auch die Zukunft der Aristokratie in einem neuen, veränderten Deutschland aussehen möge, so ist die Mutter beruhigt, daß auch ihre jüngste Tochter mit einem Mann und einem neuen Zuhause verbunden ist, für das sie wie geschaffen erscheint. Der verletzlichsten ihrer Töchter, die noch nicht einmal eine standesgemäße Mitgift erhalten hat, hätte sie keine bessere Zukunft wünschen können.

DEZEMBER. Mit dem Zug, mit Kutschen und zu Fuß kehren die Männer aus dem Gutshaus und aus den Dörfern in ihr Land und zu ihren Familien zurück. Hans Jürgen ist der erste Heimkehrer, er kommt mit dem Zug in Groß Tychow an und wird in einem mit Immergrün geschmückten Wagen nach Hause gefahren – ein Willkommensgruß der Arbeiter von Kieckow für den lange abwesenden Gutsherrn. Ruth besteht darauf, das Schlafzimmer des Gutsherrn wieder zu räumen. Mieze und Hans Jürgen protestieren zwar, aber wie üblich setzt die Mutter ihren Willen durch. Zwei Tage später kehrt Herbert von Bismarck in einem Automobil zurück, dem ersten solchen Fahrzeug, das in Kieckow seit fast vier Jahren gesichtet wurde. Begrüßungsszenen werden von Abschiedstränen abgelöst, als Maria und Herbert sich auf den Weg nach Hause machen, die kleine Luitgarde kaum sichtbar auf dem Sitz zwischen ihren Eltern und der kleine Jürgen auf dem Schoß der Mutter.

In neun Monaten wird die Zahl der sechs gesunden Enkelkinder Ruths um zwei anwachsen, Konstantin von Kleist und Hans Otto von Bismarck erblicken das Licht der Welt.

Endlich trifft auch Nachricht vom letzten heimkehrenden Soldaten ein, von Walter Stahlberg. In einem kurzen Brief berichtet er, er sei in Stettin und übernehme gerade die Leitung der Stahlbergschen Fabrik, die in schlimmem Zustand sei. Er bereite auch Spes' Rückkehr in die Stadt vor und sei dabei, die Villa der Familie wieder herzurichten. Eines Nachmittags, ohne Vorankündigung, trifft er dann in der verschneiten Landschaft in einem Automobil ein, das einem König (gäbe es noch einen in Preußen) zur Ehre gereichen würde. Wieder finden tränenreiche Abschiedsszenen statt, als die letzte von Ruths Töchtern mit ihrem Mann Kieckow verläßt. Trotz des Abschiedsschmerzes der Großmutter sind die Enkelkinder in bester Stimmung. In warme Winterkleidung für die lange Fahrt eingepackt sitzen Raba, Alla und Hans Conrad stolz auf den ledernen Rücksitzen von Vaters glänzender Limousine, die sieben Personen Platz bietet.

1919. Das ruhige Wohnzimmer, das während der vier Kriegsjahre von Ruth bewohnt war, ist Schauplatz einer heftigen Diskussion zwischen Mutter und Sohn. Ruth hat sich entschlossen, ihr Witwendasein wieder aufzunehmen. Sie will in ihre Wohnung nach Stettin zurückkehren, in der sie noch einige Möbel stehen hat. Hans Jürgen lehnt diese Idee vehement ab. Vor Kieckow liegen magere Jahre, in denen er vorhat, Kieckow und Klein Krössin zusammen als eine Einheit mit nur einem Verwalter zu leiten. Er schlägt vor, das Haus des Verwalters in Klein Krössin in einen Alterssitz für seine Mutter umzubauen. In Kieckow gebe es mehr als genügend gute Handwerker, die die Arbeiten durchführen könnten, und wenn der Gutsbetrieb wieder reibungslos liefe, könnten durchaus ein paar Arbeiter eingespart und für den Umbau eingesetzt werden. Diesen Plan hatte er während der langen Zeit der Langeweile zwischen den Ausbrüchen von Terror und Tod an der Front immer wieder sorgfältig durchdacht und besteht nun darauf, daß seine Mutter den Mietvertrag für ihre Wohnung nicht erneuern sollte. Hans Jürgens Angebot ist zu verlockend, als daß Ruth es ablehnen könnte. Das Haus des Verwalters befindet sich am Waldrand nicht weit außerhalb des Dorfes Klein Krössin. Von allen Gebäuden auf den Ländereien der Kleists ist dieses Häuschen das ursprünglichste – einstöckig in Fachwerkbauweise, mit strohgedecktem Dach und mehr Platz im Inneren, als man von außen vermuten würde. An den ruhigen Winterabenden plant Ruth bei bester Laune die Ausgestaltung ihres neuen Heims. Zunächst muß es drei geräumige, gemütliche Gästezimmer enthalten, deren Namen die zukünftigen Gäste inspirieren sollen: Hoffnung, Zufriedenheit und Freude. Dann muß eine gut ausgestattete Küche mit Speisekammer vorhanden sein, und sie wird eine Köchin einstellen. Noch nie in ihrem Leben konnte sie so viel in die Planung und Gestaltung ihrer Umgebung einbringen.

Die neu erfahrene Freiheit wirkt sich auch auf andere Bereiche in Ruths Denken aus; ihr lebenslanges Interesse an der Bibel und alles, was sich daraus entwickelt, wächst nun zu neuen Dimensionen heran. In den

Ruth im Kreis ihrer Familie (stehend v.l.: Ruthchen und Hans von Wedemeyer, Mieze und Hans Jürgen von Kleist, Spes Stahlberg, Herbert und Maria von Bismarck; zweite Reihe stehend v.l.: Hans Conrad, Raba und und Alla Stahlberg, Ferdinande von Kleist, Jürgen von Bismarck; sitzend v.l.: Luitgarde und Hans Otto von Bismarck, Konstantin von Kleist)

regelmäßigen Veröffentlichungen der pommerschen Kirche hat sie neue Tendenzen der Bibelinterpretation und neue Perspektiven für Kirche und Gesellschaft entdeckt. Diese Ideen haben ihre Neugier geweckt, und sie ist selbst überrascht, wie leicht ihr die veränderten Auffassungen eingehen. Ruth beginnt zu verstehen, daß ihre Rolle in dem immer größer werdenden Familienkreis darin besteht, die Grundwerte – sowohl in religiöser als auch in weltlicher Hinsicht – umzustrukturieren. Grundwerte, auf denen diese Familie ihre ethische und moralische Tradition weiterentwickeln kann.

Ruth von Kleist, die Mutter von vier Familien und die Vertraute von mindestens vier weiteren Familien, schwört sich, sich in den noch verbleibenden Jahren der von Gott gegebenen Aufgabe zu widmen.

APRIL. Im Versailler Schloß, wo vor weniger als 50 Jahren König Wilhelm von Preußen zum Kaiser des Deutschen Reiches proklamiert wurde – einem Ereignis, das Ruth sowohl von ihrem Vater als auch vom Schwiegervater, die beide zur Zeremonie geladen waren, unzählige Male beschrieben wurde –, unterzeichnen Vertreter der deutschen Regierung einen Vertrag, der selbst starken Männern und Frauen die Tränen in die Augen treibt, wenn sie an ihre eigene und die Zukunft ihres Vaterlandes denken.
Im Osten soll ein neuer polnischer Staat gebildet werden aus Gebieten, die im 18. und 19. Jahrhundert von Preußen, Österreich und Rußland erobert worden waren. Ein slawischer Nationalstaat nur wenige Kilometer vom Kreis Belgard entfernt! Im Westen wird Deutschland das lang umkämpfte Elsaß-Lothringen an Frankreich abtreten. Das Westufer des deutschen Rheins wird von Deutschlands Kriegsfeinden besetzt werden, das Ostufer wird auf Dauer entmilitarisiert. 15 Jahre lang wird das Saarland, das wichtige deutsche Kohleabbaugebiet, von einer internationalen Organisation regiert, Frankreich wird die Kohlebergwerke verwalten. Nach diesen 15 Jahren soll es eine Volksabstimmung geben, in der die Bewohner entscheiden können, ob sie zu Frankreich oder Deutschland gehören wollen. Und die deutsche Armee, diese Hochburg der Junker und der Millionen von treuen Dienern der Hohenzollern, wird auf 100 000 Mann begrenzt. Militärische Flugzeuge und bestimmte moderne Waffen werden ganz verboten sein.

AUGUST. Im neuen demokratischen Deutschland breiten sich Greueltaten und Haß in jeder Region und jeder Bevölkerungsschicht aus. Selbst Ruth, die zurückgezogen auf dem Land in Pommern lebt, bleibt von den Stürmen, die das Vaterland heimsuchen, nicht verschont.

Nicht nur im Kreis Belgard, auch im gesamten ländlichen Teil Preußens ereignen sich Dinge, die es noch nie gab – ein Streik der Bauern und Landarbeiter findet statt. Weizen, Mais und Hafer, schon längst reif für die Ernte, stehen ungeschnitten auf den Feldern, die gefürchtete Getreidefäule hat bereits eingesetzt. In Belgard wird der Streik mit besonderer Härte durchgeführt. Die einst treuen Arbeiter von Kieckow weigern sich, auf die Felder zu gehen. Die Entstehung einer kommunistisch-orientierten Landarbeitergewerkschaft wird von den Bauern teils aus Neugier oder aus Überzeugung mit großem Interesse verfolgt. Alle Männer sind zu einer Veranstaltung in Groß Tychow erschienen, die Gutsbesitzer hoffen, sie gehen nur aus Neugierde und nicht wegen einer tieferen Gesinnung.

Im Gutshof von Kieckow wird die Ruhe durch die Ankunft Ewald von Kleists unterbrochen, der den Weg zum Gutshaus hinaufreitet und vom Pferd springt. Ewald, der dem vaterlosen Hans Jürgen das Reiten und Jagen beigebracht hat und dessen Haltung Hans Jürgen, selbst als er noch ein Junge war, Respekt eingeflößt hat, ist nun der Herr von Schmenzin. Im Alter von knapp 30 Jahren ist er nach dem Waffenstillstand nach Hause zurückgekehrt, um das Erbe anzutreten, das seine Mutter treu verwaltet hatte – fünf große Güter und fünf Dörfer im Kreis Belgard. Den Menschen, die auf seinem Land leben, hat er unverzüglich und unmißverständlich bei Zusammenkünften folgende Mitteilung gemacht: »Der König von Preußen hat abgedankt; ich halte dies für einen Verrat durch die Person Wilhelms. Zur Zeit steht der Hohenzollernthron leer. Niemand soll jedoch glauben, daß sich dadurch irgend etwas geändert hat. Wir sind weiterhin die Untertanen des Hohenzollernreiches – ich bin es, und ihr seid es auch –, laßt euch von keinem etwas anderes einreden. Bis ein neuer König den Thron besteigt, bin ich der König von Schmenzin, Hopfenberg, Wilhelmshöhe, Dimkuhlen und Groß Freienstein. Lang lebe der König von Preußen!«

Als Hans Jürgen erscheint und seinen Jugendfreund und Vetter begrüßt, bemerkt er mit Erstaunen, daß Ewald ganz offen eine Pistole umge-

174

schnallt hat. »Hans Jürgen«, erklärt Ewald, »wir dürfen nicht nachgeben – du nicht, ich nicht, und auch die anderen nicht. Ich werde nach Groß Tychow reiten und verlangen, daß sie mich anhören. Sollte mich jemand vom Pferd stürzen wollen, werde ich ihn erschießen. Hier steht mehr auf dem Spiel als diese Ernte oder mein Leben. Was sie an Lohn oder kür-

Ewald von Kleist aus Schmenzin

175

zerer Arbeitszeit verlangen, ist nicht weiter schlimm. Das können wir ihnen durchaus geben, später sogar mehr. Was wir verteidigen müssen, ist unsere Stellung gegenüber unserem Land und denen, die es bearbeiten. Solange ich lebe, wird mir kein Bolschewist mit rotem Gürtel jemals in meinem Königreich Befehle erteilen.«

Hans Jürgen verspricht, hart zu bleiben und notfalls die Ernte verderben zu lassen. Und schon ist sein Vetter wieder auf dem Weg, diesmal durch den Wald hinter Klein Krössin und von dort weiter auf die Straße nach Groß Tychow. Es bringt nichts, die Dorfbewohner weiter in Aufruhr zu versetzen; er wird sich seine Kraft sparen für die Auseinandersetzung mit der Menge.

Kurz vor Sonnenuntergang wollen die Streikenden Ewald von Kleist endlich vor dem alten Kleistschen Schloß in Groß Tychow zu Wort kommen lassen. Der resoluteste der Familie Kleist steht fest in den Steigbügeln, er spricht zu der wütenden Menschenmenge und gibt den Forderungen der Zuhörer keinen Zoll nach. Es wagt aber auch keiner, seine Person anzugreifen.

SEPTEMBER. Der Streik im Kreis Belgard wurde abgebrochen, für den Hauptteil der Ernte ist es jedoch schon zu spät. Die Führer der Gewerkschaft sind in Vergessenheit geraten, die Landarbeiter befinden sich wieder auf den Feldern und klauben das wenige zusammen, das vielleicht noch verwertet werden könnte. Der Winter wird für alle hart werden, aber die Gutsbesitzer haben für nächstes Jahr höhere Löhne versprochen. Hans Jürgen herrscht über sein Land mit leichterer Hand als Ewald, es mag auch zutreffen, daß er in Pommern in dessen Schatten steht. Dennoch verbindet die beiden Männer eine Freundschaft und eine unausgesprochene Treue, die sie in der vor ihnen liegenden Zeit des Terrors einerseits schützen, andererseits aber auch kompromittieren wird.

1920. Die deutsche Wirtschaft ist völlig am Boden. Hunger, Arbeitslosigkeit und Verzweiflung haben die Bevölkerung verbittert, vor allem in den Städten. Der zunächst gegen die Siegermächte des Krieges gerichtete Haß geht nun gegen die erste demokratisch gewählte Regierung Deutschlands. Gegenden wie Pommern und die Neumark aber bleiben friedlich, die Aussaat im Frühjahr und die Ernte im Herbst kamen ungestört voran. Wenn deutsche Landstriche immun sind gegen das gegenwärtige wirtschaftliche und politische Debakel, so sind es die Ländereien der preußischen Junker.

Die Ehe von Spes und Walter Stahlberg war gescheitert – nicht ohne Schmerz auf beiden Seiten. Walter wird in Stettin bleiben, die Villa der Familie steht zum Verkauf. Spes zieht mit ihren Kindern nach Berlin in eine Wohnung im Stadtteil Grunewald, einem Zentrum der Berliner Gesellschaft und Kultur. In den Zeiten der galoppierenden Inflation ist Grunewald einer der wenigen Stadtteile, der weiterhin floriert. Spes wird ihren Flügel behalten können, Raba das Kaiserin-Augusta-Gymnasium besuchen; die beiden Jungen werden Violine und Cello studieren. Wie weit hat sich die geschiedene Mutter von dem provinziellen Stettin und wie weit erst von Kieckow entfernt!
Ruth hegt gemischte Gefühle. Könnte nicht auch der ausgeprägte Unabhängigkeitsdrang von Spes die Ursache für das Scheitern der Ehe gewesen sein, oder waren einfach die kulturellen Unterschiede zwischen dem in der Stadt aufgewachsenem Geschäftsmann und der Aristokratin vom Lande unüberbrückbar? Spes' Einstellung ist Ruth gut bekannt, und sie hat für ihre Tochter alles in ihrer Macht Stehende getan. Keiner in der Familie wird jedoch Walters Meinung dazu kennenlernen, denn weder die Scheidung noch Walter Stahlberg werden jemals wieder erwähnt werden.
Tief in ihrem Herzen gibt sich Ruth selbst die Schuld für diese verhängnisvolle Ehe. Sie war es doch, die den zögerlichen Freier herausforderte, einen von ihrer Tochter bereits abgelehnten Heiratsantrag nicht zurückzunehmen, was schließlich die Ehe herbeiführte. Dies könnte sie sich nie vergeben, wären da nicht Raba und Alla und der kleine Hans Conrad. Nie würde die Großmutter sagen, daß ihr irgendein Enkelkind lieber wäre als ein anderes, aber die drei von Spes sind ihr sehr ans Herz gewachsen.

Neben all den Schwierigkeiten und Katastrophen, die dieses Jahr mit sich brachte, gibt es wenigstens auch ein erfreuliches Ereignis zu feiern. Ruthchen von Wedemeyer schenkt zu Hause in Pätzig ihrem ersten Kind, einem Mädchen, das Leben. Mutter Ruth ist anwesend und assistiert bei der Geburt, ebenso Hans, der Vater des Kindes. Das Kind wird Ruth-Alice getauft, nach ihrer Mutter und Großmutter.

Von Pätzig aus reist Ruth weiter nach Großenborau zu ihrem ersten Besuch bei Robert und Olga seit Kriegsausbruch. Im Gegensatz zu Kieckow, das ganz dem traditionellen preußischen Lebensstil verhaftet ist, repräsentiert Großenborau die Moderne – eine in der Stadt aufgewachsene Herrin, ein Gutsherr, der sich in der neuen deutschen Republik wohlfühlt, ein Dorf von Bauern, die zwar insgesamt dem Gut verpflichtet sind, die aber das Land besitzen. Trotzdem ist Robert der alte geblieben, der einst seine Schwester wegen ihres etwas forschen Auftretens Männern gegenüber zur Ordnung gerufen hatte und der sie weiterhin ermutigt, jede neue Herausforderung anzunehmen. Nur selten treffen sich die Geschwister, aber ihre gemeinsamen Kindheitserinnerungen haben enge Bindungen zwischen ihnen geschaffen.

Die Mutter von Ruth und Robert, seit sechs Jahren nun verwitwet, ist mittlerweile alt und krank. Wie ihre Tochter Anni von Tresckow steht die Gräfin von Zedlitz noch immer im Schatten ihres viel bewunderten Mannes. Ohne ihn ist ihr Leben leer. Ruth fragt sich, ob sie Ähnliches erfahren hätte wie ihre Mutter und Anni jetzt, wenn Jürgen länger gelebt hätte. Auch in ihrem Leben gab es Zeiten, in denen Ruth nur in Jürgens Schatten hatte leben wollte. Was Gott doch für ein anderes Leben für sie gewählt hat!

Wie Anni und Hermann haben auch Robert und Olga drei Söhne. Zwei davon waren alt genug, im Krieg zu kämpfen; einer der beiden hat sich nicht davon erholt. In seinem Elternhause lebend, kämpft er gegen die Tuberkulose, eine Krankheit, die vor keiner Gesellschaftsschicht haltmacht und für die es keine Heilung gibt. Sohn Konstantin geht noch zur Schule; auf ihn setzt Robert seine ganze Hoffnung für die Zukunft Großenboraus.

Von Großenborau aus führt Ruth der Weg nach Berlin zu Spes und ihren drei Kindern, die immer in ihrer Gedankenwelt präsent sind, dann weiter in ihre Stettiner Wohnung, wo bereits zwei Lastwagen aus Kieckow warten. Trotz Deutschlands Niederlage ist die Unaufhaltsamkeit des Fortschritts überall bemerkbar. Der Waffenstillstand wurde vor kaum einem Jahr geschlossen, und schon gibt es in den Ställen von Kieckow elektrisches Licht, und das Gut ist mit zwei Kraftfahrzeugen ausgestattet. Ohne Reue leitet Ruth die Auflösung der Stettiner Familienunterkunft, da sie nie der Meinung war, die Kleists seien für das Leben in der Stadt geschaffen. Auf ihrer Rückreise nach Kieckow besteht sie darauf, in einem der Lastwagen neben dem Fahrer mitzufahren. Sie überredet ihn, in Klein Krössin links abzubiegen und den Weg direkt zu ihrem neu renovierten Haus zu nehmen. In der Dunkelheit einer mondfinsteren Nacht laden die Männer ihr Bett ab und stellen es in eines der Schlafzimmer. Ohne sich zu entkleiden, legt sich Ruth zu ihrer ersten Nacht in ihrem neuen Zuhause nieder.

DER GARTEN IN KLEIN KRÖSSIN

1923. Der Garten des alten Gutsverwalters außerhalb Klein Krössins ist mit keinem anderen im Kreis Belgard zu vergleichen. Ruth selbst hat ihn gestaltet als einen Ort des Friedens, wo man sitzt, mit der Natur in Einklang ist und sich mit Freunden beim Tee unterhält. Auch wenn sie es nicht zugeben mag, er ist ihr Stolz und ihre Freude.

Das Haus lädt ein zum Schreiben, Gäste zu empfangen – kaum jemals nimmt Ruth ihren Nachmittagstee alleine –, zum Lesen, Nachdenken und Ruhen. Das Überraschende an dem Grundriß ist, wie relativ bescheiden die Größe des kombinierten Wohn- und Eßzimmers im Vergleich zu den vier Schlafzimmern ausfällt.

Ruths Schlafraum, der gleichzeitig als Arbeitszimmer dient, wird beherrscht von dem großen Schreibtisch, der einst Jürgen gehörte. Hans Jürgen hatte ihn vom Gutshaus in Kieckow herüberbringen lassen. Für Ruth ist er ein wertvolles Erinnerungsstück an den gutmütigen jungen Mann, den sie vor so vielen Jahren in diesen Landstrich begleitet hat. Der Platz wurde zu ihrer Lieblingsecke, von der aus sie durch die großen Fenster auf ihren Garten auf der einen Seite und auf den Wald auf der anderen Seite blickt; hier nimmt sie in jeder Stimmung und zu jeder Jahreszeit aus Gottes Hand Hilfe und Eingebung entgegen.

Ruth werden ein bis zwei weitere Enkelkinder jedes Jahr geboren; bei jeder Entbindung ist sie anwesend. Wie könnte es auch anders sein? Während des Krieges hat sie jede Geburt in Kieckow überwacht, und seit ihrem Umzug nach Klein Krössin fand noch keine Geburt statt, bei der sie nicht geholfen hätte. Ruth hat in die Hebammen auf dem Land einfach nicht genug Vertrauen, um ein Neugeborenes oder seine Mutter ganz deren Händen anzuvertrauen. Wie könnte sie für ihre eigene Familie weniger tun als für die Dorfbewohner?

Im Gutshaus zu Kieckow gibt es mittlerweile vier Kinder – Ferdinande, Konstantin, Jürgen Christoph und Hans Friedrich; in Lasbeck sind es ebenfalls vier – Luitgarde, Jürgen, Hans Otto und Spes, und in Pätzig sind es zwei – Ruth-Alice und Maximilian. Weit entfernt vom ländlichen Pommern, in Berlin, sind noch drei weitere Kinder – Raba, Alla und Hans Conrad. Die Schar von Enkelkindern wäre groß genug, jede Großmutter zur Genüge auszufüllen, doch Ruths Energien sind noch längst nicht verbraucht. In dieser Zeit des Umbruchs empfindet sie es als Pflicht, ihre eigenen Werte und Ideen sowie die der Änderung unterworfenen politischen und sozialen Strukturen zu überdenken. Von Natur aus ist Ruth konservativ, aber sie zwingt sich, sich mit den Veränderungen, die ihre Welt befallen haben, zu beschäftigen, zu versuchen, die neuen Ideen zu verstehen und sie mit den alten zu vergleichen. Diese Aufgabe hat sie sich gestellt, nicht so sehr um ihrer selbst willen, sondern wegen ihren Kindern und Kindeskindern. All das führte dazu, daß Ruth nun ein Buch schreibt, in dem sie ihre Gedanken über die Werte und über die Rolle der ihr am besten bekannten Gesellschaftsschicht, des Landadels, im Zeitalter der Demokratie niederschreibt.

Selbstverständlich sind Mieze und Hans Jürgen hauptsächlich mit ihrer eigenen, immer größer werdenden Familie und der Bewirtschaftung des Gutes befaßt. Dennoch fehlt es Ruth nicht an intellektueller Inspiration und Gelegenheit, ihre Gedanken zu diskutieren, solange Ewald von Kleist sich in ihrer Nachbarschaft befindet. Der frei denkende Nachbar und Verwandte, der sich lieber mit politischen und religiösen Themen befaßt als mit dem Alltagsleben in Schmenzin, ist ein häufiger Gast bei Ruth.

Ewald hat sich endlich verheiratet. Seine Frau ist Anning von der Osten aus Warnitz in der Neumark, ehemalige Nachbarin und Freundin der Tresckows aus Wartenberg und der Wedemeyers aus Pätzig. Anning ist größer als Ewald, was dessen Gegnern in und um Belgard die Gelegenheit zu bösartigem Tratsch bietet. Sie ist ihrem Mann aber bedingungslos und treu ergeben – eine Eigenschaft, die vom Anfang ihrer Ehe an Mut und Selbstbehauptung erforderte, da Ewald nicht nur Freunde, sondern auch Feinde hat. Annings Vater ist Oskar von der Osten, der

Ruth in ihrem Garten in Klein Krössin

181

Vorsitzende der Deutschnationalen Volkspartei in der Neumark. Die Ehe schließt einen Kreis, der in zukünftigen Jahren weitverzweigte Beziehungen und Komplikationen mit sich bringen wird – zwischen dem pommerschen Lasbeck, Klein Krössin, Kieckow und Schmenzin, die durch Eheschließungen, den christlichen Glauben und politische Überzeugungen mit Pätzig, Wartenberg und Warnitz in der Neumark verbunden sind.

Ewald wurde zum Vorsitzenden der Konservativen in Pommern gewählt; dennoch ist es nicht Politik, worüber Ruth und er viele Stunden lang im Wohnzimmer oder Garten, je nach Jahreszeit, diskutieren. Ihre Streitgespräche beziehen sich auf die Bibel und die Frage, ob aus der Feder des Allmächtigen göttliche Eingebung fließt und ob Jesus Christus mit Gott gleichzustellen sei. Ewald streitet beide Thesen ab, während Ruth sich bemüßigt fühlt, ihn mit jeder Waffe aus ihren Bibelstudien herauszufordern. Ewald gehört nicht zu denen, die sich in solchen Fragen leicht umstimmen lassen. Er behauptet von sich, dem Unitarismus anzugehören, während Ruth ihm beweisen möchte, man könnte ohne den Glauben an die Dreieinigkeit kein Christ sein. Die Diskussionen sind lebhaft, führen aber zu keinem Ergebnis. Ewald bleibt bei seinem Dogma, Ruth bei ihrem, aber dennoch wächst ihre Zuneigung zueinander und ihre Freundschaft.

Jahre später wird Ewald aus seiner Gefängniszelle schreiben, daß er nun Ruths Überzeugung akzeptiert habe – nämlich daß Gott in Jesus Christus lebe. Seine Briefe werden eines Tages veröffentlicht werden, jedoch lange nach seinem Tod und nach dem Tod seiner Freundin und Beraterin Ruth von Kleist.

Ewald und Ruth verbindet die feste Überzeugung, daß auch in Zukunft die Tradition der Monarchie in die deutsche Geschichte eingeliedert werden muß. Dies bedeutet, sie halten einen König und Kaiser weiterhin für den Kopf und das Rückgrat Preußens und des Deutschen Reiches. In diesen Zeiten gilt diese Einstellung als unpopulär, doch weder Ruth noch Ewald scheuen sich, ihrer Überzeugung wegen Unannehmlichkeiten oder Schmerzen auf sich zu nehmen.

1924, APRIL. In Deutschland ist ein neues Buch mit dem Titel »Zwölf Jahre am Deutschen Kaiserhof« erschienen. Es ist eine Sensation, denn es enthüllt die geheimsten Details der Regentschaft Kaiser Wilhelms in den entscheidenden Jahren vor dem Weltkrieg. Noch nie hat jemand, der dem Kaiser und seiner Familie so nahestand, ein Tagebuch der Ereignisse am Hof der Hohenzollern veröffentlicht. Und noch nie hat jemand aus des Kaisers Umfeld die Oberflächlichkeit, den Tratsch und die Gemeinheiten beschrieben, die die Entscheidungsfähigkeit der Regierung der ehemals stärksten Nation in Zentraleuropa beeinträchtigten und letztlich in die Katastrophe des 1. Weltkriegs führten.

Das Buch ruft tiefes Unbehagen in den Herzen der Preußen hervor, deren Treue zur Monarchie bereits außergewöhnlichen Belastungen ausgesetzt war. Für Ruth aber kommt es noch viel schlimmer. Der Autor dieser Enthüllungen ist des Kaisers ehemaliger Hofmarschall, Graf Robert von Zedlitz und Trützschler, Besitzer des Gutes Großenborau in Schlesien – der Bruder, dem sie unter allen Geschwistern die tiefste Zuneigung entgegenbringt.

Von Klein Krössin ergeht die Anweisung – mittels Briefen, über Telephon und, wenn es sich einrichten läßt, durch persönliche Besuche: es wird künftig keine Verbindungen mehr zum Grafen, zur Gräfin und deren Kindern geben, außer im Fall von Krankheit oder Tod; ihre Namen werden aus dem *Gotha,* der genealogischen Bibel der europäischen Aristokratie, gestrichen werden. Ruth ist verzweifelt über diese Entwicklung, hat sie aber intellektuell und in ihrem Herzen verarbeitet und ist bereit, zu ihrer Familie und ihren Standesgenossen zu stehen. Robert, seine Frau Olga und ihre Söhne werden aus der preußischen Aristokratie ausgestoßen.

Ruth hat die bislang härteste Herausforderung ihres Lebens bestanden – sie hat gegen ihre Gefühle Robert und allen seinen Nachfahren ohne Einschränkungen diese harte Strafe auferlegt. Das Urteil zieht weite Kreise. Neben der unmittelbaren Familie, den Kleists, Bismarcks und Wedemeyers betrifft es auch Ruths Schwestern, Anni von Tresckow in Wartenberg und Etti von Rohr in Schlesien sowie Stefan, ihren zweiten Bruder, der das alte Gut Frauenhain der Familie erbte. Stefan trägt ebenso wie Robert den Titel Graf von Zedlitz und Trützschler. Alle sind nun verpflichtet, zur Verteidigung der Ehre Wilhelms II., dieses eitlen und dummen Monarchen, der das Haus Hohenzollern zu Fall brachte, ihren Bruder zu ächten.

Ruth denkt zurück an ihre jugendliche Vorliebe für die Dramen Friedrich Schillers, in denen starke Männer und Frauen immer wieder Unheil über sich selbst, ihre Familien und Monarchen gebracht haben, weil sie, statt ihre Pflicht zu tun, ihrem Herzen folgten. Mit einem gebrochenen Herzen kann man leichter leben als mit nicht erfüllten Pflichten – das jedenfalls ist die Ansicht der treuen Soldatin in Klein Krössin.

MAI. An einem sonnigen Morgen in Kieckow bitten Ferdinande von Kleist und ihr Bruder Konstantin ihren Papa, ihn auf der Inspektionsfahrt durch den Gutsbetrieb begleiten zu dürfen. So läßt Hans Jürgen nach dem Frühstück einen jungen Hengst anspannen und begibt sich mit seinen beiden ältesten Kindern auf die Fahrt durch die Felder und nach Klein Krössin. Auf der Dorfstraße trifft der Gutsherr auf den alten Hofmeister. Es ist ein heißer Tag, und der Hengst versucht sich ständig der stechenden Fliegen zu erwehren. Bei diesem Bemühen streift er sich plötzlich den Zaum vom Kopf und setzt sich sofort in Bewegung. Frei von jeder Zügelwirkung geht er zunächst ruhigen Schrittes in Richtung auf den heimatlichen Stall. Doch dann fällt er in Trab, und alle Versuche, ihn durch ziehen am Zaumzeug oder beruhigende Worte zum Stehen zu bringen, bleiben erfolglos. Schon geht es im gestreckten Galopp die Chaussee entlang. Der Wagen rast an der linken Chausseeseite an Bäumen und Chausseesteinen vorbeischleudernd dahin und Hans Jürgen weiß, daß er sich schnellstmöglich mit den Kindern aus dem Wagen retten muß. Als erstes greift er nach Konstantin, der sich widerstandslos aus dem Wagen in den Zwischenraum zwischen zwei Bäume werfen läßt. Dann will er Ferdinande greifen, doch diese fürchtet sich, macht sich steif und klammert. Hans Jürgen muß ihre Hand gewaltsam lösen und befördert sie auf die gleiche Weise wie ihren Bruder aus der tödlichen Gefahr. Nun springt auch Hans Jürgen ab, um sich zu retten. Als er Ferdinande erreicht, findet er sie in tiefer Bewußtlosigkeit. Ein feiner Blutfaden rinnt über ihr Gesicht. Schon kommen Klein Krössiner Leute mit dem noch ganz benommenen Konstantin hinzu. Aber für Ferdinande kommt jede Hilfe zu spät. Sie hat beim Sturz einen Schädelbasisbruch erlitten. Am 29. Mai, Miezes Geburtstag, wird Ferdinande beerdigt. Es ist Himmelfahrt.

Im fernen Berlin hat der Tod des Mädchens Elisabeth von Kleist, die entfremdete Schwägerin Ruths, so tief berührt, daß sie das Stolbergsche

Kreuz in einen Umschlag steckt und an die Mutter in Kieckow sendet. Diese versöhnliche Geste bewegt Mieze zutiefst, und sie reist, ihren eigenen Schmerz beiseite lassend, mit dem nächsten Zug nach Berlin, um Tante Elisabeth, der sie noch nie begegnet ist, zu danken.

Solange Mieze in Kieckow lebt, wird sie das Stolbergsche Kreuz an Sonntagen und zur Fastenzeit tragen. Das dunkle Kreuz wird ihr eine ständige Erinnerung an ihr verlorenes Kind Ferdinande und auch an die einsame Tante Elisabeth sein, die nicht lange danach das Zeitliche segnete. Später errichten Hans Jürgen und Mieze für ihre Tochter ein kleines Denkmal an der Stelle, wo sie tödlich verunglückt war. Es ist ein Steinkreuz, in das die Worte »Gott rief – 25. Mai 1924« eingemeißelt wurden. Von allen Grabmälern, die an die Toten von Kieckow erinnern, wird dieses als einziges die große Katastrophe überstehen.

JULI. In Pätzig wird wieder eine Tochter geboren, Maria von Wedemeyer. In späteren Jahren wird sie auf besondere, wunderbare Weise mit ihrer Großmutter verbunden sein.

1925. In einer Zeit, in der sich Verzweiflung und Ungewißheit im Vaterland ausbreiten, gibt es auch Winkel in Pommern, wo über geistige Erneuerung, Nationalbewußtsein, die Jugend der Nation, Sozialfürsorge und selbst über Weltfrieden und Ökumene hinter den Mauern alter Schlösser und abgelegener Herrenhäuser diskutiert wird.

In Ruths Familien- und Freundeskreis befinden sich drei Güter, die alle auf die eine oder andere Weise mit diesen Fragen und den daraus hervorgegangenen Organisationen in Zusammenhang gebracht werden. Ruth wird bei verschiedenen solcher Treffen auf den drei Gütern anwesend sein und zu all diesen Fragen Stellung nehmen. Mit jeder dieser Bewegungen, die verschiedene Richtungen einschlagen werden, wenn der Tag der Abrechnung schließlich kommt, steht sie in Verbindung. Weniger als 100 Kilometer von zu Hause entfernt liegt das alte Gut Trieglaff, in dem unter der Ägide des bekannten preußischen Landrats Adolf von Thadden eine Erneuerungsbewegung ins Leben gerufen wurde. Seine Tochter Elisabeth von Thadden wird ein Vermächtnis schaffen, das in die deutsche Geschichte eingehen soll. Im ersten, verzweifelten Jahr nach dem Krieg hatte Elisabeth von Thadden in Trieglaff ein Treffen organisiert, zu dem sie eine Reihe führender Persönlichkeiten aus dem Bereich der Kirche und der Sozialarbeit von Berlin sowie Freunde und Nachbarn aus Pommern, unter anderem die Bismarcks und die Kleists, einlud. Bei diesem Treffen machten führende Intellektuelle und Soziologen Verbesserungsvorschläge für Kirche und Gesellschaft – Ideen, die weit über religiöse Fragen hinausgingen und den Sozialstaat, das Los der unteren Klassen, Ökumene in der christlichen Kirche und Möglichkeiten eines Weltfriedens zum Inhalt hatten. Danach fand die sogenannte Trieglaffer Konferenz jedes Jahr statt, und jedes Jahr wurde die ehrgeizige Tagesordnung neu definiert und den veränderten Umständen oder Ideen angepaßt. Jahr für Jahr wuchs die Zahl der Teilnehmer, auch erhielten die Gedankengänge mehr Bedeutung. Ruth stimmt zwar nicht mit allen Vorstellungen überein, die aus dieser Konferenz hervorgehen, aber sie ist auf Elisabeth von Thadden, die Organisatorin und Leiterin der Trieglaffer Treffen, aufmerksam geworden. Sie lernt sie als eine junge Frau mit ungeheurem Verantwortungsbewußtsein für andere Menschen kennen, als jemand, der sich in seinem eigenen Reichtum unwohl fühlt. In letzterem Punkt stimmt Ruth mit ihr überein, da der Prunk von Schloß Trieglaff, das in diesem Jahrhundert erbaut wurde, bereits die Grenze zum schlechten Geschmack überschritten hat.

In den Bereich der neuen Ideen aus Ruths Umfeld gehören auch die jährlichen Schmenziner Sommer. Heranwachsende Jungen aus Berlin werden von ihren Pastoren auf das freie, offene Land der Kleists in Pommern gebracht. Ewald und Anning stellen den jungen Besuchern das Gut zur Verfügung und veranstalten Aktivitäten für sie, durch die nicht nur die Gesundheit der Jugendlichen, sondern auch deren Liebe zum Vaterland, ihr Sinn für Patriotismus und für Deutschlands romantische Vergangenheit gestärkt werden soll. Während dieser sommerlichen Landaufenthalte gibt es gelegentlich Aufführungen der Jugendlichen, wo sie Volkslieder singen oder Leibesübungen vorführen. Ruth ist dabei immer anwesend. Sie sehnt sich nach dem Geschichtsbewußtsein und der Leidenschaft, die sie in ihrer eigenen Jugend empfunden hat und die in diesen modernen Zeiten so offensichtlich fehlen.

Ewalds junge Gäste erhalten auch Ausbildung anderer Art, hauptsächlich auf dem Gebiet der Kriegskunst. In dem großen Gutshof von Schmenzin üben sie militärische Formationen, und auf Wiesen, weit vom

Dorf entfernt, lernen sie, mit Gewehren umzugehen. Auf diese Weise bekundet Ewald seine Verachtung des Versailler Vertrages, der die deutsche Armee auf 100 000 Mann beschränkt.

Trieglaff und Schmenzin unterscheiden sich zwar in ihrer Reaktion auf die unsicheren modernen Zeiten, in einem sind sie sich jedoch in aller Deutlichkeit sehr ähnlich – in ihren Vorurteilen gegenüber der säkularen Welt. Dies trifft auf die Aktivitäten des dritten Gutes – Berneuchen – nicht zu. Sein Name wird auf Dauer mit einer Bewegung verbunden sein, die die geistlichen Aspekte des Lebens betont.

Berneuchen ist im Besitz der Familie von Viebahn, natürlich ebenfalls Mitglied der preußischen Aristokratie. In Berneuchen fanden innerhalb von drei Jahren Tagungen statt, die hauptsächlich von Geistlichen und Akademikern sowie einigen Laien besucht wurden. An der diesjährigen Konferenz nahmen 63 Personen teil, wovon 61 Männer und nur zwei Frauen waren. Eine der beiden Frauen war die Ehefrau eines geladenen Architekten. Die andere, die einzige, die um ihrer selbst willen eingeladen wurde, war Ruth von Kleist aus Klein Krössin. Sie nahm in Begleitung ihres Schwiegersohnes Hans von Wedemeyer aus Pätzig an der Tagung teil. (Unter den Teilnehmern war auch Dr. Paul Tillich, einer der großen Theologen des 20. Jahrhunderts.) Der Zweck der Treffen von Berneuchen besteht in der geistlichen Erneuerung der Evangelischen Kirche Deutschlands. Indem sie zurückkehren zu den Wurzeln des Christentums und der biblischen Lehre, hoffen die Männer und Frauen, die schwindende Lebenskraft der Kirche zu erneuern. In ihrer Suche nach Gott führen sie genaue Untersuchungen durch über die Rolle des Gebets, über liturgische Formen, über Musik und sogar über die Architektur von Kirchen. Damit hoffen sie, der Entfremdung der deutschen Jugend, dem Zerfall von Familie und Moral und dem Aufschwung sowohl rechts- als auch linksgerichteter revolutionärer Kräfte Einhalt gebieten zu können.

Nach der Machtergreifung durch die Nazis werden Männer und Frauen, die mit allen drei Gruppen verbunden sind, zu den mutigsten Widerstandskämpfern zählen und zu Märtyrern wider Willen werden. Andere wiederum werden für das Regime Entschuldigungen finden und sogar mit ihm kollaborieren.

ZWEI NEUE BÜCHER

Von den Tausenden von Büchern, die dieses Jahr in Deutschland veröffentlicht werden, finden zwei sofortige Beachtung in Klein Krössin. Eines wurde von Ruth von Kleist verfaßt, das andere stammt aus der Feder von Adolf Hitler.

AUGUST. Ruths Buch ist ein Vermächtnis – ihr Bekenntnis für die Berechtigung des Feudalismus in einem modernen, demokratischen Nationalstaat. Das kleine Buch trägt den Titel »Die soziale Krisis und die Verantwortung des Gutsbesitzers«. Darin beschreibt Ruth zunächst die grundlegenden Schwierigkeiten jeder Abhandlung über dieses Thema:

> »Die Frage, wo die soziale Not größer sei, in der Stadt oder auf dem Lande, läßt sich nicht mit einem Wort beantworten. Sicher ist, daß die Verhältnisse hier und dort ganz anders liegen. Der Städter, der mit städtischer Brille das Land betrachtet und beurteilt, neigt nur leicht dazu, es entweder romantisch zu idealisieren oder aber grau in grau zu malen.«[16]

Dann legt sie in ihrem klaren, unkomplizierten Stil eigene Ansichten über die wirtschaftlichen, sozialen und menschlichen Zustände auf den großen Gütern im östlichen Deutschland dar. Sie prophezeit den Gütern trotz des scheinbaren Widerspruchs, in dem sie sich zu einer demokratischen Industrienation befinden, eine glänzende Zukunft. Ihre abschließenden Worte sind all jenen gewidmet, die in der einen oder anderen Weise mit dem Land verbunden sind:

> »Ich nenne da als wichtigsten Faktor das Verantwortungsbewußtsein. Wir haben unseren Besitz nicht bekommen, um ihn für uns zu genießen, sondern wir sind zu Haushaltern Gottes über ihn eingesetzt. Jeder Gabe steht eine Verpflichtung gegenüber. Der Gabe des Gutsbesitzes begegnet ein Meer von Verpflichtungen. Alle darauf wohnenden Menschen, auch der Pastor, der Lehrer, die Bauern sind darin eingeschlossen. Wo irgendeine Not, eine Unordnung, ein Unrecht in unserem Dorf ist, da sind wir verantwortlich. Für die Bewirtschaftung des Besitzes, seine Fruchtbar-

keit, seine Entwicklung, sind wir verantwortlich … Jemand hat einmal gesagt: Ein Gutsbesitzer ist ein kleiner König. Recht so – und wir wollen es auch sein. Aber der Satz geht weiter: Darum hat er königliche Pflichten, königliche Verantwortung. Nicht anders als ein Monarch, der Tag und Nacht über das Wohl seines Landes und Volkes sinnt …

Nein, so leicht und ganz so bequem, wie es den Anschein hat, ist das Leben des Gutsbesitzers nicht. Aber voller Aufgaben ist es – und voller Verantwortung. Zu erfüllen ist die Aufgabe nur dann, wenn wir uns mit den Menschen, die uns gegeben sind, eng verbunden fühlen, wenn sie uns mehr bedeuten als die Nummer in der Lohnliste, wenn wir auch in ihnen die lebendige Seele sehen, die uns anvertraut ist. Ist unser Herz nicht mit ihnen allen verwachsen? Stehen wir doch mit ihnen auf der Erde, da unsere Väter wirkten! Mit ihr sind wir auf Gedeih und Verderb verbunden, für sie haben wir zu kämpfen und zu leiden: unsere und unseres deutschen Volkes deutsche Erde, die Gott uns gegeben hat.«[17]

Seit Jahrhunderten gilt in preußischen Landen die Großmutter der Familie traditionell als weise; ihre Meinung wird nicht nur eingeholt, sondern auch vor allen anderen berücksichtigt. Der Ruth entgegengebrachte Respekt gründet sich jedoch weniger auf Tradition als vielmehr auf die ihr eigene Offenheit.

Um ihrer Verehrung Ausdruck zu verleihen, haben Hans Jürgen und Mieze zu einem kleinen Empfang in Mutters Garten, der noch in voller Blüte des Sommers steht, eingeladen.

Herbert und Maria sind von Lasbeck herübergefahren, Ewald und Anning aus Schmenzin. Die Woedtkes und andere benachbarte Landbesitzer haben sich ebenfalls eingefunden, um Ruths klare Aussage für ihre Daseinsberechtigung zu loben. Der Landrat ist von Belgard hergekommen, weiterhin sind der Superintendent des Bezirks und die Pfarrer von Schmenzin und Groß Tychow anwesend.

Es werden eine Menge Trinksprüche ausgebracht und Reden gehalten, in der jeder seinen Vorredner in der Ehrung der Verfasserin dieses anregenden Buches übertrifft. Mit gespielter Entrüstung protestiert Ruth gegen die Lobreden mit der Aussage: »Aber dies ist doch noch nicht mein

Begräbnis!« Alles in allem läßt dieser Nachmittag eine wunderbare Einheit der verschiedenen Generationen erkennen.

Wenn die Feier durch etwas getrübt wird, dann nur durch die Tatsache, daß das Buch angeblich von zwei Verfassern in Gemeinschaftsarbeit geschrieben wurde, wie auf dem Einband zu lesen ist – »Carl Schweitzer und Ruth von Kleist-Retzow«. Dr. Schweitzers Beitrag indes beschränkt sich lediglich auf eine kurze Einführung zu dem Buch. Die Verfasserin aber bestreitet jegliche Schmälerung ihrer eigenen Leistung. Sie stellt fest, der Name des Pastors habe mehr als nur ein wenig dazu beigetragen, einen Verlag zu finden. Ihre Bewunderer sind nicht so nachsichtig.

Das Buch wird einen relativ begrenzten Leserkreis in Deutschland erreichen. Es wird als das betrachtet werden, was es ist – die Aussage einer pommerschen Adeligen. Einige werden es als die sentimentalen Ausführungen einer alten Frau abtun (Ruth ist jetzt 58 Jahre alt). Zwanzig Jahre später jedoch wird sich Ruths These in einem letzten, furchtbaren Geschehen bestätigen; danach wird sie keine Rolle mehr spielen, denn dann gehört das Land nicht mehr zu Deutschland.

September. Die Zusammenkunft in Klein Krössin, die aufgrund von Adolf Hitlers Buch zustande kam, ist von völlig anderer Art. Es gehören nur drei Personen dazu – die weise Dame, ihr Sohn und ihr Freund. Das Treffen läuft in folgender Weise ab: Die Kinder aus dem Gutshaus in Kieckow befinden sich alle draußen im Gutshof, da dies die aufregendste Zeit des Jahres ist. Die Ernte ist in vollem Gang, das Korn wird gerade mit Förderbändern in die Scheunen transportiert. Es gilt, den Pferden, Wagen und Traktoren zuzusehen. Ein Kindermädchen versucht, die Kinder von den arbeitenden Männern fernzuhalten. Aber dies ist nur der Anfang; jeder weiß, daß am Wochenende das Erntefest stattfinden wird – das erste seit fast 30 Jahren. Langsam kehrt Wohlstand in den Kleistschen Ländereien ein, was man von den Gesichtern der Menschen und aus ihren Reden ablesen kann.

Für einen kurzen Augenblick wird die Aufmerksamkeit vom lebhaften Treiben im Gutshof abgelenkt. Aus nordöstlicher Richtung über eine Lichtung zwischen den Wäldern kommt ein Reiter in vollem Galopp auf Kieckow zu. Es muß sich um Ewald handeln, denn er ist der einzige

Nachbar, der noch nicht vom Pferd auf ein Automobil umgestiegen ist. Wenige Minuten später springt er, von einer Schar Kindern umgeben, vor dem Gutshaus vom Pferd. Die fröhliche Schar begleitet ihn zu dem Platz, wo er sein Pferd anbindet, dann hebt er jedes der Kinder der Reihe nach hoch in die Luft und stellt es sicher wieder auf die Erde. Jedes wird anschließend mit Handschlag begrüßt. Selbst der zweijährige Hans Friedrich reicht seine kleine Hand und verneigt sich formvollendet. Ein Stallbursche kommt, um das Pferd des Besuchers zu versorgen, doch Ewald schickt ihn wieder weg. Er wolle nur ein paar Minuten hier verweilen und Hans Jürgen von seinem Büro abholen.

Ewald trägt ein Buch unter dem Arm; er bittet Hans Jürgen dringend, mit ihm nach Klein Krössin zu reiten. Es gebe einige vertrauliche Dinge zu besprechen, außerhalb der Hörweite der anderen (damit meint Ewald nicht Mieze oder die Kinder. Von frühester Kindheit an lernen die Kinder der Gutsbesitzer, nie etwas von dem, was in der Familie besprochen wird, an Außenstehende weiterzusagen. Noch fällt es den Kindern schwer, zwischen der Familie, die wirklich groß ist, und der Außenwelt zu unterscheiden). Ewald spielt damit auf die Bediensteten an. Im Haus Ruth von Kleists in Klein Krössin gibt es jedoch nur eine einzige Köchin, die, wie er weiß, nachmittags immer ins Dorf geht.
Ewalds Bitte wird Hans Jürgen mitgeteilt, er erscheint exakt zu dem Zeitpunkt in der Auffahrt, zu dem der Stallbursche sein gesatteltes Pferd vorführt. Schon befinden sich die beiden Männer auf dem Weg durch die Wälder hinter dem Gutshaus auf dem kurzen Ritt zum ehemaligen Haus des Verwalters hinter dem Dorf Klein Krössin.

Ruth hat ihren Mittagsschlaf noch nicht beendet, als die Besucher ankommen. Für den Nachmittagstee ist es noch viel zu früh. Dennoch zieht sie sich schnell die Schuhe an und setzt die Brille auf, um das Teewasser aufzustellen. Wie sie richtig erkannt hat, wird die nachfolgende Diskussion mindestens eine doppelte Portion Tee erfordern. Als sich alle drei im Wohnzimmer niedergelassen haben, beginnt Ewald mit seinen Ausführungen:
»Jeder weiß über die Nationalsozialistische Deutsche Arbeiterpartei in Bayern Bescheid. Es handelt sich dabei um ein Nest von Radikalen, die Anführer sind Raufbolde oder bestenfalls bezahlte Schläger; der Spre-

cher, Adolf Hitler, ist ein Demagoge. Uns sind diese Typen gut bekannt – es sind Proletarier der schlimmsten Sorte.«

Ruth und Hans Jürgen nicken zustimmend mit dem Kopf. Ewald fährt fort:»Und jetzt, da sich die Wirtschaft erholt, sollten wir stärkeren politischen Einfluß ausüben können, nicht wahr?«

Wieder sind sie sich einig. Dann öffnet Ewald das Buch auf seinem Schoß; es ist »Mein Kampf«. Zwar ist es bereits vor einem Monat erschienen, aber erst gestern abend hatte er die Abhandlung in ihrer Gänze gelesen. »Letzte Nacht bin ich erst wachgerüttelt worden. Nachdem ich diese Hetzschrift gelesen habe, finde ich keine Ruhe, bis ich mit euch, mit denen ich so eng verbunden bin, darüber gesprochen habe. Dieses Buch birgt ein großes Potential für Böses, da es in vielfältiger Hinsicht unser aller Sehnsüchte anspricht. Bis letzte Nacht hatte ich nur die Sorge, daß die Massen unter bestimmten Bedingungen der Rhetorik dieses Mannes erliegen könnten. Aber jetzt ist mir klar, daß die Lage viel ernster ist. Dieser Mann hat die preußische Geschichte genommen und sie verdreht; er hat unsere Helden gestohlen – Friedrich den Großen und Bismarck – und sie für seine eigenen Zwecke mißbraucht. Hans Jürgen, Ruth – wir müssen um Stabilität und Wohlstand beten – und du, Ruth, bist des Betens besser mächtig als ich –, sonst könnte sogar unsereiner von ihm verführt werden.«

Ewald berichtet von Unterhaltungen, die er mit konservativen Politikern und seinen Kollegen im Landbund von Belgard führte. Einige davon hätten Teile aus »Mein Kampf« gelesen und seien von der Vision, die darin heraufbeschworen wird, begeistert – der Wiederbelebung des Vaterlandsgeistes, der starke Bezug zu Familie und Anständigkeit, die Vertreibung der Bolschewisten, Juden und anderer Außenseiter aus dem Land und eine neue Verehrung des Landes selbst. Nicht einmal der Teufel könnte eine verführerischere Theorie entwerfen als die Obszönitäten dieses »österreichischen Bastards«.

Im Glauben, Ewald sei mit seinen Ausführungen am Ende, versucht Jürgen, das Wort zu ergreifen und die allgemeine Übereinstimmung darzulegen. Ewald jedoch läßt sich nicht unterbrechen. Er hat einige Textpassagen markiert, die er vorlesen möchte, um bei seinen Freunden keine Zweifel entstehen zu lassen. Er beginnt mit folgender Passage:

»Gerade Preußen erweist in wundervoller Schärfe, daß nicht materielle Eigenschaften, sondern ideelle Tugenden allein zur Bildung eines Staates befähigen. Erst unter ihrem Schutze vermag dann auch die Wirtschaft emporzublühen, so lange, bis mit dem Zusammenbruche der reinen staatsbildenden Fähigkeiten auch die Wirtschaft wieder zusammenbricht; ein Vorgang, den wir gerade jetzt in so entsetzlich trauriger Weise beobachten können. Immer vermögen die materiellen Interessen der Menschen so lange am besten zu gedeihen, als sie im Schatten heldischer Tugenden bleiben ...«[18]

Ruth ist höchst erstaunt. Zugegeben, der Schreibstil des Verfassers ist unklar, gelinde gesagt, aber dennoch liegt die Grundaussage des Absatzes nicht weit von ihren eigenen Gedanken entfernt. Es sei ein leichtes, noch ein Dutzend Stellen in »Mein Kampf« zu finden, unter die sie nur noch das »Amen« setzen bräuchten. Er verfolgt aber eine andere Absicht und schlägt eine andere Seite auf, aus der der krasse Zynismus dieses Demagogen hervorgeht:

»Überhaupt besteht die Kunst aller wahrhaft großen Volksführer zu allen Zeiten in erster Linie mit darin, die Aufmerksamkeit eines Volkes nicht zu zersplittern, sondern immer auf einen einzigen Gegner zu konzentrieren. ... Es gehört zur Genialität eines großen Führers, selbst auseinanderliegende Gegner immer als nur zu einer Kategorie gehörend erscheinen zu lassen, weil die Erkenntnis verschiedener Feinde bei schwächlichen und unsicheren Charakteren nur zu leicht zum Anfang des Zweifels am eigenen Rechte führt.«[19]

»Jede Propaganda hat volkstümlich zu sein und ihr geistiges Niveau einzustellen nach der Aufnahmefähigkeit des Beschränktesten unter denen, an die sie sich zu richten gedenkt. Damit wird ihre rein geistige Höhe um so tiefer zu stellen sein, je größer die zu erfassende Masse der Menschen sein soll.«[20]
»Propaganda ist jedoch ... dazu da, ... die Masse zu überzeugen. Diese aber braucht in ihrer Schwerfälligkeit immer eine bestimmte Zeit, ehe sie auch nur von einer Sache Kenntnis zu nehmen

bereit ist, und nur einer tausendfachen Wiederholung einfachster Begriffe wird sie endlich ihr Gedächtnis schenken. Jede Abwechslung darf nie den Inhalt des durch die Propaganda zu Bringenden verändern, sondern muß stets zum Schlusse das gleiche besagen. So muß das Schlagwort wohl von verschiedenen Seiten aus beleuchtet werden, allein das Ende jeder Betrachtung hat immer von neuem beim Schlagwort selber zu liegen. Nur so kann und wird die Propaganda dann einheitlich und geschlossen wirken.«[21]

Bei Ruth und Hans Jürgen steigert sich das Gefühl des Unbehagens mit jeder Passage, die Ewald vorliest. Langsam begreifen sie das Heimtückische an diesem Werk. Aber Ewald ist noch nicht fertig. Hitler hat in »Mein Kampf« bereits eine Opfergruppe ausgewählt, an der er seine grausamen Theorien verwirklichen will, und das ist es, was Ewald ans Licht bringen möchte:

»Wären die Juden auf dieser Welt allein, so würden sie ebensosehr in Schmutz und Unrat ersticken wie in haßerfülltem Kampfe sich gegenseitig zu übervorteilen und auszurotten versuchen, sofern nicht der sich in ihrer Feigheit ausdrückende restlose Mangel jedes Aufopferungssinnes auch hier den Kampf zum Theater werden ließe. Es ist also grundfalsch, aus der Tatsache des Zusammenstehens der Juden im Kampfe, richtiger ausgedrückt in der Ausplünderung ihrer Mitmenschen, bei ihnen auf einen gewissen idealen Aufopferungssinn schließen zu wollen.
Auch hier leitet den Juden weiter nichts als nackter Egoismus des einzelnen.«[22]

»Als wesentliches Merkmal bei der Beurteilung des Judentums in seiner Stellung zur Frage der menschlichen Kultur muß man sich immer vor Augen halten, daß es eine jüdische Kunst niemals gab und demgemäß auch heute nicht gibt, daß vor allem die beiden Königinnen aller Künste, Architektur und Musik, dem Judentum nichts Ursprüngliches zu verdanken haben. Was es auf dem Gebiete der Kunst leistet, ist entweder Verballhornisierung oder geistiger Diebstahl. Damit aber fehlen dem Juden jene Eigenschaften, die schöpferisch und damit kulturell begnadete Rassen auszeichnen. Nein, der Jude besitzt keine irgendwie kulturbildende Kraft, da der Idealismus, ohne den es eine wahrhafte Höherentwicklung des Menschen nicht gibt, bei ihm nicht vorhanden ist und nie vorhanden war.«[23]

»Das Judentum war immer ein Volk mit bestimmten rassischen Eigenarten und niemals eine Religion, nur sein Fortkommen ließ es schon frühzeitig nach einem Mittel suchen, das die unangenehme Aufmerksamkeit in bezug auf seine Angehörigen zu zerstreuen vermochte. Welches Mittel aber wäre zweckmäßiger und zugleich harmloser gewesen als die Einschiebung des geborgten Begriffs der Religionsgemeinschaft? Denn auch hier ist alles entlehnt, besser gestohlen…«[24]

»… der Protestantismus … bekämpft aber sofort auf das feindseligste jeden Versuch, die Nation aus der Umklammerung ihres tödlichsten Feindes zu retten, da seine Stellung zum Judentum nun einmal mehr oder weniger fest dogmatisch festgelegt ist.«[25]

»Das will ich hoffen!« Ruth wird immer ungeduldiger, als Ewald ohne Pause weiterliest und ihr keine Gelegenheit zum Widerspruch gibt.

»Diese Verjudung unseres Seelenlebens und Mammonisierung unseres Paarungstriebes werden früher oder später unseren gesamten Nachwuchs verderben … Wie verheerend aber die Folgen einer dauernden Mißachtung der natürlichen Voraussetzungen für die Ehe sind, mag man an unserem Adel erkennen. Hier hat man die Ergebnisse einer Fortpflanzung vor sich, die zu einem Teile auf rein gesellschaftlichem Zwang, zum anderen auf finanziellen Gründen beruhte. Das eine führt zur Schwächung überhaupt, das andere zur Blutsvergiftung, da jede Warenhausjüdin als geeignet gilt, die Nachkommenschaft Seiner Durchlaucht – die allerdings dann danach aussieht – zu ergänzen. In beiden Fällen ist vollkommene Degeneration die Folge.«[26]

Mittlerweile ist Ruth aufgesprungen, ihre Statur wirkt größer, als sie ohnehin schon ist. »Hör auf, Ewald, was du da vorliest, ist der reinste Unsinn, wenn nicht gar Blasphemie.« Ewald pflichtet ihr bei; sein Ziel ist

Ruths ältester Sohn Hans Jürgen von Kleist

es, denen, die er liebt und die ihm nahestehen, klarzumachen, was von diesem Mann und seiner Organisation zu erwarten ist.

Ruth wendet sich zum Teetisch, entfernt den Teewärmer und schenkt den beiden Herren Tee ein – »unser Luxus zu Friedenszeiten«, wie sie sagt. Die Diskussion endet mit dem Schwur, die Kleists aus Kieckow und Schmenzin würden immer eine gemeinsame Front bilden. In etwas optimistischerem Tonfall gibt Ewald der Hoffnung Ausdruck, eine Verbesserung der wirtschaftlichen Lage werde allgemein die Gefahren radikaler Organisationen, in welche Richtung sie auch tendieren mögen, verringern: »Wir Deutschen sind ein viel zu vernünftiges Volk.« Ruth jedoch behält das letzte Wort. Mit Augenzwinkern gibt sie verschmitzt zu bedenken: »Aber Ewald, seit wann sind wir keine Preußen mehr?«

Familientreffen in Wartenberg

1926. Anni von Tresckow ist in Wartenberg gestorben. Die sanftmütige Schwester Ruths, die jahrelang kränklich war, ist letztlich einer Lungenentzündung erlegen. Anni hinterläßt ihren 20 Jahre älteren Mann Hermann, der damit schon die zweite Frau verloren hat, ihre fünf Kinder sowie die zwei Kinder aus Hermanns erster Ehe. Hermanns Sohn Jürgen hat bereits die Leitung von Wartenberg übernommen und wird, wenn die Zeit gekommen ist, das Gutshaus und den gesamten Landbesitz erben. Gerd und Henning, die beiden ältesten Söhne aus seiner Ehe mit Anni, sind beide kürzlich zur Armee zurückgekehrt. Wie ihrem Vater bedeutet ihnen die Armee den Lebensinhalt. Beide setzen sich dafür ein, daß Deutschland die Fesseln des Versailler Vertrages abwerfe und in die Lage versetzt werde, eine dem Land angemessene Armee aufzubauen.

Henning hat kürzlich Erika von Falkenhayn geheiratet, die Tochter Erich von Falkenhayns, Chef des Generalstabes während des 1. Weltkriegs und Vertrauter des Kaisers. Es gibt zwar einige Stimmen, die Falkenhayns Fähigkeiten zum höchstrangigen militärischen Führer in den Anfangsjahren des Krieges in Zweifel ziehen; dennoch hält die Familie die Verheiratung eines Tresckow mit einer Tochter der Familie Falkenhayn für eine ausgezeichnete Partie.

Hermann und Jürgens Ehefrau Hete begrüßen die eintreffenden Trauergäste und weisen ihnen die Gästezimmer im Gutshaus zu. Annis Sarg, der mit Blumen und Zweigen aus dem nahen Wald und dem Garten geschmückt ist, befindet sich in der großen Halle. Am morgigen Tag wird er zur Dorfkirche und nach dem Trauergottesdienst von Sargträgern zur letzten Ruhestätte auf dem Friedhof von Wartenberg gebracht.

Hans Jürgen, Mieze und Ruth sind von Pommern mit dem Automobil angereist, Hans und Ruthchen werden morgen aus Pätzig kommen, um der Beerdigung beizuwohnen. Durch die Erfindung des Automobils sind Reisen, die sich früher über Tage hinzogen, auf wenige Stunden reduziert worden.
Selbst Stefan und Lene, Graf und Gräfin von Zedlitz und Trützschler, sowie Etti und Carl von Rohr wohnen nun nahe genug, um für den einen Tag herzufahren und an der Beisetzung ihrer Schwester teilzunehmen. Was aber ist mit Robert und Olga, die in den letzten drei Jahren keiner gesehen hat? Sie wurden zwar benachrichtigt, aber eigentlich glaubt keiner an ihr Erscheinen. Um niemanden in Verlegenheit zu bringen, hat der verstoßene Bruder eine gute Entschuldigung gefunden, warum er Großenborau nicht verlassen könne. Er und seine Frau Olga sorgen für Mutter Zedlitz, deren Zustand sich so verschlechtert hat, daß sie mittlerweile völlig pflegebedürftig ist. Als Ruth sie vor dem Bruch mit ihrem Bruder besuchte, war sie sehr bestürzt darüber, daß ihre Mutter sie nicht mehr erkannte. Das einzig Tröstliche für Ruth daran ist, daß der Mutter die Familientragödie erspart bleibt, mit der alle ihre Kinder zu ringen haben, seit Roberts Buch über seinen Dienst am deutschen Kaiserhof erschienen ist.
Daher ist es die größte Überraschung, als ein Diener die große Festhalle betritt, in der Besucher und Familie gerade zum Gebet versammelt sind, und die Ankunft des Grafen und der Gräfin von Zedlitz und Trützschler aus Großenborau ankündigt. Jegliche Form der Etikette und vor allem das durch Roberts Ächtung angebrachte Verhalten vergessend, stürzt Ruth aus dem Saal. Ein verwirrter Hermann läßt den Familiengottesdienst unterbrechen.
In der großen Eingangshalle von Wartenberg, die in ihrer Eleganz an die Zeiten Bismarckscher Macht erinnert, umarmt Ruth ihren Bruder mit einer Heftigkeit, die ihn fast das Gleichgewicht verlieren läßt. Dann

wendet sie sich zu Olga und umarmt ihre Schwägerin mit Tränen in den Augen. Robert ist der einzige, der sich an diese völlig andere Ruth erinnert – an eine emotionale, leidenschaftliche Ruth aus einer anderen Zeit, die sowohl zu Höhenflügen als auch zu Agonie fähig ist, denn er ist der einzige unter den Anwesenden, der seine Kindheit mit ihr geteilt hat.

Mittlerweile sind Mieze und Hete Ruths Beispiel gefolgt und begrüßen den Grafen und die Gräfin mit innigen Umarmungen und Küssen, als wollten sie im voraus etwas kompensieren, das nun eintreffen muß.

Nach diesen ersten Begrüßungen wendet sich Robert den Männern der Familie zu, Hermann von Tresckow mit seinen Söhnen und Ruths Sohn Hans Jürgen. Alle in schwarzer Trauerkleidung, die Hände hinter dem Rücken verschränkt, stehen nebeneinander. Robert, ebenso in Schwarz, geht erst auf seinen Schwager zu, dann zu jedem seiner Neffen. Er reicht ihnen nicht die Hand, da ihm die Regeln mindestens ebensogut bekannt sind wie allen anderen, sondern er verbeugt sich leicht vor jedem vor ihnen. Darauf erwidern sie mit einem kurzen, ernsthaften Gruß. Die Frauen beobachten schweigend den Vorgang. Ruths Tränen sind versiegt, da auch ihr die Folgen der Ächtung durch die preußische Aristokratie bekannt sind.

1927. Innerhalb eines einzigen Kalenderjahres wohnt Großmutter Ruth drei Geburten und den anschließenden drei Taufen in drei verschiedenen Herrenhäusern bei – Elisabeth in Kieckow, Hans Werner in Pätzig und Herbert in Lasbeck. Herberts Ankunft wird mit besonderer Freude und Dankbarkeit gefeiert, da wenige Monate zuvor die kleine Maria von Bismarck zu Tode gekommen war.

Dies ist aber auch ein Jahr, in dem der Wohlstand auf dem Land und noch deutlicher in den Städten langsam aber stetig wächst. Die Arbeitslosigkeit ist gesunken, auch hat die Regierung wichtige Gesetze zur Arbeitslosenversicherung für Arbeiter erlassen. In Klein Krössin wird der neue Wohlstand jedoch als zweischneidiges Schwert betrachtet. Jede Verbesserung der Lage der Industriearbeiter lockt weitere Landarbeiter in die Städte. Ruth beklagt die Lebens- und Arbeitsbedingungen der Arbeiter in den Städten, vielmehr aber noch den sich beschleunigenden Verfall der Werte durch die Urbanisierung.

Aber es ist nicht nur die Arbeiterschaft, die dem Niedergang der Moral zum Opfer fällt. Die neuesten Entwicklungen der gesellschaftlichen und intellektuellen Elite von Berlin werden regelmäßig von Spes bei Familientreffen der Kleists geschildert. Sie lassen sich als skandalös bezeichnen. Ruths Feingefühl wird von der neuen Musik, den modernen Tänzen und vor allem von den visuellen Künsten beleidigt. Sie sieht in jeder Arbeit Zorn und Rebellion, als bemühe sich jeder Künstler, die häßlichsten Aspekte des Lebens darzustellen. Ruth wäre die letzte, sich über die Auswirkungen des Krieges zu freuen, aber sie kann die Schmutzigkeit und Verderbtheit, wie sie von Berlins teuersten Künstlern ständig dargestellt werden, nicht gutheißen.

Ruth findet aber nicht nur in ihrer Tochter, sondern noch stärker in Gertrud von Bismarck, der Frau des kränkelnden Gottfried, Kritiker ihrer diesbezüglichen Ansichten. Selbst nach 15 Jahren Kniephof ist es Gertrud nicht gelungen, sich völlig an ihre neue Heimat anzupassen. Ihre Anregungen für Herz und Verstand holt sie sich weiterhin aus Berlin, dem Zentrum europäischer Kreativität, das Ruth als »Höhle des Lasters« bezeichnet. Es scheint, als müßten in jeder Generation die Spannungen und Loyalitäten zwischen den Familien Bismarck und Kleist neu geordnet werden.

Trotz ihres Familienengagements erhält sich Ruth ihre Insel der Unabhängigkeit in Klein Krössin. Auf der Suche nach neuen Ideen, mit denen sie die Botschaft des Christentums in diesen weltlichen Zeiten neu beleben könnte, konzentriert sie sich auf das Studium des Neuen Testaments. Deutschland benötigt ihrer Meinung nach unbedingt eine aussagekräftige geistliche Antwort auf die drängenden Probleme dieser Zeiten. Wenn man vieler Aufgaben des Alltags enthoben ist, ist man verpflichtet, universellere Verantwortung auf sich zu nehmen. Die Matriarchin von Klein Krössin meint es damit sehr ernst.

1928. In Schlesien verläßt Mutter Zedlitz diese Welt. Ruth ist dies ein Anlaß, Großenborau, dem Ort ihrer Kindheit und Jugend, einen Besuch abzustatten. Dieser Aufenthalt ist nicht frei von Wehmut. Sehr zu ihrer Freude muß sie sich dort nicht auch von Robert verabschieden, denn Bruder und Schwester vereinbaren, sich einmal im Jahr in Marienbad zu treffen. In früheren Zeiten war dieser idyllische Kurort der Treffpunkt des Hochadels und literarischer Größen; Goethe verliebte sich hier in seinen letzten Lebensjahren in eine 20jährige Schönheit. Heute, im Norden der tschechischen Republik gelegen, heißt der Ort Marianske Lazna und ist noch immer ein Mekka der alten Aristokratie, ein Ort, an dem mehr von der Vergangenheit als von der Zukunft gesprochen wird.

1929. In Kieckow wird ein Junge geboren – Heinrich von Kleist –, und in Pätzig erblickt Christine von Wedemeyer das Licht der Welt. In Lasbeck dagegen herrscht Trauer, der zweijährige Herbert von Bismarck ist gestorben. Es ist das dritte Mal, daß Maria und Herbert in ihrer 17jährigen Ehe ein Kind verlieren. Aber all dies kann den Glauben der Familien Kleist und Bismarck an Gottes Allmacht und Weisheit nicht erschüttern.

1930. Es gab einmal eine Zeit, als Ereignisse in Orten wie Frankfurt und München praktisch keine Auswirkungen auf das Leben in Pommern hatten. Nun befindet sich Deutschland jedoch in einer wirtschaftlichen Krise, die jenseits des Atlantiks ihren Anfang nahm. Im Oktober vor einem Jahr war die Wirtschaft der Vereinigten Staaten als Folge des New Yorker Börsenkrachs – oder war es umgekehrt? – zusammengebrochen. In Deutschland spielt die Reihenfolge der Ereignisse, die zu diesem Zusammenbruch führten, keine Rolle. Die Auswirkungen sind verheerend, die deutsche Wirtschaft bricht in kurzer Zeit vollständig zusammen; die vorher bereits hohe Arbeitslosenquote verdreifacht sich, der Außenhandel kommt zum Erliegen, Konkurse breiten sich aus wie eine Epidemie.

Auch in der Politik machen sich die Folgen schnell und vehement bemerkbar. Ein Jahrzehnt lang war Deutschland von schwachen politischen Koalitionen regiert worden. Wenn es überhaupt noch politische Stabilität gab, dann in Preußen, wo eine relativ stabile Koalition von Sozialdemokraten und Zentrumspartei effektiv, wenngleich ohne Unterstützung der Kleists, Bismarcks oder Wedemeyers, regierte. Aber nun ist selbst Preußen nicht mehr immun gegen diesen katastrophalen Zusammenbruch.

Die Weltwirtschaftskrise wirkt sich gravierend auf die labilen politischen Strukturen Deutschlands aus. Ruths Söhne und Töchter sind alle Mitglieder der Deutschnationalen Volkspartei, die rechts der katholischen Zentrumspartei steht. Wie in ganz Deutschland gibt es auch in Preußen Extremisten – nämlich die Kommunisten und seit kurzer Zeit auch die Nazis (Ruth hat Schwierigkeiten, das moderne Wort Kommunisten auf die schon immer gefürchteten Bolschewisten anzuwenden; noch schwerer fällt es ihr aber zu glauben, daß die Nationalsozialistische Arbeiterpartei so viele Anhänger nicht nur in Süddeutschland, sondern auch in Preußen hat).

Adolf Hitler und seine Anhänger haben bereits seit fast einem Jahrzehnt schwadroniert und Unheil angerichtet; die neueste Ausgabe von Hitlers »Mein Kampf« enthält ein detailliertes Programm. Der publikumswirksame Parteiführer bietet Lösungen für alles, woran die deutsche Wirtschaft, die deutschen Werte oder Geisteshaltung kranken. In ihrer Ignoranz scheinen die Massen von einem Extrem ins andere zu fallen, je nachdem, wessen Propaganda oder Druck gerade am wirkungsvollsten ist. Von denjenigen, die ihr Leben den gottlosen Industriestädten verschrieben haben, ist wenig zu erwarten, und auf die Intellektuellen, die sich seit Jahrzehnten zu Sozialismus und Kommunismus hingezogen fühlen, ist keinerlei Verlaß. Was in diesem kaputten Land noch an Stabilität und Entschlossenheit übriggeblieben ist, befindet sich auf dem Land und bei denjenigen, die das Land besitzen. Aber war dies nicht schon immer der Fall in der deutschen Geschichte?

All dies ist zwar glaubhaft, aber man kann daraus nur wenig Trost schöpfen. Selbst Ruth fühlt sich gedrängt, etwas gegen das drohende Chaos zu unternehmen. Bei dem Versuch, zwischen dem Ewigen und dem Vergänglichen Grenzen zu ziehen, ist sie unbemerkt mitten in die Welt der Politik gelangt. Dagegen haben Hans Jürgen und Ewald bei ihrem Anliegen, Führung heraus aus dem politischen Labyrinth anzubieten, ein Labyrinth, das sie als einen sicheren Weg direkt in die Katastrophe betrachten, das Gebiet der Ethik und Religion betreten. Beide sind in der konservativen Deutschnationalen Volkspartei aktiv. Seit dem Krieg stehen die Kleists zusammen mit den Deutschnationalen in Opposition zu Sozialdemokraten und Zentrum. Jeder aus dieser alten Familie konnte die unnachgiebige Haltung, keine Koalitionen mit einer dieser beiden Parteien einzugehen, verstehen. Sind die Sozialdemokraten den Kommunisten nicht sehr nahe? Und stellt die Zentrumspartei nicht die letzte Hochburg päpstlichen Einflusses in Deutschland sowie eine Front der Industriellen und Befürworter der freien Marktwirtschaft dar? Welche Gründe sollten die Bewohner der östlichen Landstriche Preußens dazu bewegen, ihre althergebrachten Verbindungen wegen kurzfristiger Vorteile aufs Spiel zu setzen?

Juni. Der Garten in Klein Krössin bietet lauschige, vor Einblicken geschützte Winkel. An diesem heißen Nachmittag verstärkt das Sonnenlicht das leuchtende Violett der Clematis und die vielfältigen Schattierungen des Phlox, während die Äste der riesigen Eiche ausreichend Schatten spenden für einen runden Teetisch und fünf Stühle. Heute feiern Hans Jürgen und Mieze ihren Hochzeitstag. Ruth richtet für die beiden eine kleine Feier aus. Die einzigen Gäste sind Ewald und Anning, zu denen die Bindung im Lauf der Jahre immer fester wird. Der Gartentisch ist mit einem Leinentischtuch gedeckt, das vor fast einhundert Jahren aus Kieckower Flachs gewebt wurde. Vor vierzig Jahren hatte die Dorfschneiderin das Tuch für die junge Herrin von Kieckow bestickt. Solange Ruth am Leben ist, wird diese Tischdecke immer die Hochzeitstischdecke bleiben. In der Mitte des Tisches steht ein ganz besonderer Kuchen, der den festlichsten aller Ereignisse vorbehalten ist – ein Baumkuchen. Der ähnlich einem Baumstamm geformte Kuchen ist mit Mandeln gefüllt und von oben bis unten mit Schokolade glasiert eine Freude sowohl für das Auge als auch den Gaumen.

Man sollte meinen, ein so frohes Ereignis – und die Ehe von Hans Jürgen und Mieze ist in jeder Hinsicht glücklich – würde alle in beste Stimmung versetzen. Aber wie üblich dominiert Ewald die Unterhaltung mit einem Thema, das nun fast sein Leben beherrscht, nämlich der Aufschwung der Nazis.

Wie sich gezeigt hat, sind nicht einmal die Landbesitzer gegen die Verführung durch den Nationalsozialismus gefeit. Der Belgarder Landbund, dessen Vorsitzender Ewald ist und dem auch Hans Jürgen angehört, muß zu den nationalsozialistischen Braunhemden Stellung nehmen, zu dieser

Bande von Verbrechern also, die innerhalb der NSDAP als Sicherheits-
kräfte fungieren. Sie erzeugen Chaos und entreißen den legitimen Poli-
zei- und Ordnungskräften die Aufgaben. Ewald berichtet, die Situation
in Belgard sei außer Kontrolle geraten; die blutigen Auseinandersetzungen an den Wochenenden zwischen Kommunisten und Nazis führten
immer zu schweren Verletzungen und Todesfällen. Aber ohne die Tak-
tik der Volksverhetzung wäre es zu diesen Vorfällen niemals gekommen.
Seit Wochen hat es die Polizei versäumt einzugreifen, und es ist unklar,
ob dies aus Sympathie mit den Nazis oder aus Angst vor ihnen geschehen
ist.
Ruth spielt den Advocatus diaboli. »Ewald, wenn die Nazis aber die
Bevölkerung wieder zu Anstand, Moral, Stabilität und Wohlstand sowie
Nationalgefühl zurückführen, was haben wir dann zu befürchten und was
soll all diese Gewalt?«
Ewald hätte sich keine bessere Einleitung zu einer Darlegung seiner
schlimmsten Befürchtungen wünschen können. Gerade diese Eigenschaft
schätzt die Matriarchin der Familie Kleist aus Kieckow so sehr an ihm.
Bedauernswerterweise haben die meisten seiner Kollegen – ausschließlich Junker – noch nicht die Kehrseite der Versprechungen der Nazis
erkannt. Das Heimtückische am Nationalsozialismus, betont er, sei die
Gottlosigkeit, die an verschiedenen Stellen in der zweiten Ausgabe von
»Mein Kampf« zutage trete. Adolf Hitler habe den Staat und die Menschen an die Stelle von Gott gestellt. In mancher Hinsicht gebe er sich mit
Raffinesse Mühe, die traditionellen religiösen Organisationen nicht
anzugreifen. In anderer Hinsicht sei er geradezu erschreckend offen,
hauptsächlich in seinen anstößigen Angriffen gegen die Juden. Sicher, die
Kleists haben nie viel mit jenen zu tun gehabt; soweit Ewald informiert
ist, befindet sich auch kein jüdisches Blut in den Adern der Familie Kleist.
Aber darum geht es jetzt nicht. »Derart giftige und schamlose Angriffe
auf von Gott erschaffene menschliche Wesen stellen einen Angriff auf die
gesamte menschliche Rasse dar und können daher nichts anderes als das
Werk des Teufels sein«, erklärt er. Starke Worte für einen Kleist, der nor-
malerweise einem mehr liberalen Glauben anhängt – aber dies ist eine
Sprache, die Ruth versteht.
Überdies kommt hinzu, daß weder der Landrat von Belgard mit den
Braunhemden sympathisiert noch der Polizeichef freiwillig seine Aufgabe, die Aufrechterhaltung des Friedens, abgetreten hat. Nein, die Situa-

tion ist viel schlimmer. Der derzeitige Bewohner der wunderschönen Residenz des Landrats von Belgard, die zu Zeiten von Ruth und Jürgen gekauft wurde, ist Halbjude. Er wurde durch die Propaganda der Nazis und den Terror der Braunhemden so eingeschüchtert, daß er seinen Polizeikräften die Anweisung gab, Zurückhaltung zu üben. Um diesen Mann kann man nur trauern, selbst wenn ihm wegen seiner Feigheit eigentlich Tadel gebührt.

Später werden sie wegen dieses Mannes Tränen vergießen, da der Landrat in drei Jahren von den Nazis entlassen und er keinen anderen Ausweg als den Selbstmord sehen wird.

Es ist noch helles Tageslicht, als sich an diesem Abend im Hochsommer die Gäste auf den Heimweg machen. Ewald übergibt Ruth noch ein Manuskript mit dem Titel »Der Nationalsozialismus – eine Gefahr«, das er vorhat zu veröffentlichen. Er bittet sie, es durchzulesen und ihm ihre Meinung dazu mitzuteilen, da er ihre unabhängigen Ansichten über alles schätze. Ruth versichert, dies zu tun; hat nicht Gott der Allmächtige einen jeden in diesen Kampf um die Seele eines Volkes gestellt? Während des Fußmarsches durch den Wald nach Kieckow diskutieren die beiden Ehepaare alles, was bis jetzt bekannt ist. Hans Jürgen und Ewald werden die Botschaft im gesamten Bezirk verbreiten, denn zu viele sind der Nazipropaganda bereits verfallen. Keiner der beiden Männer wagt jedoch, die kühnste aller Lösungen vorzuschlagen – eine Koalition der konservativen Deutschnationalen Volkspartei mit dem Zentrum und, falls notwendig, auch mit den Sozialisten, um so eine ausreichende Mehrheit zur Rettung der Republik zu erwirken.

V

GROSSMUTTER RUTH

1931-1938

EINE BÖSE ÜBERRASCHUNG

Ruth Roberta Stahlberg, Ruths älteste Enkeltochter, studiert an der Universität in Berlin. Wie ihr Vater ist sie großgewachsen und gutaussehend, von der Mutter hat sie den starken Drang nach Unabhängigkeit und Freiheit geerbt. Großmutter Ruth ist auf Raba sehr stolz, und vielleicht beneidet sie sie auch ein wenig, denn ihre Enkelin ist die erste Frau in der Familie, die eine Universität besucht. Ruths besondere Gefühle für dieses vaterlose Kind, mit dem sie seit den gemeinsamen Kriegsjahren in Kieckow ein enges Verhältnis verbindet, dauern an. Walter Stahlberg bezahlt an seine geschiedene Frau Spes und seine Kinder zwar weiterhin Unterhalt, wie es von einem wohlhabenden deutschen Industriellen erwartet wird, aber Raba bekommt ihn nur selten zu sehen.

FEBRUAR. In diesen unruhigen Zeiten ist selbst das Unerwartete nicht mehr überraschend, vor allem wenn es Neuigkeiten aus Berlin sind. Dennoch trifft es Ruth völlig unvorbereitet, als ihr Spes anläßlich eines Besuches in Klein Krössin folgendes eröffnet: Raba, mittlerweile 20 Jahre alt, sei in die NSDAP eingetreten. Aber das sei noch nicht alles, sie sei sogar die Vorsitzende der weiblichen Studentengruppe der Partei, teile also ein Büro mit dem NS-Studentenführer Baldur von Schirach in der Berliner Parteizentrale. Raba stehe sogar eine Halbtagssekretärin für die Erledigung organisatorischer Dinge zur Verfügung, da ihre Aufgaben weit über den studentischen Bereich an der Berliner Universität hinausgehen. Ihr Büro liegt neben dem von Dr. Josef Goebbels, dem Propagandachef, ihrem eigentlichen Vorgesetzten.
Raba ist keine Ausnahme unter den Studenten an deutschen Universitäten. Selbst eine große Anzahl der Studenten an theologischen Fakultäten sind mittlerweile Parteimitglieder; an einer Universität tragen 90 Prozent

der Studenten der evangelischen Theologie in den Vorlesungen ihre Parteiabzeichen. Berlin unterscheidet sich kaum von anderen akademischen Zentren. An der überbelegten theologischen Fakultät sind mehr als 1000 Studenten eingeschrieben. Sehr viele von ihnen sehen keinen Widerspruch zwischen dem Studium der christlichen Lehre, der Theologie einerseits und der staatsorientierten NS-Philosophie andererseits; noch ist Adolf Hitlers Programm mehr eine Philosophie als ein konkreter Aktionsplan.

AUGUST. Am theologischen Institut in Berlin erscheint ein neuer Dozent. Sein Name ist Dietrich Bonhoeffer. Berlin ist ihm wohlvertraut, seine Kindheit verbrachte er in Grunewald. Seine Eltern verkehren in denselben Kreisen wie Spes Stahlberg. Raba besuchte sogar das gleiche Gymnasium wie Bonhoeffer in Grunewald; es gilt als das beste in ganz Deutschland. Damit sind aber alle Gemeinsamkeiten zwischen Raba und ihm schon genannt. Bonhoeffer hält nicht nur Vorlesungen an der theologischen Fakultät, sondern hat auch eine Gruppe von Theologiestudenten um sich geschart, die »Mein Kampf« und die gesamte Propaganda der NSDAP für völlig unvereinbar halten mit der auch von Bonhoeffer vertretenen Theologie, in deren Mittelpunkt Gott und Christus stehen.

Unter dem Druck der Nazibewegung steht die Deutschnationale Volkspartei, der auch die Familien Kleist, Bismarck, Wedemeyer, Osten und Tresckow angehören, kurz vor der Auflösung. Einige Mitglieder der Parteispitze treten dafür ein, sich mit den Nazis zu verbünden, um eine Regierungskoalition zu bilden. Andere Parteimitglieder, darunter auch die Kleists, Bismarcks, Wedemeyers und Ostens, lehnen jegliche Zusammenarbeit mit den Nazis strikt ab. Sie schlagen vor, die Deutschnationalen in Richtung einer Regierungskoalition mit dem Zentrum zu lenken. Durch derartige Uneinigkeit in der Führung ist die Partei bereits dem Tode geweiht.

Raba ist auf einen ausgezeichneten Einfall gekommen, der an der Universität parallel zu den politischen Entwicklungen verwirklicht werden kann. Sie hat sich einen Termin bei Dr. Goebbels geben lassen und wartet nun in seinem Büro, einem spartanischen, nur mit zwei Sofas, einem

Tisch und einem Holzstuhl eingerichteten Raum. Wäre da nicht ihre ausgeprägte Selbstsicherheit, so hätte Raba wahrscheinlich Schwierigkeiten, mit dem kleinwüchsigen Goebbels zu sprechen. Sie überragt ihn weit. Der freundliche Propagandachef bittet sie, auf einem der beiden Sofas Platz zu nehmen. Als er sich ihr gegenüber setzt und fast in den Kissen versinkt, kommt Raba der Gedanke, diese Konstellation sei einer positiven Einstellung seinerseits zu ihrem Vorschlag nicht gerade förderlich. Auch Goebbels muß die lächerliche Situation erkannt haben, denn er erhebt sich schnell aus den Kissen, geht hinüber zu Raba und setzt sich unbeschwert auf die Armlehne ihres Sofas. Nun kann die Unterhaltung beginnen.

Raba macht Dr. Goebbels den Vorschlag, der NS-Studentenbund der Universität solle mit in die Büroräume der unter Druck geratenen Studentenorganisation der Deutschnationalen Volkspartei einziehen. Die Nazistudenten würden sich bereit erklären, die Hälfte der Miete zu bezahlen, um dann sogleich in die Büroräume einzuziehen. Nach einigen Monaten würden sie die Büros ganz übernehmen können. Goebbels erhebt sich von seinem erhöhten Platz, geht nachdenklich im Raum auf und ab und wendet sich schließlich wieder der Studentenführerin zu. »Nein«, kritisiert er sie vorsichtig, »diese Idee wäre nicht gut.« Eine derartige Maßnahme wäre nicht ehrenhaft, und die Nazis sind doch vor allem ehrbare Männer und Frauen!

SEPTEMBER. Raba und ihre Mutter verbringen eine Woche in Klein Krössin. Spes bewohnt das Gästezimmer, das den Namen Zufriedenheit trägt, Raba das namens Hoffnung. Ruth hat ihnen die Zimmer nicht ohne Hintergedanken zugewiesen. Oft betet sie, Spes möge durch ihre Kinder und die Musik Zufriedenheit und Erfüllung in ihrem Leben finden. Für Raba, so hofft sie genau wie alle anderen Großmütter, möge die Nazipartei nur eine vorübergehende Phase im Erwachsenwerden des Mädchens bedeuten, eine Hoffnung, die sie auf die gesamte Nation bezieht.

Raba hat den ganzen Vormittag mit Stift und Papier am Schreibtisch ihres Zimmers zugebracht. Sie bereitet für nächste Woche eine Rede vor einer Studentenversammlung im Berliner Sportpalast vor – eine große Ehre und eine noch größere Herausforderung für diese junge Frau, die noch nie zuvor in der Öffentlichkeit gesprochen hat.

Es trifft sich, daß an diesem Samstag nachmittag auf dem Gut Jürgen von Woedtkes eine Versammlung des Landbundes stattfindet. Hans Jürgen und Mieze sind soeben vorgefahren, um Ruth und Spes abzuholen. Ursprünglich wollte Raba die Familie nicht begleiten, inzwischen hat sie jedoch ihre Meinung geändert. Sie steckt voll zahlreicher neuer Ideen, und es drängt sie, diese mit anderen zu diskutieren, aber weder Großmutter noch die Mutter sind bereit, ihr zuzuhören.

Mit der Familie Woedtke verbinden Ruth dankbare Erinnerungen aus der Zeit, als sie noch das Gut Kieckow leitete. Sie hat nicht vergessen, wie Jürgens Vater Fritz ihr dabei half, ihr Selbstbewußtsein aufzubauen und Kieckow zu Wohlstand zurückzuführen. Mit herzlicher Zuneigung entsinnt sie sich der monatlichen Fahrten mit ihrem Verwalter und Fritz durch das Dorf und über die Felder, auf denen ihr guter Freund den Verwalter je nach Bedarf zu überzeugen hatte oder ihm Lob zuteil werden ließ.
Den Kleists wird auf dem Gut der Woedtkes immer ein warmherziger Empfang bereitet. Gute Erinnerungen gibt es in vieler Hinsicht innerhalb dieser eng verknüpften Gruppe der Landbesitzer Belgards; zumindest war es immer so. Heute ist der Landbund uneins, ein Spiegelbild der ganzen Nation. Er teilt sich in die Befürworter der Nazibewegung und diejenigen, zu denen die Woedtkes und Kleists gehören, die sie vehement ablehnen. Ewald von Kleist hat dieser Gruppe seine Ansichten viele Male dargelegt; heute ist ein Vertreter der Nazianhänger an der Reihe, eine Rede zu halten. Raba sieht dies als gute Gelegenheit, ihre Rede für den Sportpalast zu üben und sie einmal an diesen zurückgebliebenen Junkern auszuprobieren, die nicht so kritisch urteilen werden wie die anspruchsvollen Berliner Zuhörer.

Die Dinge nehmen ihren Lauf. Der Belgarder Landbesitzer vermittelt in seiner Rede die typische Botschaft Adolf Hitlers, die alle anwesenden Mitglieder davon überzeugen soll, den Nazis beizutreten und zu helfen, ein neues Deutschland aufzubauen. Es gibt verhaltenen Applaus. Dann bittet Raba den Gastgeber, ob sie ebenfalls eine Rede halten dürfe. In seiner höflichen Art bittet Jürgen von Woedtke die Versammlung um Ruhe und stellt die hochgewachsene Nachfahrin der Kleists aus Berlin vor. Sofort herrscht Schweigen unter den Zuhörern, denn die konservativen Junker sind es nicht gewöhnt, daß sich auch Frauen zu Wort melden. Raba betritt das Podest, auf dem sich der Flügel der Woedtkes befindet, und beginnt mit ihrer Rede. Leidenschaftlich schildert sie, was man sowohl innenpolitisch als auch innerhalb Europas für Deutschland erwarten dürfe, wenn die Zuhörer bereit wären, sich mit der Nazipartei zu verbünden. Ausführlich betont sie die Erniedrigung Deutschlands durch den vor 12 Jahren geschlossenen Versailler Vertrag, und sie fordert von den Nachfahren der mächtigen preußischen Junker eine Erklärung dafür, wie sie weiterhin eine Regierung unterstützen könnten, die sich nicht gegen die Kräfte einer internationalen Verschwörung und gegen den Bolschewismus wehre. Die im Programm der Nazis nicht unwesentliche Judenfrage erwähnt sie nicht.

Die Großmutter ist von den Worten der Enkelin sichtlich bewegt. Sie fragt sich, warum sind es nun ausgerechnet die Nazis, die unseren Verfall so gut verstehen. Am Ende erhält Raba außerordentlichen Applaus. Sie tritt vom Podest herunter und schüttelt jedem die Hand, der sich nach vorne drängt, um ihr zu gratulieren. Dabei erspäht sie, vom schweren Vorhang der Halle etwas abgeschirmt, eine Person, deren Abwesenheit bereits aufgefallen war. Es handelt sich um Ewald, er hat jedes ihrer Worte gehört.
»Raba, ich hätte dich gerne im Garten einen Moment gesprochen.« Dies ist keine Einladung, sondern ein Befehl. Rasch löst sich Raba von allen Gratulanten und folgt Ewald durch die Terrassentür. Ewald geleitet sie zu einer Bank unter einem riesigen Ahornbaum weit außer Hörweite aller Besucher. Im nachmittäglichen Schatten der ausladenden Äste erläutert Ewald der Tochter seiner Cousine seine Ansichten über die Gefahren im Falle einer Machtübernahme Hitlers und der Nazis. Er drängt sie, sich nicht von Teilen des Nazi-Programms verführen zu lassen, und warnt sie, aus Hitlers Schriften zu zitieren, ohne sein ganzes Werk gelesen zu haben. Ewald ermahnt sie, alle bislang verübten Missetaten – vor allem die der SA-Braunhemden – in die Bilanz mit einzubeziehen. Alles würde nur schlimmer werden, wenn diese erst legal an die Macht kämen. Unter seiner Tirade schmilzt Rabas Überzeugung dahin, denn der gestrenge Ewald zeigt sich von seiner strengsten Seite. Nachdem er mit seinen Ausführungen fertig ist, erhebt sich Ewald, hilft Raba auf und umarmt sie innig – eine spontane Geste seinerseits, gefolgt von einer Erklärung der

Ergebenheit und Loyalität zu Raba, ihrer Mutter und Großmutter, die schließlich alle, wie auch er, Kleists seien.

Raba entschließt sich, ihre Rede im Sportpalast von Berlin abzusagen. Sie informiert Dr. Goebbels, daß Reden nicht ihre Stärke sei und er sie bitte entschuldigen möge. Nach der Kundgebung im Sportpalast besucht sie ein Kabarett zusammen mit den Nazistudenten. Wein und Bier fließen reichlich, in der weinseligen Stimmung hört man bald leidenschaftliche Trinksprüche und verbotene Lieder. Die aufgereizte Atmosphäre bringt die Studenten dazu, ihre Messer hoch in die Luft zu halten und voller Inbrunst zur Melodie eines bekannten Volksliedes zu singen:

> Wenn das Judenblut vom Messer spritzt,
> dann geht es noch mal so gut.

Plötzlich wird Raba übel. Sie rennt zur Toilette, erbricht heftig Bier und Wurst und erleichtert ihre unausgesprochenen Schuldgefühle. Ohne sich von den Freunden zu verabschieden, geht sie direkt zurück nach Grunewald, ihrem Zuhause in dieser eleganten Enklave in Berlin, in der Juden und Christen, Aristokraten, Akademiker, Ärzte und Richter harmonisch zusammenleben. Sie ist überzeugt, hier in der Elite Berlins ist alles anders.

Diese schreckliche Nacht, die so bald auf die Versammlung im Gutshaus der Woedtkes gefolgt war, hat in Raba Zweifel hervorgerufen, die nicht mehr verschwinden wollen. Sie fragt sich, wo sie eigentlich hingehört – wahrscheinlich nicht zu den Nazis, vielleicht nicht einmal auf die Universität, sicherlich nicht nach Kieckow, da ihrem Namen das »von« fehlt. Möglicherweise gehört Raba nach Grunewald mit seiner liberalen Atmosphäre. Sie würde solche Fragen gerne mit Mutter oder Vater besprechen, doch es ist bei den Stahlbergs nicht üblich, diese Themen zu diskutieren.

Oktober. An einem Sonntagmorgen, Raba liegt noch im Bett, klingelt das Telephon. Es ist Baldur von Schirach, der Nazi-Studentenführer. Er redet nicht lange, sondern kommt gleich zum Punkt: »Raba, ich habe schlechte Nachrichten für Sie. Gestern gab mir Dr. Goebbels die Information, wonach Sie jüdisches Blut in sich haben, väterlicherseits.« Baldur hält einen Moment inne, bevor er fortfährt: »Natürlich wissen Sie, was das bedeutet; Sie müssen Ihren Posten aufgeben. Sie kennen die Regeln genausogut wie ich. Aber was mich betrifft, so dürfen Sie selbstverständlich in der Partei bleiben.« Die Kälte in seiner Stimme läßt Rabas Herz erstarren. Das darf doch nicht wahr sein! Es gelingt ihr, Baldur von Schirach gegenüber die Fassung zu bewahren. Ihr Entschluß, die Partei zu verlassen, stand ohnehin schon fast fest.

Als Rabas Mutter Spes in einem Telephongespräch mit ihrem geschiedenen Mann von ihm erfährt, daß die Mitteilung Baldur von Schirachs den Tatsachen entspricht, verliert sie die Fassung und beschuldigt Walter, ihr seine Abstammung verheimlicht zu haben. Walter wirft Spes und ihrer ganzen Familie Heuchelei vor. Es folgt ein scharfer Wortwechsel, bis beide schließlich erkennen, daß die Zukunft ihrer Kinder auf dem Spiel steht. Spes telephoniert kurz darauf mit ihrer Mutter in Klein Krössin, um sich mit ihr zu beraten. Da erinnert sich Ruth an Walter Stahlbergs ersten Besuch in Kieckow vor 25 Jahren. Zunächst war sie verärgert über den dreisten jungen Mann, der es wagte, ihr ins Gesicht zu sagen, er wolle Spes nicht heiraten. Ihre Verärgerung legt sich jedoch, als sie sich ihre damalige Reaktion vor Augen hält – die Arroganz, mit der sie Walter Stahlberg befahl, seine Entscheidung mit Spes selbst zu besprechen. Nicht einmal die Scheidung konnte diese Erinnerung begraben, und nun ist die Situation schlimmer denn je zuvor! In ihrer Komplexität ist die Angelegenheit fast biblisch, nimmt Dimensionen aus dem Alten Testament an – die drei Stahlbergschen Kinder, von der Großmutter innig geliebt und durch die Rassenideologie der Nazis zutiefst gefährdet!

Das Leben erfordert manchmal Gebete, manchmal Taten; Ruth entschließt sich, es erst mit Taten zu versuchen und anschließend zu beten. Sie schreibt an einen Journalisten in Hamburg, den sie kennenlernte, als ihr kleines Büchlein veröffentlicht wurde, und bittet ihn, der Sache nachzugehen. Sie müsse wissen, ob Walter Stahlberg wirklich jüdischer Abstammung ist.

November. Unabhängig davon besorgt Walter Stahlberg sich einen neuen Stammbaum, der nach nationalsozialistischen Gesichtspunkten einwandfrei ist und aussagt, daß die Stahlbergs aus Schweden kommen.

Jahre später wird sein Sohn Hans Conrad mit diesem Stammbaum in Schweden nach seinen Vorfahren forschen. Er findet heraus, daß es sich dabei um eine hervorragende Fälschung handelt.

Raba Stahlberg benötigt nur zwei Anrufe, um aus der NSDAP auszutreten – einen bei Dr. Goebbels, den anderen bei Hitlers Büro.
Eine Krankheit zwingt sie zu einem längeren Ortswechsel nach Schreiberhau in Schlesien. Dort soll sie sich erholen, und hier lernt sie ihren zukünftigen Mann kennen. Ein Jahr nach der »Parteiaffäre« heiratet sie ihn und trägt einen neuen Namen.

DEZEMBER. In Klein Krössin läutet das Telephon, und es dauert eine Weile, bis Ruth den Weg vom Schlafzimmer zurücklegt. Es ist Nachmittag, normalerweise schläft sie um diese Zeit, und die Köchin ist ins Dorf gegangen. Glücklicherweise ist der Anrufer geduldig und wartet, bis Ruth endlich den Hörer abnimmt. Es ist der Journalist aus Hamburg, seine Mitteilung ist kurz und bündig. Mit Hilfe von vertraulichen Kontakten habe er die Vorfahren der Familie Stahlberg in Stettin und Hamburg auf jüdische Abstammung hin überprüft. »Frau von Kleist, ich rate Ihnen, nicht an der Sache zu rühren; die Lage ist schlimmer, als Sie denken.« (Walter Stahlbergs Großvater mütterlicherseits war Moritz Heckscher, Bürgermeister von Hamburg und kurzzeitig Justizminister während der Revolution von 1848. Dessen Vater war Präsident der Hamburger Synagoge.)

DIE NATION IN DER KRISE

1932, JANUAR. »Der Nationalsozialismus – eine Gefahr«, Ewald von Kleists Bekenntnis, das Ruth vor drei Jahren als erste zu lesen bekam und kommentierte, ist in Berlin veröffentlicht worden. Es ist etwas länger geworden als die ursprüngliche Fassung, da der Verfasser in der Zwischenzeit Band II von »Mein Kampf« gelesen hatte und vermehrt lärmender Nazipropaganda ausgesetzt war. Er ist sich auch stärker der Tendenzen bewußt, die die Konservativen in die Falle der Nazis treiben. Kleists kleines Büchlein ist eine von Herzen kommende Warnung an seine mitverbündeten Konservativen: »Laßt euch nicht irreleiten, laßt euch nicht verführen.« Es gibt keinen Grund zu der Annahme, daß es viele Leser finden wird.

FEBRUAR. Oskar von der Osten, ehemaliger Landrat in der Neumark, ist in den Ruhestand getreten. Er verbringt seine Tage mit der Verwaltung seines Gutes Warnitz und dem Versuch, die politische Stimmung in seinem Dorf, dem Bezirk und selbst bis nach Berlin zu erfassen. Osten ist der Vorsitzende der Deutschnationalen der Neumark, selbst wenn er mit seinen Ansichten eigentlich den Liberalen nähersteht. Als ihn seine Kollegen bedrängen, er möge in seiner Partei auf Landesebene aktiv werden, um so nationalen Einfluß zu gewinnen, antwortet er mit gespielter Überraschung: »Warum sollte ich Politiker werden, wo doch die Politiker *mich* um Rat fragen?«

Osten ist in Pommern kein Fremder. Seine Tochter Anning ist die Ehefrau von Ewald von Kleist, und die Verbindungen der Kleists aus Belgard reichen weit genug, Oskar von der Osten wie die Wedemeyers und Tresckows, die Grundbesitzer aus der Neumark, mit einzuschließen. Daher zieht folgendes Ereignis, in dem der alte Osten der aufstrebenden Nazipartei einen Strich durch die Rechnung macht, seine Kreise bis nach Berlin:

Im Dorf Warnitz wohnen einige Nazis, gegen die der Landbesitzer im 20. Jahrhundert jedoch nicht vorgehen kann. Als sie beschließen, im Dorfgasthaus eine Kundgebung abzuhalten, macht Oskar von der Osten von seinem Recht als Feudalherr Gebrauch. Ein Gesetz, das seit mindestens 50 Jahren nicht mehr zur Anwendung gelangte, ermöglicht es ihm zu handeln. Rechtlich gesehen gehört jedes Gebäude im Dorf noch immer dem Landbesitzer, auch wenn der Gasthausbetrieb dem Wirt selbst gehört. Osten stellt klar, in wessen Besitz sich das Gasthaus befindet und untersagt die Abhaltung der Kundgebung. Keiner traut sich, ihm zu widersprechen; noch sind die Nazis nicht dreist genug.

MÄRZ. In Deutschland finden die Wahlen zum Reichspräsidenten statt. Zu den Kandidaten gehören der 84jährige General von Hindenburg, dessen legendärer Ruf aus dem Ersten Weltkrieg stammt. Er ist die hochgeschätzte Vaterfigur des Landes und derzeitiger Inhaber des Amtes. Sein

Herausforderer ist Adolf Hitler, Führer der emporgekommenen NSDAP. Es gibt auch einige andere Kandidaten, die jedoch, wie sich herausstellt, keinen Einfluß auf das Wahlergebnis haben. Hindenburg erhält 49,6 Prozent der Stimmen, während Hitler, knapp an zweiter Stelle, immerhin erstaunliche 30 Prozent erreicht. Da Hindenburg die absolute Mehrheit versagt blieb, wird für den nächsten Monat eine Stichwahl angesetzt.

APRIL. Zum ersten Mal in der Geschichte der jungen deutschen Republik sind sich alle demokratischen Parteien einig und rufen ihre Anhänger auf, für Hindenburg als den Verteidiger der Verfassung zu stimmen. Hindenburg gewinnt die Wahl klar mit 53 Prozent der Stimmen gegenüber 37 Prozent für Hitler. Ernüchternde Realität aber bleibt die breite Unterstützung für Hitler.

Mit ihrem beachtlichen Wahlerfolg sind die Nazis nun in der Lage, neuen Druck auf Reichskanzler Heinrich Brüning auszuüben. Brüning ist Mitglied der katholischen Zentrumspartei und wird von einer Koalition unterstützt, zu der weder die Sozialdemokraten auf der linken Seite des Parteienspektrums noch die Deutschnationalen auf der rechten gehören. Im Parlament, dem Reichstag, verbünden sich die größeren links- und rechtsgerichteten Parteien mit den Kommunisten beziehungsweise den Nazis und bilden eine mehrheitliche Opposition zur Regierung. In dieser ausweglosen Situation ist Brüning nicht in der Lage, den Zerfall der Wirtschaft oder die Regierungskrise aufzuhalten, und er entschließt sich zu einem Schritt, den seine Kritiker als Verrat an der deutschen Demokratie bezeichnen – auch wenn er im Vergleich zu dem, was noch kommen wird, als gering zu bezeichnen ist. Um die katastrophale Wirtschaftslage in Griff zu bekommen, ruft er den nationalen Notstand aus, der ihm den Erlaß von Notstandsgesetzen ermöglicht.

In der Folge bricht die Deutschnationale Volkspartei, die Partei der Kleists, Bismarcks, Wedemeyers und Tresckows, mit Brüning. Über die Nachfolge Brünings können sie sich aber nicht einig werden.
Zwanzig Jahre später wird Hans Jürgen mit großem Bedauern zurückblicken und seinem Sohn erklären, sie alle hätten einen verhängnisvollen Fehler begangen, indem sie in den letzten, kritischsten Monaten des Bestehens der Republik Brüning die Unterstützung verweigert hätten.

MAI. Im Moment ist Präsident von Hindenburg der einzige, dem die Macht obliegt, einen deutschen Kanzler zu ernennen oder zu entlassen. Er könnte also die verfahrene Situation retten. Die Entscheidung, Brüning zu entlassen, hat er bereits getroffen, jedoch steht noch aus, wer sein Nachfolger werden soll.

Östlich von Berlin in der Neumark herrscht Aufregung im Dorfe Warnitz. Soeben ist ein schwarzer Mercedes mit Regierungskennzeichen durch die sonst stille Dorfstraße zum Schloß Warnitz hinaufgerast. Dem Wagen entsteigen zwei Männer, der Chauffeur bleibt sitzen. Ein überraschter Dienstbote öffnet den Besuchern die Tür, nimmt ihre Visitenkarten entgegen und geleitet sie direkt in das unaufgeräumte Büro des Gutsherren. Oskar von der Osten begrüßt die persönlichen Vertreter Präsident von Hindenburgs ganz leger in Hemdsärmeln, aber das kann seinen Ruf als ständiger Berater von Politikern nicht schmälern. Selbstverständlich ist der Präsident ein langjähriger Freund, und seinen Gesandten muß zumindest eine Tasse Tee serviert werden. Der Diener verbeugt sich und verläßt den Raum.

Durch die beiden Gesandten läßt Hindenburg fragen, ob Osten den Posten des Kanzlers übernehmen und eine die Sozialdemokraten und Deutschnationalen umfassende Regierungskoalition bilden würde. Der Präsident ist der festen Überzeugung, dieser alte Junker sei besser für die schwierige Aufgabe geeignet als alle anderen.

Osten als liberalen Konservativen zu bezeichnen ist kein Widerspruch in sich. Er hat miterlebt, wie sein Land besiegt wurde, die Monarchie zerbrach, das Vaterland erniedrigt und nun die Bevölkerung von Extremisten der linken und der rechten Seite betrogen wird. Daß Hindenburg ihn für den Mann hält, der eine ausreichende Mehrheit schaffen kann, erfreut und berührt ihn tief. Ohne zu zögern gibt der pensionierte Bürokrat beiden Gesandten einen kräftigen Händedruck und eine positive Antwort.

Bei Tee, Schinken und frisch gebackenem Brot stellen die drei Männer in den nächsten Stunden ein Kabinett zusammen – fertigen Namenslisten an, telephonieren, streichen Namen, fügen neue hinzu. Das ganze dauert bis nach Sonnenuntergang. Als die Besucher schließlich ihre Papiere aufsammeln und Ostens Büro verlassen, befindet sich in ihren

Aktentaschen die Zusammensetzung des nächsten Kabinetts, die Hoffnung für die Zukunft des Landes. Einzig und allein fehlt jetzt noch Hindenburgs Entscheidung und der bestätigende Anruf aus Berlin. Der Anruf aber wird nie kommen, da Hindenburg unter Druck gesetzt wird, Franz von Papen zu ernennen. Wie Brüning gehört er dem Zentrum an, ist jedoch viel konservativer als dieser. Von Papen schlägt dem Präsidenten ein überparteiliches Kabinett aus Konservativen vor, die eine Rückkehr der Monarchie befürworten würden. Plötzlich erscheint der alte, ehrlose Kaiser als mögliches Bollwerk gegen Hitler, gegen den Mann, der eine neue Art von Kaiser zu werden droht. Für traditionelle Monarchisten liegen in einer solchen Regierung Hoffnungschancen! Selbstverständlich verlangen doppelte Bedrohungen wie Kommunismus und Nazismus ungewöhnliche, erfinderische Lösungen. Hans von Wedemeyer kennt von Papen und ist seit der Zeit, als er im 1. Weltkrieg unter ihm gedient hat, mit ihm befreundet. Hans Jürgen und Mieze stehen wie in allen politischen Dingen auf der Seite ihres Vetters Ewald, der seinen Schwiegervater von der Osten unterstützt.

JUNI. Reichspräsident von Hindenburg ernennt Franz von Papen zum neuen deutschen Kanzler. Papen bildet eine überparteiliche Regierung mit General Kurt von Schleicher als neuem Verteidigungsminister. Von den Nazis gibt es keinen Widerstand gegen diese Regierung. Wie sich später herausstellen wird, hatte Schleicher mit den Nazis ausgehandelt, er werde ihre uniformierten Sturmtruppen dulden, wenn sie stillschweigend das Kabinett Papens tolerieren würden. Mehr noch als Brüning wird Papen die von der deutschen Verfassung ermöglichte diktatorische Notstandsgesetzgebung mißbrauchen.
Hans erkennt die mögliche Überforderung seines Freundes und entschließt sich, Pätzig zu verlassen und ihm seine Unterstützung anzubieten. Bald nach Hitlers Machtübernahme wird er in großer Sorge nach Pätzig zurückkehren. Nach dem sogenannten »Röhmputsch« 1934 wird an seinem Schreibtisch sein Nachfolger von der SS erschossen.

JULI. Franz von Papen entläßt die gesamte preußische Regierung und ernennt sich selbst zum Reichskommissar für Preußen. Es werden Neuwahlen abgehalten, aus denen die Nazis mit einem deutlichen Sieg hervorgehen. Im Reichstag konnten sie die Zahl ihrer Sitze verdoppeln.

SEPTEMBER. Alle NSDAP-Abgeordneten im Reichstag nehmen an den Sitzungen in voller Naziuniform teil. Dies ist eine klare Verletzung deutscher Gesetze und kann nur als Demonstration völliger Mißachtung der rechtmäßigen Regierung bezeichnet werden. Dennoch gelingt es ihnen, ausreichend Unterstützung im Reichstag für den Rücktritt Papens zu finden. Dieser weigert sich und löst statt dessen erneut den Reichstag auf, fordert Neuwahlen und regiert das Land in der Zwischenzeit mit Notstandsgesetzen.

OKTOBER. In Belgard finden blutige Schlachten zwischen den NS-Braunhemden und den Kommunisten statt. An jedem Wochenende hört man von Todesopfern unter den Widersachern. In Kieckow und Klein Krössin, in Schmenzin und auf anderen Gütern machen erstaunte Landbesitzer die Polizei dafür verantwortlich, da sie nicht in der Lage sei, für Recht und Ordnung zu sorgen. Deutschland verfällt in die Gesetzlosigkeit.

NOVEMBER. Bei den Wahlen verlieren die Nazis erheblich an Stimmen, die Kommunisten verzeichnen entsprechende Stimmengewinne. Zusätzlich zu den wirtschaftlichen Problemen zeichnet sich ab, daß sich Deutschland auf dem Weg zur Anarchie befindet. Papen wird zum Rücktritt gezwungen. Die Unterstützung für ihn, auch durch Hindenburg und seinen alten Freund Hans von Wedemeyer, ist in gleichem Maße schnell dahingeschwunden, wie die Entwicklung der Dinge außer Kontrolle geraten ist.

DEZEMBER. Zögernd ernennt Präsident von Hindenburg Kurt von Schleicher zum neuen Reichskanzler. Die Kleists, Bismarcks und Wedemeyers sind über diese Wahl hocherfreut, denn im Moment ist die Aufrechterhaltung von Recht und Gesetz das Gebot der Stunde. In Warnitz beklagt Oskar von der Osten die Ernennung als sicheren Schritt zu einer Militärdiktatur. Im nahen Wartenberg sind Ostens junge Freunde Gerd und Henning von Tresckow anderer Meinung. Die beiden Söhne von Ruths verstorbener Schwester Anni betrachten Hitler als Retter, der Deutschland wieder zu Ruhm führen kann. In nicht allzu langer Zeit werden die beiden Idealisten zutiefst enttäuscht sein.

1933, JANUAR. Franz von Papen, noch immer amtierender Reichskommissar für Preußen, ernennt Herbert von Bismarck zum Staatssekretär im preußischen Innenministerium. Damit ist er für die preußischen
Landespolizeiorgane zuständig. Ihm wird ein junger Jurist, der soeben
sein Jurastudium beendet hat, zur Seite gestellt – es ist Fabian von
Schlabrendorff.

Wie Herbert von Bismarck ist auch Fabian der Sprößling einer alten
preußischen Politikerfamilie. Seine akademische Bildung erwarb er an
der Universität Halle, deren ausgezeichnete juristische Fakultät noch dem
alten Standard entspricht. Er bringt in das preußische Innenministerium
ein gesundes Mißtrauen gegen Adolf Hitler und eine starke Abneigung
gegen die Philosophie und das Programm der Nazis mit ein. Fabian
besitzt freilich auch die Energie und die wache Neugierde eines jungen
Mannes. Herbert zieht den jungen Schlabrendorff von Anfang an in sein
Vertrauen, auch wenn keiner der beiden Männer ahnt, in welche Gefahren sie ihr gegenseitiges Vertrauen führen wird.

Ewald von Kleist aus Schmenzin, aktives Mitglied der Deutschnationalen Volkspartei und gut bekannt in bestimmten Kreisen, tritt eine Reise
nach Berlin an. Während seines Aufenthaltes wird er bei Herbert von
Bismarck wohnen. Die beiden Männer haben eine Reihe von Gemeinsamkeiten, auch wenn sie politisch nicht immer einer Meinung sind.
Zwischen Lasbeck und Schmenzin gab es von jeher enge Verbindungen.
In der jetzigen Generation sind die Bismarcks und Kleists durch die
Heirat von Herbert mit Maria von Kleist, der Cousine Ewalds, miteinander verbunden. Beide Männer sind seit ihrer Kindheit mit Marias
Mutter Ruth gut bekannt und fühlen sich dieser Matriarchin aus Pom-
mern gleichermaßen verbunden.

Ewald kam zu Ohren, daß Franz von Papen hinter den Kulissen versuche, eine Koalition konservativer Parteien aufzubauen, zu der auch
Deutschnationale und Nazis gehören sollen. Ewald, der einen derartigen
Kurs für den sicheren Untergang Deutschlands hält, ist schockiert. Er
plant, die Angelegenheit mit Reichspräsident von Hindenburg, anschließend auch mit von Papen selbst zu besprechen. Sollte Papen nicht von
seinem fatalen Kurs abgebracht werden können, würde Ewald auch
Hugenberg, den Parteiführer der Deutschnationalen aufsuchen. Den-

noch ist Ewald sich seiner Instinkte nicht ganz sicher und strebt daher zunächst ein persönliches Treffen mit Hitler an.

Zugang zu Hitler zu bekommen ist nicht einfach, aber dank der Verbindungen, die noch immer den deutschen Adel zusammenhalten, erreicht Ewald durch Papen ein persönliches Treffen zwischen ihm und dem Führer der NSDAP.

Ewald trifft auf Adolf Hitler vor einem Büro in der Reichskanzlei. Hitler geleitet ihn hinein, bittet ihn, sich zu setzen und schließt die Tür. In dem Raum befinden sich lediglich zwei Möbelstücke, ein bequemer Sessel und ein Fußschemel, so daß Ewald davon ausgeht, der Sessel sei für ihn gedacht und sein Gastgeber würde auf dem gepolsterten Schemel Platz nehmen. Weit gefehlt. Ewald setzt sich, während Hitler beginnt, im Raum auf- und abzuschreiten und gleichzeitig einen Vortrag zu halten. Je länger er spricht, desto erregter wird er und desto schneller werden seine Schritte. Ewald bleibt nichts anderes als zuzuhören und den einmal von links nach rechts, dann zurück nach links und wieder auf- und abgehenden, rastlosen Hitler zu beobachten. Was sich Ewald als politischen Dialog zwischen zwei Personen vorgestellt hatte, wurde zu einem flammenden Sermon eines einzelnen. Hitler unterbreitet dem Junker aus dem Osten seine Pläne für Deutschland, in den in Kürze zu Deutschland gehörenden Gebieten Polens, der Ukraine und im weiteren Verlauf auch Weißrußlands neuen Lebensraum zu schaffen. Ewalds Entschlossenheit festigt sich mit jeder Minute, und zwei Stunden später verabschiedet er sich völlig erschöpft und überrascht von seinem Gastgeber, der offenbar ohne Unterbrechung ewig weiterreden könnte. Am selben Abend ruft Ewald aus Herberts Wohnung seine Frau Anning an: »Es gibt keine Möglichkeit für einen Kompromiß; den Rest meines Lebens werde ich der Zerstörung dieses Mannes widmen, bevor er unsere Nation und unsere Geschichte zerstört.« Den Namen des Mannes erwähnt Ewald wohlweislich nicht, da man in diesen verräterischen Zeiten Vorsicht walten lassen muß.

Ein Treffen mit dem Reichspräsidenten läßt sich leichter bewerkstelligen – ohne die Mitwirkung von Papens oder anderer einflußreicher Persönlichkeiten. Dazu genügt ein Anruf Ewalds in Hindenburgs Büro, bei dem er sich als Schwiegersohn Oskar von der Ostens meldet. Einen Tag später sitzen der Präsident und Ostens Schwiegersohn beisammen in dem prächtigen Präsidentenbüro mit Blick auf die Wilhelmstraße.

Nachdem er Hindenburg über sein Treffen mit Hitler berichtet hatte, erzählt ihm Ewald von dem weitverbreiteten Gerücht, daß Franz von Papen nur danach trachte, Schleicher loszuwerden. Zu diesem Zweck plane er, ein Kabinett vorzuschlagen, in dem der Führer der Deutschnationalen Volkspartei (Hugenberg) und Mitglieder der NSDAP, Hitler möglicherweise sogar als Kanzler, vertreten sein sollen. Diese Vorstellung sei ein Greuel, sagt er.

Darauf antwortet Hindenburg: »Sehen Sie, es freut mich, daß Sie mir dies mitteilen. Ich weiß, daß mein Kanzler (Papen) wünscht, ich solle Hitler zum Reichskanzler ernennen. Mein Pflichtbewußtsein und mein Verantwortungsgefühl werden dies nicht zulassen. Er (Hitler) ist kein Staatsmann; meiner Meinung nach ist er bestenfalls für das Postministerium geeignet.« In gutem Glauben an Hindenburgs Integrität versucht Ewald in Gesprächen, die in der nächsten Woche folgen, von Papen von seinem Plan abzubringen. Als sich sein Scheitern abzeichnet, bittet er Hindenburg inständig, die Koalition zu verhindern. Keiner der beiden Männer läßt sich abbringen, da beide der Meinung sind, gegen eine NS-Minderheit in der Regierung könne sich die konservative Mehrheit durchsetzen. Zwei Wochen später entläßt Hindenburg Schleicher und ernennt Adolf Hitler zum deutschen Kanzler, von Papen wird Vizekanzler und Reichskommissar für Preußen. Von Papen brüstet sich damit, den Nazis die Hände gebunden zu haben, da sie lediglich drei der elf Ministerposten erhielten.

Ewald sucht ein letztes Mal die Reichskanzlei auf. Er beschuldigt sowohl Papen als auch Hugenberg, das Vaterland verraten zu haben – harte Worte aus dem Munde eines pommerschen Aristokraten.

DAS BILDNIS DES KAISERS

1933, FEBRUAR. Innerhalb von 24 Stunden, nachdem Hitler deutscher Kanzler wurde, wendet sich das Blatt. Hitlers engster Verbündeter Hermann Göring wird preußischer Innenminister, ist also nun der Vorgesetzte von Staatssekretär Herbert von Bismarck. Dadurch erhalten die Nazis die Polizeimacht in Preußen. Die Organisation Josef Goebbels' bringt den deutschen Rundfunk unter ihre Kontrolle (eine Tatsache, die jedoch erst Mitte März nach Goebbels Ernennung zum Minister für Volksaufklärung und Propaganda bekanntgegeben wird), und Baldur von Schirach wird an die Spitze zweier Organisationen gesetzt, die die Kontrolle bis in die nächste Generation sicherstellen sollen – die Hitlerjugend für Jungen und der Bund Deutscher Mädel (BDM). Man kann sich gut vorstellen, welche Position Raba Stahlberg erwartet hätte, wären ihr nicht von ihrem Onkel Ewald die Augen geöffnet worden!

Einen Tag später verbreitet der Rundfunk in der regelmäßigen Sendung der evangelischen Kirche die Rede eines Dozenten der Berliner Universität. Es handelt sich um Dietrich Bonhoeffer, der über die Gefahren eines Führerkults spricht, eines Kults, wie er derzeit von der NSDAP betrieben wird. Etwa 20 Minuten nach Beginn seines Vortrags warnt Bonhoeffer, der Führer ließe »sich von dem Geführten dazu hinreißen, dessen Idol darstellen zu wollen, … dann gleitet das Bild des Führers über in das Bild des Verführers … Führer und Amt, die sich selbst vergotten, spotten Gottes.«[27]

Mitten in diesem Satz wird das Mikrophon im Senderaum abgeschaltet. Die Organisation von Dr. Goebbels ist offensichtlich bereits im Einsatz.

In der Nacht des 27. Februar wird das Reichstagsgebäude in Brand gesteckt. Am nächsten Morgen machen sich Herbert von Bismarck und sein Mitarbeiter Fabian von Schlabrendorff auf den Weg zum preußischen Innenministerium. Das Feuer, das den Reichstag zerstörte, schwelt noch, der Rauchgeruch ist tief ins Innere des Ministeriums eingedrungen. Dennoch hört man aus dem Büro von Hermann Göring Töne unverhohlener Heiterkeit. Er befindet sich gerade mitten in einer jovialen Unterhaltung mit dem sonst eher ernsten Franz von Papen, der als Reichskommisar für Preußen noch immer beträchtliche Macht ausübt. Herbert betritt das Büro und begrüßt die beiden Herren, mehr aus Höflichkeit Papen gegenüber, der schließlich ein Junker ist, als aus Hochachtung für Göring. Ihm fällt es schwer, diesen Possenreißer ernst zu nehmen, der jetzt sein Vorgesetzter ist. Göring ist bester Laune. Er unternimmt nicht einmal den Versuch, seine Freude über den noch schwelenden Brand und das, was er eigentlich bedeutet, zu verbergen.

In diesem Moment betritt Adolf Hitler den Raum. Görings Verhalten schlägt um in überschwengliche Freude über die unerwartete Ankunft seines Führers. Sehr beflissen, ihm zu Diensten zu sein, berichtet er über alles, was mit dem Feuer zusammenhängt, auch von der möglichen Ursache – Brandstiftung, natürlich durch Kommunisten. Besonders ergötzliche Details unterstreicht er, indem er sich auf die Schenkel klopft. Hitler verfolgt seinen Bericht schweigend, ohne jede Regung zu zeigen. Später am selben Morgen gibt er einen Notstandserlaß bekannt. Zum Schutze der Bevölkerung und des Staates werden alle von der deutschen Verfassung garantierten Grundrechte außer Kraft gesetzt.

MÄRZ. Nach dem sonntäglichen Kirchenbesuch am Tag der Reichstagswahlen begeben sich Ruth, Mieze und Hans Jürgen von Kleist in das Wahllokal in Groß Tychow, um ihre Stimmen abzugeben. Wochenlang hatte die neue Regierung die Bevölkerung sowohl schriftlich als auch über den Äther mit großartigen Versprechungen und haßerfüllten Denunziationen bombardiert. Vor dem Wahllokal sieht man überall SA, aber kein einziger regulärer Polizist des Bezirks ist in Sicht.
Ruth, Mieze und Hans Jürgen stimmen für die katholische Zentrumspartei. Früher – zumindest ab der Zeit Hans Hugo von Kleists – wäre es undenkbar gewesen, daß die Kleists aus Kieckow ihre Stimme einem katholischen Kandidaten gegeben hätten. Dennoch kommen ihre Stimmen zu spät, um das Vaterland zu retten. Nach den Wahlen wird die NSDAP zusammen mit dem Rest der Deutschnationalen Volkspartei die Mehrheit im Reichstag haben. Franz von Papen, der diese Koalition dazu ersonnen hatte, die Nazis in der Minderheit zu halten und sich selbst die Macht über Preußen zu erhalten, wird als Reichskommissar abgelöst. Sein Nachfolger ist kein anderer als Hermann Göring.

In dieser unheilvollen Situation tritt Herbert von Bismarck von seinem Posten im Innenministerium zurück. Er löst seine Wohnung in Berlin auf und kehrt nach Lasbeck zurück, um dort seine Pflichten als Ehemann, Vater, Landbesitzer und Verwalter der Bismarckschen Ländereien zu erfüllen. Vielleicht kann er auch seiner mittlerweile verwitweten Schwägerin Gertrud, die Kniephof tapfer weitergeführt, dabei helfen, das Gut für ihren Sohn Klaus zu erhalten.
Und Fabian? Er wird in der Versenkung der deutschen Verwaltung ver-

schwinden, man wird mehr als zehn Jahre lang fast nichts von ihm hören. Aus dem Bismarckschen Kreis wird er jedoch nicht verschwinden, denn er hat bereits Herberts älteste Tochter Luitgarde kennengelernt. Sie hat vor kurzem das Lyzeum abgeschlossen und macht sich nun nützlich in Pätzig in der Neumark, diesem Schmuckstück von einem Gut östlich der Oder, wo sie für ihre Wedemeyerschen Vettern und Cousinen als Hauslehrerin engagiert ist.

Während sich Herbert von Bismarck mit seinem Gepäck im Zug auf dem Weg nach Pommern befindet, überquert Fabian von Schlabrendorff die Oder mit dem Automobil. Er ist auf dem Weg nach Pätzig, um, wie er vorgibt, Hans von Wedemeyer aus erster Hand über die jüngsten unheilvollen Entwicklungen in Berlin zu berichten. In Wirklichkeit kreisen seine Gedanken jedoch ausschließlich um Luitgarde, die bezaubernde Lehrerin, die er sich im Kreise der sechs lebhaften Wedemeyer-Kinder bildhaft vorstellt. Man hört Geschichten über Pätzig, wonach selbst im Winter die Kinder nach dem Sport barfuß hinausgeschickt werden und dreimal um das riesige Gutshaus herumlaufen müssen. Nachsichtig belächelt Fabian die Überzogenheiten dieser unkonventionellen Großfamilie. Am anderen Ufer der Oder angelangt, legt er den Rest des Weges mit Höchstgeschwindigkeit zurück.

APRIL. Am 1. April werden mit Zustimmung weiter Teile der Bevölkerung in ganz Deutschland jüdische Geschäfte bestreikt.

In Klein Krössin hat Ruth von Kleist, die Witwe des verstorbenen Landrats von Belgard, den derzeitigen halb-jüdischen Landrat zum Tee eingeladen. Es ist nur eine Frage der Zeit, bis auch er seinen Posten verlieren wird.

In Warnitz in der Neumark gibt der alte Oskar von der Osten, ehemaliger Landrat von Küstrin, seine Urkunde der Ehrenbürgerschaft von Küstrin zurück und stattet einem jüdischen Landbesitzer in der Nachbarschaft, für den er bisher nie viel Interesse bekundet hatte, einen Besuch ab.

In Berlin bahnt sich die 91jährige Julie Bonhoeffer, die Großmutter des streitbaren Theologen Dietrich Bonhoeffer, ihren Weg durch Unmengen von SA-Streikposten vor dem Kaufhaus des Westens, dem größten Kaufhaus Berlins. Seine Besitzer sind jüdisch.

225

Weder Ruth, Oskar von der Osten noch die Großmutter Bonhoeffer werden von Nachbarn oder Zuschauern zurückgehalten. Selbst in der NS-Zeit ist man gegenüber den Eigenheiten alter Leute nachsichtig. Weniger als eine Woche nach dem Boykott werden durch ein Regierungsdekret sogenannte »Nicht-Arier« aus dem öffentlichen Dienst entlassen.

MAI. Heute ist der 1. Mai, bisher ein Feiertag der Kommunisten und Sozialdemokraten, der von den Nazis ohne Zögern für ihre eigenen Zwecke mißbraucht wird. Laut Verfügung der Regierung müssen auf allen Kirchen und öffentlichen Gebäuden an diesem Tag Hakenkreuzfahnen, also Fahnen mit dem neuen Symbol Deutschlands, gehißt werden. In Naseband, einem kleinen Dorf, das zu den Ländereien Ewald von Kleists gehört, weigert sich Pastor Reimer, von der Dorfkirche die Hakenkreuzfahne wehen zu lassen.

Selbst in den Ländereien der Kleists gibt es mittlerweile fanatische Anhänger der Nazis, die geradezu darauf lauern, widerspenstige Geistliche und Landbesitzer zu denunzieren. So dauert es nicht lange, bis der NSDAP-Kreisleiter von Belgard über die Weigerung des Pastors informiert ist. Die Nachricht dringt aber auch weiter nach Schmenzin und Kieckow, wo Pastor Reimer wohlbekannt ist. Großmutter Ruth und ihre Familie schätzen ihn sehr.

Nachdem Ewald von Kleist der eigentliche Besitzer der Kirche von Naseband ist, wird erwartet, daß die SA eher in Schmenzin als beim Pastor von Naseband erscheinen wird. Die Braunhemden der SA werden sicher bewaffnet sein, aber den Kleists aus Belgard hat es in Krisenzeiten noch nie an Mut gefehlt. Ewald setzt sich telephonisch mit Hans Jürgen in Verbindung, der wiederum drei weitere Anrufe tätigt – einen zu Jürgen von Woedtke und zwei zu anderen Belgarder Landbesitzern, auf die Verlaß ist. Innerhalb von zehn Minuten machen sich vier Automobile über kleine Nebenstraßen auf den Weg nach Schmenzin. Jedes Fahrzeug wird gelenkt von einem Junker und Landbesitzer in Reithosen und -stiefeln, jeder von ihnen trägt ein Schulterhalfter mit geladener Pistole. Etwas später fährt eine Kolonne von sechs Automobilen, jedes besetzt mit vier SA-Männern, die Sackgasse auf das Schmenziner Gutshaus zu. Ewald von Kleist steht allein vor dem turmartigen Eingang zu seinem Hof. Er hat die Hände in die Seiten gestützt, von seinem Gürtel hängt, für jeden sichtbar, eine geladene Pistole. Hinter den hohen Fenstern seines Hauses sind vier Männer in ähnlicher Aufmachung erkennbar. Einer der SA-Männer steigt aus dem Automobil, um auf das Haus zuzugehen. Ewald droht zu schießen, falls dieser einen Schritt näher käme. Alle Augen ruhen auf dem Anführer im braunen Hemd. Für ein paar Sekunden steht er regungslos, dann schlägt er die Hacken zusammen und wendet sich zum Gehen. Ohne ein Wort steigt er wieder in sein Auto. Einen Moment später ist von den sechs Autos nur noch eine wütende Staubwolke zu sehen. Als die vier bewaffneten Männer aus dem Gutshaus von Schmenzin heraustreten, bedankt sich Ewald bei jedem von ihnen mit einem Händedruck. Die Landbesitzer von Belgard können noch aufeinander zählen.

JULI. Die NSDAP wird offiziell zur einzigen Partei Deutschlands erklärt.

1934. Die Nazifizierung Deutschlands breitet sich an allen Fronten aus, nicht zuletzt in Religion und Bildung.
Im kirchlichen Bereich wird insbesondere auf die evangelischen Geistlichen starker Druck ausgeübt, der neu gegründeten Reichskirche beizutreten. Diese predigt die Verherrlichung des deutschen Vaterlandes und seines Führers Adolf Hitler als die weltlichen Äquivalente des Reiches Gottes und seines Sohnes Jesus Christus, in ihrer schändlichen Ausprägung auch den Ausschluß nicht-arischer Christen, die Ablehnung gemischtrassiger Ehen und nicht-arischer Schriften, was schlichtweg das gesamte Alte Testament umfaßt. Jedenfalls ist sie in aller Offenheit antisemitisch. Unter diesem Druck bilden sich allerdings auch Inseln des Widerstandes, mit welchen sich ein Name und eine Pfarrei besonders verbindet: Pastor Martin Niemöller in Berlin-Dahlem.
Im Bereich der Erziehung wurden die Internate, in denen Aristokraten und Industrielle ihre Kinder erziehen lassen, unter staatliche Verwaltung gestellt, während die schulgeldpflichtigen öffentlichen Gymnasien noch unter der Kontrolle der örtlichen Schulbehörden stehen und relativ frei sind von staatlicher Ideologie.

MÄRZ. Generationen von Söhnen und Töchtern preußischer Junker haben ausgewählte preußische Internate besucht. Auch diese Generation bildet keine Ausnahme. Zwei Söhne der Familie Kleist, Konstantin und

Jürgen Christoph, 15 und 13 Jahre alt, sowie ein Sohn der Familie Bismarck, der 15jährige Hans Otto, besuchen das privatgeführte Internat in Templin bei Berlin.

Hans Otto befindet sich mit einigen Klassenkameraden in der Schulbibliothek, sie warten auf das Eintreffen der Aufsichtsperson. Auf einem Holzsockel steht die Gipsbüste des letzten Hohenzollern-Kaisers Wilhelm II. In einem plötzlichen Ausbruch von Übermut beschließen die Jungen, den Kaiser zu vernichten, denn sie haben ja jetzt einen neuen Führer, Adolf Hitler! Der kühnste unter ihnen reißt die Statue hoch über seinen Kopf und schickt sich an, sie auf dem Steinfußboden zu zerschmettern. In diesem Augenblick aber stürzt sich Hans Otto auf den größeren Jungen und versucht, ihm das kaiserliche Gipsabbild zu entringen. Da fällt die Gipsskulptur mit Hans Otto zu Boden und zerbirst in tausend Stücke. Außerdem kommt es zunehmend zu Spannungen zwischen der Schulleitung des Gymnasiums und der örtlichen Hitler-Jugend, die, wie im ganzen Land, auch in Templin stärkeren Einfluß auf das Schulleben gewinnen möchte. In der Auseinandersetzung um die Aufstellung eines Fahnenmastes auf dem Schulgelände kommt es zu einer HJ-Demonstration gegenüber der Schule, in der der Bannführer der HJ eine scharfe Rede gegen das Gymnasium und den Schulleiter hält. Einige Schüler erheben daraufhin Widerspruch gegen die unangemessene Hetzrede und stellen sich auf die Seite des Direktors. Daraufhin setzt der Bannführer einen zweiten Appell an und läßt den betreffenden Schülern vor der Versammlung die HJ-Abzeichen, Schulterriemen, Achselklappen und Fahrtenmesser abreißen. Schließlich kommt es zur Versetzung des beliebten Direktors.

Als die Nachrichten aus Templin die Familien in Lasbeck und Kieckow erreichen, treten Eltern und Großmutter in Aktion. Herbert, der Vater des Jungen, reist umgehend nach Templin, um Hans Otto mitsamt seiner Habe abzuholen. Ein Protestbrief wird später geschrieben werden. Hans Jürgen erscheint kurz nach ihm, auch er nimmt seine beiden Söhne von der Schule. Zu Hause in Kieckow ruft Mieze bei ihrer Schwägerin Spes in Berlin an und berichtet ihr von dem schrecklichen Ereignis. Ihre beiden Söhne würden sofort von der Schule genommen, und da es in Belgard kein gutes Gymnasium gebe, fragt sie, ob es Spes möglich wäre, Konstantin und Jürgen Christoph in ihrer Wohnung in Grunewald aufzunehmen, damit sie dort ihre Schulbildung beenden könnten. Dazu käme auch die Frage der Konfirmation. Unter der Aufsicht der Nazis wurden die Schüler in Templin auf dieses wichtige Ereignis im Leben eines Jungen nicht vorbereitet. Könne ihr Spes einen vertrauenswürdigen Pastor nennen? Spes antwortet, in Berlin gebe es keine vertrauenswürdigen Pastoren, aber so ist sie eben. Mit wirklicher Freude erklärt sie sich bereit, ihre Neffen nach den Osterfeiertagen bei sich aufzunehmen, da sie derzeit völlig allein wohnt. Selbst Hans Conrad, ihr Jüngster, hat bereits sein Zuhause verlassen und den Militärdienst angetreten.

Ruth sieht in dieser Entwicklung in Spes' Leben eine Parallele zu ihrem eigenen Leben vor 25 Jahren, als sie die beiden in einer schwierigen Phase befindlichen Bismarck-Söhne in Stettin unter ihre Fittiche nahm. Wie einfach die Dinge doch waren, als man den Schulen und vor allem dem Pastor noch trauen konnte! Derzeit besteht Großmutters Anliegen einzig und allein darin, in Berlin einen Pfarrer zu finden, der ihre beiden Enkelsöhne auf die Konfirmation vorbereiten würde. Sie beginnt ihre Nachforschungen mit einem Anruf bei Pastor Reimer aus Naseband. Der zweite Anruf auf dessen Empfehlung hin gilt Pastor Niemöller in Berlin.

APRIL. Nach Ostern werden Konstantin und Jürgen Christoph in der Stahlbergschen Wohnung in Berlin einquartiert und am Gymnasium in Grunewald angemeldet. Mit Pastor Niemöller werden Vereinbarungen getroffen, die beiden ein Jahr lang auf die Konfirmation in der Dahlemer Kirche vorzubereiten. Dies ist ein großherziges Zugeständnis des Pfarrers, da er gleichzeitig den »Pfarrernotbund« leitet. Zwar wurde dieses christliche Zentrum des Widerstandes gegen die Nazis noch nicht von der Regierung verboten, aber seine Mitglieder leben unter ständigem Druck. Hans Otto von Bismarck wird zu Hause unterrichtet. Seine Mutter kann sich nicht überwinden, ihn so kurz nach seiner Heimkehr wieder fortzuschicken.

JUNI. Fabian von Schlabrendorff wird nun häufig in Lasbeck gesichtet, aber nicht einmal der mißtrauischste Nazi hegt gegen ihn Verdacht, da die Bismarcks, wie jeder erwartet, in Kürze die Verlobung ihrer Tochter Luitgarde mit dem belesenen jungen Anwalt aus Berlin verkünden werden. An diesem Tag im Frühsommer ist es nicht allein Luitgarde, die

Fabians Gedanken in Bann hält. Er ist nach Lasbeck gekommen, um Herbert von Bismarck über einen grausamen Plan zu informieren, der gerade in der Reichskanzlei ersonnen wird. Hitler beabsichtige, all jene zu beseitigen, die er als seine Widersacher betrachtet. Wen er damit meine, sei nicht ganz klar, aber sicher werde sich die Aktion nicht nur auf einige wohlbekannte Parteigenossen beschränken. Auf die Frage, woher er diese Information habe, antwortet Fabian: »Fragen Sie lieber nicht, aber rechnen Sie damit, daß es bald passieren wird.«

Noch vor Sonnenuntergang macht sich Herbert mit dieser wichtigen Information auf den Weg nach Kieckow, anschließend kehrt er nach Lasbeck zurück. Hans Jürgen und Ewald stecken in der Bibliothek von Schmenzin die Köpfe zusammen.

Am Mittag des 30. gibt der Rundfunk die Vereitelung eines Putschversuches gegen Hitler durch Verräter aus seiner eigenen Partei bekannt. Der Drahtzieher sei Ernst Röhm, Stabschef der mächtigen SA. Er wurde zusammen mit vielen anderen verhaftet. Anning von Kleist hört den Bericht und informiert sofort Ewald. Instinktiv fühlt sie, daß er in Gefahr ist.

Im Juni wird es erst spät dunkel. Daher ist es noch hell, als die vier kleinen Kleist-Kinder in Schmenzin in voller Kleidung zu Bett gebracht werden. Der älteste, Ewald Heinrich, sitzt mit seinen Eltern im Eßzimmer des Gutshauses; alle warten voller Unruhe auf den Einbruch der Dunkelheit. Immer wieder gleiten ihre Blicke über die in der Dämmerung liegenden Auffahrt zum Gutshaus. Endlich werden die Umrisse eines Automobils sichtbar. Ewald und Anning beeilen sich, ihre schlafenden Kinder zu wecken. Dann besteigt die siebenköpfige Familie den Wagen – es ist kein in Schmenzin bekannter Wagen, aber der Chauffeur der Familie sitzt am Steuer. Das Motorgeräusch ist kaum hörbar, der Wagen fährt ohne Licht. Auf zahlreichen Umwegen fährt der Chauffeur auf wenig genutzten Nebenstraßen kreuz und quer durch den Kreis Belgard und endlich, lange nach Mitternacht, erreichen sie Dubberow, das Zuhause von Ewalds Mutter Lili. Nachdem die Kinder zu Bett gelegt wurden, schlägt auch Ewald vor, bis zum nächsten Morgen zu ruhen. Anning widerspricht ihm vehement; sie wolle bleiben, Ewald jedoch müsse sofort weiterreisen.

Anning von Kleist, die Tochter des alten Osten, der ohne Papens Intervention vielleicht deutscher Kanzler geworden wäre und dieses Schicksal hätte verhindern können, besitzt außergewöhnliche Instinkte. Fünfzehn Minuten nachdem Ewald mit seinem Chauffeur das Haus verlassen hatte, trifft ein Fahrzeug der Gestapo, von einer gründlichen Durchsuchung des Gutshauses in Schmenzin kommend, in Dubberow ein. Einer der Offiziere fragt Anning, wo ihr Mann sei. »Ich weiß es nicht; er ist fortgefahren«, antwortet sie.

«Wenn ich weg bin, weiß meine Frau immer, wo ich mich aufhalte«, entgegnet der Offizier.

«Ich bin aber nicht Ihre Frau«, erwidert sie. Die Gestapo fährt ab, ohne Dubberow zu durchsuchen.

Anning ist klar, daß Ewald in eine Falle fährt, da an allen Straßen Posten aufgestellt sein werden. Sie benachrichtigt Kieckow und beschwört Hans Jürgen, seinen Förster, dem er von all seinen Angestellten am meisten vertraut, aufzuwecken. Ewald sei wahrscheinlich auf dem Weg nach Kieckow, für ihn wäre es jedoch sicherer, zum Bahnhof zu fahren. Der Förster zieht sich schnell eine Jacke über den Schlafanzug und macht sich mit dem Fahrrad auf den Weg nach Klein Krössin. Er beabsichtigt, Ewalds Fahrzeug abzufangen, bevor es in die Hauptstraße nach Groß Tychow einbiegt. Er kommt jedoch zu spät. Das Fahrzeug überholt mit großer Geschwindigkeit den verzweifelt in die Pedale tretenden Mann wenige Meter vor der Abbiegung.

Dann passiert ein Wunder. Ewalds Automobil erfaßt einen Dachs und wird zum Anhalten gezwungen. Dadurch gewinnt der Förster Zeit, ihn einzuholen und Annings Nachricht zu übermitteln. Das Fahrzeug wendet und nimmt Kurs auf eine kleine Haltestelle, an der morgens der Milchzug hält. Ewald von Kleist gelingt es, den Zug unerkannt zu besteigen und fährt nach Berlin.

Mittags erreicht er, noch immer unerkannt, die Reichshauptstadt. Er sucht die Wohnung von Ernst Niekisch auf, einem linksgerichteten Intellektuellen mit revolutionären Absichten. Nie würde man vermuten, daß Niekisch ein Freund von Fabian von Schlabrendorff ist, von dem Ewald diese Adresse hat. Niekisch begrüßt den bekannten konservativen Junker mit einem amüsanten Seitenhieb: »Also, Herr von Kleist, wenn Sie mich ertragen können, kann ich Sie sicherlich tolerieren.«

Drei Wochen dauert es, bis die Gestapo das Interesse an der Verfolgung

Ewalds verliert und Ewald sein Versteck verlassen kann – eine Woche stand er unter Niekischs Schutz, und zwei weitere Wochen hielt er sich in der schwedischen Botschaft auf.

Durch Hitlers Säuberungsaktion wurden Ernst Röhm, Hitlers ehemaliger Vertrauter, und Hunderte seiner Anhänger ermordet. Getötet wurde auch General Kurt von Schleicher. Die Gesamtzahl der Opfer dieser blutigen Wochen wird nie richtig bekannt werden. Jetzt befinden sich lediglich die Streitkräfte noch nicht unter Hitlers Kontrolle, da sie offiziell unter dem Oberbefehl von Reichspräsident von Hindenburg stehen.

AUGUST. Nach dem Tod des 86jährigen Hindenburg übernimmt Adolf Hitler auch das Amt des Reichspräsidenten. Alle Provinzregierungen werden abgeschafft. In einer Volksabstimmung entscheiden sich mehr als 38 Millionen Deutsche, fast 90 Prozent der Wählerschaft, für die Vereinigung der beiden Ämter. Hitler stärkt die Position der SS unter Heinrich Himmler, indem er sie aus der Unterordnung unter die SA löst.

FINKENWALDE

1935. Seit Jahrhunderten wird den Kindern preußischer Junker beigebracht, daß sie von den Kindern der Nachbarschaft, sei es im zum Gut gehörigen Dorf oder einer nahegelegenen Stadt, durch eine unsichtbare Barriere getrennt sind. Ohne es jemals direkt gesagt zu bekommen, werden sie dazu erzogen, alles, was im Familienkreis besprochen wird, nicht außerhalb des Gutshauses zu erwähnen. In einer Gesellschaft mit demokratischen Institutionen sind solche Verhaltensweisen kaum erwünscht, und seit der Gründung der Republik im Jahr 1918 werden solche archaischen Charaktereigenschaften der preußischen Junker scharf kritisiert.

Im Dritten Reich wird sich eine Minderheit von Junkern und deren Familien im Widerstand gegen die Nazis zusammenschließen. Sie werden sich als etwas erfolgreicher als ebenso eingestellte Deutsche anderer Herkunft oder eines anderen sozialen Umfeldes erweisen, da die typischen Eigenschaften des Junkers Hitler bis zum Ende am meisten Kopfzerbrechen bereiten werden.

Die vier Kinder aus dem Gutshaus von Kieckow (die zwei ältesten befinden sich zur Schulausbildung in Berlin) und die fünf Kinder in Schmenzin (drei weitere werden noch geboren werden) sind einander die besten Freunde und Spielkameraden. Alle erhalten ihre Schulbildung zu Hause, stehen daher nicht unter dem Druck, der Hitlerjugend oder dem Bund Deutscher Mädel beizutreten. Ihre Eltern hätten es freilich auch nicht erlaubt.

Alle nehmen sie Anteil an dem Ansinnen ihrer Eltern, an Hitlers Geburtstag (20. April), am Maifeiertag oder anderen offiziellen Feiertagen die Hakenkreuzfahne nicht zu hissen. In Kieckow läuft das Spiel so ab, daß die Fahnenstange aus dem Gutshof entfernt und auf dem Dach des Hauses die schwarz-weiß-rote Fahne des Kaiserreiches aufgezogen wird (was eigentlich nicht ungesetzlich ist). In Schmenzin dagegen gibt der Gutsherr die Anweisung, die Fahnenstange des Dorfes mitten auf dem Misthaufen zu errichten. Von da an obliegt es dem Lehrer des Dorfes, zu gegebener Zeit die Fahne zu hissen. Dieser, ein engagierter Nazi, zieht es jedoch vor, seiner Pflicht nicht nachzukommen. Die Kinder der Familie Kleist freuen sich diebisch über derartige Possen, nicht ahnend, daß dies ein todernstes Spiel ihrer Eltern ist.

MÄRZ. Im Süden von Kieckow liegt das Gut eines der Männer, die kürzlich zum Schutze Ewald von Kleists mit Pistolen bewaffnet hinter den Fenstern von Schmenzin standen. Der Vater dieses Mannes feiert seinen 70. Geburtstag, zu dem der gesamte vertrauenswürdige Belgarder Kreis eingeladen wurde. Es findet eine der Feiern statt, für die Pommern berühmt ist – eine Zusammenkunft von drei Generationen, die das lange Leben des Patriarchen feiern mit Speisen, Reden, Tanz und Unterhaltungen, die oft politischer Natur sind. Im faschistischen Deutschland finden politische Diskussionen nur noch unter Gleichgesinnten statt. Dies trifft auch auf diese Feier zu.

Zwei Tage später wird der Patriarch verhaftet und im Belgarder Gefängnis verhört. Er wird über Nacht festgehalten, dann jedoch wieder freigelassen. Gleich nach seiner Rückkehr ruft er alle Männer, Frauen und Kinder, die bei der Geburtstagsfeier anwesend waren, zu sich. In der großen Festhalle des Hauses, hinter verschlossenen Türen, konfrontiert er Familie und Freunde mit der Frage: »Wer von euch hat mich denunziert?«

Die Stille wird vom Schluchzen seiner zehnjährigen Enkeltochter unterbrochen. Sie beichtet, sie habe ihrem Lehrer am nächsten Tag berichtet, worüber gesprochen wurde.

JUNI. Diese Erfahrungen verfehlen bei den anderen nicht ihre Wirkung. Bei der Taufe des jüngsten Sohnes von Lasbeck, Fritz Christoph von Bismarck, treffen die Kinder Ruth von Kleists eine gemeinsame, einhellige Entscheidung. Die drei Familien werden zusammen in Stettin eine Wohnung mieten; Großmutter Ruth wird ihren Ruhestand wieder einmal aufgeben – »man kann einfach nicht Tag für Tag Karl Barths Theologie lesen« –, und alle Enkelkinder, die alt genug sind für das Gymnasium, werden zusammen eine öffentliche Höhere Schule in der Stadt besuchen. Großmutter wird für sie alle zuständig sein.

Nach ihrer Rückkehr von der Taufe beginnt Ruth, sich die Dimension ihrer neuen Aufgabe klarzumachen. Sie wird außerordentlich viel Energie benötigen, denn mittlerweile ist sie 68 Jahre alt und nicht mehr im Umgang an eine Schar von Kindern gewöhnt. Aber es wird ihr auch eine willkommene Gelegenheit sein, Einfluß auf diejenigen auszuüben, welche sie in diesen gottlosen Zeiten am meisten liebt. Wenn Gott etwas von einem Menschen fordert und dieser sich seinem Willen fügt, wird Er für alles Nötige sorgen. Dies hat Ruth immer wieder im Leben erfahren. Bereits jetzt, da sie über ihre neue Aufgabe nachdenkt, fühlt sie unerwartete Kräfte in sich keimen. Sie beginnt, sich wieder jung zu fühlen!

AUGUST. Nach einem Picknick zur Mittagszeit auf der Bismarckschen Terrasse setzt sich eine Kolonne aus drei Automobilen von Lasbeck aus in Bewegung. In jedem Wagen befinden sich die Habe von Kindern, Vorräte für die Küche und die zukünftigen Bewohner einer zweiten »Kinderpension« in Stettin, diesmal »Enkelpension« genannt. Im ersten Fahrzeug sitzt Großmutter Ruth neben Herbert von Bismarck, dem Fahrer und ehemaligen Schüler ihrer ersten «Kinderpension«. Auf dem Rücksitz haben sein Sohn Hans Otto und seine Tochter Spes Platz gefunden.

Der zweite Wagen wird von Hans von Wedemeyer gesteuert, der ganz früh heute morgen aus Pätzig herübergekommen war, um sich mit seinen Schwägern in Lasbeck zu treffen. Neben ihm sitzt Ruth-Alice, die älteste der Familie Wedemeyer und diejenige, auf die sich die Großmutter am meisten stützen wird. Auf dem Rücksitz haben Hans' Sohn Maximilian und seine jüngere Tochter Maria etwas beengt zwischen Schinken, Kohlköpfen, Karotten und Säcken Platz gefunden. Ruthchen und Hans haben eingehend darüber gesprochen, ob die lebhafte Maria schon reif genug sei, um unter Großmutters Fittichen zu leben. Zunächst wird sie nur versuchsweise in die »Enkelpension« der Großmutter einziehen.

Das letzte Automobil in der Kolonne ist das aus Kieckow mit Hans Jürgen am Steuer und der Köchin aus Klein Krössin zu seiner Rechten. Auf dem Rücksitz sind Hans Friedrich und eine junge Frau aus dem Dorfe Kieckow, die der Köchin eine Gehilfin sein wird. Auch sie finden wenig Platz zwischen Kartons mit Küchenutensilien und Vorräten. Es scheint wie eine Ironie des Schicksals, daß dieses ehemals hoch verschuldete Gut, das Hans Jürgen 1933 fast verloren hätte, durch Hitlers Wirtschaftspolitik zu Wohlstand kam. Immer wieder wird einem gezeigt, daß die Wege des Herrn wundersam sind.

Als der Konvoi seinem Ziel schon sehr nahe ist, entdeckt Herbert ein Straßenschild und gibt seinen Passagieren bekannt: »Fünf Kilometer bis Stettin.«
Sie fahren gerade durch das winzige Dorf Finkenwalde, das einst zum Landbesitz einer Adelsfamilie gehörte. Heute besteht es nur noch aus einer Reihe gewöhnlicher Häuschen entlang der Straße und einem heruntergekommenen Gutshaus dahinter, das bewohnt zu sein scheint. Ruth hat das Schild auch gesehen und sagt, eigentlich niemanden direkt ansprechend: »Hier wohnt ein Mann, den muß ich unbedingt kennenlernen.«

SEPTEMBER. Einige Wochen hat es gedauert, bis alles in ordentlichen Bahnen lief, aber mittlerweile sind alle sechs Kinder in der Schule. Zusätzliche Möbel wurden aus den verschiedenen Gutshäusern hergebracht und aufgestellt, darunter auch der Flügel aus Klein Krössin. Es wurden Musiklehrer angestellt; Ruth-Alice von Wedemeyer, mit 15 das älteste der Kinder, hat sich bereiterklärt, die Unterhaltung während der »Englisch-Abendessen« jeden zweiten Tag der Woche zu leiten; jetzt fehlt nur noch jemand für die »Französich-Abende«, die im Wechsel mit den englischen stattfinden. Großmutter kann das starke Déjà-vu-Gefühl nicht verleug-

nen. Vor 35 Jahren hatte sie für ihre eigenen Kinder genau die gleichen
Vorkehrungen getroffen.

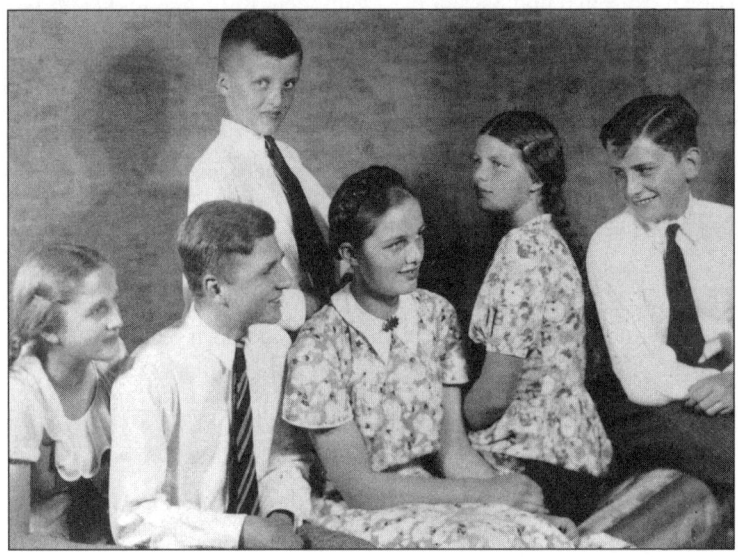

Die Stettiner „Enkelpension": stehend Max von Wedemeyer;
sitzend v.l.: Spes und Hans Otto von Bismarck, Ruth-Alice und Maria
von Wedemeyer, Hans Friedrich von Kleist

In letzter Zeit haben Ruths Interessen weit über den eigenen Familienkreis hinausgereicht. Auch in Stettin hat sie vor, sich nicht allein der
Familie zu widmen, sondern ihren Kreis eher noch zu erweitern. Kirchliche Kontakte in dieser Provinzhauptstadt hat sie bereits geknüpft, sie ist
Delegierte in der Belgarder Kirchenleitung der Bekennenden Kirche,
eine Vereinigung von protestantischen Geistlichen, Laien und Gemeinden, die nicht bereit sind, sich in die national-sozialistische Reichskirche
zu integrieren. Der Stützpfeiler der Bekennenden Kirche ist der Bruderrat, der auf Gemeinde-, Kreis- und Provinz- sowie auf Reichsebene besteht. Die Bekennende Kirche sieht ihre Aufgabe darin, den »Deutschen
Christen«, die nur noch aus Anhängern und Sympathisanten der Nationalsozialisten bestehen, eine legitime evangelische Alternative entgegenzusetzen.

Wie durch einen glücklichen Zufall liegt das Büro des Bruderrates für Pommern in Ruths unmittelbarer Nachbarschaft, weniger als eine Minute Fußweg von ihrer Wohnung entfernt. Ruth hat dort bereits ihre Dienste angeboten, sei es Beratung, das Abfassen von Briefen oder Bittgebeten. In diesem frühen Stadium des Kirchenkampfes im faschistischen Deutschland mag das Anbieten von Gebeten ein wenig lächerlich wirken. Sehr bald schon werden diese Gebete jedoch zu den wichtigsten Aktivitäten gehören.

Genau wie sich die Nazis Kontrolle über die Kirchen verschafft und eine neue, einheitliche Reichskirche in Deutschland gegründet haben, so hat die Invasion der Nazis an den Universitäten eine Gegenseite entstehen lassen, die die Forderung nach neuen, unabhängigen Predigerseminaren erhebt. Bei dieser Entwicklung spielt Dietrich Bonhoeffer, der evangelische Pastor und Privatdozent für Theologie an der Berliner Universität, eine führende Rolle. Seine Vorlesungen an der Theologischen Fakultät gelten als brillant. Er hat sich bereits auf internationalem Boden einen Namen gemacht, hat in den USA studiert; eineinhalb Jahre wirkte er als Gemeindepfarrer in London, er pflegt enge Verbindungen zu mehreren englischen Bischöfen, und er ist eng verbunden mit der europäischen Ökumene- und Friedensbewegung. Im Alter von erst 29 Jahren genießt Dietrich Bonhoeffer einen ausgezeichneten Ruf, von dem er, wenn er es wollte, leicht für den Rest seines Lebens zehren könnte.
Statt dessen hat er sich für den Weg des Widerstandes gegen die Ausbreitung der unchristlichen Naziphilosophie und die damit zusammenhängenden Verordnungen entschieden. Er wirkt ihnen entgegen mit den Mitteln, die ihm am meisten liegen – also Vorlesungen und die Verbreitung seiner theologischen Ansichten. Selbst bevor der Faschismus zur Bedrohung des kirchlichen Lebens wurde, war Bonhoeffer von der liberalen theologischen Meinung abgewichen und hatte in Anlehnung an Karl Barth eine auf Jesus Christus bezogene Theologie ausgearbeitet, die sich in viel stärkerem Maß an der Bibel orientiert, als dies große Teile der damaligen Theologen tun.

Dietrich Bonhoeffer wurde nun die Aufgabe zuteil, in Pommern ein Predigerseminar unter dem Dach des Bruderrates und der Bekennenden Kirche zu gründen und zu leiten. Er hatte auf seiner allerersten Reise in diese östlichen deutschen Lande vor einem Jahr Pommern als den Standort für das Seminar gewählt. Dort hatte er einen Konservativismus, eine Frömmigkeit und einen geruhsamen Lebensstil vorgefunden, die ihn hoffen ließen, eine christliche Gemeinde schaffen zu können, wie sie in Berlin niemals existieren könnte. Der ausgewählte Platz, an dem das Seminar eingerichtet werden soll, liegt in Finkenwalde östlich der Oder, 250 Kilometer von Berlin entfernt, in einem alten, zuletzt als Schule genutzten Gutshaus. Das Gebäude ist in schlechtem Zustand und unmöbliert, bietet jedoch mit seinen Innenräumen und Außenanlagen ausgezeichnete Voraussetzungen für ein theologisches Seminar. Vor etwa drei Monaten hat es seinen Betrieb aufgenommen. Inzwischen haben die 23 männlichen Studenten viele notwendige Arbeiten zur Renovierung und Erhaltung des Gebäudes selbst durchgeführt, während der Direktor durch die Lande fuhr, um von wohlgesonnenen Kirchengemeinden und Landbesitzern Zuwendungen und Leihgaben zu erbitten. Nur wenige können Pastor Bonhoeffers revolutionäre Theologie begreifen, aber denjenigen, die sich Gedanken machen, ist nicht verborgen geblieben, daß das Finkenwalder Seminar in Opposition zu den Nazis steht. Allein auf dieser Basis öffnen sich ihm Türen zu unerwarteten Stellen.

Wie Großmutter Ruth bekannt wurde, hält Pastor Bonhoeffer den Sonntagsgottesdienst im Seminar, zu dem auch die Öffentlichkeit eingeladen ist. Am letzten Sonntag im September, einem schönen, warmen Herbsttag, besteigen sie und ihre Schützlinge in Stettin den Zug nach Finkenwalde, wo sie 20 Minuten später eintreffen. Auf den Arm des 16jährigen Hans Otto gestützt, geht die alternde Matriarchin die schlecht erhaltene Straße entlang, die fünf Kinder folgen ihr. Eine Gruppe junger Männer wartet ruhig vor einem Flügel des Hauses, aus dem die bekannte Melodie eines Chorals auf dem Klavier gespielt ertönt. Kurz bevor die Besucher die Tür erreichen, begeben sich die Seminaristen zu dem Gebäude, das die Kirche sein muß. Der Reihe nach begrüßen sie den Pastor, der, die Bibel in der Hand haltend, in einem einfachen schwarzen Talar an der Tür wartet. Zuletzt treten die Besucher ein. Noch haben sie sich nicht vorgestellt. Pastor Bonhoeffer – so vermuten sie, denn wer sonst könnte es sein – geleitet die Großmutter und ihre Schützlinge nach vorne in die erste Reihe der Kapelle, wo sie auf den freien Stühlen Platz nehmen. Der Gottesdienst beginnt sofort.

Während des einleitenden Kirchenliedes betrachtet Ruth die Finkenwalder Kapelle – kahle Wände, die nur mit handbemalten Tüchern geschmückt sind, ein einfacher Tisch, mit einem Tuch bedeckt, dient als Altar, ein schlichtes, aber schönes Holzkreuz, ein kleines Pult ist die Kanzel, und etwa ein Dutzend Reihen von Stühlen aus dem Hörsaal ersetzen die Kirchenbänke. In ihrer Einfachheit kann die Kapelle nicht einmal einem Vergleich mit Kieckow standhalten. Der Pastor und die Gemeinde sprechen nun zusammen ein Gebet, darauf folgt wieder der Gesang der Seminaristen. Die darauffolgende Predigt des Pastors zieht die Großmutter völlig in ihren Bann. Erstaunlicherweise scheint sie auf die zehnjährige Maria von Wedemeyer ebenso zu wirken.

Später wird sich herausstellen, daß das Kind gezählt hatte, wie oft der Pastor das Wort »Gott« gesagt hatte – 68 mal, wenn man die Predigt und alle Gebete zusammennimmt!

Draußen, auf der Wiese vor der Kirche, stellt sich Ruth von Kleist mit ihren Enkelkindern Dietrich Bonhoeffer vor. Bonhoeffer besteht darauf, sie sollten alle zum Essen bleiben, das in einer Stunde stattfindet. Ruth lehnt höflich ab, da ihre Köchin sie zum Essen in Stettin erwarte, aber

Kapelle im Finkenwalder Seminar

vielleicht wäre es ja nächste Woche möglich. Dennoch reicht die Zeit für einen kurzen Aufenthalt. Die jungen Männer schaffen Stühle aus der Kapelle herbei und stellen sie in einem Kreis für sich und die Besucher auf. Zwei andere holen eine Tischtennisplatte aus dem Wintergarten. Während sich die Kinder beim Tischtennisspiel vergnügen, lernen sich der Pastor und die Großmutter näher kennen.

Pastor Bonhoeffer ist erstaunt über Ruths Verbindungen in der kirchlichen Welt – die alte Dame kennt Harnack, Barth, Tillich und die Berneuchener Zusammenkünfte – und über ihre Kenntnis der Protagonisten und der Fragen, welche die Kirche in diesem Jahrhundert beschäftigen. Gleichzeitig scheint in ihr jedoch auch eine Ruhelosigkeit zu stecken, die mit einer Unzufriedenheit mit dem, was als Theologie des 20. Jahrhunderts gilt, und ihrer Suche nach einer höheren Wahrheit zusammenhängt.

Einst hatte der Pastor selbst eine ähnliche Glaubenskrise durchgemacht. Heute betrachtet er die Freiheit jedes einzelnen als Pflicht zur Wahl der moralischen Werte und seiner Möglichkeiten, diese entsprechend seiner Verantwortung unter Gott im täglichen Leben in die Tat umzusetzen. Es ist ein sehr anspruchsvoller Weg, den er für sich und für andere wählt, vor allem unter den derzeit harten Bedingungen in Deutschland. Sein pädagogisches Gespür läßt ihn jedoch in Frau von Kleist einen scharfen Verstand erkennen, der auf neue Lehren ansprechen wird wie ein Gefäß, das zum Füllen bereit steht, und eine Seele, die durch die nationalsozialistischen Minenfelder der Kirche geleitet werden sollte. Bevor die Besucher den Heimweg antreten, werden noch einige Absprachen getroffen. Am nächsten Sonntag wollen sie alle wiederkommen und nicht nur den Gottesdienst besuchen, sondern auch zum gemeinsamen Essen bleiben; Ruth wird versuchen, weitere Quellen zur Unterstützung des Seminars ausfindig zu machen; Werner Koch, der Seminarist mit den besten Französischkenntnissen, wird einmal in der Woche mit den Kindern in Stettin zu Abend speisen.

Inspiriert durch ihr erstes Treffen mit dem Pastor, befindet sich Ruth in einem Zustand höchst angeregter Aktivität. In zahlreichen Telephonaten mit den Gutshäusern ihrer Kreise – Kieckow, Lasbeck, Pätzig, Schmenzin und selbst Dubberow – hat sie Zusagen für Berge von Lebensmitteln, gebrauchtes Mobiliar, Küchengerät, Schreibutensilien, Bücher, Gartengerät und – von allen Dingen das wichtigste – Geld für das Finkenwalder Seminar erhalten. Welche Freude, diese Neuigkeiten Pastor Bonhoeffer mitzuteilen!

NOVEMBER. Die Sonntage in Finkenwalde sind für die Kinder aus Stettin genauso Teil ihres Lebens geworden wie die Schultage am Gymnasium oder Lyzeum. Wenn das Wetter Tischtennisspiele auf dem Rasen nicht zuläßt, organisieren die Seminaristen Shakespeare-Lesungen in der Bibliothek. Wieviel reizvoller ist es doch, wenn Ophelia, Julia oder Lady Macbeth von den Stimmen der Mädchen dargestellt werden.

Man kann nur ahnen, worüber die Großmutter und der Pastor sich unterhalten. Derzeit ist es ein fast fertiggestelltes Manuskript des Pastors, aus dem er ihr bestimmte Passagen vorliest, um ihre Meinung dazu zu hören. In Stettin hat Ruth einen Kreis gegründet, zu dem Frauen wie sie gehören, nur sind sie etwas jünger. Hier werden Bonhoeffers Schriften gelesen und diskutiert. Sie ermutigt und beschwört den Pastor, sein neuestes Werk zu beenden, das den Titel »Die Nachfolge« trägt. Seine Leserinnen in Stettin warten bereits ungeduldig darauf. Und was lehrt die Bibel, in der nach Aussage des Pastors die Waffen gegen diese unwirtliche Zeit zu finden sind? Auf seine Anregung hin lernt Ruth nun Griechisch. Unter seiner Anleitung hofft sie dann, das Neue Testament in der Originalfassung lesen zu können.

Den unter Ruths Obhut stehenden Kindern sind die Pläne ihrer Großmutter und des Pastors bislang verborgen geblieben. Sie sind der Meinung, Großmutters Zeit sei ausschließlich ihnen gewidmet. Gleich zu Beginn ihres Stettiner Aufenthaltes hat sie jedem der Kinder – Hans Otto, Hans Friedrich, Spes, Ruth-Alice, Maximilian und Maria – ein kleines Ausgabenbuch besorgt. Das Taschengeld wird wöchentlich an die Kinder ausbezahlt mit der Auflage, jede Ausgabe in das Büchlein einzutragen, das von der Großmutter am Ende der Woche kontrolliert wird. Sorgsam schreiben die Kinder ihre täglichen Ausgaben ein und übergeben der Großmutter das Buch pflichtbewußt jeden Samstagmorgen. Erst später kommt die Wahrheit ans Licht – daß nämlich einige Eintragungen für »Bleistifte« oder »Papier« in Wahrheit Ausgaben für Süßigkeiten waren.

Wenn die Kinder aus der Schule kommen, erwartet sie die Großmutter in der Wohnung. Sie fragt jedes detailliert, was es heute gelernt habe, und stellt richtig, wenn sie der Meinung ist, Fakten oder Ansichten bedürften ihrer Korrektur. Für Ruth ist dies manchmal die traurigste Aufgabe des Tages, da sie ihr unmißverständlich zeigt, wie sehr die nationalsozialistische Propaganda bereits die örtlichen Schulen durchdrungen hat.

An den Abenden finden häufig Konzertveranstaltungen statt. Großmutter besorgt jeweils zwei Karten für alles, was angeboten wird – eine für sich, die andere für die Kinder, die sich abwechseln. Sie haben Karten für die Konzertsaison der Stettiner Philharmonie, sie hören Gastorchester, Kammermusik und Klavierkonzerte; sie besuchen ein Konzert des berühmten Don-Kosaken-Chors und Aufführungen der Dramen Schillers. Vor Theaterbesuchen werden Auszüge aus den gespielten Stücken vorgelesen, um die Kinder auf die Werke vorzubereiten.

Trotz der angestellten Köchin und Küchenhilfe obliegen den Kindern auch regelmäßige Aufgaben im Haushalt – sie müssen den Tisch decken, wieder abräumen, oder beim Geschirrspülen helfen. In der Stettiner Wohnung herrscht rege Geschäftigkeit, zu der jeder seinen Teil beitragen muß.

Auch die Großmutter beschränkt sich nicht nur auf Pflichterfüllung, Ehrlichkeit, Sparsamkeit und Arbeit. Eine Herausforderung dieses Experimentes besteht darin, den Kindern ein erfülltes Leben zu bieten, denn alle öffentlichen Aktivitäten für Jugendliche sind Bestandteil der Programme der nationalsozialistischen Jugendorganisationen, und die sind den Kindern natürlich verboten. Ruth bemüht sich nach Kräften, die Wohnung zu einer Stätte vielfältigen Freizeitangebotes zu machen. Sie gibt Anregung zu Kartenspielen wie Rommé und Whist, wenn mehrere Kinder beieinander sind, oder zu Patience, wenn nur ein Kind zu Hause ist. Die Musikstunden, die alle Kinder früher oder später erhalten, bedingen natürlich Übungsstunden und führen manchmal sogar zu Vorspielnachmittagen. Ruth-Alice, die der Großmutter mehr eine Hilfe ist, als unter ihrer Obhut zu stehen, hat sich selbst eine kleine Oper mit fünf Singstimmen ausgedacht. Sie wird aufgeführt, wenn die Eltern kommen oder Freunde aus Finkenwalde zu Besuch in Stettin sind.

Am meisten gefestigt werden aber die Familienbande durch die abendlichen Gebetsstunden. Max übernimmt dann die Klavierbegleitung, und jeweils eines der Kinder liest aus der Heiligen Schrift vor. Die Predigt aber bleibt immer der Großmutter vorbehalten, selbst wenn der Pastor aus Finkenwalde zum Abendessen geladen ist.

Ein doppelter Geburtstag

1936. Die Bekennende Kirche, vor nur zwei Jahren in der Hoffnung gegründet, sie könne als Schutz gegen die Übernahme der Kirche durch die Nazis dienen, gerät unter Beschuß von außen und innen. Der Druck von außen kommt von internationalen Organisationen, wie zum Beispiel dem Weltbund, dem Rat für Praktisches Christentum (Life and Work) und der Bewegung für Glaube und Kirchenverfassung (Faith and Order). Die Führungen dieser Organisationen bemühen sich über die Maßen, die Bekennende Kirche und die »Deutschen Christen« gleich zu behandeln. Für Bonhoeffer ist es unbegreiflich, daß führende internationale christliche Organisationen weiterhin eine offizielle deutsche Kirche anerkennen, die offen ein rassistisch-arisches Christentum propagiert und einen Führer verherrlicht, der in Konkurrenz zu Christus getreten ist. Bonhoeffer vermied es, Vorträge bei Veranstaltungen zu halten, an denen auch die Reichskirche teilnimmt. Er nimmt diese Einladungen nicht an und setzt statt dessen alles daran, seine Zusammenarbeit mit gewissen englischen und schwedischen Bischöfen zu verstärken, die, wie er glaubt, die wahren Hintergründe des Kirchenkampfes in Deutschland kennen. An der Berliner Universität wird Bonhoeffer die Lehrbefugnis entzogen. Der Ehemann seiner Zwillingsschwester, Gerhard Leibholz, verliert in Göttingen aufgrund seiner jüdischen Vorfahren seinen juristischen Lehrstuhl.
Die jüngste Verordnung der Regierung verweigert allen Seminaristen der Bekennenden Kirche die Anerkennung, dazu zählen auch die Absolventen aus Finkenwalde. Dennoch blüht dieses Seminar weiter.

Februar. In diesem Jahr, am 4. des Monats, feiert Ruth ihren 69. Geburtstag. Dazu hat sie in ihre Stettiner Wohnung zum Tee eingeladen. Sie erhält viele Blumen, Kuchen, Briefe und Telegramme, ja sogar Gedichte von zwei Enkelkindern.
Trotz aller Freude über den Geburtstag empfindet Ruth an diesem Tag immer ein wenig Wehmut im Herzen, ist er doch auch ihr Hochzeitstag.

Jürgen ist nun schon seit vielen Jahrzehnten nicht mehr am Leben, aber noch immer regt sich in ihr etwas wie ein Gefühl der Sehnsucht nach ihm. Dieses Jahr ist ein besonderes Jubiläum, ihr 50. Hochzeitstag, und man könnte meinen, es müßte für Ruth ein trauriges Ereignis sein. Dies ist in der Tat nicht der Fall. Der 4. Februar hat für Ruth eine neue Dimension gewonnen, später wird sie ihm sogar eschatologische Bedeutungen beimessen. Es ist auch der Geburtstag Dietrich Bonhoeffers! Dieses Jahr wird Dietrich 30 Jahre alt. Seine Anwesenheit verleiht ihrer Feier eine Aura, die selbst den Kindern nicht entgeht.

Für die Kinder ist das Wiedersehen mit ihrem viel bewunderten, groß-gewachsenen Vetter Alexander Stahlberg fast ebenso aufregend. In sei-nen langen Armen liegt der größte Blumenstrauß, den die Anwesenden jemals gesehen haben – die Großmutter ist so überwältigt, daß sie tief errötet. Auch das haben die Kinder noch nie erlebt.
Alla, der seine ersten Kindheitsjahre in Kieckow verbrachte, bevor er nach Berlin zog, wohnt und arbeitet nun in Stettin. Die Fabriken seines Vaters haben unter dem wirtschaftlichen Aufwind außerordentliche Gewinne erzielt, und eines Tages werden sie von Alla und seinem jünge-ren Bruder übernommen werden. Alla Stahlberg hält sich völlig aus der Politik heraus, hat aber dennoch schon von Pastor Bonhoeffer gehört. Stettin ist eine der Hochburgen der Bekennenden Kirche, in diesen Kreisen kennt jeder den Namen Bonhoeffer und sein Finkenwalder Se-minar. So ist es auch für Alla eine Freude, den Pastor persönlich kennen-zulernen; er erklärt sich bereit zu helfen, wo immer er kann. Der Pastor wird auf sein Angebot zurückgreifen.

Ein paar Tage später, am Sonntag, findet in Finkenwalde eine große Feier für Pastor Bonhoeffer statt. Selbstverständlich ist Frau von Kleist mit ihren Schützlingen auch anwesend. In Umkehrung des Schenkens um-ringen die Seminaristen ihren Direktor und tragen einen Geburtstags-wunsch vor – er möge seine ökumenischen Kontakte dazu nutzen, eine Reise nach Schweden zu organisieren. Ihr Sprecher ist Eberhard Bethge, der engste Freund des Pastors. Könnte eine solche Reise nicht zur Verstär-kung internationaler Unterstützung für ihre Stellung beitragen und die Stimmung der Seminaristen verbessern? Mit diesen Argumenten ver-sucht Bethge, ihn zu beeinflussen. Dietrich läßt sich schließlich überzeugen und verspricht, die Möglichkeiten auszuloten. Natürlich könne nicht jeder aus Finkenwalde mitkommen, da die Geldmittel nur für eine bestimmte Zahl von Schiffspassagen reichen würden. Für diejenigen, die dableiben müßten, hat er das Sprichwort: »Ist die Katze aus dem Haus …«

MÄRZ. Dietrich Bonhoeffer wird mehr benötigen als nur Geld, um sich und seinen Seminaristen eine Reise nach Schweden zu ermöglichen. Der Trick besteht darin, alle Vorbereitungen im voraus in Schweden selbst zu treffen, also die Transporte über Land und die Unterkünfte dort zu arrangieren (da Geld nicht aus Deutschland ausgeführt werden darf). Das Visum und die Schiffspassage müßten bestellt werden, noch bevor die Zentrale der Reichskirche über die geplante Reise informiert wird. Sobald die Kirchenfunktionäre nämlich feststellen, daß ein leitender Pastor der Bekennenden Kirche ins Ausland reist, melden sie dies den Regierungsbehörden. Diese können es nicht zulassen, daß Geistliche in der Welt umherreisen, um antifaschistische Propaganda zu verbreiten. Glücklicherweise sind Dietrich und seine Begleiter bereits in Schweden, als die Nachricht die feindlich gesinnten Regierungsstellen erreicht. Die Folgen dieses Skandals werden sich erst nach ihrer Rückkehr zeigen, als bekannt wird, daß die Gruppe den Erzbischof von Schweden getroffen hat.
Es gibt wenig Grund zu der Annahme, es könnten sich während Bonhoeffers Abwesenheit ungewöhnliche Dinge in Finkenwalde abspielen. Dies kann jedoch im Fall Ruth von Kleists, seiner Vertrauten, nicht behauptet werden.

Am 7. März marschieren deutsche Truppen im Rheinland ein, in das Stück Land westlich des Rheins, das seit dem Versailler Vertrag von 1920 entmilitarisierte Zone ist. Die Entmilitarisierung, die Deutschland im Locarno-Pakt von 1925 noch einmal bestätigt, war vielen Deutschen ein ständiger Dorn im Auge. Das Bild deutscher Streitkräfte, die in diese Gebiete einmarschieren, läßt in Ruths Junkerherzen eine längst vergessene Freude aufkommen; der Ankündigung einer sonntäglichen Parade in Berlin, mit der die Sprengung der Versailler Fesseln gefeiert werden soll, kann Ruth nicht widerstehen. Sie ruft ihre Tochter Spes an und lädt sich bei ihr für ein Wochenende in der Hauptstadt ein.

Zu ihrer großen Freude sind Konstantin und Jürgen Christoph, ihre Enkel aus Kieckow, ebenfalls in der Stahlbergschen Wohnung. Ruth schlägt den beiden vor, mit ihr zur Parade zu gehen. Jürgen Christoph bittet sie, für sie eine Sitzgelegenheit in der Straßenbahn, dann weiter zu Fuß durch die eleganteste Prachtstraße Berlins, Unter den Linden, mitzunehmen. Sie werden die Parade der deutschen Streitkräfte direkt vom Brandenburger Tor aus beobachten.

Zu viele Jahre sind vergangen, seit Ruth einer Parade beiwohnte, die ihr Herz wirklich bewegt hat. War es das letzte Mal nicht auch in Berlin, vor fast 50 Jahren, als Jürgen an ihr vorbeimarschierte und durch sie hindurchsah? Natürlich sind die Hakenkreuzfahnen abscheulich; man versucht, sich die Fahnen und Uniformen der Kaiserzeit vorzustellen. Die Musik ist die gleiche, die Präzision unglaublich, und allein die riesige Menge der zackig vorbeimarschierenden jungen Männer, Augen nach links gerichtet, bereitet dieser preußischen Großmutterseele eine außergewöhnliche Freude. Sie ist sich des Bildes, das sie selbst bietet – nämlich eine alte Frau in einem unmodernen Kleid in Hab-Acht-Stellung auf einem Küchenhocker, von zwei Jungen flankiert – nicht bewußt.

Erst hinterher, nach ihrer Rückkehr nach Pommern, kommen Ruth Zweifel. In jedem Fall hat sie nicht vor, dem Pastor von ihrem Ausflug zu erzählen, der zum Ersatz für den Finkenwalder Gottesdienst wurde, als dieser sich auf Reisen befand.

MAI. Ewald von Kleist und Dietrich Bonhoeffer besitzen beide die Gabe, über das Offenkundige im Leben hinaus versteckte Gefahren zu erkennen, noch lang bevor diese Gefahren von der Allgemeinheit erkannt werden. Ewalds Spezialgebiet ist natürlich die Politik und das weltliche Leben, auch wenn er seine Beurteilungen in ähnlicher Weise kundtut wie die Propheten aus dem Alten Testament. Dietrich dagegen ist Theologe, sein Gebiet ist die organisierte Kirche in Deutschland. Sein Weitblick auf diesem Gebiet ist nicht weniger scharfsinnig als der Ewalds.

Die Deutschen Christen haben in ganz Deutschland einen Erneuerungsfeldzug begonnen, der vorgibt, die Antwort auf die Gebete jedes Gläubigen zu sein. Jahrelang haben die geistigen und leiblichen Nachfahren der Thaddens, Puttkamers, Bismarcks und der Kleists in ihren Kirchen und Herrenhäusern gebetet, der Geist Gottes möge in die Herzen der Menschen einziehen und die Kirchen wieder wie in früheren Jahren füllen. Die Geistlichen der Deutschen Christen, von denen viele das Parteiabzeichen der NSDAP über oder unter ihren Talaren tragen, führen diese religiöse Erneuerungsbewegung im ganzen Vaterland an, vor allem aber in den fruchtbaren Landstrichen der gläubigen, preußischen Bevölkerung. Waren früher nur zwei oder drei Menschen zu den Sonntagsgottesdiensten in die Kirchen gekommen, so sind sie jetzt mit Jung und Alt wieder gut gefüllt.

Bonhoeffer ist diese Entwicklung nicht verborgen geblieben, er erkennt auch die damit verbundene, gefährliche Verführung, die in einer neuen Formulierung der Bergpredigt zum Ausdruck kommt. Darin wird versprochen: »Wohl dem, der allezeit gute Kameradschaft hält. Er wird in der Welt zurechtkommen.« Aus dem Kreuz wurde: »Gebt euch Mühe, selbst einem Beleidiger und Verfolger gegenüber eine vornehme ruhige Haltung zu bewahren.«[28]

Die Bekennende Kirche dagegen ist so tief in juristische Streitereien mit der Regierung verwickelt, so von inneren Zweifeln und finanziellen Problemen geplagt, daß sie dem riesigen Konkurrenten wenig entgegenzusetzen vermag. Dietrich hat Pläne, all das zu ändern. Er konnte sich beim pommerschen Bruderrat mit seiner Idee durchsetzen, im Finkenwalder Seminar ein neues Bruderhaus unterzubringen. Hier könnten Seminaristen nach Abschluß ihrer Ausbildung und andere Pastoren ein Fortbildungsprogramm absolvieren, im Anschluß daran durch die Städte und Dörfer reisen und neue Gemeinden der Bekennenden Kirche gründen.

Bonhoeffer ist sich des Erfolges in diesen ehemals feudalen Landgütern gewiß; hier sind die Gutsherren noch im Besitz der Dorfkirchen, und falls ihnen der Patron einmal nicht wohlgesonnen sein sollte, würden sich die Gemeinden in Privathäusern des Dorfes treffen. So könnte wenigstens in Pommern eine echte geistliche Erneuerung in Gang gesetzt werden. Der Bruderrat stimmt ihm zwar zu, aber er macht keinerlei Zusagen für finanzielle Unterstützung. Einstimmig wird beschlossen, die erste Volksmission in Belgard zu beginnen. Ruth von Kleist hat dabei zweifellos ihre Hand im Spiel.

JUNI. Das gesamte Finkenwalder Seminar fährt mit allen 25 Studenten und Dozenten nach Belgard. Als erste Ziele wurden sechs Dorfkirchen gewählt, drei davon befinden sich im Besitz Ewald von Kleists, und eine gehört zu Hans Jürgen von Kleist. Dieses erste Experiment soll eine Woche andauern, es verspricht, einigermaßen erfolgreich zu werden. Jeder Kirche werden vier Brüder zugeteilt mit dem Auftrag, fünf Tage in der Woche im Dorf zu verbringen. Der Sonntag wird sorgfältig ausgeklammert, da die Pastoren von den Deutschen Christen eingesetzt wurden und nicht unter der Kontrolle des Landbesitzers stehen. Der Pastor der Schmenziner Kirche zum Beispiel ist ein kompromißloser Deutscher Christ, der das Alte Testament völlig ignoriert und das Neue Testament seinen Zwecken entsprechend dahingehend abändert, daß jeder Hinweis auf Jerusalem oder Israel unterbleibt. Juden werden von ihm von Anfang bis Ende schlechtgemacht und verurteilt.

In Ewalds Dörfern hat nur Naseband das Glück, einen Geistlichen der Bekennenden Kirche zu haben. Es ist Pastor Reimer, der trotz wiederholter Verhaftungen nie ganz zum Schweigen gebracht wird.
An Wochentagen spielen diese Konflikte keine Rolle, und so ist es den Mitgliedern des Bruderhauses möglich, die Familien zu Hause zu besuchen und mit Schulkindern über die Bibel zu diskutieren. Jeden Abend werden die im Dorf lebenden Familien zu Gottesdiensten in die Kirche eingeladen, um dort den Predigten der vier Brüder beizuwohnen, die nicht länger als je zehn Minuten dauern. Dieses System erwies sich als erfolgreicher, als man je zu hoffen wagte. Die abendlichen Treffen dauern weniger als eine Stunde (was es im Kreis Belgard noch nie gab), und die Kirchen sind voll. Dietrich, der im Gutshaus von Kieckow untergebracht ist, wird von Mieze und Hans Jürgen vorzüglich versorgt. Er besucht reihum jeden Abend die Veranstaltungen in den verschiedenen Dorfkirchen. Die einzige Enttäuschung bei diesem missionarischen Abenteuer ist die Abwesenheit Ruths. Sie muß in Stettin ihren Pflichten als Hüterin des Enkelpensionats nachkommen.

Ruths Familie hat Dietrich Bonhoeffer alle nur erdenkliche Unterstützung zugesagt. Dies ist jedoch nicht ausreichend. Benötigt wird ein weit verzweigtes Netz der Unterstützung für das Seminar und das Bruderhaus. Daher lädt Hans Jürgen am letzten Tag der Belgarder Mission Familie und Freunde, Nachbarn und Landbesitzer aus dem Landkreis zu einem

Empfang nach Kieckow ein, um sie mit Pastor Bonhoeffer, dem Leiter der Volksmission und des Finkenwalder Seminars, bekannt zu machen. Anwesend sind die Bismarcks, Woedtkes, Braunschweigs und natürlich die Kleists aus Schmenzin. Die Bismarcks kommen in Begleitung Fabian von Schlabrendorffs. Dieses erste Treffen zwischen Dietrich, Fabian und Ewald ist der Grundstein zu einer späteren Verbindung, die sich als äußerst lebensbedrohlich erweisen wird.

Bevor der Nachmittag sich seinem Ende zuneigt, gibt Dietrich einen ernüchternden Bericht über die gegenwärtigen Zustände des sich verschärfenden Kirchenkampfes, in dem er weder Patentlösungen noch einen positiven Ausgang in Aussicht stellt. Dennoch verläßt er die Zusammenkunft mit Zusagen für Unterstützung, die Finkenwalde ein weiteres Jahr am Leben erhalten werden. Dazu gehört nicht zuletzt das Versprechen auf gepolsterte Sitze, 50 an der Zahl, von Ewalds Mutter Lili, der

Ruth mit Dietrich Bonhoeffer und Konstantin von Kleist in Kieckow

Gräfin Kleist. Dietrich verbeugt sich in Dankbarkeit und versichert der Gräfin, alle Seminaristen und vor allem Ruth von Kleist würden ihr Geschenk mehr schätzen, als sie sich vorstellen könne.

OKTOBER. Ruth ist mit den Enkelkindern nach den Ernteferien wieder zurück in Stettin, nur der französischsprechende Seminarist ist nicht mehr in der Runde. Werner Koch, der an den französischen Abenden am Fußende des Tisches Platz nahm, hat in Berlin eine Stellung als Journalist für die Zeitschrift der Bekennenden Kirche angenommen. Nun ist es an der Großmutter, die ihr Französisch ein Leben lang gepflegt hat und nahezu fließend spricht, die Unterhaltung ohne ihren charmanten Konversationspartner weiterzuführen.

Nach einem Sommer mit vielen Konferenzen und Reisen ist Dietrich nach Finkenwalde zurückgekehrt. Dort wächst das Gefühl der Zusammengehörigkeit gleichermaßen mit den steigenden Ängsten.
Wie schon ihren Kindern erklärt Ruth auch den Enkeln, daß man Freundschaften nicht umsonst haben könne. Damit meint sie, je tiefer die Freundschaft, desto mehr sei man dem Freund verpflichtet. Dies trifft auf Dietrich Bonhoeffer zu.

Vor etwas mehr als einem Jahr hatte eine Entwicklung eingesetzt, die damals noch nicht so schlimm erschien – hier eine Festnahme, dort ein Verhör, vielleicht sogar eine Gefängnisstrafe, die jedoch nicht lange währte, wenn man Freunde hatte. Dies beginnt sich jetzt deutlich zu ändern. Überall in Deutschland wurden abwechselnd Seminaristen, Pastoren oder Kirchenvorsteher irgendwann von der Gestapo abgeholt und der Verbreitung falscher Propaganda in Deutschland oder im Ausland beschuldigt. Mit seinem ausgeprägten Organisationstalent führt Dietrich eine Liste – mit den Daten von Verhaftungen, Orten, Anklagen, Gefängnissen, Kontakten und, so hofft man, auch mit den Freilassungsterminen. Zunächst umfaßte die Liste acht Namen, dann sogar nur sechs, nun aber enthält sie plötzlich 70 Namen. Dennoch, Dietrich behält den Überblick. Er gibt Anweisungen, wer die Behörden zu kontaktieren habe, die Gefangenen besuchen solle, den Eltern schreiben müsse und die Ehefrauen unterstützen solle. Dietrich führt noch eine zweite Liste mit den Namen der Seminaristen und Pastoren, die entweder jüdischer

Abstammung oder mit Jüdinnen verheiratet sind. Von ihnen gibt es in der Bekennenden Kirche eine ganze Reihe, und sie werden in naher Zukunft, dessen ist sich Dietrich sicher, besondere Hilfe benötigen. Ruth hat von Dietrich mehr als nur eine Aufgabe erhalten. Die wichtigste besteht darin, für alle Personen auf der Liste Bittgebete abzuhalten. In Finkenwalde haben sich die Seminaristen die Liste aufgeteilt und beten täglich für die Gefangenen. Ruth erfüllt ihre Aufgabe etwas anders, aber nicht weniger sorgfältig. Jeden Sonntag holt sie sich von Finkenwalde ihren Durchschlag der neuesten Liste. Während des Abendgebets in der Familie, das vor dem Essen gesprochen wird, betet sie laut für jeden einzelnen; den Kindern liest sie die Namen vor, die jenen bald vertraut sind. Immer erwähnt sie auch die Namen derjenigen, die freigelassen wurden. Darüber freut sie sich mit den Kindern, als wären es Familienmitglieder.

DEZEMBER. Der Name Werner Koch, der französischsprechende Freund der Kinder, wurde auf die Finkenwalder Fürbittenliste gesetzt. Koch war in Berlin wegen der Veröffentlichung diffamierender Artikel über Deutschland im Ausland verhaftet worden. Die Gerichtsverhandlung soll im Januar stattfinden. Die Kinder in Stettin beten inständig für ihn.

KARNEVAL IN SCHMENZIN

1937. Der Karneval ist eine Woche voller Ausgelassenheit und mit vielen Festen vor der Fastenzeit. Gefeiert wird er hauptsächlich in den katholischen Landesteilen. In den alten protestantischen Gegenden Pommerns ist vom Karneval nicht viel zu merken. Um die Auswirkungen der ausgelassenen Feiern ein wenig zu mildern, hat die Regierung für ganz Deutschland Schulferien während des Karnevals angeordnet. Gleichzeitig finden in den meisten großen Städten nationalsozialistische Jugendkundgebungen statt.

FEBRUAR. Ruths Stettiner Pensionat ist wie ausgestorben, nur die Köchin und die Küchenhilfe sind noch dort. Für die Zeit der Schulferien sind die Kinder und die Großmutter nach Hause auf ihre Güter zurückgekehrt. In Kieckow ist dies eine stille Zeit, in der man sich auf die Fastenzeit vorbereitet. In Schmenzin dagegen herrscht eine andere Stimmung.

Anning von Kleist hat eine Karnevalsfeier für die Kinder der ganzen Gegend vorbereitet, vielleicht als Ersatz für die nationalsozialistischen Feste, auf die sie nicht gehen dürfen. Es wird ein Kostümfest sein mit Masken und Knallkörpern, auch die Bewohner der Herrenhäuser Kieckow und Klein Krössin wurden eingeladen. Die einzige Bewohnerin von Klein Krössin schlug die Einladung aus, ebenso die Eltern von Kieckow. Die Kinder jedoch dürfen teilnehmen.

Auf der Suche nach Gegenständen, die für die Faschingskostüme für Hans Friedrich, Ruthe, Elisabeth und Heinrich dienen könnten, durchkämmen Mieze und die Hausdame den Dachboden und die Schränke mit größtem Eifer. Besonders jetzt, da man mit der Verlockung der Jugendorganisationen Hitlers konkurrieren muß, ist es besonders wichtig, den Kindern glückliche Erlebnisse zu bereiten.

Keine Jugendkundgebung der Welt kann mit diesem Schmenziner Fasching konkurrieren. Die Kinder sind glücklich über die von ihren Müttern ersonnenen Faschingskostüme, die Attraktion des Abends aber ist der maskierte »Herr von Kleist« aus Kieckow, der in seinem besten schwarzen Anzug auftritt. In Wirklichkeit verbirgt sich dahinter der Hauslehrer der Kinder, dem die Mutter Vaters besten Anzug und die goldene Taschenuhr mit der Kette geliehen hat. Die Kinder durchschauen den Schwindel sofort, nicht so aber der Verwalter von Schmenzin, der sich mehrmals tief vor ihm verbeugt, bevor schließlich die Masken abgenommen werden.

Jenen, die das nächste Jahrzehnt überleben, wird der Kleistsche Karneval und die Maske des »Herrn von Kieckow« eine der fröhlichsten Erinnerungen aus der Kindheit bleiben.

MAI. In Schmenzin ist Scharlach ausgebrochen. Nach dem Abklingen der Epidemie erholen sich die Kinder schnell, für ihre Mutter Anning jedoch ist es zu spät. Die Kleists werden keinen Fasching mehr feiern. Innerhalb eines Jahres wird Ewald wieder heiraten, die 20 Jahre jüngere Alice von Kuhlwein. Schon seit längerer Zeit war Alice bei der Familie von Kleist, um die Aufgaben einer Gutsfrau zu erlernen. In einer Vorahnung hatte Anning der jungen Frau das Versprechen abverlangt, Ewald zu heiraten, falls ihr selbst irgend etwas zustoßen sollte. Alice wird ihr Heiratsversprechen einlösen, nicht aus Liebe, sondern aus Pflichtgefühl, sie wird aber Annings Kindern eine liebende Mutter und Ewald eine hingebungsvolle Stütze in seinen letzten leidvollen Jahren sein.

JUNI. Inzwischen laufen die Aktivitäten der Gestapo fast immer nach gleichem Muster ab – zuerst eine Durchsuchung, Beschlagnahmung von Papieren, dann Verhaftungen, Versiegeln von Türen, Inhaftierung, Gerichtsverhandlung und schließlich Konzentrationslager. Immer wieder werden die Maßnahmen bei den führenden Mitgliedern der Bekennenden Kirche in dieser Reihenfolge angewendet. Das Gesetz zum Schutz der Deutschen Evangelischen Kirche, die beschönigende Umschreibung der Nationalsozialisten für die Zerstörung der Bekennenden Kirche, wird mit rücksichtsloser Härte durchgesetzt.

Ruth hat es übernommen, den Angehörigen und Bräuten mehrerer verhafteter Finkenwalder Studenten beizustehen. Sehr ans Herz gewachsen ist ihr dabei Dita Stockmann, die Verlobte von Werner Koch. Ruth schreibt Dita wöchentlich und versichert ihr in jedem Brief ihr Vertrauen in Gottes Güte und Gnade. Es gibt wenig, das sie ihr sonst versprechen kann. Für die Zeit der Schulferien lädt sie auf Dietrichs sanftes Drängen hin Dita zusammen mit anderen Ehefrauen von Gefangenen, die sie betreut, nach Klein Krössin ein.

Kurz darauf tritt Ruth die lang ersehnte Geburtstagsreise an, die ihr Hans Jürgen zum Geschenk für ihren 70. Geburtstag im Februar gemacht hatte. Der erste Teil der ausgedehnten Reise zu den liebsten Badeplätzen ihrer Jugend wie Kolberg an der Ostsee und Marienbad in der Tschechoslowakei wird mit dem Wagen zurückgelegt und endet in Großenborau. Dort begrüßt Hans Jürgen kurz seinen Onkel Rob und verabschiedet sich sofort wieder. Seit der Beerdigung Anni von Tresckows vor neun Jahren hat sich in dem Verhältnis der beiden Männer zueinander nichts verändert. Sie begrüßen sich kühl, verneigen sich förmlich, reichen einander aber nie die Hände. Spes ist mit dem Zug von Berlin nach Großenborau gereist, um mit der Mutter dort die Tage zu verbringen und sie anschließend sicher zurück nach Hause zu bringen.

Die Tage im märchenhaften Schlesien sind für Ruth Tage des Staunens und des Erinnerns. Dieses Jahr ist die Natur besonders üppig, das Dorf erstrahlt in besonderem Reichtum. Selbst das Gutshaus ist perfekt bis ins kleinste Detail, als wolle es der wachsenden Häßlichkeit Deutschlands trotzen.

Zufälligerweise sind auch Robs Söhne, Ruths Patensohn Friedrich Carl und Konstantin, auf Besuch zu Hause. Ebenso wie Ruths Sohn Konstantin vor 25 Jahren ist auch Friedrich Carl bei der Mertonschen Metallgesellschaft tätig. Aber wie haben sich die Zeiten geändert seit diesen friedlichen Jahren vor dem 1. Weltkrieg!

Friedrich Carl hatte es vor zwei Jahren vorgezogen, Deutschland aus Abscheu vor der Nazi-Regierung zu verlassen. Richard Merton, der Sohn und Erbe des alten Wilhelm Merton, beauftragte ihn, die Geschäftsmöglichkeiten in Brasilien zu erkunden. Mittlerweile ist er nach Europa zurückgekehrt und bereitet zusammen mit Merton die Verlegung der Firma nach Belgien vor, wahrscheinlich um sie vor dem Zugriff der Nazis zu schützen.

Durch das Erwähnen der Metallgesellschaft werden Ruths Erinnerungen an den alten, schon lange verstorbenen Merton, der Konstantin in sein Herz geschlossen hatte, wieder wach. In dieser Zeit der Judenhetze erkundigt sie sich bei Friedrich Carl nicht nach den jüdischen Eigentümern dieser Firma. Wenn einem Ungerechtigkeiten bekannt werden, ist man verpflichtet, dagegen vorzugehen. Wie aber soll eine alte Frau im nationalsozialistischen Deutschland gegen die wachsende Ungerechtigkeit im ganzen Land ankämpfen? Das Bewußtsein, eine alte Frau zu sein, ist neu für sie!

Friedrich Carl, der alle, die ihn kennen, mit seinem Charme und seiner Fröhlichkeit begeistert, ist nun der Besitzer von Großenborau, auch wenn das Gut weiterhin von seinem dort lebenden Vater verwaltet wird. Im Dorf haben freudige Wiedersehen zwischen Ruth und den älteren Einwohnern stattgefunden, mit denen »Konts Ruth« ihre Kindheit verbracht hatte. Als es Zeit ist, sich zu verabschieden, befällt Ruth die Ahnung, daß dies ihr letztes Zusammentreffen mit Friedrich Carl sein könnte. Weder er noch die alte Mertonsche Metallgesellschaft können sich mit Hitlerdeutschland abfinden.

Für Ruth war dies auch das letzte Wiedersehen mit Konstantin. Wie ihr eigener Sohn gleichen Namens wird auch er im Krieg fallen, jedoch in einem anderen Land und in einem anderen, noch sehr viel verheerenderen Krieg.

JULI. Auf Dietrich Bonhoeffers Fürbittenliste befindet sich ein neuer bekannter Name – Martin Niemöller, der Pastor der Dahlemer Gemeinde in Berlin. Vor einem Jahr hat er Hans Jürgens Söhne Konstantin und Jürgen Christoph konfirmiert; nun ist er in Haft. Sein Vergehen ist die Zugehörigkeit zur Bekennenden Kirche, die er entscheidend prägt. Am 1. Juli drang die Gestapo in die Berliner Büroräume der Kirche ein, durchwühlte die Akten und verhaftete Niemöller. Einen Tag später durchsuchten sie sein Haus, verhörten seine Frau und beschlagnahmten alle Privatpapiere. Nun soll er vor Gericht gestellt werden, die Anklage lautet Landesverrat. In Stettin und in Finkenwalde, überall, wo Dietrichs Fürbittenlisten verbreitet sind, wird an diesen Pastor gedacht und für ihn gebetet. Dankbar erinnert sich Ruth seiner gütigen, freundlichen Art mit ihren Enkelsöhnen, Frau Niemöller erhält nun regelmäßig Briefe von ihr. Martin Niemöller wird von der Anklage des Verrats zwar freigesprochen, dennoch wird er auf persönlichen Befehl Hitlers acht lange Jahre in verschiedenen Konzentrationslagern interniert sein; den Krieg wird er überleben.

AUGUST. Ruth bittet Dietrich dringend, Hans Friedrich, Spes und Maximilian, die drei Enkel in Stettin, auf die Konfirmation im Frühjahr vorzubereiten (Hans Otto und Ruth-Alice sind bereits konfirmiert). Was Maria anbelangt, hat die Großmutter das Gefühl, sie sei noch nicht ganz reif für derart ernsthafte Angelegenheiten. Dietrich verspricht, einmal in der Woche den Kindern in der Stettiner Wohnung Konfirmandenunterricht zu erteilen, wenn er in Finkenwalde ist. In seiner Abwesenheit sollen die Kinder mit den Fahrrädern nach Finkenwalde kommen und von einem Seminaristen angeleitet werden.

Zum ersten Konfirmandenunterricht sind Dietrich, Großmutter Ruth und die jungen Leute im Musikzimmer versammelt, das durch Glastüren vom Wohnzimmer getrennt ist. Dietrich kehrt den Glastüren den Rücken zu, die Großmutter sitzt zu seiner Linken.
Für den Pastor ist die Vorbereitung auf die Konfirmation von großer Bedeutung im Leben eines jeden Kindes, ein Ereignis, das äußerst ernst

genommen wird. Das Ziel besteht darin, in jedem künftigen Konfirmanden den Glauben zu wecken; dies ist auch die Botschaft seines Unterrich-
tes für die drei Kinder im Alter von 14, 15 und 16 Jahren. Sie scheinen mit
ihm übereinzustimmen und sind während der ersten Minuten des Unter-
richts sehr aufmerksam. Doch dann wenden sie, einer nach dem anderen, ihre Blicke von ihm ab und betrachten einen Punkt auf dem Boden
hinter seinem Stuhl. Säße die Großmutter nicht in einem ungünstigen
Winkel, sie hätte längst bemerkt, daß etwas Absonderliches die Aufmerksamkeit vom Pastor ablenkt. Bald muß er feststellen, daß nicht nur die
Blicke seines kleinen Zuhörerkreises in eine andere Richtung gehen,
sondern daß etwas anderes die Kinder fesselt und sie krampfhaft versuchen, das Lachen zu unterdrücken. Der Unterricht wird unterbrochen,
der Pastor wendet den Kopf um festzustellen, was hinter den Glastüren
vor sich geht. Er entdeckt hinter seinem Rücken die auf dem Boden sit-
zende Maria von Wedemeyer, die ihn mit fürchterlichen Grimassen und
übertriebenen Bewegungen nachmacht. Dietrich Bonhoeffer kann sich
darüber nicht amüsieren.

SEPTEMBER. Am 27. des Monats erhält Alla Stahlberg im Büro der
Stahlbergschen Speiseölfabrik einen Anruf aus Göttingen. Der Anrufer
ist Dietrich Bonhoeffer, der sich bescheiden erkundigt, ob sich Herr Stahlberg noch an ihn erinnere; sie hätten sich vor mehr als einem Jahr auf
Ruth von Kleists Geburtstagsfeier kennengelernt. Natürlich erinnert sich
Alla. Dietrich hat eine dringende Bitte an ihn. Die Gestapo werde morgen wahrscheinlich Finkenwalde schließen, wie ein Informant im Stettiner SS-Hauptquartier den Verwalter telephonisch informiert habe. Wäre
es möglich, einen Platz für einen Bechstein-Flügel zu finden? Die Antwort
ist natürlich ja; jeder würde liebend gerne einen Bechstein-Flügel übernehmen, wenn ihm einer angeboten würde. Dietrich erklärt, das Instrument sei ein persönliches Geschenk an ihn gewesen und müßte noch vor
Ende des Tages abtransportiert werden, da alles, was die Gestapo vorfin-
de, beschlagnahmt werde. Alla versichert dem Anrufer, der Flügel werde noch heute abgeholt, er werde gepflegt und genutzt werden, denn in
Spes Stahlbergs Familie spiele Musik eine große Rolle. Der Flügel könne bei ihnen bleiben, bis dieses Durcheinander endlich vorbei sei. Sofort
beauftragt Alla einen Spediteur, und vor Einbruch der Dunkelheit steht
das wunderbare Instrument schon in seiner geräumigen Wohnung.

Der Informant hatte recht behalten, denn am Morgen des 28. kommt die Gestapo nach Finkenwalde. Es werden nur wenige Papiere gefunden; übrig ist lediglich die einfache Ausstattung eines fast mönchhaften Seminars, darunter befinden sich handbemalte Kirchenfahnen und die von der Gräfin Lili von Kleist gestifteten Sitzpolsterungen. Die Türen werden versiegelt; dies ist das Ende von Finkenwalde.

DEZEMBER. Dietrichs sehnlichst erwartetes Buch »Die Nachfolge« wurde endlich veröffentlicht. Ruth bestellt 30 Exemplare beim Verlag, 10 für ihre Familie, 20 für ihre theologische Gruppe in Stettin. Mehrere Nächte verbringt sie schlaflos mit der Lektüre dieses Buches, Dietrichs eindeutigem Bekenntnis zur Herrschaft Christi über die Welt.
Dietrichs Fürbittenliste umfaßt nun bereits 804 Menschen, die wegen ihrer Glaubensüberzeugung verhaftet wurden. In ihrer Stettiner Wohnung betet Ruth nun jeden Abend für diese Gruppe.

1938. Dietrich Bonhoeffer wird von der Gestapo untersagt, sich in Berlin aufzuhalten. Daher verbringt der Pastor seine Zeit abwechselnd in den noch bestehenden Sammelvikariaten der an Einfluß verlierenden Bekennenden Kirche. Diese Sammelvikariate sind alles, was von dem Seminarsbetrieb, der vor weniger als zwei Jahren die Hoffnung der Kirche darstellte, übrig ist. Häufig, zumindest wenn Ruth von Kleist zu Hause ist, trifft man ihn auch als Gast in Klein Krössin an, sonst hält er sich in Kieckow auf.

FEBRUAR. Für die Zeit der Schulferien, die eigens für die Abhaltung von Jugendkundgebungen gewährt werden, ist Ruth nach Klein Krössin zurückgekehrt. Auch Dietrich ist eingetroffen, er bewohnt das Gästezimmer namens »Hoffnung«, das nun ständig für ihn reserviert ist.

Eines Abends bekennt er Ruth seinen großen Kummer über das gegen ihn verhängte Aufenthaltsverbot in Berlin, seine Eltern könne er nicht besuchen, und mit seinen Schwestern, seinem Bruder und seinen Schwägern könne er auch nicht mehr sprechen. Ihrer Rolle als mächtige Matriarchin einer einflußreichen Familie gerecht werdend, greift Ruth zum Telephon und befiehlt Dietrich, in Berlin anzurufen und seine Eltern nach Stettin einzuladen.

Zwei Tage treffen Professor Karl Bonhoeffer und seine Frau ihren Sohn dort. Dr. Bonhoeffer bringt seinem Sohn die gute Nachricht mit, die Berliner Gestapo habe ihm versichert, der Zweck des Regierungserlasses bestehe nicht darin, dem Sohn Besuche bei der Familie in Berlin zu verbieten. Wieder einmal stellt sich klar heraus, wie wichtig es heutzutage ist, Freunde in einflußreichen Positionen zu haben.

Zufrieden, dieses wichtige Treffen arrangiert zu haben, wendet sich Ruth wieder ihrer Lektüre zu – dem Brief des Paulus an die Römer und einigen schwierigen Abschnitten aus der »Nachfolge«. Diese Beschäftigung nimmt sie durchaus in Anspruch, freilich so fesselnd wie die Diskussion mit dem Verfasser des Textes bei Tee und Gebäck ist sie nicht.

MÄRZ. Das ganze Land jubelt, denn der alte Traum, das Haus Hohenzollern mit dem Hause Habsburg zu einem Deutschen Reich zu vereinen, ist endlich ohne Blutvergießen in Erfüllung gegangen. Deutsche Truppen besetzen Österreich, der österreichische Kanzler kapituliert ohne Gegenwehr, und Tausende von Österreichern begrüßen auf den Straßen ihre deutschen Brüder mit Jubel. In Belgard findet eine Parade statt; eine landesweite Verordnung verpflichtet alle Land- und Hausbesitzer, zur Feier des Ereignisses die Fahne des Deutschen Reiches zu hissen.

Auf dem Misthaufen in Schmenzin flattert bereits das Hakenkreuz, in Kieckow und in Klein Krössin jedoch sieht man keine Fahne. Hans Jürgen wird verhaftet und nach Belgard in das nicht unkomfortable Gefängnis gebracht, eines der Gebäude, die gebaut wurden, als sein Vater einst der Landrat war. Hans Jürgen soll dort bleiben, bis er Reue zeigt. Gegen ihn werden drei Beschwerden vorgebracht, die zweifelsohne aus dem Dorf kommen: Hans Jürgen weigere sich, Menschen auf der Straße mit »Heil Hitler« zu begrüßen, er hisse nicht die Fahne des Dritten Reiches, und er erlaube seinen Kindern nicht, an den Jugendaktivitäten des Kreises teilzunehmen.
Man kann von Glück sagen, daß Konstantin, Hans Jürgens ältester Sohn, das Gymnasium abgeschlossen hat. Eines Tages wird er Kieckow erben. Bis die politischen Probleme gelöst sind, wird er zu Hause seinem Vater bei der Leitung des Gutes zur Hand gehen. Mieze und der Verwalter kümmern sich um die anfallenden Arbeiten, und so kann es sich der

Gutsbesitzer leisten, eine Woche hinter Gittern zu verbringen. Er meint, die Gestapo müsse früher oder später einlenken; im Jahr 1938 tut sie es noch.

APRIL. Die Kleists, Bismarcks und Wedemeyers sind in Kieckow zu einer Feier zusammengekommen, deren Bedeutung sich mit Hochzeiten und Taufen messen kann – die Konfirmation zweier Söhne und einer Tochter. Der Gottesdienst findet in der Kirche von Kieckow statt; die Kirchenbänke der Gutsherren bieten den Familien der Konfirmanden nicht ausreichend Platz, daher müssen die Angehörigen auch in den ersten zwei Reihen Platz nehmen, die normalerweise von der Dorfbevölkerung belegt werden. Eine der Eigenschaften, die man der preußischen Aristokratie häufig nachsagt, ist die Neigung zu erstaunlichem Kindersegen. Die hier an diesem Konfirmationstag versammelte Gemeinde liefert dazu den besten Beweis!

Der Gottesdienst wird von Pastor Bonhoeffer gehalten. Er beginnt mit einer Lesung aus dem Neuen Testament, Markus 9,24: »… Ich glaube, lieber Herr, hilf meinem Unglauben!«
Die Worte des Pastors beinhalten eine starke Herausforderung an Alt und Jung: »… Der Glaube ist eine Entscheidung. Darum kommen wir nicht herum. ‚Ihr könnt nicht zweien Herren dienen‘; ihr dient von nun an Gott allein oder ihr dient Gott überhaupt nicht. … (Glaube ist) … eure eigenste Entscheidung! Kein Mensch kann sie euch abnehmen … Liebe Konfirmanden, … euer Glaube … ist ein Anfang. … Christliche Gemeinschaft ist eine der größten Gaben, die Gott uns gibt. Aber Gott kann uns dieses Geschenk auch nehmen, wenn es ihm gefällt, wie er es vielen Brüdern heute schon genommen hat. Dann stehen und fallen wir mit unserem eigensten Glauben. … Nicht nur Versuchung und Leiden, sondern vor allem Kampf wird euch euer Glaube bringen. Konfirmanden sind heute wie junge Soldaten, die in den Krieg ziehen, in den Krieg Jesu Christi gegen die Götter dieser Welt. … Der Kampf ist schon im Gange, und ihr sollt jetzt mit einrücken … Gott führt den Kampf in uns und gegen uns und durch uns. … Amen.«[29]
Dies sind unmißverständliche Worte für die Konfirmanden und ihre Eltern. Es sind Worte, die Ruth am meisten zu hören begehrt.

Eine harte Zerreißprobe für die Bekennende Kirche beginnt vor Ende des Monats mit der Aufforderung der Deutschen Christen an die zögernden Geistlichen: »Laßt uns dem Führer ein Geburtstagsgeschenk bereiten, indem wir alle zusätzlich zu unserem Treueeid auf Gott einen Eid auch auf Hitler schwören.« Der dadurch entstandene Druck ist ungeheuer, da jene, die sich weigern, fürchten müssen, für immer ihr Amt zu verlieren. Es überrascht Ruth außerordentlich, daß die Stettiner Leitung der Bekennenden Kirche ihre Pastoren freigibt, den Schwur zu leisten. Mit Erleichterung stellt sie fest, Pastor Reimer aus Naseband hat den Eid nicht geschworen; beunruhigend aber bleibt, daß so wenige andere seinem Beispiel gefolgt sind. Möglicherweise hat sie nicht bedacht, daß Pastor Reimer im Gegensatz zu vielen seiner Kollegen die Rückendeckung seines unnachgiebigen Gutsherren Ewald von Kleist besitzt. Hätte nur jeder Pastor einen solchen Patron!

Die Bilanz am Ende der Aktion zeigt, daß mehr als zwei Drittel der Geistlichen der Bekennenden Kirche den Eid geschworen haben, auch wenn dies schwer auf ihrem Gewissen lastet. Der standhaft gebliebene Rest macht nicht einmal mehr zehn Prozent der gesamten evangelischen Geistlichkeit aus, und davon befindet sich etwa die Hälfte bereits in Haft. Politisch schweigt die Bekennende Kirche. Die geistliche Auseinandersetzung und der politische Kampf werden auf anderen Ebenen ausgetragen werden. Ein Umdenken beginnt, das Durchhaltevermögen und Mut erfordert und für einige ganz ungewohnte Begriffe ins Spiel bringt: Verschwörung, Irreführung, Intrige und – sogar Mord.

DIE SILBERHOCHZEIT

1938, JUNI. In den Häusern von Kieckow und Klein Krössin sind an diesem Morgen überall Bügelbretter und Bügeleisen zu sehen. Normalerweise für Hochzeiten und Beerdigungen reservierte dunkle Anzüge werden mit heißem Dampf und schweren Bügeleisen in Form gebracht, dann folgen die weißen Hemden, zu klein gewordene Konfirmationskleider und in die Jahre gekommene Hochzeitskleider. Die gesamte Bevölkerung beider Dörfer – mehr als 200 Personen – bereiten sich auf die Feier des 25. Hochzeitstages des Gutsherrn und der Gutsfrau vor. Eine Feier dieser Größe ist einmalig im Kreis Belgard, da es nicht üblich ist, daß die Landbesitzer derartige Familienfeste im Kreise ihrer Arbeiter feiern. Aber dies sind ungewöhnliche Zeiten, und Hans Jürgen von Kleist ist ein ungewöhnlicher Landbesitzer.

Im Gutshaus bringen die größeren Kinder Leinentischdecken und Geschirr vom Eßzimmer in die Bibliothek, ins Wohnzimmer und den Salon. Ursprünglich sollte auf der Terrasse hinter dem Haus und im Eingangsbereich vor dem Haus serviert werden, wegen des kalten Wetters mußten die Pläne jedoch kurzfristig geändert werden. Mieze besteht darauf, daß alle 200 Gäste ihre Mahlzeit im Gutshaus einnehmen. Zum ersten Mal reichen die Kieckower Bestände an Silber und Porzellan nicht mehr aus, deshalb wird Konstantin von einem Diener zu Großmutter Ruth gefahren, um zusätzliche Gedecke herbeizuschaffen. Sie kehren nicht nur mit Großmutters Eßbestecken, Tellern und Servietten zurück, sondern auch mit riesigen Sträußen Lavendel und weißem Phlox aus ihrem Garten. Die zwei Jüngsten und ihr Kindermädchen werden nun beauftragt, Vasen zusammenzutragen und die Blumen für die Tischdekoration darin zu arrangieren. Hans Jürgen, der abschließend alles überprüft, bestätigt ihnen, die Dekoration sei geradezu spektakulär.
Die Feierlichkeiten beginnen mit einem kurzen Gottesdienst um 11 Uhr, der von dem Pastor aus Groß Tychow gehalten wird. Als Überraschung für die Gutsfamilie hat er einen Kinderchor zusammengestellt, der die für

Silberhochzeit von Mieze und Hans Jürgen von Kleist

solch eine Feier üblichen Choräle anstimmt. Auf den vier Kirchenbänken hinter dem Altargitter haben das Hochzeitspaar, dessen sechs Kinder, die Großmutter und Verwandte von anderen Gütern Platz genommen. Ewald von Kleist, ihr Vetter und Nachbar, ist ebenfalls anwesend, doch sitzt er in der ersten Bankreihe, die für das gemeine Volk reserviert ist. Er ist in Begleitung seiner sechs Kinder und der jungen Frau, die er vor kurzem geheiratet hat. Die Kleists aus Schmenzin sind sehr ernst, selbst an einem Tag wie heute, an dem man hauptsächlich strahlende Gesichter sieht.

Das freundliche Lächeln des Pastors täuscht über den Druck hinweg, unter dem er täglich steht. Bislang hat er erfolgreich allen Repressalien der Regierung und der Kirche widerstanden; es wird befürchtet, daß seine Tage als Pastor gezählt sind. Hans Jürgen kann über ihn nur Gutes berichten: »Er ist die Ausnahme, ein Theologe mit echtem Glauben!«
Der Pastor ist umsichtig, er weiß, daß heute ein kurzer Gottesdienst und die Kurzfassung einer Predigt gewünscht wird. In der Tat hegt er den Verdacht, dieser ungewöhnliche Gottesdienst zur Feier der Silberhochzeit sei nur eine Ausrede, um die Familie und alle Gäste in der Kirche zu versammeln und anschließend gemeinsam mit ihnen zum Gutshaus zu ziehen. Das Lied zum Abschluß, »Lobe den Herren«, wird auswendig gesungen, unterdessen stellt sich die Gottesdienstgemeinde zur Prozession auf – angeführt von Hans Jürgen und Mieze, dahinter Großmutter Ruth am Arm von Hans Friedrich, dann Elisabeth, Jürgen Christoph und Heinrich. Hinter ihnen folgen Maria und Herbert von Bismarck, deren Tochter Spes und weitere Kinder der beiden Familien. Nun schließen die Familien aus dem Dorf an, die ganz offenbar ihre kleinen Ersparnisse geplündert haben, um sich für dieses Ereignis angemessen zu kleiden.
Das Hochzeitsessen mit den üblichen Trinksprüchen, Reden und Liedern ist ein einziges Fest der Liebe. Lange Zeit wird man von diesem Tag als Relikt aus der Vergangenheit sprechen, das in keinster Weise mit dem Prunk und den Festen des neuen, modernen Deutschlands vergleichbar ist. Später, nachdem sich der Pomp und die Veranstaltungen des Dritten Reiches in nichts aufgelöst haben, wird dieser Tag als das letzte große Fest in Kieckow – der sanfte Abschied einer zu Ende gehenden Zeit – in der Erinnerung der Menschen bleiben.

AUGUST. Im Spätsommer erfüllt Ruth wieder treusorgend ihre Aufgabe in der Stettiner »Enkelpension«. Drei Kinder sind es nur, die derzeit die Schule in Stettin besuchen: Spes von Bismarck, Hans Friedrich von Kleist und Maria von Wedemeyer. Ruth-Alice, Marias Schwester, hat das Gymnasium in jedem Fach mit Auszeichnung abgeschlossen. Ihre Großmutter vermißt sie außerordentlich, denn sie hatte die Gabe, in diesem weit von der Heimat entfernten Stettiner Zuhause Ruhe und Frieden auszustrahlen. Dennoch freut sich die Großmutter für ihre sanftmütige Enkelin und Namensvetterin, denn Ruth-Alice ist mit Klaus von Bismarck, dem Erben von Kniephof, verlobt. Er ist der Sohn Gottfrieds aus Ruths erster »Kinderpension« und der Enkel ihrer Freundin Hedwig, der Witwe von Kniephof, die vor 40 Jahren Ruth in ihrem frühen Witwenstand Rat gegeben und Mut gemacht hatte. Nach einer längeren Lehrzeit – unter anderem in Pätzig – übernahm Klaus dieses Jahr die Leitung des Gutes. Klaus' Mutter Gertrud, die intellektuelle Berlinerin, war ebenfalls in jungen Jahren verwitwet und hatte die Ländereien der Vorfahren ihres verstorbenen Mannes für ihren Sohn erhalten. Gertruds und Ruths Lebensansichten waren immer sehr unterschiedlich, der Lauf der Zeit hat jedoch beide nachgiebiger gemacht, und heute geben ihre Differenzen den beiden Familien Anlaß zu Heiterkeit. Über diese weitere Verbindung zwischen den Bismarcks und den Kleists herrscht nichts als Freude.

In Ruths Pensionat gibt es zwei Gästezimmer, für deren Belegung Dietrich ständig sorgt. Zusätzlich zu seinen bisherigen Aktivitäten hat er jetzt die Aufgabe übernommen, Juden bei der Emigration zu unterstützen und die nötigen Visa zu besorgen; einige von denen, die ihn um Hilfe gebeten haben, sind Pastoren und Ehefrauen von Pastoren, andere wiederum Freunde oder Bekannte. Dietrichs Verbindungen nach Schweden beginnen, bescheidene Früchte zu tragen, doch die Beschaffung der Papiere für diese Opfer des Dritten Reiches erfordert Zeit. Wer aber mit offenen Augen die Entwicklung verfolgt, weiß, daß die Zeit knapp wird.
Dietrich führt nicht nur die Liste der Inhaftierten, für die gebetet wird, sondern auch eine Liste mit jüdischen Namen und Adressen, die weitergehende Hilfe benötigen. Die Liste der Inhaftierten wird mittlerweile weit verbreitet, nicht nur, um die Zahl der für sie Betenden zu erhöhen, sondern auch um die Behörden bloßzustellen. Zu der zweiten Liste hat nur Dietrich allein Zugang.

Derzeit beherbergt Ruth zwei junge Frauen. Eine der beiden ist ihr aus den Finkenwalder Zeiten bekannt. Nach Nazi-Gesetzen gelten die Frauen als jüdisch. Beide haben Familienangehörige, denen aber das Glück eines sicheren Verstecks nicht zuteil wurde, und beide suchen verzweifelt nach einer Möglichkeit, Deutschland gemeinsam mit ihren Ehemännern zu verlassen. Die abendlichen Gebete in der Stettiner Wohnung werden mit mehr Inbrunst als zuvor gebetet.

Maria von Wedemeyer, die jüngste und schon immer die lebhafteste der Kinder aus dem Enkelpensionat, konnte dieses Jahr ihre Großmutter, die Vettern und Cousinen überraschen. Wie sich gezeigt hat, ist sie mathematisch ausgesprochen begabt, und so wurde sie am Stettiner Gymnasium dazu bestellt, die anderen, weniger begabten Schüler zu unterstützen. Ruth bereut heute, mit dem Kind immer so streng gewesen zu sein, vor allem in Gegenwart von Dietrich und dem Finkenwalder Kreis. Daher widmet sie Maria trotz ihrer anderweitigen Beschäftigungen ihre ungeteilte Aufmerksamkeit.

Durch die Schließung von Finkenwalde ist Ruth gezwungen, sich für geistliche Führung an die Stettiner Pastoren zu wenden. Einige von ihnen gehören der Bekennenden Kirche an; es sind aber nur drei, die den Eid auf Hitler im Frühjahr nicht geschworen haben. Ruth geht wie bisher mit ihren Enkelkindern jeden Sonntag zur Kirche, wobei sie abwechselt zwischen den drei Pastoren, die dem außerordentlichen Druck widerstanden hatten. Aber es bleibt ohne die Finkenwalder Herausforderung eine große Leere in ihrem Herzen.

Ihr ganzes Leben hat Ruth Schwierigkeiten mit dem Schlaf gehabt. Der Vorteil dieses Zustandes besteht darin, daß sie in schlaflosen Nächten zahllose Briefe schreibt, die meisten sind an Dietrich gerichtet, viele auch an Eberhard Bethge, der meist leichter erreichbar ist als sein weitgereister Freund. Zudem arbeitet Ruth wieder an einem Buch, das in Form eines Rundbriefes für ihre 22 Enkelkinder bestimmt ist. Der Titel lautet: »Warum soll ich in der Bibel lesen?« Eigentlich ist es eine Sammlung der Fragen, die ihr die Kinder im Lauf der Zeit gestellt haben – Fragen, die in ihrer Einfachheit allgemein gültig sind. Die Antworten auf diese Fragen bezieht Ruth aus ihrer langjährigen Lebenserfahrung und aus ihrem wachsenden Wissen um theologische Begründungen. Mit ihrem bescheidenen Werk ist Ruth sichtlich zufrieden, und so sendet sie eine Kopie des Manuskripts an Eberhard mit der Bitte, es zu kritisieren. Ruth bedeutet die ernsthafte Beschäftigung mit der religiösen Erziehung der Kinder eine willkommene Ablenkung von den politischen Kämpfen, die ihre geistlichen Freunde zu führen gezwungen sind.

Kaum sind fünf Monate seit dem Anschluß Österreichs an Deutschland vergangen, spricht – eigentlich müßte man sagen, schreit – Hitler über die Annektierung des Sudetenlandes, einem deutschsprachigen Gebiet in der Tschechoslowakei. Ruth verzweifelt an dieser deutschen Regierung, aber bei den Massen finden Hitlers Absichten breite Unterstützung. Eine

Eberhard Bethge und Dietrich Bonhoeffer

bedeutungsvolle Veränderung hat sich jedoch – ohne das Wissen der »Soldatin« im Kleistschen Vorposten Stettin – in den alten Ländereien der Kleists im Kreis Belgard vollzogen. Hans Jürgen und Ewald, zwei der treusten »Soldaten« des Vaterlandes, haben sich heimlich der Verschwörung gegen die deutsche Regierung angeschlossen.

Frühmorgens am 15. August fährt Hans Jürgen nach Schmenzin, er holt Ewald ab, um ihn zum Bahnhof von Groß Tychow zu bringen. Ewald weiß, die Fahrt wird etwas länger dauern als sonst, denn Hans Jürgens Fahrstil ist langsam und vorsichtig. Er wird die Zeit für ein vertrauliches Gespräch mit seinem Vetter nutzen, bevor er den Zug nach Berlin besteigt. Mit wenigen Worten erklärt er ihm den Zweck seiner Reise, ein Unternehmen, über das bislang nur seine Frau Alice informiert ist. Es könne durchaus auch passieren, daß Hans Jürgen gebeten wird, ungewöhnliche Dinge zu tun.

Die Reise wurde Ewald von der Abteilung Abwehr im Oberkommando der Wehrmacht angetragen. Alle Arrangements wurden von Fabian von Schlabrendorff getroffen, den die Kleists seit seiner Verlobung mit Luitgarde von Bismarck bereits als Familienmitglied betrachten. Die Abwehr ist eines der drei Regierungsämter, die von der NSDAP und der SS noch nicht ernstlich infiltriert werden konnten. Sie bleibt von Untersuchungen noch weitgehend verschont, hat ihren Handlungsspielraum erhalten können. Die anderen beiden Organisationen sind die oberen Schichten des Offizierskorps der Wehrmacht und einige Bereiche des Reichsjustizministeriums. Fabian, der dort eine eher unbedeutende Stellung innehat, harrt dennoch aus, um vertrauliche Kontakte zur Wehrmacht zu pflegen. Ewald spricht voller Begeisterung über Fabians Rolle in dieser heiklen Angelegenheit; Hans Jürgen findet die Lage für Fabians Braut, die reizende Luitgarde, besorgniserregend.

Ewald informiert Hans Jürgen über die Situation in der Abwehr. Admiral Wilhelm Canaris, der Chef der Abwehr, untersteht direkt dem Führer Adolf Hitler, und Generalmajor Hans Oster ist zweiter in der Rangfolge unter Canaris. Beide Männer seien der Überzeugung, Hitler werde Deutschland zerstören, wenn man ihn ungehindert seinen Weg fortsetzen lasse. Canaris täuscht vor, ein treuer Diener des Führers zu sein, während Oster den raffinierten Spion spielt. Beide sind Meister im

Geheimdienstwesen, und beide wissen dieses mächtige Werkzeug zu nutzen, um Ereignisse in einer Weise in Europa zu manipulieren, die Hitler unter Kontrolle hält, bevor er seinen nächsten offensiven Schachzug führt – die Zerstörung der Tschechoslowakei. Oster hat diese Pläne Generaloberst Ludwig Beck, dem Chef des Generalstabes des Heeres, und Staatssekretär Ernst Freiherr von Weizsäcker, dem stellvertretenden Außenminister, mitgeteilt. Beck ist überzeugt, einen Militärputsch auslösen zu können, möglicherweise durch die Wiedereinsetzung der Monarchie als Rechtfertigung des Putsches, wenn es Hitler nicht gelingt, das Sudetenland dem deutschen Volk zurückzugeben. Die Strategie dieser Mission besteht darin, im westlichen Europa genügend Ängste zu wecken, daß Großbritannien und Frankreich, die Verbündeten der Tschechoslowakei, sich zu einem Ultimatum provozieren lassen, was zur Folge hätte, daß Hitlers Unterstützung durch die deutsche Öffentlichkeit untergraben wird.

Wer aber könnte eine derart niederträchtige Aufgabe ausführen, die darin besteht, die aus Tradition gegen Deutschland eingestellte britische Regierung von den militärischen Plänen Deutschlands in Osteuropa in Kenntnis zu setzen? Der Gesandte müßte noch weit mehr leisten. Derjenige, der London diese Nachricht überbringt, müsse die britische Regierung nicht nur von dem Ultimatum überzeugen, sondern auch von der Notwendigkeit des Handelns, sollte Hitler in der Tschechoslowakei einmarschieren.

Offen erklärt Ewald, warum Osten ihn durch Fabian kontaktiert habe: Trotz der kühnen Reden in der Abwehr, der Wehrmacht und des Auswärtigen Amtes hat sich kein Freiwilliger für diese Aufgabe gefunden -- keiner möchte das Vaterland verraten. Ewald sieht sich nun in der Rolle des international zwar unbekannten Konservativen, der aber die gleiche Sprache sprechen könnte wie die britischen Konservativen, die an der Macht sind. Der wahrscheinlichere Grund ist jedoch sein Ruf, vor den kopflosen Massen und deren Führung keine Angst zu haben. Ewald schließt seine Erklärung, warum er diese Aufgabe übernommen habe, die von vielen als Hochverrat eingestuft wird: »Letzte Nacht habe ich im Alten Testament gelesen – bei meinem alten Freund Jeremia. Gott ist bei mir, dessen bin ich sicher.« Damit verabschieden sich die beiden, Ewald besteigt den Zug. Fabian erwartet ihn in Berlin, wo er ihm mitteilt, daß alle Vorbereitungen getroffen seien. Dafür hatte er viel Unterstützung von Ian Colvin erhalten, einem in Berlin tätigen englischen Journalisten, der in Wirklichkeit jedoch britischer Agent war. Er hatte alles vom Visum, Flugschein und Hotelunterkunft bis zu den entsprechenden Treffen in London arrangiert.

Von Colvin hatte Fabian soeben noch erfahren, daß die Sache einen Haken habe. Das geplante Treffen mit dem britischen Premierminister sei in Gefahr, da der britische Botschafter in Berlin von der Sache Wind bekommen habe. Er habe die Regierung davor gewarnt, offiziell mit Kleist zu sprechen, einem Gesandten der deutschen Opposition. Fabian ist wütend, kann aber Ewalds Zuversicht nicht mindern.

Am nächsten Abend befindet sich Ewald im Flugzeug nach London, dort etabliert er sich im Park Lane Hotel. Während der nächsten drei Tage wird er abwechselnd ermutigt und enttäuscht. Premierminister Neville Chamberlain sei unabkömmlich; aber Winston Churchill, der Oppositionsführer, verbringt den Nachmittag mit Ewald und lädt ihn abends zum Essen ein. Churchill nimmt sich die schlechte Botschaft seines Besuchers zu Herzen. Hitler strebe die Vorherrschaft über Osteuropa an. Ohne Eingreifen Großbritanniens werde das Sudetenland noch vor Mitte September besetzt. Es existierten Pläne, die ganze Tschechoslowakei zu vereinnahmen und anschließend nach Polen einzumarschieren. Gegen Ende September würde eine massive Propaganda anlaufen, um für diese Maßnahmen Unterstützung zu gewinnen. Gleichwohl zögerten viele Deutsche noch, einen neuen Krieg zu beginnen, zu viele leben noch mit den Folgen des Weltkrieges. Ewald glaubt, Hitlers Politik der Aggression werde die Menschen in die Opposition treiben, außerdem würden sich die Generäle weigern zu marschieren. Wenn sich die Verbündeten der Tschechoslowakei zur Verteidigung des gefährdeten Landes zusammenfinden würden, sei in Deutschland unmittelbar mit einem Putsch zu rechnen.

Zu dem Zeitpunkt ist Ewald nicht bekannt, daß an genau diesem Tag General Beck als Chef des Stabes der Wehrmacht aus Opposition gegen die Invasion der Tschechoslowakei zurückgetreten ist. Sehr zum Nachteil der Opposition wird sein Rücktritt bis Oktober geheimgehalten. Churchill stimmt mit Kleists Ansichten völlig überein, kann aber wenig Ermutigendes bieten, da die derzeitige britische Regierung zu feige zum Handeln sei. Ewald kehrt in dem Bewußtsein nach Berlin zurück, daß seine Aktion gescheitert ist. Wenige Tage später jedoch erhält er über diplomatische Kanäle einen Brief von Churchill, in dem jener mitteilt, welche Maßnahmen er ergreifen würde, wäre er Premierminister von Großbritannien. Zu Ewalds Freude enthält der Brief alle Maßnahmen, die er selbst vorgeschlagen hatte. Eine Kopie dieses Schreibens übergibt er Fabian, der sie an Canaris weiterleitet. Auf diese Weise findet der Name Ewald von Kleist Eingang in die Unterlagen der deutschen Abwehr.

SEPTEMBER. Am letzten Tag des Monats treffen sich der britische Premierminister Neville Chamberlain, der französische Premier Edouard Daladier, der italienische Diktator Benito Mussolini und der deutsche Führer Adolf Hitler in München. In einer Vereinbarung wird anerkannt, daß Deutschland das Recht hat, das Sudetenland, einen Teil der Tschechoslowakei, zu annektieren.

OKTOBER. Die deutsche Wehrmacht dringt in die Tschechoslowakei ein und besetzt den ganzen westlichen Teil des Landes. In Großbritannien wird der zurückkehrende Premier Chamberlain auf den Straßen und im Parlament als großer Held gefeiert, der »Frieden in diesen Zeiten« geschaffen habe. Im Unterhaus sitzt Winston Churchill buchstäblich auf seinen Händen und weigert sich, an den Ovationen für Chamberlain teilzunehmen.
In Stettin erhalten die Kinder schulfrei. Auch hier finden stürmische Feiern statt, die in einem Fackelzug ihren Höhepunkt finden. Großmutter Ruth und ihre drei Enkelkinder nehmen nicht daran teil. Sie bleiben an diesem Abend in der Wohnung und spielen mit ihren beiden jüdischen Hausgästen ein Würfelspiel, das sie alle kennen und lieben – »Hindenburg und Ludendorff«. In Schmenzin und Kieckow sitzen der Gutsherr und die Herrin beisammen und sprechen miteinander, noch lange nachdem die Kinder zu Bett gegangen sind.

NOVEMBER. Die sogenannte »Kristallnacht« – zwei Nächte und zwei Tage ziehen Schlägertrupps, die vorwiegend aus SA-Leuten bestehen, durch die Straßen in ganz Deutschland, sie zünden Synagogen an, werfen Fensterscheiben ein und plündern jüdische Geschäfte und Häuser. Von der deutschen Presse wird das Ereignis als spontaner Aufstand der Bürger wegen der Ermordung des Pariser Legationssekretärs vom Rath durch den 17jährigen Juden Herschel Grünspan bezeichnet. Juden werden von

Regierungsposten und freien Berufen ausgeschlossen. Private Geschäfte und Firmen werden beschlagnahmt. Damit ist vielen Juden der Lebensunterhalt entzogen.

DEZEMBER. Die Stettiner Wohnung steht in der Adventszeit leer. Ruth ist in Klein Krössin, alle drei Gästezimmer sind belegt. Ein ehemaliger Student Dietrichs erholt sich dort nach einer Operation, zwei seiner jüdischen Freunde warten auf ein Visum für Schweden. Auch Dietrich, in Begleitung von Werner Koch, ist dort. Werner wurde soeben aufgrund einer von Heinrich Himmler persönlich unterzeichneten Anordnung nach zwei Jahren Gefängnis und Konzentrationslager aus der Haft entlassen. Ruth ist der Meinung, Werners Freilassung sei das Ergebnis intensiver Bittgebete und göttlicher Intervention. Dietrich dagegen weiß, daß sie auch mit guten Verbindungen zu den Anhängern des Teufels zusammenhängt, die derzeit hohe Ämter innehaben.

VI

DIE FREUNDIN DES PASTORS

1939-1943

GEWISSENSKONFLIKTE

JANUAR. Der Pastor von Groß Tychow wurde seines Amtes enthoben, dazu gehört, daß er auch den Dienst in der Kirche von Kieckow quittieren muß. Der Abschied von Gut Kieckow, vor allem aber von Hans Jürgen und Mieze, fällt ihm sichtlich schwer. Als er Mieze sein Leid klagt, kommt zutage, wie sehr ihn die Amtskirche enttäuscht hat und wie stark dies seine seelische Verfassung beeinträchtigt. Mieze rät ihm dringend, sich an Dietrich zu wenden, der sich gerade auf einer Besuchsreise durch die Sammelvikariate Pommerns befindet.

Der neue Pastor ist ein engagierter Deutscher Christ, der das Alte Testament meidet und seine Predigten dazu mißbraucht, Juden öffentlich anzuprangern. Hans Jürgen, Mieze und der Großmutter hat der Besuch eines einzigen seiner Gottesdienste gereicht. Nun fahren sie an Sonntagen nach Naseband, wo unter dem Schutz seines Patrons Ewald von Kleist Pastor Reimer noch immer predigt. Mieze freut sich, als sie erfährt, daß die Kirche von Kieckow beim Sonntagsgottesdienst fast leer bleibt.

FEBRUAR. Dietrich Bonhoeffer verbringt seinen Geburtstag in einem Sammelvikariat in der Nähe Köslins. Unter seiner Geburtstagspost befinden sich auch die Grüße seiner drei ehemaligen Konfirmanden. Alle Briefe sind auf demselben Papier geschrieben, die Hand der Großmutter ist unverkennbar!

»Sehr geehrter Herr Pastor!
Zu Ihrem Geburtstag wünsche ich Ihnen sehr viel Gutes. Wir stehen schon in großen Vorbereitungen für Großmutters Geburtstag. Hoffentlich können wir beide Geburtstage fröhlich feiern. Wir

freuen uns schon sehr auf die Tage mit Ihnen. Die besten Grüße von Ihrer Spes von Bismarck.«

»Sehr geehrter Herr Pastor!
Ich wünsche Ihnen zu Ihrem neuen Lebensjahre recht viel Glück und Gottes Segen für Ihre Arbeit. Möge sie noch lange fortbestehen. Mir geht es hier ganz gut. Ich freue mich schon sehr auf Ihr Hiersein. Mit vielen Grüßen an alle anderen Brüder bin ich Ihr sehr ergebener Hans Friedrich von Kleist.«

»Lieber Herr Pastor!
Ich gratuliere Ihnen sehr zum Geburtstag und wünsche Ihnen alles Gute. Mir geht es hier in Templin sehr gut. In der Schule komme ich besser mit als in Stettin. Der Religions-Unterricht ist zwar nicht besonders, weil der Lehrer die ganze Stunde nur redet und keine Fragen stellt. Deshalb schläft fast alles. Viele Grüße, Ihr Max (von Wedemeyer).«

Ruth feiert ihren Geburtstag in Stettin. Eberhard Bethge schickt ihr seine Glückwünsche. Tags darauf reist sie mit dem Zug nach Köslin – zwei Gründe hat diese Fahrt. Der eine ist familiärer Art, der andere persönlich.
Hans Jürgens Tochter Ruthe, mittlerweile ist sie 12 Jahre alt, besucht vorübergehend die Schule in Köslin, wo sie bei Freunden der Familie wohnt. Sie ist der Schulbildung, die sie zu Hause erhalten kann, entwachsen, doch möchten ihre Eltern sie nicht dem Einfluß des nationalsozialistischen Lehrers der Dorfschule überlassen. Für die »Enkelpension« in Stettin erscheint sie der Großmutter noch etwas jung. Auf Miezes Bitten hat sich Ruth aber bereiterklärt, sich mit Ruthe alleine an einem Ort außerhalb des Gutes zu treffen, um bei einer Unterhaltung die Reife des Kindes einzuschätzen. Großmutter und Enkelin sitzen in einer Konditorei in Köslin, bei Tee und Kuchen. Es wird über die Schule, über Freunde, über ihre Ziele und Interessen gesprochen. Es ist eine ernsthafte Unterhaltung, und Ruthe ist viel daran gelegen, bei der Großmutter einen guten Eindruck zu hinterlassen. Sie wurde schließlich dazu erzogen, die Großmutter mehr als alle anderen zu respektieren. Nach dem Ende des Gesprächs geleitet die Großmutter Ruthe nach Hause, gibt ihr einen

Kuß und eröffnet ihr: »Ja, Ruthe, ich glaube schon, daß du soweit bist. Ich werde deine Mutter informieren, und nach Ostern darfst du dann zu uns nach Stettin kommen.«(Ruthe hat zwar Großmutters ernsthafte Prüfung bestanden, wird aber niemals in die »Enkelpension« einziehen, da diese nach Ostern nicht mehr existieren wird.)

Nach der Erledigung dieser Familienangelegenheit wendet sich Ruth dem persönlichen Ziel ihrer Köslin-Reise zu. Sie ruft Dietrich an, und am Tag nach dem Tee mit Ruthe sitzt sie wieder in der Konditorei, diesmal bei Tee und Kuchen mit ihrem lieben Freund. In ganz Deutschland ist die Mobilmachung angeordnet, und alle vor dem Jahr 1907 geborenen Männer werden zur Wehrmacht einberufen, dazu gehört auch Dietrich Bonhoeffer. Ruth möchte wissen, wie Dietrich darauf reagieren wird. Die beiden hatten längst schon ausführlich über das Thema Verweigerung des Militärdienstes aus Gewissensgründen gesprochen. Dietrich gibt zu, früher Pazifist gewesen zu sein, die Vorgänge in Deutschland hätten ihm jedoch unmißverständlich gezeigt, wie fruchtlos Pazifismus in der Bekämpfung des Bösen sei.
Gleichwohl ist Ruth besorgt, Dietrich könnte sich für die Kriegsdienstverweigerung aus religiösen Gründen entscheiden. Einer ihrer Bekannten aus Stettin hat diesen Schritt getan. Er befindet sich jetzt in Haft, und Ruth bangt um sein Leben.
Ruths Befürchtungen sind wohl begründet. Hermann Stöhr wird als Kriegsdienstverweigerer vor Gericht gestellt und anschließend hingerichtet.

Dietrich hat lang und intensiv über die Frage des Kriegsdienstes unter Hitler nachgedacht, und er ist zu dem Schluß gekommen, nicht zu dienen. Er hat nicht die Absicht, sich als Pazifisten zu bezeichnen, denn er ist kein Pazifist. Andererseits hätte eine Erklärung seinerseits, er sei Verweigerer aus religiösen Gründen, ernsthafte Auswirkungen auf den Ruf der Bekennenden Kirche im Ausland. Dietrich vertraut Ruth an, er sei im Begriff, eine Reise nach England vorzubereiten, wie lange er wegbleiben würde, sei nicht sicher. Ruth fragt sich, ob dies wohl ihr letztes gemeinsames Treffen sein würde, doch ihre Haltung verbietet ihr diese Frage.
Dietrich erkundigt sich bei Ruth, ob der Leiter des Wehrmeldeamtes von

Schlawe, ein gewisser Major von Kleist, mit ihr verwandt sei. Er ist es natürlich, Ruth weiß ihn genau in den Familienstammbaum einzuordnen. Sie wird sich für Dietrich verwenden. Es bedarf nur eines einzigen Telephonanrufs, und Dietrich Bonhoeffer wird bis auf weiteres vom Militärdienst zurückgestellt.

Zurück in Stettin schreibt Ruth an Eberhard:

> »… Sie haben mir eine sehr große Freude bereitet, Sie lieber Eberhard, wie Sie es mir so recht zum Bewußtsein gebracht haben, welches Geschenk die Freundschaft dieses lieben Finkenwalder Triumvirats für mich ist … Ihre ‚Ermahnung‘ war – nicht gerade nötig – aber ganz besonders ermutigend und bestärkend. Ich könnte mir ja nicht vorstellen, daß ich an der Kirche Christi irre werden könnte … Ich kann es mir schon gar nicht mehr anders denken, als daß ich Ihnen beiden eine Art Mutter sein muß. Und daß man nicht nur Hilfen aller Art, sondern auch Wegweisung von seinen Söhnen annehmen darf, das habe ich schon oft erfahren …«

MÄRZ. Dietrich reist mit dem Zug nach London. Er besitzt Informationen, wonach Hitler in Kürze der Rest-Tschechoslowakei ein Ultimatum stellen wird. Er ist froh, das Land verlassen zu können, bevor dieser Schritt möglicherweise einen Krieg auslöst. In London trifft er den Bischof von Chichester. Er bittet ihn um Rat, wie er vom Ausland aus der Bekennenden Kirche dienlich sein könne, möglicherweise im Rahmen der Ökumene. Der Bischof berät Dietrich, und im Verlauf dieses Gesprächs plant er, aus Deutschland zu fliehen.

In England gibt es neun deutsche evangelische Gemeinden. Viele sind der Bekennenden Kirche angeschlossen. Dietrich sucht die Mitglieder der Gemeinden auf, und gemeinsam wird das Versagen der ökumenischen Bewegung bedauert, im Kampf um die deutsche Kirche die Bekennende Kirche nicht genügend unterstützt zu haben.

Während seines Londoner Aufenthaltes findet auch ein frohes Wiedersehen zwischen Dietrich und seiner Zwillingsschwester Sabine Leibholz und deren jüdischem Ehemann statt, die Deutschland gerade noch verlassen hatten, bevor alle nichtarischen Pässe für ungültig erklärt wurden.

In Deutschland trifft genau das ein, was Dietrich vorhergesagt hatte. Hitler ruft den tschechoslowakischen Präsidenten nach Berlin und droht, Prag aus der Luft zu zerstören, falls die tschechischen Streitkräfte der Wehrmacht entgegenträten. Der Präsident gibt nach, um Mitternacht marschieren deutsche Truppen in die Tschechoslowakei ein. Hitler fliegt nach Prag und erklärt die Tschechoslowakei zum deutschen Protektorat. Die Streitkräfte des kleinen Landes werden aufgelöst, alle höheren Schulen und Universitäten geschlossen, zudem tritt sofort ein Programm Hitlers zur Eliminierung von Juden und Intellektuellen in Kraft. Nun richtet Hitler seine Aufmerksamkeit auf Polen und verlangt die Freie Stadt Danzig sowie ein exterritoriales Wegerecht durch Polen hindurch nach Ostpreußen. Die polnische Regierung weigert sich.

APRIL. In Stettin liest Ruth die Godesberger Erklärung der Deutschen Christen vom 4. April 1939, die sie erschaudern läßt:

> »(Der Nationalsozialismus führt) das Werk Martin Luthers nach der weltanschaulich-politischen Seite fort (und verhilft) dadurch in religiöser Hinsicht wieder zu einem wahren Verständnis des christlichen Glaubens … Der christliche Glaube ist der unüberbrückbare religiöse Gegensatz zum Judentum … Überstaatliches und internationales Kirchentum römisch-katholischer oder weltprotestantischer Prägung ist die politische Entartung des Christentums …«[30]

Dietrich Bonhoeffer ist aus England zurück, seitdem scheint er sich ausschließlich mit seiner Stellung zum Militär und dem Aufschub seiner Einberufung zu befassen.

Ruths Kinder kommen zu dem Schluß, daß es an der Zeit sei, die »Enkelpension« zu schließen. Spes besucht die oberste Klasse des Gymnasiums, Hans Friedrich und Maria werden anderswo zur Schule gehen müssen. Die Großmutter und ihre Köchin bleiben in der Stettiner Wohnung, die Küchenhilfe wird jedoch nach Kieckow zurückkehren und wahrscheinlich den jungen Mann heiraten, der vier Jahre lang geduldig auf sie gewartet hat.

MAI. Während Deutschland und Italien ihren »Stahlpakt« schließen, beraten in Moskau Briten, Franzosen und Russen die Möglichkeit eines Dreimächteabkommens gegen Deutschland. Die Verhandlungen bleiben jedoch erfolglos.

JUNI. Am 2. Juni heiratet Luitgarde von Bismarck Fabian von Schlabrendorff, den ehemaligen Assistenten ihres Vaters im preußischen Innenministerium. Heute ist er sein Verbündeter in Angelegenheiten, über die sehr wenig gesprochen wird. Die Hochzeit findet in Lasbeck in Anwesenheit von beiden Großmüttern Luitgardes – Hedwig von Bismarck und Ruth von Kleist – statt. Nach dem Festessen begeben sich die Frischvermählten sofort auf eine Reise nach London, angeblich, um Windsor Castle zu besuchen und Informationen über Fabians Urgroßvater zu sammeln, der ein Berater von Königin Victoria gewesen ist. Keiner stellt diese kombinierte Hochzeits- und Ahnenforschungsreise in Frage; sie mag etwas ungewöhnlich sein, erscheint aber durchaus glaubhaft.
In Wirklichkeit wurde die gesamte Hochzeitsreise jedoch von Abwehrchef Canaris persönlich arrangiert, um Fabian die Möglichkeit zu geben, den mächtigsten Mann der Opposition im britischen Parlament zu sprechen – Winston Churchill.

In England, eine Woche später, besucht Luitgarde das Victoria-and-Albert-Museum, während Fabian mit dem Zug zu Churchills Landhaus im Süden von London fährt. Jener hatte sich zu einem Treffen bereiterklärt, da Fabians Kommen von höchster Stelle, d.h. von der obersten Führungsebene der Wehrmacht, angekündigt worden war. Dennoch läuft die erste Zusammenkunft unter Spannungen ab. Churchill bietet Fabian einen Platz in der Bibliothek an, dann erklärt Fabian: »Ich bin kein Nazi. Ich bin ein guter Patriot.« Amüsiert antwortet Churchill etwas schelmisch: »Ich auch.«

Nun beginnt die Diskussion. Fabian informiert den britischen Oppositionsführer über alles, was er über die verschiedenen Widerstandsgruppen weiß. Churchill scheint ihm nicht zuzuhören. Als Fabian schließt, fragt ihn der Engländer direkt, ob bald ein Staatsstreich zu erwarten sei. Fabians Antwort heißt nein. Churchill zeigt deutlich seine Enttäuschung, indem er sich von seinem Platz erhebt, als gebe es nun nichts mehr zu sagen. Fabian erhebt sich ebenfalls und reicht ihm die Hand, um sich zu verabschieden. Nun ist es an der Zeit, Canaris' wichtigste Information weiterzugeben: Deutschland führt Geheimverhandlungen mit der Sowjetunion, ungeachtet der Tatsache, daß Briten und Franzosen gerade in Moskau gegenseitige Garantien diskutierten. Churchill ist verblüfft – sein Blick drückt sowohl Überraschung als auch Dringlichkeit aus. Schnell gewinnt er jedoch wieder seine Fassung und drückt Fabians Hand fest mit zwei Händen, eine stumme Geste der Anerkennung.

Auf der Fahrt zurück nach London stellt sich Fabian vor, wie der mächtige Oppositionsführer bereits mit dem britischen Außenministerium telephoniert. Er freut sich darauf, bald wieder mit Luitgarde zusammen zu sein. Zumindest das kann er ihr sagen.

Die Wahrscheinlichkeit eines Krieges wird immer größer. Dietrich Bonhoeffer trifft Vorbereitungen für eine weitere Reise – diesmal in die Vereinigten Staaten. In Klein Krössin glaubt man schon, er lasse die Überreste der Bekennenden Kirche, die noch immer in Hinterpommern versteckt weiterexistieren, im Stich. Ruth ist sogar der Meinung, er lasse ganz Deutschland in seiner dunkelsten Stunde im Stich. Sie schweigt aber dazu, nicht einmal im Familienkreis äußert sie sich. Ihrer Zuneigung zu Dietrich hat sich die ganze Familie angeschlossen.

Anfang Juni verläßt Bonhoeffer Deutschland und begibt sich auf eine Schiffsreise nach New York. Kaum an Bord des Schiffes, wird er schon von Zweifeln über die Richtigkeit seiner Entscheidung geplagt. In einem Brief an seine Bruderratskollegen schreibt er voller Pein:

> »… aber wir sollten uns nur dort finden lassen, wo Er ist. Wir können ja nirgends anders mehr sein, als wo Er ist. Ob Ihr drüben oder ich in Amerika arbeite, wir sind beide nur, wo Er ist. Er nimmt uns mit. Oder bin ich doch dem Ort ausgewichen, an dem Er ist? An dem Er für mich ist? …«[31]

In New York wird Dietrich von Freunden und Kollegen willkommen geheißen. Ihm werden Vorlesungsreihen angetragen oder die Arbeit mit Flüchtlingen angeboten. In Amerika gilt Dietrich Bonhoeffer als herausragender Theologe – als ein Deutscher mit Gewissen, der Zuflucht vor

Hitler und dessen unerträglichen Politik sucht. Dennoch ist Dietrich ein von vielen Zweifeln geplagter Mann, wie man seinem Tagebuch entnehmen kann:

13. Juni. »Bei allem fehlt mir Deutschland, die Brüder. Die ersten einsamen Stunden sind schwer. Ich begreife nicht, warum ich hier bin, ob es sinnvoll war, ob das Ergebnis sich lohnen wird … Es sind nun fast zwei Wochen, ohne daß ich etwas von drüben weiß. Das ist kaum zu ertragen.«[32]

14. Juni. » … das kurze Gebet … in dem wir an die deutschen Brüder dachten, hat mich fast überwältigt.«[33]

15. Juni. »Seit gestern abend kommen meine Gedanken von Deutschland nicht los. Ich hätte nicht für möglich gehalten, daß man in meinem Alter nach so vielen Jahren im Ausland so qualvolles Heimweh kriegen kann … Die ganze Wucht der Selbstvorwürfe wegen einer Fehlentscheidung kommt wieder auf und erdrückt einen fast.«[34]

22. Juni. » … Es war ein Fehler, nach Amerika zu kommen. Ich muß diese schwere Zeit in der Geschichte unseres Landes zusammen mit den Christen in Deutschland durchleben. Ich habe kein Recht, am Aufbau des geistlichen Lebens in Deutschland nach dem Krieg teilzunehmen, wenn ich nicht auch das Leid mit meinem Volk teile … Christen in Deutschland stehen vor der schrecklichen Entscheidung, entweder die Niederlage ihrer Nation zu wollen, damit die christliche Zivilisation überlebt, oder den Sieg ihrer Nation zu wollen und damit unsere Zivilisation zu zerstören. Ich weiß, wofür ich mich entschieden habe. Aber ich kann diese Entscheidung nicht hier treffen, wo ich in Sicherheit bin …«[35]

30. Juni. »Ich kann mir nicht denken, daß es Gottes Wille ist, daß ich ohne besondere Aufgabe im Kriegsfall hier bleiben soll. Ich muß am erstmöglichen Termin reisen …«[36]

JULI. Auf Dietrich wird starker Druck ausgeübt, in Amerika zu bleiben, er läßt sich jedoch nicht umstimmen. Am Abend seiner Abreise notiert er in seinem Tagebuch nur kurz:

> 7. Juli. »Letzter Tag. Paul (Lehmann) versucht mich noch festzuhalten. Es geht nicht mehr … Fahrt aufs Schiff mit Paul. Halb zwölf Abschied …«[37]

Am 15. Juli erreicht Dietrich London, wo er zehn Tage bei seiner Zwillingsschwester Sabine und deren Familie verbringt. Am 25. Juli reist er ab, am 27. ist er zu Hause bei seinen Eltern in Berlin.

Im Jahr 1914, am 17. Juli, hatte ein großes Treffen der Familien Kleist und Bismarck in Kieckow stattgefunden. Anlaß war die Taufe von Luitgarde von Bismarck und Ferdinande von Kleist. An jenem Tag war allen klar, daß der Krieg direkt bevorstehe und daß diese Feier die letzte im Rahmen einer dem Untergang geweihten Gesellschaftsstruktur sein würde. Selbst bei der Taufe wird von diesem Tag bereits als »unserem letzten« gesprochen. Zwei Wochen später bricht der Krieg aus, und wie an diesem Tag vorhergesagt, ist es nie wieder so geworden, wie es im alten Preußen einst war.
Am 15. Juli 1939 gab es wieder eine große Versammlung der Familien Bismarck und Kleist, diesmal in Pätzig, dem Zuhause der Wedemeyers. Diesmal ist der Anlaß die Hochzeit von Ruth-Alice von Wedemeyer mit Klaus von Bismarck aus Kniephof.

Das Pätziger Gutshaus, seine Kirche, die dazugehörigen Gärten, die hügelige Landschaft und der Wald gehören zum Schönsten, was die Neumark zu bieten hat. Besonders schön ist die Pätziger Kirche mit ihrem großen, handgeschnitzten Holzkreuz über dem einfachen Steinaltar. Für die Hochzeit wurden der Altar, die Kanzel und selbst die Fensterbretter mit Rosen, Lilien und Rittersporn aus den Gärten von Pätzig geschmückt.
Ruth-Alice, ganz in weiß, und Klaus in Uniform stehen vor Professor Stählin, dem Gründer der Berneuchener Bewegung, der sich die Wedemeyers noch immer tief verbunden fühlen. Er spricht ausführlich über die Ehe, Christus, über Gottlosigkeit und Krieg. Seine Botschaft ist ungewöhnlich, aber nun sind es die Zeiten ja auch. Dann legen die Braut

und der Bräutigam das Ehegelübde ab und werden zu Mann und Frau erklärt. Nach der abschließenden Segnung wendet sich das Paar der Gemeinde zu – einer großen Versammlung der alten preußischen Aristokratie.

Anwesend sind mehrere Vertreter der Familie Bismarck – Klaus' Großmutter Hedwig, seine Mutter Gertrud aus Kniephof, seine Brüder und Schwestern, seine Tante und sein Onkel, Maria und Herbert aus Lasbeck mit ihren Kindern, Klaus' Vettern und Cousinen, sowie Fabian von Schlabrendorff. Auf Ruth-Alices Seite sind zusätzlich zu ihren Vettern und Cousinen, die sie mit Klaus teilt, ihre Großmutter Ruth aus Klein Krössin gekommen, die Familie aus Kieckow, Tante Spes und ihre Kinder aus Berlin, Tanten und Onkel von der Wedemeyerschen Linie und natürlich die Eltern der Braut – Ruthchen und Hans von Wedemeyer – sowie ihre drei Schwestern und drei Brüder, der jüngste Gast ist Peter Christian im Alter von drei Jahren. Es scheint, als hätte sonst keiner mehr Platz, dennoch sind auch die Taufpaten und verschiedene Verwandte gekommen, die der Familie näherstehen, als es nach der Ahnentafel scheinen mag.

Hochzeitszug in Pätzig:
Heirat von Ruth-Alice von Wedemeyer und Klaus von Bismarck

Wie bei der Taufe in Kieckow vor 25 Jahren lastet auf der Hochzeit in Pätzig die Sorge, es könnte möglicherweise die letzte Feier dieser Art sein. Das Essen beginnt mit stillem Gedenken – an Wilhelm, König von Preußen, jetzt ein alter Mann im holländischen Exil (heutzutage erfordert selbst das Mut). Dann folgen die traditionellen Reden, die vielen Speisegänge, danach wird in der großen Halle des Gutshauses getanzt. Nach dem Essen wird Fabian von Schlabrendorff auf einer der Terrassen von Gerd von Tresckow aus Wartenberg angesprochen. Gerd ist ein Vetter der Brautmutter Ruthchen und Nachbar von Pätzig. Zwar hat Gerd seinen angeheirateten Neffen Fabian noch nicht persönlich kennengelernt, er kommt aber ohne Umschweife direkt zum Thema: Gerds Bruder Henning sei dieses Wochenende in Wartenberg. Die Tresckows hätten von Fabians Englandreise gehört, die im Auftrag der Abwehr durchgeführt wurde, und Henning wünsche dringend, ihn zu sprechen. Wie wäre es mit morgen?

Am nächsten Morgen wird Fabian von Schlabrendorff Henning von Tresckow vorgestellt. Der Veteran aus dem vergangenen Weltkrieg ist jetzt Oberst der Wehrmacht. Bevor die Nazis an der Macht waren, hatte Henning sich viel von Hitler versprochen. Nach der Machtübernahme der NSDAP aber wandelte sich die Hoffnung schnell in Verachtung. Als er mit Fabian allein ist, legt Henning seine Theorie dar: Hitler werde in Kürze einen Krieg beginnen; er werde schnelle Siege erringen können, was ihn dann dazu verleiten wird, sich gegen Rußland zu wenden. Sein Ziel sei immer der Osten gewesen. Einige Zeit werde England allein gegen ihn kämpfen, es werde wie im Weltkrieg zu einem Stillstand kommen. In dieser Zeit wird das industrielle Potential des Westens stark ansteigen. Dann wird Amerika in den Krieg eintreten und ihn beenden.
Henning ist der Überzeugung, daß weder Hitler noch das Auswärtige Amt den Lauf dieser Vorgänge begreifen. Die einzige Möglichkeit, den Ausgang einer solchen Entwicklung zu verhindern, bestehe darin, zu intervenieren und die Regierung zu zerschlagen. Dies könne nicht mit noblen Worten und symbolischen Gesten geschehen; man müsse sich der Mittel bedienen, die normalerweise unannehmbar seien – Falschheit, Lüge und Mord. Henning schließt mit der Bitte, Fabian möge Canaris von seinen Ansichten und auch von seiner Bereitschaft zum Handeln berichten. Er sehe seine Rolle in der Opposition nicht nur in der Rekrutierung von Stabsoffizieren fürs Feld. Wenn die Zeit für die Beseitigung des Führers gekommen sei, könne man auf ihn zählen, die Tat auszuführen.

AUGUST. Während Briten und Franzosen noch in Moskau verhandeln, überraschen Sowjets und Deutsche die Welt am 23. August mit der Erklärung, sie hätten soeben einen Nichtangriffspakt unterzeichnet. Wie nur wenige wissen, darunter Canaris, Oster, Ewald, Fabian und nun auch Henning, enthält der Pakt einen geheimen Zusatz, in dem die beiden Länder festlegen, wie sie Polen unter sich aufteilen werden.

Zwei Tage später unterzeichnet England einen Beistandspakt mit Polen, in dem es die polnischen Grenzen garantiert. Am selben Tag befindet sich Ewald von Kleist in Stockholm. Auch diese Reise war wieder von Canaris und dem ehemaligen Stabschef Beck eingefädelt worden. Ewalds Aufgabe besteht darin, durch schwedische Informanten herauszufinden, ob England zum Schutz Polens tatsächlich den Krieg erklären würde. Die Antwort fällt positiv aus. Ewald leitet sie sofort an Canaris weiter, macht sich aber keine falschen Hoffnungen. Noch vor einem Jahr hätte er für eine derartige Information das Versprechen geben können, daß in Deutschland ein Staatsstreich stattfinden würde. Diesmal hat er nichts anzubieten. Soweit ihm bekannt ist, haben sich die Zentren der Opposition innerhalb der Wehrmacht mit der Unterzeichnung des Münchener Abkommens vor einem Jahr aufgelöst.

SEPTEMBER. Am 1. September, sechs Wochen nach der Hochzeit in Pätzig, marschieren deutsche Truppen in Polen ein. Tags darauf übergeben England und Frankreich gemeinsam ein Ultimatum an Deutschland. Das Ultimatum wird ignoriert. Am 3. September erklären beide Länder Deutschland den Krieg.

DIE VERSCHWÖRUNG

OKTOBER. Die Wehrmacht erringt in Polen einen schnellen Sieg – genaugenommen benötigt sie dafür 35 Tage seit Beginn der Invasion am 1. September. Am 17. dringen russische Truppen von Osten her nach Polen ein. Am 27. ergibt sich Warschau den Deutschen, am 28. einigen sich die Außenminister Deutschlands und Rußlands auf ihren jeweiligen Anteil Polens. Am 5. Oktober ergeben sich die letzten polnischen Truppen.

Mit den militärischen Eroberern kommen auch die deutschen Besatzungstruppen der SS. Sechs Jahre lang werden sie die Befehlsgewalt über dieses Land ausüben. Bis Oktober sind alle polnischen Juden in eilig errichteten, durch Mauern von der übrigen Stadt abgetrennten Ghettos zusammengepfercht. Am Konzentrations- und Vernichtungslager Auschwitz, dem ersten dieser Art, wird bereits gebaut, weitere werden in Kürze folgen. Es sind nur noch einige Monate, bis das gigantische Unternehmen, der Abtransport von Juden in diese Lager, anläuft.

Bis zum Ende des Jahres ist Hitlers grausames Programm in allen von Deutschen besetzten Teilen Polens in die Tat umgesetzt – die systematische Internierung und Ermordung polnischer Intellektueller, Geistlicher und Politiker. Die Bilanz am Ende wird lauten, mehr als sechs Millionen Polen sind umgekommen, davon 3 200 000 Juden.

1940. Informationen über die in Polen routinemäßig durchgeführten Greueltaten erreichen über militärische Kanäle Berlin. Weitere Berichte dringen durch mündliche Weitergabe und durch die ausländische Presse an die Öffentlichkeit. Die Abwehr in Berlin katalogisiert sorgfältig alle militärischen Berichte, die teilweise von Generälen selbst stammen, um sie später in dem gegen Hitler und die Führung des Dritten Reiches vorgesehenen Gerichtsverfahren zu verwenden. Der Mann, der mit der Vorbereitung der Anklage Hitlers befaßt ist, heißt Hans von Dohnanyi, ein von Canaris geworbener Rechtsanwalt.

Nach Canaris und Oster steht Dohnanyi an dritter Stelle des militärischen Widerstandes. Die Verschwörer stehen in Verbindung mit einer kleinen Gruppe hochrangiger Offiziere der Wehrmacht, die sich zur Aufgabe gemacht haben, eine ausreichende Zahl von Generälen für ihre Sache zu gewinnen, um im Fall eines Staatsstreiches die Führung der Streitkräfte übernehmen zu können. Im Moment sieht der Plan der Abwehr vor, Hitler während eines Putsches festzunehmen und ihn dann vor Gericht zu stellen. Die ganze deutsche Bevölkerung soll umfassend über das informiert werde, was den Verschwörern längst bekannt ist. Nach dem Gerichtsverfahren erwartet man die Hinrichtung Hitlers. Der Plan enthält auch die Einsetzung einer provisorischen, von den Militärs gestützten Regierung. Für jedes Ressort ist bereits ein Minister vorgesehen. Die Zusammensetzung des Kabinetts wird laufend dem aktuellen Engagement der betreffenden Generäle angepaßt. Immer jedoch steht der Name Ewald von Kleist aus Schmenzin auf dieser Liste; der Hauptverfechter der monarchischen Staatsform verleiht der Bewegung Legitimation.

Um die Wirksamkeit der militärischen Verschwörung zu verstärken, hat Dohnanyi gleichgesinnte Kollegen in die Abwehr eingeschleust – nach außen hin wegen deren Fähigkeiten und Verbindungen, in Wirklichkeit aber wegen ihres Engagements zum Sturz der Naziregierung. Drei dieser neuen Mitglieder sind mit Dohnanyi verschwägert – Rüdiger Schleicher sowie Klaus und Dietrich Bonhoeffer; Hans ist mit Christine Bonhoeffer verheiratet, Rüdiger mit Ursula Bonhoeffer.

JANUAR. Die Reserveoffiziere Hans Jürgen von Kleist und Hans von Wedemeyer, der eine Ruths Sohn, der andere ihr Schwiegersohn, wurden beide eingezogen. Sechs ihrer Enkelsöhne – Konstantin und Jürgen Christoph von Kleist, Alla und Hans Conrad Stahlberg, Jürgen und Hans Otto von Bismarck – sind ebenfalls Reserveoffiziere. In der schmucken Ausgehuniform der Offiziere besuchen sie der Reihe nach die Großmutter. In ihrer Brust wohnen zwei Seelen – für die preußische ist der Anblick junger Männer in Uniform noch immer eine Freude, die andere jedoch erleidet den Schmerz einer Großmutter, die ihre Enkel in den Krieg ziehen sieht.

Im Frühjahr werden zwei weitere Enkelsöhne Kriegsdienst leisten – Hans Friedrich von Kleist und Maximilian von Wedemeyer.

FEBRUAR. Ruth wohnt derzeit noch in der Stettiner Wohnung, die in den kalten Wintermonaten angenehmer ist als ihr Häuschen in Klein Krössin. Es vergeht kaum eine Woche, in der sie nicht den einen oder anderen Hausbesuch hat.

Hans Otto ist auf Heimaturlaub von der Westfront zurückgekehrt. Stolz trägt er seine Leutnantsuniform, als er seiner Großmutter an ihrem Geburtstag einen Besuch abstattet. In seinen blauen Augen, die früher vor Übermut strahlten, entdeckt Ruth nun eine neue Ernsthaftigkeit. »Großmutter, meine Kameraden sprechen so nebensächlich vom Tod«, erzählt er ihr. »Ich kann das nicht. Sollte ich fallen, so hätte ich nur einen Wunsch. Ich möchte die Zeit haben, mich darauf vorzubereiten.«

»Hans Otto«, versichert sie ihm, »allein die Tatsache, daß du diesen Wunsch hegst, zeigt mir, daß du darauf vorbereitet bist.«

MÄRZ. Ruth beherbergt nun keine jüdischen oder halb-jüdischen Fremden mehr – Freunde und Bekannte von Dietrich, die bei ihr unter-
schlüpften, während Dietrich Visa und Transport nach Schweden für sie
besorgte. Deutschland befindet sich jetzt im Krieg, die Grenzen sind
geschlossen. Es ist nahezu unmöglich geworden, das Land zu verlassen.
Ebensowenig wie damals, als Ruth Hausgäste entweder in ihrer Wohnung
oder in Klein Krössin untergebracht hatte, wird jetzt, wo sie nicht mehr
da sind, darüber gesprochen. Tatsache ist, die Situation der Juden kann
sich nur weiter verschlechtern. Gerüchte kursieren, daß kürzlich zahlreiche jüdische Einwohner Stettins in Güterwagen verladen und nach Polen transportiert wurden, und jeder weiß, diese Gerüchte sind die Realität. In die Geschichte wird dieser Güterzug als der erste Transport
deutscher Juden in die polnischen Vernichtungslager eingehen.

APRIL. An der Westfront, wo sich deutsche Truppen auf der einen und
französische und britische auf der anderen Seite gegenüberstehen, durch
eine unüberwindbare Verteidigungslinie – die Maginot-Linie – getrennt,
herrscht Ruhe. Weit im Norden der Maginot-Linie erringen die Streitkräfte des Dritten Reiches ihren ersten Sieg im Westen. Die nach Norwegen und Dänemark eingedrungenen Truppen treffen auf sehr geringen
Widerstand und besetzen die beiden Länder. In Pommern erwartet man
den nächsten Schritt.

MAI. Oberst Henning von Tresckow wird Stabsoffizier bei Generaloberst
von Rundstedt, dem Kommandeur der Truppen an der Westfront. Die
Mehrheit der deutschen Generalität rät von einem Vorstoß an dieser
Front ab. Als klar ist, daß Hitler, der Oberbefehlshaber der Streitkräfte,
den Befehl hierfür trotzdem erteilen würde, ist Henning optimistisch, daß
dieser Vorstoß nur in hoffnungsloser Ausweglosigkeit enden könne und
so die Zeit reif wäre für den Staatsstreich. Fabian, mittlerweile auch in
Uniform, wird ebenfalls an der Westfront eingesetzt und, zusätzlich zu
seiner Tätigkeit in der Abwehrgruppe von Canaris, von Henning in das
Netz der militärischen Verschwörung integriert.
Hennings Optimismus entbehrt jeder Grundlage. Am 10. Mai besetzt die
deutsche Wehrmacht die Niederlande und Belgien, von dort stößt sie
rasch auf französisches Territorium vor. Es gibt keine ernsthafte Gegenwehr. Die französischen Truppen zeigen keinen Kampfgeist, und die

britischen Kommandeure leisten sich folgenreiche taktische Fehler. In England tritt Neville Chamberlain als Premierminister zurück. Sein Nachfolger wird Winston Churchill. Zumindest Fabian und Ewald wissen, was von diesem Gegenspieler auf der anderen Seite des Kanals zu erwarten ist. Vor dem Ende des Monats haben sich die Niederlande und Belgien ergeben, die britischen Truppen werden zurückgeschlagen. Wer sich bei Dünkirchen nicht mehr einschiffen kann, wird gefangengenommen.

Bei den deutschen Truppen gibt es nur wenige Todesopfer; Hitler ist im Siegestaumel. Nach diesem erstaunlichen Sieg steht fest, alles läuft zu seinen Gunsten. Den Generälen, die ihm von diesem kühnen Unterfangen abgeraten hatten, wird er in Zukunft nur noch Verachtung entgegenbringen.

Am 28. Mai schreibt Ruth allen ihren »Kindern« im Feld – einem Sohn, einem Schwiegersohn, Neffen, Enkelsöhnen, verschwägerten Enkelsöhnen, Patensöhnen und jungen Freunden – einen Rundbrief:

> »Ich betrachte die zahlreichen Feldpostnummern vor mir und weiß, daß ich einfach nicht jedem einzelnen schreiben kann, so wie ich es gerne tun würde. Dennoch gehe ich immer wieder Eure Namen durch. In meinem Herzen versuche ich mir vorzustellen, wie Ihr an diesem oder jenem Ort des Kampfgeschehens stationiert seid, aber es ist unmöglich.
>
> Was ich für jeden von Euch tun kann, ist, Euch alle in meine Bittgebete miteinzuschließen. Es ist eine wunderbare Sache – zu beten und zu wissen, daß Gott es hören wird. Sicherlich reicht es nicht aus, zu bitten ,Laß sie nicht fallen'. Gott weiß, daß dieser Wunsch tief in unseren Herzen verankert ist. Wir wissen genau wie Er, daß dieses Leben zwar ein wertvolles Geschenk, jedoch nicht das höchste Gut ist. Daher beten wir, daß Gott Euch in jeder Stunde schützen wird und daß die von Ihm ausgehende Stärke immer größer als Eure Leiden, Eure Gefährdung und Eure Ängste sein wird. …
>
> Mit ganzem Herzen hoffe ich, daß Ihr diese Zeilen in der Stimmung lesen werdet, in der sie geschrieben wurden. Euch muß klar sein, daß unsere Gedanken mehr da draußen als hier zu Hause sind. Wie schön die Frühlingstage nach dem harten Winter sind!

Und dort draußen lassen die Siege unsere Herzen schneller schlagen. Aber wir dürfen nicht vergessen, daß Siege und Segen nicht dasselbe sind und daß Blut und Tränen auf unseren Herzen lasten. Wie dankbar sind wir, hier, zu Hause unter wohlgeordneten Bedingungen zu leben. Und welch ein Geschenk ist es, daß der Krieg nicht in unserem Land ausgetragen wird! Aber laßt uns nicht überheblich werden.

Seid alle von Herzen gegrüßt, R. v. Kleist-Retzow«

JUNI. In Lasbeck, Stettin, Kieckow und Pätzig gibt es wenig Jubel über Deutschlands rasche Siege und die geringe Zahl von Todesopfern. Hans Otto von Bismarck, 20 Jahre alt, ist einer der Gefallenen. Ruth schreibt:

»... wir leben beständig in der Angst um unseren Glauben für den Fall, wenn uns Gott in die Bedrängnis seiner Schläge führt. Wie könnte es auch anders sein, da wir den Glauben nicht als vorbehaltlosen Besitz haben sollen. ,Ein Tag ist lang genug für den Glauben', sagt Dietrich in seiner Konfirmationspredigt. Ich muß so oft daran denken, wenn ich des Morgens erwache und der Tag wie ein Alp vor mir liegt. Immer wieder neu anfangen, immer wieder leer sein, damit Gottes Gnade ihn füllen kann. Es ist mir ein Trost, daß Christus ... besser weiß, wie schwer das ist ...«

Der französische Marschall Petain macht Hitler am Abend des 16. Juni ein Waffenstillstandsangebot. Hitlers Antwort am nächsten Morgen enthält die Bedingungen Deutschlands für die Kapitulation Frankreichs. Dietrich Bonhoeffer und Eberhard Bethge verbringen den Tag in einem Städtchen an der Ostsee. Die beiden haben sich zu einer Tasse Kaffee im Garten eines Cafés niedergelassen. Dietrich wird heute abend zu einer kleinen Gruppe der Bekennenden Kirche sprechen. Über den Lautsprecher ertönt plötzlich das Fanfarensignal, mit dem Sondermeldungen angekündigt werden. Die Meldung lautet: »Frankreich hat kapituliert!« Die Gäste im Garten des Cafés brechen in Jubel aus, viele steigen auf ihre Stühle und reichen einander die Hände mit ausgestreckten Armen. In einem Ausbruch patriotischer Begeisterung singen sie »Deutschland, Deutschland über alles« und das Horst-Wessel-Lied der NSDAP, schließlich folgt der Hitlergruß. In dem Höllenlärm war Eberhard sitzengeblieben, wie er und Dietrich es viele Male zuvor getan hatten. Dietrich aber springt sofort auf und singt bereits mit, als er auch Eberhard hochzieht. Er flüstert seinem Freund, der ganz benommen neben ihm steht, zu: »Nimm den Arm hoch! Bist du verrückt?« Dann führt er den zackigsten Hitlergruß aus, den Eberhard jemals gesehen hat. Hinterher erklärt er Eberhard:»Wir werden uns jetzt für ganz andere Dinge gefährden müssen, aber nicht für diesen Salut!«

Dietrich Bonhoeffer hat sich nun völlig der Verschwörung verschrieben, die einzig und allein auf den geeigneten Moment wartet, die Regierung des Dritten Reiches zu beseitigen.
Er stimmt mit dem inneren Kreis der Verschwörer darin überein, daß ein Putsch nur mit dem Tod Hitlers erfolgreich sein könne. Gleichwohl wird er weiterhin für alle sichtbar Verbindungen mit den Pastoren und Brüdern halten, die sich gegen die Reichskirche gestellt haben.
Auch Hans Jürgen von Kleist und Hans von Wedemeyer sind sich einig, daß es jetzt wichtigere Dinge gibt als die Fahnenfrage, und hängen gelegentlich aus einem Hinterfenster die Hakenkreuzfahne heraus.

In Klein Krössin folgen auf die traurige Nachricht von Hans Ottos Tod gute Nachrichten über Alla Stahlberg. Er hat einen schweren Artilleriebeschuß an der Westfront überlebt, bei dem die meisten seiner Kameraden getötet wurden. Ruth schreibt an Dietrich und Eberhard gemeinsam:

»Liebe Freunde!
Ich möchte Sie teilnehmen lassen an dieser Stunde, in der mein Herz von Lob und Dank über die gnädige Bewahrung von Alla erfüllt ist … Es ist nur ein Wunder, ein großes unbeschreibliches Wunder, daß er nicht getroffen wurde. ,Ob tausend fallen zu deiner Seite und zehntausend zu deiner Rechten, so wird es doch dich nicht treffen', – klingt es mir im Herzen. – Was mag wohl vorgehen in der Seele eines Menschen, der das erlebt! Ist es nicht vielleicht den ganzen Krieg wert? …
Ich hatte in diesen Tagen viele schmerzliche Todesnachrichten aus dem Felde von Bekannten. Eine Witwe, die im Weltkrieg ihren Mann verlor, mußte an einem Tag einen Sohn und einen Schwiegersohn hergeben. Zwei entferntere Neffen, Winterfeld und

Batocki, besonders hoffnungsvolle Jungen, fielen. Der beste Freund von Jürgen Bismarck, den ich kannte und der mir zuweilen schrieb, seit Jahr verheiratet, gab sein Leben hin. Und doch wissen wir, daß in dem allem ein Sinn ist …

Ich danke Ihnen, lieber Dietrich, für Ihren guten Brief aus Tilsit. Ich freue mich sehr auf ein Wiedersehen … am 28. nachmittags 5 Uhr will ich in Lasbeck … sein bis 29. zur gleichen Zeit. – Dann möchte ich über Kolberg-Belgard nach Krössin fahren, wo ich um halb 10 abends eintreffe …

Ganz von Herzen grüßt Sie Beide Ihre getreue RKR«

JULI. Dietrich ist nun häufiger abwesend, und wenn er in Stettin oder Klein Krössin zu Besuch ist, verhält er sich ein wenig ausweichend. Etwas von der Vertrautheit ist verlorengegangen, gerade jetzt, wo Ruth von so vielen Sorgen über ihre Familie geplagt ist und sich mehr Vertrautheit als in früheren Jahren wünschen würde. Sie spürt, daß Dietrich mehr von Politik in Anspruch genommen ist als von Theologie oder Freundschaft. Ihre Enttäuschung und Traurigkeit darüber bekennt sie in Briefen an Eberhard, der meistens mit Dietrich in Verbindung steht und von dem sie zu allen Zeiten eine Antwort erwarten kann.

Nach und nach festigt Ruth ihre Verbindungen zum Kreis der Familie Bonhoeffer. Aufgrund ihrer Freundschaft mit Dietrich hat sie die Söhne Hans von Dohnanyis für die Sommerferien eingeladen. Sie leben in Berlin, das, wie andere Großstädte, häufig von der britischen Luftwaffe bombardiert wird. Es ist daher nicht ungewöhnlich, daß Eltern ihre Kinder für ein oder zwei Wochen aufs Land evakuieren.

Für die gleiche Zeit hat Mieze zwei Kinder aus Pätzig, Hans Werner und Christine von Wedemeyer, als Spielkameraden für die Besucher aus der Stadt eingeladen. Da Hans Jürgen im Krieg ist, muß Mieze den Gutsbetrieb von Kieckow alleine bewältigen. Obwohl Großmutter Ruth den Kindern viel Zeit widmet und ihnen Würfel- und Kartenspiele beibringt, sind sie dennoch oft sich selbst überlassen. Die nahegelegene Eisenbahn wurde daher zu einer besonderen Attraktion für die Jungen, ein Ort, an dem sie viel Zeit verbringen und über Jungenträume sprechen, während sie den ständigen Strom vorbeifahrender Züge, die mit Soldaten und Kriegsgerät beladen an die Ostfront fahren, beobachten.

Höchstwahrscheinlich hat Hans von Dohnanyi nie mit seinen Söhnen Klaus und Christoph über seine Arbeit gesprochen – weder über seine offizielle Aufgabe noch über seine Rolle in der Verschwörung. Und doch wird deutlich, wie sehr sie die Kinder ihres Vaters sind, die von seinem politischen Denken geprägt sind. Während sie den vorbeifahrenden Waggons zusehen, kommt den Jungen eine Idee: Man sollte die Eisenbahn zerstören, damit die Züge nie die Ostfront erreichen, denn der dort entstandene Schaden ist bereits beträchtlich.

Der 13jährige Hans Werner ist über diese Idee empört und wird zornig. Auch er ist der Sohn seines Vaters, Hans von Wedemeyer, der zusammen mit Hans' Bruder Maximilian an der Ostfront kämpft und das Vaterland verteidigt. Sie benötigen Nahrungsmittel und Munition. Wie sollte jemand den Zügen den Weg abschneiden wollen, die seinen Angehörigen lebenswichtigen Nachschub bringen? Dies sind die Überlegungen, die Kinder eines kriegführenden Landes anstellen. Hans Werner behält diese Gespräche für sich, er erzählt weder seiner Großmutter noch Tante Mieze oder selbst seiner Mutter davon. Er wurde dazu erzogen, Wissen für sich zu behalten, das andere verletzen könnte.

SEPTEMBER. Über Dietrich Bonhoeffer wird von der Gestapo ein Redeverbot verhängt. Sein Name wird auf die Liste derer gesetzt, die ständig überwacht werden. Dietrich begibt sich sofort nach Klein Krössin, wo er wieder sein altes Zimmer »Hoffnung« bezieht.

Die Kleistschen Ländereien in Pommern sind für die SS nicht leicht zu überwachen. Die Straßen dort sind oft durch Pferde und Wagen verstopft, außerdem ist es peinlich für einen Offizier, wenn er sein Auto stehenlassen muß, um unter den Blicken der Arbeiter zu Fuß durch das Dorf zu gehen. Noch unangenehmer ist es, keinen Zutritt zum Gutshaus gewährt zu bekommen.

Während der nächsten vier Wochen wird Dietrich in Klein Krössin, Kieckow und Schmenzin schreiben, sprechen und zuhören. Von einem derartigen Zwischenspiel hatte Ruth schon seit Jahren, seit sie den jungen Freund kennenlernte, geträumt. In dieser Zeit erwartet Ruth auch von Dietrich, er werde ihren lieben Freund und Neffen Ewald von der Wahrheit des christlichen Glaubens überzeugen. Dietrich verbringt viel Zeit im Gespräch mit Ewald, jedoch nicht über jene Wahrheit. Statt dessen diskutieren sie die gegenwärtige komplizierte politische Situation.

Dietrich Bonhoeffer und Ewald von Kleist haben in vertrauenswürdigen Kreisen offen erklärt, Deutschland müsse den Krieg verlieren, damit die zivilisierte westliche Welt überleben könne. Doch diese Ansicht wird selbst unter Freunden nicht völlig akzeptiert.

Von seinem Zufluchtsort aus in Pommern schreibt Dietrich an Eberhard in Berlin:

> »Ich freue mich hier an der täglichen Morgenandacht, die mich zur Auslegung nötigt und in der ich, ebenso wie beim Lesen der Bibel, auch sehr an Dich und Deine Arbeit denke. Der fest eingeteilte Tag macht mir Arbeit und Gebete ebenso wie den Umgang mit den Menschen leicht und erspart mir die Beschwerden, die seelisch, leiblich und geistlich aus der Unordnung kommen. Neulich allerdings hat mich ein schwerer Herbststurm ganz schwermütig gemacht, und es war gar nicht so leicht, das Gleichgewicht wiederzufinden. …
>
> Sonntag waren wir in Kieckow. Wir sprachen auch über die kirchliche Lage. Dabei wurde mir wieder ganz klar, daß der Kampf um das Kirchenregiment in der Tat die aus der Geschichte der Kirche notwendig hervorgegangene Frage nach der Möglichkeit evangelischer Kirche für uns ist. Es ist die Frage, ob nach der Trennung von der päpstlichen und der weltlichen Autorität eine Autorität in der Kirche aufgerichtet werden kann, die allein vom Wort und Bekenntnis her begründet ist. Ist eine solche Autorität nicht möglich, dann ist die letzte Möglichkeit evangelischer Kirche vorbei; dann gibt es wirklich nur Rückkehr nach Rom oder unter die Staatskirche oder den Weg in die Vereinzelung, in den 'Protest' des echten Protestantismus gegen falsche Autoritäten …
> Meine Gedanken gehen jetzt oft zu Sabine … Wie geht es wirtschaftlich und im Luftschutzkeller? In Köslin war auch wieder Alarm.
> Alles Gute! …«[38]

Dietrich sorgt sich nicht grundlos um seine Zwillingsschwester Sabine Leibholz und ihre Familie in London. Nach der Kapitulation Frankreichs gab Hitler seinem Stab die Anweisung, die nächste Eroberung vorzubereiten – Großbritannien. Die deutsche Luftwaffe bombardiert London

Ruths Haus in Klein Krössin (Gartenansicht)

nun Nacht für Nacht, eine Art Bombenteppich-Offensive, um das Ziel zu zermürben, bevor die Invasion beginnt. Im Hauptquartier der Abwehr ist alles bekannt, aber es läßt sich nur wenig dagegen tun.

Auch wenn die Bombenangriffe auf London Anlaß zu großer Sorge sind, so ist Dietrichs Furcht vor einer Invasion unnötig. Unerklärlicherweise läßt Hitler seinen Plan fallen, um sich seinem Lieblingsvorhaben zuzuwenden, der Eroberung Rußlands.

Als Dietrich Mitte Oktober seinen Zufluchtsort Klein Krössin verläßt, hat er einen Großteil der Manuskripte zu seiner »Ethik« fertiggestellt, Gedanken zur Verantwortung des Menschen vor Gott in einer Unrechtsgesellschaft.

GESPALTENE LOYALITÄT

1941. Als hätten die Kleists aus Kieckow mit ihren drei Söhnen an der Front nicht genug Sorgen, da werden sie auch noch von Krankheit heimgesucht. Hans Jürgen, der die 50 bereits überschritten hat, war kurz vor Beginn des Krieges als Reservist eingezogen worden. Er wurde zwar nicht an die Front geschickt, verbrachte aber die meiste Zeit im Krankenhaus, bis er aus gesundheitlichen Gründen aus der Wehrmacht entlassen wurde. Jetzt leitet er wieder das Gut, ist aber gesundheitlich immer noch angeschlagen. Es scheint sich um ein Gallenblasenleiden zu handeln und die Familie hofft, daß sich nichts Ernstes dahinter verbirgt.

JANUAR. Eines Morgens bricht die jetzt 74jährige Ruth in ihrer Stettiner Wohnung zusammen. Die Köchin ruft den Arzt, und mit Hilfe eines Hausgastes gelingt es ihr, sie zu Bett zu bringen. Der Arzt vermutet einen kleinen Schlaganfall und telephoniert mit Hans Jürgen, der einige Stunden später in Stettin eintrifft, um sich selbst ein Bild von der Lage zu machen. Zu seinem Erstaunen öffnet ihm nicht die Köchin oder der Arzt, sondern ein ihm fremder älterer Mann.

Völlig verzweifelt über den Zustand seiner Mutter unterzieht er den Mann einem regelrechten Verhör und ist bestürzt, als er erfährt, daß es sich bei ihm um einen mittellosen Juden ohne die geringste Aussicht auf Auswanderung handelt, der bereits seit September, als man in Stettin mit der Judendeportation begann, bei Frau von Kleist wohnt.

Hans Jürgen wundert sich, daß er von der ganzen Sache nichts weiß. Er fordert den Mann auf, sofort die Wohnung zu verlassen, da der Gesundheitszustand seiner Mutter beängstigend sei und die Anwesenheit eines Juden die Dinge nur verschlimmere. Der Fremde sammelt seine wenigen Habseligkeiten zusammen und ist innerhalb einer Stunde auf Nimmerwiedersehen verschwunden. Bis ans Lebensende wird Hans Jürgens Gewissen von Gedanken an diesen Mann geplagt sein, den er möglicherweise zum Tode verurteilt hat.

FEBRUAR. Am 3. Februar bestellt Adolf Hitler seinen Generalstab zu sich, um seine Generäle mit »Barbarossa« bekanntzumachen, seinem Plan zur Eroberung und Vernichtung Sowjetrußlands. Die Stimmung ist spannungsgeladen, da die Sowjets sowohl mit der Anzahl ihrer Panzer als auch mit Soldaten weit in der Überzahl sind. Verächtlich verwirft Hitler die hochgepriesene Überlegenheit der Sowjets mit dem Argument, die deutschen Streitkräfte (und die deutsche Rasse als solche) sei von besserer Qualität. Alle im Stab, vom Oberkommandierenden des Heeres, General von Brauchitsch angefangen, hegen ernsthafte Bedenken an der Durchführbarkeit des Planes. Natürlich läßt sich der Führer nicht umstimmen.

Am nächsten Tag ist Ruths Geburtstag. Von den in Gang gesetzten, verhängnisvollen neuen Plänen nichts ahnend, feiert sie ihren Geburtstag im Bett in Stettin, umgeben von Blumen und Briefen und vielen Gratulanten. Langsam erholt sie sich von ihrem Schlaganfall, hat aber ein wenig ihrer Vitalität eingebüßt. Von nun an wird ihre rechte Körperhälfte etwas schwächer sein als die linke, weswegen sie immer am Stock gehen wird.

Unter den Geburtstagsgratulationen befinden sich auch zwei Briefe, einer von Dietrich und der andere von Eberhard. Letzterer berichtet, daß sein Freund in die Schweiz reisen werde. Dies wird Dietrichs erste Auslandsreise im Auftrag der Abwehr sein.

Vom Prinzip her ist die Reise ein Alptraum für jeden Verschwörer. Jeder, der von dieser Reise erfährt, wird glauben, daß Dietrich Bonhoeffer um internationale Unterstützung für die geschwächte Bekennende Kirche werben wird. Als Agent der militärischen Abwehr hat Dietrich Bonhoeffer jedoch die Aufgabe, die Reaktionen der internationalen Kirchenorganisationen auf Deutschlands Aggression in Europa zu erkunden.

Auf der dritten Ebene wurde Dietrich Bonhoeffer, der als Doppelagent auch für die Verschwörung gegen die Nazis in Deutschland arbeitet, beauftragt, Kommunikationswege mit England und dem Vatikan aufzubauen, um für den Putsch funktionsfähige Kanäle vorzubereiten. Jetzt, da »Barbarossa« bereits eingeleitet ist, sind verläßliche Fernmeldeverbindungen dringlicher als je zuvor. Dietrichs bevorstehende Reise ist riskant und voller Gefahren.

Ruth schreibt an Dietrich in der Hoffnung, der Brief werde ihn vor seiner Abreise erreichen:

»Mein lieber Dietrich!
Zwar schreibe ich noch im Liegen – und Sie müssen die Schrift entschuldigen – aber da ich heute durch Eberhard erfuhr, daß Sie noch immer im Lande sind, möchte ich Ihnen schnell noch den Dank aussprechen, den ich seit dem 4. im Herzen trage. In die-

sen Tagen meiner Krankheit haben mich Ihre Worte viel begleitet und mit Dank erfüllt. Wie Gott Sie gesegnet hat! Und mich,
daß ich Ihre Freundschaft gewann! … Daß Sie dem alten Menschen in Ihrem jungen Leben einen Raum gönnen, ist ein großes
Geschenk für mich. Ja, in der Kirche schmilzt Alter und Jugend
zusammen …

Wann wird man sich wiedersehen? Es geht wieder bergauf mit
mir, weil Gott es so haben will. Wenn ich fiebere, bin ich immer
ungeistlich gestimmt und leide darunter. Erst, wenn es vorüber ist,
kann ich wieder dankbar sein. Eberhard schreibt, daß Ihr Buch
gut fortschritte. Ein schöner Gedanke. Im Geist begleite ich es.
Ihre Mutter hat mir auch gratuliert. In so guten, beschämenden
Worten. Soll man sich gegen so viel Überschätzung wehren? Aber
dankbar darf man sein.

Während Spes zu meiner Pflege hier war, haben wir viel von den
schönen Jahren unserer ‚Enkelpension‘ gesprochen, und dann
kam auch immer wieder: ‚Wie schön, wenn wir nach Finkenwalde
zum Gottesdienst fuhren! Und die Konfirmandenstunden!‘ In der
Tat, welche glückliche, harmlose Zeit war es!

Bitte grüßen Sie die Dohnanyi-Kinder. Ich danke ihnen bald
selbst. Gestern habe ich die Lutherlieder alle nacheinander gelesen und mich so daran gefreut. Welche Mühe! Und nun leben Sie
wohl, und Gottes Engel geleite Sie auf Ihrer Fahrt. In ganzer
Treue allzeit Tante R.«

MÄRZ. Dietrich wird die Aufnahme in die Reichsschrifttumskammer
verweigert. So ist es ihm jetzt nicht nur verboten zu predigen, sondern
auch seine Schriften zu veröffentlichen.

MAI. Hans von Dohnanyi erwirkte Dietrichs Versetzung an die Münche-
ner Abwehrstelle. Diese Außenstelle steht völlig unter dem Einfluß der
Verschwörer, außerdem liegt sie einigermaßen nahe an der Schweiz, die
Dietrich in Zukunft öfter bereisen soll.

JUNI. Wilhelm von Preußen, einst deutscher Kaiser und König von Preußen, stirbt im Alter von 82 Jahren in seinem holländischen Exil. Er wird
in Doorn mit militärischen Ehren beigesetzt.

Von dem Begräbnis wird in Kieckow und Klein Krössin kaum Notiz genommen.

Am 22. Juni, dem Jahrestag der verheerenden Invasion Rußlands durch Napoleon, beginnen drei Heeresgruppen mit dem Angriff auf Rußland, dessen Ziel es ist, bis nach Moskau vorzustoßen. Generalfeldmarschall von Rundstedt, dem hohe Auszeichnungen für den Sieg an der Westfront verliehen wurden, führt die Heeresgruppe Süd. Unter Hunderten von Offizieren, die Rundstedt führt, befindet sich der Reserveoffizier Hans von Wedemeyer. Er bekleidet eine Stabsposition. Die Heeresgruppe stößt von ihrem Ausgangspunkt im Süden Polens in nordöstlicher Richtung auf Moskau vor. Die Heeresgruppe Nord unter dem Kommando von Generalfeldmarschall von Leeb marschiert über die baltischen Staaten in Richtung Moskau. Einer der Reserveoffiziere von Leebs ist Klaus von Bismarck, der Gutsherr von Kniephof, Enkelsohn von Hedwig und Ehemann von Ruth-Alice. Einer der zehntausend Soldaten unter Leebs Kommando ist auch Ruth-Alices Bruder Maximilian, ein Infanterist. Generalfeldmarschall von Bock ist der Befehlshaber der Heeresgruppe Mitte, die sich durch die Pripjet-Sümpfe in östlicher Richtung nach Moskau durchkämpfen soll. Als die größte und zugleich die strategisch wichtigste der drei Heeresgruppen hat sie die Hauptlast der Offensive zu tragen. Bocks 1. Generalstabsoffizier ist Oberst Henning von Tresckow, der wiederum Leutnant Fabian von Schlabrendorff zu seinem persönlichen Ordonnanzoffizier ernannte. Die Begründung für die Ernennung eines Adjutanten von so niedrigem Rang sind Schlabrendorffs nachrichtendienstliche Fähigkeiten und seine Verbindung zur Abwehr. In Wirklichkeit hat Tresckow jedoch andere Pläne für den Verwandten und Mitverschwörer gegen die Nazis.

Unter den Hunderten von Offizieren in Bocks Heeresgruppe sind auch drei Enkelsöhne Ruth von Kleists – Konstantin und Jürgen Christoph von Kleist aus Kieckow sowie Alexander Stahlberg aus Stettin. Ein dritter Sohn aus Kieckow, Hans Friedrich, ist Gefreiter in Bocks Heeresgruppe.

JULI. Bislang können die deutschen Armeen Erfolge in der Rußlandoffensive erzielen. Bocks Heeresgruppe Mitte konnte sich 650 Kilometer tief auf russisches Territorium vorkämpfen und steht nur noch 325 Kilometer vor Moskau. Leider erfordert das Unternehmen Barbarossa jedoch mehr als nur begrenzte Erfolge; Moskau muß vor Einbruch des Winters fallen!

Die Anzahl der russischen Soldaten, die in Gefangenschaft geraten, ist gewaltig, fast ebenso viele sind aber aus der Umzingelung entkommen. Auch die deutschen Armeen erlitten erhebliche Verluste, dazu kommen jetzt noch sintflutartige Regenfälle entlang der Front. Die motorisierten Divisionen bleiben mit ihren Kettenfahrzeugen im Schlamm stecken. Russische Straßen können keinem Vergleich mit deutschen Straßen standhalten; anscheinend wurde dies im Plan für Unternehmen Barbarossa nicht berücksichtigt! Die Möglichkeit, Moskau noch vor Einbruch des Winters einzunehmen, ist jedenfalls mehr als zweifelhaft geworden. Die schweren Regenfälle, die den Soldaten in Rußland zu schaffen machen, breiten sich bis nach Pommern aus. Ruth, die den Sommer in Klein Krössin zubringt, hält sich die meiste Zeit im Haus auf. Ihr Einfallsreichtum wird an diesen Regentagen auf die Probe gestellt, denn sie hat die Töchter von Ursula und Rüdiger Schleicher zu sich eingeladen. Ursula ist Dietrich Bonhoeffers Schwester, ihr Mann Rüdiger ebenso wie Dietrich in der Verschwörung aktiv. Berlin ist für Kinder nun nicht mehr zumutbar; unablässig wird die Stadt bombardiert. Daher wurden die beiden Mädchen der Schleichers in Ruths Obhut gegeben. Sie werden in die beiden Gästezimmer »Freude« und »Zufriedenheit« einquartiert; das dritte, »Hoffnung«, bleibt für ihren Onkel Dietrich reserviert, sollte er überraschend einen Besuch machen wollen.
An den Abenden spielt Ruth mit den Mädchen das Würfelspiel »Hindenburg und Ludendorff« und regt sie dazu an, Silbenrätsel zu erfinden, an denen sich auch die Töchter aus Kieckow, Ruthe und Elisabeth, häufig beteiligen. An verregneten Nachmittagen schlägt sie den Schleichertöchtern vor, Briefe nach Hause zu schreiben. In Zeiten, in denen alles knapp wird, ist auch Briefpapier eine Kostbarkeit, aber für Dietrichs Nichten gibt Ruth ein paar Blätter von ihren Vorräten heraus, die sie sonst sorgfältig für den abwesenden Freund bewahrt.
Die ältere der beiden Schleicher-Töchter, Renate, hat Ruth besonders ins Herz geschlossen. Sie ist noch nicht ganz 16 Jahre alt, wird aber in einem Jahr schon das Gymnasium abschließen. Es wird erwartet, daß sie bald darauf heiraten wird. Ruths lieber Freund und Dietrichs engster Gefährte, Eberhard Bethge, hat kürzlich seine diesbezüglichen Absichten erklärt.

Es fehlt nur noch die Einwilligung der Eltern Renates und ihr Schulab-
schluß.

Die Straße nach Klein Krössin ist von den unaufhörlichen Regenfällen
im Juli rutschig und schlammig. Die Pferde wurden in Ställe oder Schuppen gebracht, alle Arbeiten im Freien wurden unterbrochen. Dennoch
bahnt sich Mieze mit dem Fahrrad den Weg von Kieckow nach Klein
Krössin, um ihrer Schwiegermutter eine telephonisch erhaltene Mitteilung zu überbringen. Mit ausgebreiteten Armen geht sie auf Ruth zu und
berichtet mit ernster Miene, Jürgen Christoph sei im Kampf gefallen. Die
Nachricht aus der Abwehrstelle in Berlin ist inoffiziell – sie kam über
militärische Kanäle von Henning von Tresckow direkt von der Ostfront.
Es wird einige Tage dauern, bis die offizielle Mitteilung eintrifft.
Ruth zieht sich in ihr Zimmer zurück, um mit ihren Gedanken und
Gebeten allein zu sein, während Mieze mit dem Fahrrad nach Kieckow
zurückkehrt zu ihrem Mann und ihren Kindern. Die Schleicher-Kinder
wundern sich, daß keine einzige Träne fließt.

Am nächsten Tag findet in der Kirche von Kieckow der Gedenkgottesdienst für Jürgen Christoph statt. Der treue Pastor Reimer aus
Naseband hält den Gottesdienst, dem alle Familienangehörigen, Dorfbewohner und Freunde, die mit dem Fahrrad die Kirche erreichen können,
beiwohnen. Mieze befällt während des Gottesdienstes ein eigenartiges
Gefühl. Danach gesteht sie, es sei ihr nicht gelungen, sich Jürgen Christophs Gesicht vor Augen zu führen, nur das seines jüngeren Bruders
Hans Friedrich. Auch wenn es nach außen hin nicht den Anschein erwek-
ken mag, diese arme Mutter ist vom Schmerz überwältigt.
Am Tag nach dem Gottesdienst, als die offizielle Benachrichtigung eintrifft, wird der Familie ein Schock versetzt – *nicht* Jürgen Christoph,
sondern Hans Friedrich war gefallen! Henning hatte nur den Namen »der
junge Kleist« gehört, und es war ihm nicht bekannt geworden, daß drei
Söhne Hans Jürgens und Miezes in der Armee Feldmarschall von Bocks
kämpften. Der Benachrichtigung ist ein Brief von Hans Friedrichs Kommandeur beigefügt, einem Leutnant, der die Todesumstände des jungen
Soldaten beschreibt. Sein Regiment war in ein Gefecht geraten, in dem
die Russen zuerst vorrückten, sich dann aber wieder zurückzogen. Als der
Leutnant den jungen Soldaten auf dem Schlachtfeld fand, lag Hans Fried-

rich schon im Sterben. Auf die Frage, wie es ihm ginge, kam die tapfere Antwort: »Herr Leutnant, mit mir ist alles in Ordnung.« Dieser Satz spendet Ruth Trost, denn sie ist sich sicher, daß in den letzten Stunden seines Lebens ein Engel über ihn gewacht hat.

AUGUST. Am 6. August erreicht ein Telegramm von der russischen Front Kieckow: »Gestern, 5. August, ließ Leutnant Jürgen Christoph von Kleist-Retzow sein Leben für das Vaterland.« In den Dörfern wird gemunkelt, Jürgen Christoph mußte sterben, weil sein Tod bereits betrauert worden sei. Oben im Gutshaus werden solche Reden freilich als Aberglaube disqualifiziert.

Wieder kommt Mieze mit dem Fahrrad nach Klein Krössin gefahren, um der Schwiegermutter den Tod eines Sohnes mitzuteilen, und kehrt dann nach Hause zurück, während sich die Großmutter auf ihr Zimmer begibt. Wieder staunen die Schleicher-Kinder über das Ausbleiben der Tränen.

Am 7. August findet ein Gottesdienst für Jürgen Christoph und Hans Friedrich in der Kirche von Kieckow statt, dem Angehörige, Dorfbewohner und Freunde aus der Nachbarschaft beiwohnen. Wieder leitet Pastor Reimer aus Naseband den Gottesdienst, diesmal entnimmt er das Thema seiner Rede der Predigt Dietrich Bonhoeffers zur Konfirmation von Hans Friedrich. Der Großmutter ist diese Erinnerung ein Trost. Hans Friedrich wird in Rußland begraben. Zur Beerdigung spricht ein Kaplan über die Worte aus der Heiligen Schrift: »Meine Zeit steht in Deinen Händen.« Ruth kann nur staunen über die eigentümlichen und wunderbaren Wege Gottes, hat sie doch selbst vor vielen Jahren diese Worte in deutscher Schrift als Leitspruch unter dem Giebel ihres Klein Krössiner Hauses anbringen lassen: »Meine Zeit steht in Deinen Händen.«
Jürgen Christophs letzte Nachricht trifft nach dem Gedenkgottesdienst in Kieckow ein, ein Brief vom 5. August, dem letzten Tag seines Lebens. Er ist eine Ehrung für seinen gefallenen Bruder und, um die Eltern zu trösten, ein Ausdruck seiner Zuversicht.

In seinem Büro im Hauptquartier der Heeresgruppe Mitte an der russischen Front erkennt Henning von Tresckow den schrecklichen Fehler,

den er begangen hat, indem er die Eltern in Kieckow inoffiziell vom Tod
ihres Sohnes informiert hat. Die Last wiegt doppelt, denn von den drei
Söhnen aus Kieckow, die im Fronteinsatz sind, hat nur Konstantin überlebt. Henning sorgt für Konstantins Versetzung aus der vordersten Frontlinie zu den rückwärtigen Diensten und telegraphiert Hans Jürgen seine
Entscheidung. Umgehend antwortet Hans Jürgen, Konstantin solle ebenso wie jeder andere Soldat behandelt werden. Alle seien gemeinsam in
dieser Situation und kein Kleist würde weniger geben wollen als jeder
andere Soldat!

Hans Jürgens Telegramm kommt zu spät; Konstantin ist auf Anweisung
des Hauptquartiers der Heeresgruppe Mitte von der Front bereits zurück-
geholt. Sechs Stunden später gerät seine Artillerieeinheit in einen Angriff,
bei dem sein engster Kamerad umkommt. Konstantin wird von Schuld-
gefühlen geplagt, weil er seinem Freund weder beistehen noch mit ihm
sterben konnte. Als er jedoch das Hauptquartier erreicht und vom Tod
seiner beiden Brüder erfährt, da hat er nur noch einen Gedanken – er
muß nach Hause zu seinen Eltern.

Am 24. August schreibt Ruth an Eberhard:

> »… Ich lebe eigentlich wie in einer Traumwelt. Die Größe dieser
> jetzt erlebten Wirklichkeit ist noch immer nicht ganz faßbar. Man
> lebt zwischen Himmel und Erde. Erhabene, leichte Augenblicke
> wechseln mit dumpfen, erschreckenden. Welche Bilder durchzie-
> hen das Gemüt. Und fast täglich hört man von neuen Gefallenen.
> Jede Nachricht reißt die Wunde von neuem auf und stellt immer
> wieder vor die von Dietrich … umrissenen Fragen: Krieg, Tod,
> Zukunft.
> Eine neue Zugehörigkeit zu den furchtbaren Gefallenen ist in mir
> wach geworden. Ich verstehe, daß mein Sohn auf die Nachricht
> von der Zurückziehung Konstanin … telegraphierte, daß er nicht
> damit einverstanden sei. Man will irgendwie nicht ausgeschlossen
> sein von dem, was als unerbittliches Schicksal und Schuld über uns
> gekommen ist.
> Und das ist es auch, wenn ich es sagen darf, was mich jetzt zum
> ersten Mal unsicher werden läßt an Ihrem und Dietrichs Weg in
> dieser Zeit. Gehören wir nicht mit hinein in diese Verflochtenheit,

und müßten wir nicht eben auch dort, wo sie ausgefochten wird, – ohne abzuwägen – unsere geistlichen Kräfte einsetzen? Würden wir nicht zielsicherer unseren Weg fortsetzen, wenn wir dieser letzten Wegführung nicht ausweichen? Dietrich würde diesen Gedanken wahrscheinlich ganz abweisen.

Wahrscheinlich ist es in mir erwachsen durch die zahllosen Beileidsschreiben der Freunde und Vorgesetzten unserer Jungs und vor allem durch ihren Tod, mit dem ich mich auseinandersetzen muß. Wenn ich höre, wie tapfer unsere Kinder gestorben sind, so sage ich mir, daß es nicht nur die geistliche Kraft war, die sie dazu befähigte, sondern auch ein Instinkt, der sie zum ganzen Einsatz zwang. Ach, daraus darf man nun auch nicht wieder ein Gesetz folgern, daß es so sein muß, wie es mir eben erscheint. In Ihrem Fall rechne ich mit Ihrem Vertrauen zu mir, daß Sie meine Worte nicht überbewerten.

Etwas in mir ist noch sehr zerrissen. Wenn unsere Nachrichten von den unvorstellbaren Verlusten, die wir den Feinden zufügen, sprechen, geht es mir wie ein Stich durch die Seele …

Ich möchte Ihnen noch so viel sagen, aber die Zeit würde nicht reichen. Ich lege Ihnen eine Abschrift von Allas Brief ein. Die wird Sie freuen, weil Sie wissen, wie wertvoll sie mir ist. Er ist nun und weiter in großer Gefahr. Gott kann ihn behüten, wenn es Sein Wille ist. Es wird mir immer deutlicher, daß wir nur aus göttlicher Bewahrung leben …

Es ist jetzt ganz still um mich, und das ist auch gut für eine Weile Mein Garten blüht und erquickt mich. Wie wenig gehört dazu, um ein Menschenherz zu beruhigen. Und dann wachse ich ganz neu mit meinen Kindern zusammen …

Ich hatte auch im Haus eine Gedächtnisfeier fürs Dorf. Ein einziger Sohn eines Arbeiters ist gefallen, und ich zog unsere Jungens mit hinein und erzählte von allen dreien. Sie waren sehr zahlreich gekommen …

Leben Sie wohl und lassen Sie sich noch für Ihren so lieben Brief aus Hamburg danken. In ganzer Treue Ihre RKR.

P.S. Dietrich wollte mir noch aus München schreiben. Es ist wehmütig, ihn auf lange entbehren zu müssen …«

Zwei Tage nach diesem Brief empfindet Ruth tiefes Bedauern, so daß sie Eberhard ein weiteres Mal schreibt:

»Mein lieber Eberhard!
Ich habe ein schlechtes Gewissen darüber, daß ich Zweifel an Ihrem Weg geäußert habe. Wie kann ich denn voreilig wissen, was für Sie bindend ist! Verzeihen Sie, wenn ich voreilig eine Meinung äußere, die im Grunde keine Meinung, sondern nur eine Empfindung war ... Es ist wohl die besondere Anfechtung unserer Zeit ... Vorhin kam Konstantin ... Es kommt mir vor, als sei der Frontsoldat aus anderem Holz als daheim. Zuversichtlicher, harmloser, begrenzter ... Wo mag Dietrich sein? Hat er eigentlich noch die Besorgung für uns erledigt? Vielleicht fragen Sie gelegentlich seinen Bruder Klaus danach? Von Herzen, Ihre RKR.«

SEPTEMBER. Als Ruths Briefe Eberhard erreichen, befindet sich Dietrich schon wieder auf einer Reise in die Schweiz. Drei Aufgaben hat er dort zu bewältigen: nach außen hin um Unterstützung für seine Kirche zu werben, gleichzeitig nachrichtendienstliche Informationen über die Meinung der Weltkirchengemeinde zu Deutschlands Bestrebungen zu sammeln und schließlich die für England und den Vatikan bestimmten Botschaften der Verschwörer zu übermitteln.

OKTOBER. Dietrich ist an einer schweren Lungenentzündung erkrankt und hält sich in seinem Elternhaus in Berlin auf. In der Hoffnung, ihrem kranken Freund einen Besuch abstatten zu können, reist Ruth in die Hauptstadt, doch ist der Freund zu krank, um Besuche zu empfangen. Auch das angenehme Erlebnis, neben den Schleichers zu wohnen und die Beziehung zu den Schleicher-Töchtern wieder auffrischen zu können, kann Ruth für ihre ungemeine Enttäuschung nicht entschädigen.

Die Ausgrenzung der Juden erfährt Verschärfung durch eine weitere Verordnung. Der gelbe Stern muß gut sichtbar an der Oberbekleidung getragen werden. Juden, die in Häusern arischer Besitzer leben, werden zum Verlassen ihrer Wohnungen gezwungen und müssen sich, sofern sie nicht umgehend in Zügen nach Osten deportiert werden, in den vorübergehend eingerichteten Sammelstellen in Synagogen melden. Die »Endlösung«, eine beschönigende Bezeichnung für die systematische Vernichtung des europäischen Judentums, ist auf ihrem wohlvorbereiteten Weg.

Unerfreuliche Nachrichten

1941, Dezember. Die Zahl der Todesopfer an der Ostfront steigt täglich. Während sich die Angehörigen der Soldaten fragen, wohin das Töten führen wird, verkündet die Regierung einen zweifelhaften Sieg. Am 2. Dezember erreichen deutsche Truppen die Außenbezirke Moskaus, sind also nahe genug für einen Angriff auf die sowjetische Hauptstadt. Der Bevölkerung wird freilich verschwiegen, daß der gesamte Wintervorrat an Treibstoff aufgebraucht wurde, um die Truppen durch die sumpfigen Gebiete in Rußland bis hierher zu bringen. Verheimlicht wird auch, daß die Soldaten vor den Toren der sowjetischen Hauptstadt nicht mit Winterkleidung ausgestattet sind.

Am 8. Dezember treten die Vereinigten Staaten in den Krieg ein. Das Ereignis kommt nicht gerade überraschend, doch werden in Pommern Erinnerungen an den Weltkrieg wieder geweckt. Der Gedanke an die mächtige Wirtschaftskraft auf der anderen Seite des Atlantiks, die für diesen Krieg alle erforderlichen Flugzeuge, Panzer und Waffen jeglicher Art produziert, ist sowohl für die Anhänger als auch für die Gegner des Regimes ernüchternd. Für jene, die noch immer hoffen, sie könnten Hitler beseitigen und zu einem ehrenhaften Frieden gelangen, hat sich die Lage drastisch verschlechtert.

Am 19. Dezember entläßt Hitler den Oberkommandierenden des Heeres, General von Brauchitsch. Er ernennt sich selbst zu dessen Nachfolger. Gleichzeitig tritt der Oberbefehlshaber der Heeresgruppe Mitte, Generalfeldmarschall von Bock freiwillig zurück, da er eine Fortsetzung dieses sinnlosen Feldzuges gegen Rußland für unakzeptabel hält. Aber er weist es trotz des Einflusses seines Adjutanten Henning von Tresckow weiterhin von sich, beim Komplott zum Sturz des Hitlerregimes mitzuwirken. Bocks Nachfolger ist Generalfeldmarschall von Kluge; Hennings Aufgabe, den Feldmarschall für die Kreise der Verschwörer zu gewinnen, beginnt von vorne.

Dietrich befindet sich noch in Berlin, von der schweren Lungenentzündung hat er sich mittlerweile fast vollständig erholt. Ruth ist in ihrer Stettiner Wohnung, sie hofft, die Geschicke der Bekennenden Kirche auch weiterhin noch beeinflussen zu können. Ein paar der Getreuen haben durchgehalten, und die Diskussionsrunde, die Ruth in besseren Zeiten gegründet hatte, trifft sich noch immer. Ruth empfindet so etwas wie Besitzerstolz, wenn ein Kapitel ums andere aus Dietrichs »Nachfolge« behandelt wird. Beinahe platzt sie vor Stolz, wenn sie im Lauf der Diskussion auch auf Dietrichs neues Manuskript Bezug nehmen kann, das langsam unter ihrem Dach in Klein Krössin Gestalt annimmt.

Gegen Ende der Nacht, im Morgengrauen eines Freitags, schreibt Ruth an ihren Freund, der sich zur Zeit im Haus seiner Eltern in Berlin-Grunewald aufhält:

»Lieber Dietrich!
Ich habe noch 500 Blatt Schreibmaschinenpapier und 200 Bogen Kanzleipapier (weiß) sowie 100 Hüllen wie diejenige, welche ich an Sie benutze, für Sie erhalten. Was wollen wir nun damit machen? Soll ich das Paket nach Berlin schicken? Oder brauchen Sie es noch in Kieckow? …
Der Tod meines Neffen Rohr (Fritz Robert von Rohr) ist wieder ein schwerer Schlag für unsere Familie … Er ist der einzige Sohn seiner Eltern, und ich empfinde den Schmerz meiner armen Schwester sehr tief. Was wird noch folgen?
Ich möchte Ihnen noch sagen, welche große, neue Freude mir beim Vorlesen die ‚Nachfolge‘ ist. Jetzt hörten und besprachen wir die Abschnitte: das Außerordentliche mit der Feindesliebe (die Wahrhaftigkeit) und die verborgene Gerechtigkeit und knüpften lange fruchtbare Gespräche daran. Es sind immer Stunden der Sammlung, die grade jetzt, wo alle Nerven fühlbar überspannt sind, sehr wohltuend sind …
Ich finde wieder, daß die Nachfolge ein Buch ist, das man nicht ‚durchliest‘, sondern in dem man lesen darf. Vielleicht ist das sein größter Wert. Dabei habe ich oft den Eindruck, daß manches noch nicht zu Ende gesagt ist, daß Zwischenglieder fehlen, oder wie ich es ausdrücken soll. Darum schreiben Sie ja auch weiter. Kommen Sie jetzt dazu, oder geht es noch nicht?
Lassen Sie sich herzlich grüßen von Ihrer RKR.«

Selbst in Kriegszeiten funktioniert die Post in Deutschland ohne Verzögerung. Ruths Brief erreicht Dietrich am Samstag in Berlin, am Sonntagmorgen besteigt er bereits den Zug nach Kieckow, um ein paar Tage
mit Mieze, Hans Jürgen und deren Kindern zu verbringen.

Sonntagabend wird Ruth am Telephon Dietrichs Ankunft mitgeteilt, und
am Montagmorgen ist auch sie auf dem Weg nach Kieckow. Das Gutshaus ist nun voll belegt mit Gästen und Familie. Mieze besteht darauf, daß
sowohl Dietrich als auch Ruth in ihrem Hause bleiben, nicht nur aus
Gründen der Bequemlichkeit, sondern auch, um Heizmaterial zu sparen.
In diesen Zeiten bedeutet ein Haus weniger, das beheizt werden muß,
wertvolle Einsparung für die gesamte Gutsgemeinschaft.

Während der Adventszeit leitet Dietrich die morgendlichen und abendlichen Gebetsstunden im großen Speisesaal des Gutshauses. Zu seiner
»Gemeinde« gehören regelmäßig um die 40 Personen – alle Bediensteten, die Eltern mit ihren Kindern, Großmutter Ruth und zwei entfernte
Neffen, die unter dem Dach von Kieckow Zuflucht gefunden haben.
Immer häufiger bleibt Hans Jürgen den Morgenandachten fern, da ihn
die Symptome seines Gallenleidens plagen. Mit Hilfe von Dietrichs Vater konnten für ihn in Berlin Arrangements für eine Operation getroffen
werden.
Ewald von Kleist aus Schmenzin nimmt fast täglich an den Abendan-
dachten teil; er reitet nach Kieckow, so wie er es einst in seiner Kindheit
getan hatte. Der freidenkende Kleist hat sich aus der Verschwörung zurückgezogen, die zum Ziel hatte, Deutschland von Hitler zu befreien.
Seiner Meinung nach bedeutet die Entlassung von Brauchitschs das Ende
aller Hoffnung auf einen militärischen Umsturz. Ewald fühlt sich im
Inneren betrogen und verlassen, er ist überzeugt, daß jegliche Chance für
einen Putsch verpaßt ist. Er bezweifelt ernstlich den Mut der hochrangi-
gen Verschwörer, wirft ihnen in privaten Kreisen übertriebene Vorsicht
vor. Von der Invasion Rußlands spricht er als Deutschlands Todesstoß,
die »guten Nachrichten« von den Erfolgen der Wehrmacht, die bis in die
Nähe Moskaus vorgerückt ist, sind für ihn nichts als Spott und Hohn.

Völlig ernüchtert hat sich Ewald ins Familienleben zurückgezogen. Seine Welt beschränkt sich nun auf das Gutshaus und die sechs Kinder dort

– Annings drei Töchter und der Sohn sowie Alices kleiner Sohn und ihre Tochter. Seine beiden älteren Söhne von Anning befinden sich an der Front – Ewald Heinrich bei der Heeresgruppe Mitte in Rußland, Hermann in Italien.

Ewalds getreuer Pastor Reimer aus Naseband nimmt oft seine Mahlzeiten im Schmenziner Gutshaus ein. Fast führt er ein Leben im Untergrund mit seiner kleinen Pfarrgemeinde im Wald, die nur unter dem Schutz des Gutsherren von Schmenzin und durch die Verschwiegenheit der Dorfbewohner von Naseband überleben kann. Jeden Abend zieht sich Ewald mit Alice in die Bibliothek zurück, häufig sind auch Mieze und der kranke Hans Jürgen dabei, um die Sendungen des britischen Rundfunksenders BBC zu hören. Daß die Entdeckung eines Kurzwellenempfängers zu empfindlichen Strafen führen kann, interessiert keinen. Noch nie haben sich die Kleists von derartigen Drohungen abschrecken lassen.

Ewalds Automobil steht unbenutzt im Schuppen, es ist jedoch für die Fahrt nach Berlin voll aufgetankt, sollte der Putsch jemals stattfinden. Ewald ist noch immer als Mitglied der neuen, provisorischen Regierung vorgesehen, die in Deutschland dann eingesetzt werden und Frieden mit Deutschlands Feinden aushandeln soll. Er hat den Glauben an die Möglichkeit eines Umsturzes fast verloren, und er zeigt kein Verständnis für Generäle, die es versäumt haben zu handeln, als die Möglichkeit dazu noch gegeben war.

Hans Jürgens Sohn Konstantin, den Henning von Tresckow gegen den Willen des Vaters von der Front zurückgezogen hatte, ist nun zu Hause. Nach Weihnachten wird er, der älteste Sohn, sich bei einer Ausbildungsstätte einfinden, wo ihm nicht mehr viel geschehen kann. Wie Ewald fühlt sich auch Konstantin zu Dietrich Bonhoeffer hingezogen. In seinem kurzen Leben hat er bereits unsägliches Leid gesehen – sowohl an der Front als auch in besetzten Gebieten. Mit Dietrich läßt sich offen über derartiges sprechen, er vermittelt Verständnis und Einsichten, die einem das Weiterleben ermöglichen. In Kieckow, in Klein Krössin und in Schmenzin werden Fragen gestellt, jeder ist verzweifelt, wenn auch nicht aus den gleichen Gründen oder auf dieselbe Art und Weise. Allein Dietrich ist in der Lage, Rat zu geben und Trost zu spenden. Seine Anwesenheit in diesem Advent sei ganz offensichtlich Gottes Antwort auf die Gebete und Fürbitten, sagt die Großmutter aus Klein Krössin.

Kurz vor Weihnachten reist Dietrich nach Berlin, auch die Verwandten, die zu Besuch waren, kehren zu ihren Familien zurück. Die Kleists aus Kieckow sind wieder unter sich, das erste Mal ohne die beiden gefallenen Söhne. Wenige Tage später machen sich auch Mieze und Hans Jürgen auf den Weg nach Berlin, wo Hans Jürgen sich der Operation unterziehen wird. Die Großmutter übernimmt die Aufsicht über die Kinder und das Gutshaus, das einmal das ihre war. In den Nächten findet sie nur wenig Schlaf und deshalb schreibt sie spät in der Nacht bis in die frühen Morgenstunden an ihren Freund in Berlin:

»Lieber guter Dietrich!
Ich kann das alte Jahr nicht abschließen, ohne Ihnen noch einen besonderen Gruß und Dank zu sagen. Obgleich ich nicht unruhig bin über die bevorstehende Operation meines Sohnes, so ist es mir doch eine große Beruhigung, Sie in seiner Nähe zu wissen. Es ist mir natürlich ein Opfer, daß ich ihm in diesen Tagen nicht nahe sein kann. Wenn ich meine Anrechte an ihn auch längst abgetreten habe, so ist und bleibt er doch mein Kind, das vor Zeiten in ganzer Abhängigkeit von mir lebte. Das sind wohl Gedanken, die Ihnen noch ganz fremd sind; aber sie wurden mir wieder ganz lebendig an dem Buch (‚Monika, Das Bild der Mutter in den Bekenntnissen Augustins‘), das Sie mir geschenkt haben. (Ich habe es noch nicht einmal zu Ende gelesen, da meine Augen den Dienst wiederholt verweigerten, und es nun schon so weit ist, daß ich ihre Inanspruchnahme einteilen muß.) …
Für die guten Worte, die Sie Ihrem Geschenk hinzufügten, danke ich Ihnen noch besonders. Wissen Sie auch, daß Sie mir mit ihnen ein Anrecht eingeräumt haben? Das Anrecht, daß ich meine Worte nicht auf die Goldwaage zu legen brauche, wenn mir mal ein persönliches Wort entfährt … Ich will es gewiß nicht ausnutzen, denn könnten Sie es mir ja sonst wieder entziehen. Aber dem steht nun gegenüber, daß Sie trotz Ihrer Jugend und meines Alters seelsorgerliche Aufgaben an mir haben. Es ist von großer Bedeutung, von einem Menschen zu wissen, den man um Rat fragt, wenn es immer näher dem Ende zugeht. So wollen wir beide

Gott danken, daß Er unsere Begegnung herbeiführte und ihre Werte ausnutzen, so lange wir sie noch haben …«

Am Silvestermorgen reitet Ewald zum Gutshaus von Kieckow, um nach der Großmutter zu sehen und sich nach Hans Jürgens Gesundheitszustand in Berlin zu erkundigen. Er bringt auch die neuesten Nachrichten der BBC von letzter Nacht mit, wonach die Russen entlang der gesamten Linie der Ostfront eine gewaltige Gegenoffensive gestartet haben. Es tobten die heftigsten Kämpfe, die Zahl der Opfer steige rasant. Ruth denkt an ihre weitverstreuten Angehörigen – ihre Enkelsöhne Alla und Maximilian, Ruthchens Ehemann Hans, Luitgardes Mann Fabian und Ruth-Alices Mann Klaus. Dazu kommen noch die Neffen Henning und Gerd von Tresckow, die Söhne ihrer geliebten, verstorbenen Schwester Anni. Alle – mit einer Ausnahme – kämpfen sie irgendwo an der Ostfront – Gerd ist in Italien einigermaßen sicher. Und da ist ständig die unausgesprochene Furcht um Henning und Fabian und natürlich um Dietrich, sie könnten entdeckt und von der Gestapo inhaftiert werden.
Im deutschen Rundfunk beschränken sich die Nachrichten von der Ostfront auf menschliche Einzelschicksale – Soldaten an der vordersten Front, die sich in kleinen Gruppen vor einem Weihnachtsbaum mit brennenden Kerzen zusammenfinden, um Weihnachtslieder zu singen. Das beruhigt die Angehörigen zu Hause. Ruth glaubt von all dem nichts, und so schreibt sie an Dietrich:

»… 31. Dezember. Wie unheimlich ist die große Stille, die dem Sturm gefolgt ist. Was geht vor? Was wird folgen? Konstantin (von Kleist) und ich waren gestern abend bei dem ‚Einsamen im Walde' (Pastor Reimer in Naseband). Er wußte nicht mehr als wir, aber er war sehr erschüttert. Gott wolle uns beistehen. Ich halte heute Sylvesterandacht in Krössin und in Kieckow. Sie soll auf den Grundton gestimmt sein: Fürchte dich nicht – glaube nur. Vielleicht schenkt es Gott, daß ein Lichtstrahl durch meine armseligen Worte dringt. Ich würde nicht mehr wagen, den Mund aufzutun, wenn ich nicht wüßte, daß ich nur das Werkzeug sein will, das Gott erwählen kann, wenn Er es will.
Am 3. will ich mit den Kindern auf 2 Tage nach Lasbeck fahren und am 5. in Stettin landen. Haben Sie das Wäschepaket unver-

sehrt erhalten? Es ist schon vor dem Fest abgegangen. Ja, es freut mich, wenn ich auch dabei etwas ‚mütterlich' für Sie sorgen kann. Wie gut ist Ihre ganze Familie um meinen Sohn besorgt! Wenn Sie mir wieder einmal Ihre Eindrücke über das Befinden meines Sohnes schreiben möchten, wäre ich Ihnen sehr dankbar; heute abend will ich Neues erfragen … Ich freue mich natürlich, daß ich hier bei den Kindern und Leuten sein kann. Ich lerne auch die Kinder so viel besser als sonst kennen. Sie gehen einen guten Weg, wie mir scheint.

Bitte grüßen Sie Ihre Eltern und besonders alle Schleichers, die mich rührend bedacht haben. Ich schreibe, sobald ich kann. Nur was aus dem mir zugedachten Blumengruß geworden ist, der vor verschlossene Tür gekommen sein muß, beunruhigt mich. Gott befohlen im Neuen Jahr mit allen Sorgen, aller Not …

Ach unsere armen Soldaten. Was soll nur aus ihnen werden? In ganzer Treue Ihre R.K.«

1942, JANUAR. Hans Jürgen erholt sich völlig von dem chirurgischen Eingriff und kehrt ohne Gallenblase nach Kieckow zurück.

FEBRUAR. Für das Gemüt hält diese Zeit wenige Höhen bereit, dafür um so mehr Tiefen – nicht nur durch die ständigen Sorgen um die Angehörigen an der Front, sondern auch durch die noch schrecklichere Ungewißheit um Dietrich und den Kreis der Verschwörer, in den er immer tiefer hineingerät. Dennoch vergißt er nicht, Ruth zu ihrem 75. Geburtstag zu gratulieren, worauf sie ihm in Etappen antwortet:

»Mein lieber Dietrich!
Ihr Brief war mir eine große Geburtstagsfreude. Besonders wertvoll war mir auch die Auslegung der Losung, die uns beiden galt. Daß man nicht nach großen Dingen zu trachten braucht, weil sie auch nur Gottes Gabe sind, sonder ‚treulich' seinen Dienst tun soll. Wir müssen und ja jetzt beide entscheiden; ich um meines Alters, Sie um der Beiseitstellung willen. Es wird nicht so viel ausmachen, wie wir zu denken geneigt sind. Wenn ich Sie doch schon mal wieder in Ruhe sehen könnte. So, daß man nicht zu denken braucht: Nütze die kurze Stunde aus. Aber das scheint recht in die

Ferne gerückt. Ob Sie das Osterfest in Krössin verleben könnten? Da werde ich wohl hingehen. Aber vorher – um den 20.2. herum etwa – will mich der Arzt zu 4wöchentlicher Behandlung – (vielleicht tut er's nachher billiger) – in klinische Behandlung ins Karolusstift nehmen, weil mein Herz nicht recht pariert. Er sagt, daß es nichts Besorgliches, aber doch etwas Notwendiges sei. Für mich ist es eine bittere Nuß, der ich mich noch nicht ganz gewachsen fühle. Lieber wäre ich noch mal in Berlin gewesen, wohin mich verschiedene Dinge ziehen. Mein neues Lebensjahr beginnt damit, daß es mir gleich eine neue Schranke zeigt ... Die 5 Jahre, die Sie mir verheißen, sind doch eine in jeder Beziehung unsichere Angelegenheit. Wollen wir uns nicht auf den 76. Geburtstag als Ersatz einigen? Oder ist das zu unfeierlich? Man kann in der Tat nicht über den nächsten Tag hinausdenken. Das konnte man ja nie, aber es gab doch früher ein harmloses Planen und Wünschen ...

Dabei fällt mir ein, was mein Schwiegersohn B. (Herbert von Bismarck) neulich an mich schrieb: ‚Wenn alles in meinem Leben so groß und schön ausgelaufen wäre wie unsere Ehe, dann würde ich zu den ganz Großen in der Weltgeschichte gehören.' Er nimmt jedes Jahr im Februar, wo er vor 30 Jahren den Entschluß faßte, sich um meine Tochter zu bewerben, Anlaß, mir für das Vertrauen, das ich ihm damals anzeigte, zu danken. Es ist immer beglückend für mich.

Wie verschieden führt Gott die Seinen. Man ist immer geneigt, Ihm dabei helfen zu wollen, aber ich glaube, daß man gar nichts besseres tun kann, als Ihm die Zügel zu überlassen ...

Von Alla (Stahlberg) habe ich seit dem 12. keine Nachricht. Aber nach Paris soll er am 18. geschrieben haben, wie ich vorhin über Pätzig hörte. Ich fürchte, daß er wieder eingesetzt ist. Ebenso wie Klaus (von Bismarck), der heute früh zu seinem Bataillon geflogen ist. Wie das alles schwer ist. Nun habe ich Ihnen noch gar nicht für eine wirklich wundervolle Azalee gedankt, die mir Ihre Schwester – ach nein, Eberhards Schwester – brachte. Sagen Sie ihm bitte schon meinen einstweiligen Dank. Wie soll ich eigentlich für nahezu 100 Gratulationen danken? Aber es ist merkwürdig, wieviele unverdiente Güte man in seinem Leben verarbeiten kann.

Leben Sie herzlichst wohl und lassen Sie sich nochmals für alle
Freundschaft danken.
Ihre getreue RKR.«

Wenige Tage später schreibt Ruth an Eberhard:

»Mein lieber Eberhard!
Nur langsam kann ich den Berg freundlicher Glückwünsche ab-
arbeiten, der am 4. in mein Haus geflogen ist. Aber Ihr lieber Brief
hätte es längst verdient, beantwortet zu werden. Er war mir einer
der allerwertvollsten. Sie haben eine große Gabe, Ihr warmes
Herz sprechen zu lassen. Ich bin so dankbar für Ihre und Dietrichs
Freundschaft, die meinen Lebensabend erhellt. Augenblicklich
sieht es sehr nach Abend aus, und ich lebe ganz aus dem Wunsch,
ihn als den Übergang aus dem eigentlichen Leben zu spüren, und
empfinde doch den Mangel stärker denn je. Wie wenig verfügen
wir über die verheißene Gabe des Heiligen Geistes! Und wie leer
ist alles ohne ihn.
Ich würde mir wohl wünschen, Sie oder Dietrich in Ruhe sprechen zu können. Statt dessen will Dietrich nach Kieckow fahren,
zu einer Zeit, in der ich unmöglich hin kann. Bis Ostern bin ich
nicht nur haushaltlich, sondern auch körperlich an Stettin gebunden … Ich könnte wohl mal auf 8 Tage fortfahren, aber nun hält
mich der Arzt wegen meiner Herzmuskelschwäche fest. Ich warte, daß ein Zimmer im Karolusstift frei wird, um mich dort einer
klinischen Behandlung zu unterziehen. Bitte sagen Sie Dietrich,
daß ich seinen Vetter nicht aufnehmen kann, weil ich hoffe, ab ca.
Palmarum über in Krössin zu sein. Den April hoffe ich bestimmt
dort sein zu können, falls es nicht so kalt ist, daß ich zur Heizungs-
ersparnis wieder hierher gehen muß. Ein Besuch, der Zeit ließe
zur Besprechung von allerhand Fragen, würde mich sehr beglük-
ken …
Ich lese augenblicklich ein ganz seltsam ergreifendes Buch, das
mir Raba (Stahlberg) geschenkt hat: Auf der Suche nach Rußland
von Andrei Russinow … Ich will versuchen, es noch zu bekommen. Es wäre auch etwas für Dietrichs Familie. Da es guten Druck
hat, kann ich einige Seiten hintereinander lesen. Vielleicht wird

es nicht mehr lange zu haben sein; es ist ja solcher Mangel an Büchern.

Nun endlich auch noch Dank für die wundervolle Azalee, die mir Ihre Schwester brachte, ich hüte sie ängstlich, damit sie mir noch lange erhalten bleibt. Sie ist eine wirkliche Kostbarkeit und ein sprechender Beweis für Ihr und Dietrichs Gedenken, während ich so armselig vor meinem Geburtstagstisch stand.

Wie mag sich augenblicklich Ihr Leben gestalten? ...

Leben Sie innig wohl. Es grüßt Sie von Herzen Ihre RKR.

P.S. Alla (Stahlberg) ist wieder eingesetzt. Als Infanterist am Wolchow. Es scheint sehr schwer zu sein. Ach, ich mag nicht mehr darüber reden.«

MÄRZ. Ruth begibt sich in Stettin ins Krankenhaus. Daher ist es ihr nicht möglich, Dietrich und Eberhard in Kieckow zu treffen. Wie ärgerlich es ist, alt und auch noch krank zu werden!

EIN TREFFEN IN KLEIN KRÖSSIN

1942, IM APRIL. Gefangen im Karolusstift in Stettin ist Ruth außer sich vor Enttäuschung. Sie kann nicht zu Ostern in Kieckow sein, wo sowohl Dietrich als auch Eberhard ihren Besuch angekündigt haben. Sie fragt sich, warum der Besuch nicht um eine Woche hätte verschoben werden können, so daß sie die beiden auch gesehen hätte, und sie beginnt sich zu fragen, ob Dietrich und Eberhard ihr vielleicht aus dem Weg gingen. Warum sollten sie dann aber Kieckow überhaupt besuchen? Die Wahrheit kann Ruth natürlich nicht wissen – Dietrich haben zwei Gründe nach Kieckow geführt. Der erste ist die Weiterarbeit an seinem Manuskript, der zweite besteht darin, mit Hans Jürgen und Ewald die geplante nächste Schweizreise zu besprechen. Eberhard wird Dietrich begleiten, ihn unterstützen und beraten, während er nach außen hin die missionarischen Ziele der Bekennenden Kirche in dieser ländlichen Gegend verfolgt.

Dietrich ist mittlerweile nicht mehr Herr seiner Zeit, da die Tätigkeiten der Verschwörer in der Abwehr immer dringlicher werden. Wenn die Militärs handeln wollen, dann müssen es die Generäle jetzt tun. Und wenn die Generäle zur Tat schreiten, werden rasche und klare Verbindungen zu den Regierungen der Alliierten im Westen – hauptsächlich zu England und Amerika – benötigt. Diese Verbindungen auf eine vertrauensvolle Basis zu stellen, ist Dietrichs große Verantwortung.

Alleine in ihrem Krankenzimmer im Hospital am Karfreitag meditiert Ruth über diese Welt und was danach kommt. Sie schreibt an Eberhard in Kieckow:

> »… Ich habe mich mit einigen schweren Gedanken in diesen Ostertagen herumgeschlagen. Christi Auferstehung! Ja, die Welt wäre undurchdringliche Finsternis ohne sie. Hier brauchen wir unsern Herrn Christus, lebendig bei uns in jedem Augenblick. Aber drüben? Ist nicht jede Vorstellung des dortigen Lebens so unmöglich – entweder materiell irdisch – oder geistig spekulativ und unwirklich? Was bleibt übrig? Auch der jüngste Tag und der Schlaf bis dahin enthält keine Hoffnung. Wir werden bei dem Herrn sein allzeit – ohne Aufgaben, ohne Zukunft? Ich habe so viele nächste Angehörige und Freunde dort, – die Vorstellungslosigkeit der Gemeinsamkeit oder auch jedes Getrenntseins von ihnen ist einfach undenkbar, – nicht wünschenswert. Hat es ein alter Mensch schwerer darin? Einem jungen sollte man nichts davon sagen. Höchstens zwei so nahstehenden Theologen. Seien Sie Gott befohlen. Alle Tage muß ich ein bißchen daran kauen, daß ich nicht in Krössin bin. Es grüßt Sie und Dietrich von Herzen.
> Ihre RKR.«

Am Ostersonntag hält Dietrich die Morgenandacht im Speisesaal des Gutshauses von Kieckow. Etwas später, als der Pastor der Deutschen Christen in Kieckow über die »christlichen« Themen der NSDAP predigt, befinden sich alle Hausbewohner von Kieckow in zwei Pferdegespannen auf dem Weg nach Naseband. Sie werden herzlich begrüßt von Pastor Reimer und den Kleists aus Schmenzin, Ewald und Alice, die mit ihren Kindern die für den Gutsherrn reservierten Kirchenbänke fast ganz besetzen. Eberhard und Dietrich finden gerade noch Platz. Die Kleists aus Kieckow sitzen bei den Dorfbewohnern, Hans Jürgen und sein Sohn

Heinrich auf der rechten Seite, Mieze mit Ruthe und Elisabeth auf der linken. Wie in Kieckow herrscht auch in Naseband noch der Brauch, daß Männer und Frauen auf getrennten Seiten sitzen.

Gegen Abend versammeln sich vier Männer in der Bibliothek von Kieckow, um Dietrichs bevorstehende Reise in die Schweiz zu besprechen, da werden sie von einem Telephonanruf aus Berlin unterbrochen. Hans von Dohnanyi, Dietrichs Schwager und dessen Vorgesetzter in der Abwehr, erteilt ihm den Auftrag, sofort nach Norwegen abzureisen. Der offizielle Reisezweck wird darin bestehen zu erkunden, warum die norwegische Kirche so hartnäckigen Widerstand gegen die Nazifizierung des Landes leiste. In Wirklichkeit soll jedoch die Freilassung des norwegischen Bischofs Eivind Berggrav erwirkt werden, der wegen seiner Weigerung, mit den Eroberern Norwegens zusammenzuarbeiten, verhaftet wurde. Die Dringlichkeit von Dietrichs Mission besteht darin, die Freilassung zu erreichen, bevor Berggrav vor Gericht gestellt wird. In Norwegen ist es, ebenso wie auch in Deutschland, fast unmöglich, die Räder der Ungerechtigkeit aufzuhalten, wenn ein Fall erst einmal vor ein Nazi-Gericht gelangt ist. Daher wird der Besuch in Pommern, der sonst vielleicht bis zu Ruths Heimkehr verlängert worden wäre, abrupt beendet. Dietrich und Eberhard nehmen den Abendzug nach Berlin. (Bonhoeffers Mission wird erfolgreich sein. Bischof Berggrav wird freigelassen und in eine Waldhütte verbannt.)

Ruth ist doppelt verärgert. Konnte sie schon nicht während Dietrichs Besuch in Kieckow zu Hause sein, so versäumt sie auch noch die Abschlußfeier ihrer Enkelin Maria von Wedemeyer, der lebhaften Tochter Ruthchens, die in den gemeinsamen Stettiner Jahren das Herz der Großmutter erobert hatte. Damals hielt man Maria immer für zu jung, sei es für Konzertbesuche oder für den Konfirmandenunterricht. Das Verlangen des Mädchens, endlich ernstgenommen zu werden und an derartigen Unternehmungen teilhaben zu dürfen, war groß, was selbst Pastor Bonhoeffer erkannt haben mußte, als er sie vor so langer Zeit dabei erwischte, wie sie hinter seinem Rücken seine Bewegungen nachäffte. Wenn sich Ruth an das harmlose Ereignis erinnert, muß sie noch immer lächeln.

Seit den Tagen in Großmutters Stettiner Wohnung ist Maria erwachsen geworden und aufgeblüht. Ruth kann sich vorstellen, daß viele junge Männer bereits ein Auge auf sie geworfen haben und schon auf ein Ende der schrecklichen Zeiten warten, damit sie die Eltern der jungen Dame um ihre Hand bitten können. In Pommern und der Neumark gibt es bereits Gerüchte, wonach Söhne dieses oder jenes Landbesitzers von der Front aus an Maria ernsthafte Briefe schrieben, jedoch aus Furcht, sie könnten im Kriege bleiben, noch zögerten, Versprechungen zu machen. Maria hat das Gymnasium im Landerziehungsheim Wieblingen bei Heidelberg abgeschlossen, die Abiturfeier findet am 20. März statt. Es ist erstaunlich, wie das Kind, das einst Dietrichs Konfirmandenunterricht durch ungehörige Grimassen störte und dafür einen strafenden Blick von ihm erntete, heute als eine der besten ihrer Klasse aus einem Gymnasium hervorgeht, das von seinen Schülern Höchstleistungen verlangt.

Das Landerziehungsheim Schloß Wieblingen ist eine Einrichtung besonderer Qualität - zumindest war es das bis vor einem Jahr. Dann wurde die Gründerin und Leiterin entlassen und die Leitung des Hauses der SS unterstellt. Die Gründerin der Schule ist Elisabeth von Thadden aus Trieglaff. Ruth hatte sie in den 20er Jahren als das junge Fräulein von Thadden, die Veranstalterin der Trieglaffer Konferenzen, kennengelernt. Ihrer Zeit weit voraus, erkannte sie die Verzweiflung einer besiegten Nation und einer gescheiterten Monarchie. Sie machte es sich zum Ziel, der jungen deutschen Republik eine solide Basis und Stabilität zu vermitteln durch die Anhebung des sozialen Bewußtseins ihres Standes – des pommerschen Landadels. Zu den jährlich stattfindenden Trieglaffer Konferenzen lud sie Politik- und Sozialwissenschaftler aus ganz Deutschland ein, die über aktuelle Gesellschaftsprobleme sprachen. Solange Fräulein von Thadden in Trieglaff war, übertrafen diese Zusammenkünfte alle Erwartungen.

Elisabeth von Thadden hatte aber einen weiteren Traum – nämlich eine Schule zu gründen, in der die akademischen Bildungsmöglichkeiten für Jungen aus der Oberschicht auch den Mädchen zugänglich gemacht würden. Im Jahr 1927 verwirklichte sie diesen Traum, indem sie ihr Erbe dazu verwendete, in der Nähe von Heidelberg Schloß Wieblingen zu kaufen und dort ihre Schule zu gründen. Über die Jahre entstand hier ein hervorragendes Bildungsniveau, das die klügsten und fähigsten Töchter der großen Güter Deutschlands und des Großbürgertums anzog.

Als die älteste Tochter der Wedemeyers, Ruth-Alice, in Stettin das Gymnasium abgeschlossen hatte, wurde der Beschluß gefaßt, die beiden anderen Kinder von den öffentlichen Schulen zu nehmen. Max wurde nach Templin geschickt und Maria an der Schule Elisabeth von Thaddens eingeschrieben. In den zwei Jahren, die Maria in Wieblingen verbracht hat, ist sie nicht nur intellektuell reifer geworden, sondern hat auch ihre Unabhängigkeit im Denken bewahrt.
In ihrem letzten Jahr in Wieblingen übernahm Maria den Mathematikunterricht, da der dafür vorgesehene Lehrer erkrankt war. Jetzt zeigt sich Marias hervorragende Begabung. In der Familie Ruth von Kleists jedoch ist dies nichts Außergewöhnliches, sondern es wird fast als normal angesehen. Daher finden Marias schulische Leistungen zu Hause keine besondere Beachtung. Ihre Geschwister, die Eltern und vor allem die Großmutter erkennen aber, daß Maria anders ist als sie, irgendwie ursprünglicher. Ihre Liebe zum Leben ist grenzenlos, sie erlebt jeden Moment, als sei es ihr erster und letzter. Man könnte sagen, sie ist ein Kind dieser Erde, ohne jede Affektiertheit und mit einer Lebenskraft, die sich auf jeden überträgt, der in ihrer Nähe weilt. Marias Mutter Ruthchen hatte keine leichte Aufgabe mit der Erziehung ihrer Tochter. Immer war es Hans, der Vater, der wußte, wie man mit ihr umzugehen hatte, und dessen Anerkennung die fast 18jährige noch immer sucht.

Ruthchen ist allein zu der Abschlußfeier nach Wieblingen gereist. Hans ist irgendwo an der Ostfront eingesetzt, und die Großmutter liegt im Hospital. So haben Mutter und Tochter die Zeit ganz für sich und die Gelegenheit, miteinander sowohl über die Vergangenheit als auch über die Zukunft zu sprechen. Die Gespräche wenden sich unweigerlich immer wieder dem abwesenden Vater zu, der Maria alles über das Leben in der weiten Landschaft der Mark lehrte, über den Wald, die Tiere und die Felder, und der ihr sicherheitshalber beibrachte, wie man ein Gut leitet, sollte ihm jemals etwas zustoßen.
Von der Gegenwart wird nicht gerne gesprochen, denn Elisabeth von Thadden wurde, nachdem die SS das Wieblinger Internat unter ihre Kontrolle gestellt hatte, angezeigt und entlassen. Später wird die Gesta-

po sie verhaften, einsperren und verhören. In einem Urteil des sogenannten »Volksgerichtshofs« wird sie zum Vaterlandsverräter erklärt, zum Tode verurteilt und hingerichtet. Das Internat, dessen religiöser und akademischer Standard von Elisabeth von Thadden mit größter Sorgfalt aufgebaut und gepflegt wurde, wird nun Schritt für Schritt an die Auffassung der Nazis über die Erziehung junger deutscher Frauen angepaßt. Aus diesem und aus anderen Gründen unterscheidet sich die Abschlußfeier auf unangenehme Weise von früheren Schulfeiern. Zum einen gibt es kaum eine Schülerin, die nicht Vater oder Bruder, vielleicht aber beide, in gefährdeter Lage weiß. Und während früher diese Veranstaltungen stets mit einem Gebet begannen, wird diese Feier mit einer Huldigung an den Führer eröffnet. Hauptsächlich sind es aber die abschließenden Worte, die einem vor Augen führen, wie weit sich Wieblingen vom ursprünglichen Geist von »Thadden« (wie die Direktorin von den Schülerinnen genannt wurde) entfernt hat. Statt mit einer Segnung, die der Pfarrer spricht, endet die Feier mit dem von allen gemeinsam gesprochenen Nazigelöbnis.

Endlich wird Großmutter Ruth aus dem Krankenhaus entlassen, das sie wie ein Gefängnis empfand. Hans Jürgen fährt mit dem Zug nach Stettin, um sie abzuholen, und bringt sie dann zum Zug nach Pätzig. Sie soll sich bei Ruthchen und den Kindern vollständig erholen. Hans Jürgen ist sich nicht sicher, ob Pätzig der richtige Ort für sie ist, da es dort, wie jeder weiß, sehr lebhaft zugeht und die Kinder für ihre Streiche bekannt sind. Das herrliche Gutshaus bietet zwar eine wunderschöne Umgebung, ist jedoch nicht gerade ein Sanatorium. Großmutter ist sich dessen bewußt und erklärt, sie benötige momentan weniger Erholung als einfach Freude.

Zusammen mit Maria, die wieder zu Hause ist, hat die Großmutter fünf der sieben Wedemeyerschen Enkelkinder um sich. Nicht anwesend sind Ruth-Alice und Max, die ihr aus den Stettiner Tagen sehr ans Herz gewachsen sind. Ruth-Alice, die junge Herrin von Kniephof, hat soeben ihr erstes Kind geboren. Max ist, wie auch sein Vater, irgendwo an der Ostfront eingesetzt. Der Vater befindet sich im Hauptquartier des Stabes einigermaßen in Sicherheit; sein Sohn ist jedoch großer Gefahr ausgesetzt.

In Pätzig sorgt Maria dafür, daß das Leben so weitergeht, als wäre der Vater anwesend. Jeden Tag plant sie neue Unternehmungen für die jüngeren Geschwister. Eines Nachmittags beschließt sie, der 13jährige Hans Werner müsse nun tanzen lernen. Nach dem Ende des Krieges würden wie früher wieder Bälle stattfinden, und dabei müsse Hans Werner doch mitmachen können. Zusammen mit ihm rollt sie den Orientteppich auf, der den Boden der großen Halle bedeckt, dann stellt sie das Grammophon an. Zur Musik von Johann Strauß dreht sie sich mit ihrem Bruder im Wiener Walzertakt von einem Ende der Halle zum anderen, die Großmutter sitzt dabei und beobachtet amüsiert die Tanzstunde.

Ruth genießt die Zeit der Rekonvaleszenz in dieser lebhaften Familie, eine Ecke in ihrem Herzen ist jedoch den beiden jungen Theologen reserviert, die sie zu ihren liebsten Freunden zählt. Am 24. April schreibt sie aus Pätzig:

»Lieber Dietrich!
Ihr Brief vom 21. langte erst heute hier an. Ich hoffe, ab 15. Mai endgültig in Krössin zu sein. Sie wissen, wie willkommen Sie mir wären. Aber ich habe mir das Planen in bezug auf Sie und Eberhard etwas abgewöhnt. Das muß ich ehrlich sagen, daß mir Ihre Anwesenheit, wenn es ernster wird, in Krössin sehr lieb wäre. Aber wer kann es wissen?
Wie sehr ich mich freuen würde, wenn Sie und Eberhard noch ein wenig Zeit hier für mich erübrigen würden, wissen Sie ebenso. Aber ich will nicht betteln ...
In Treue Ihre RKR.«

MAI. Ruth ist heimgekehrt nach Klein Krössin, ihr Garten steht in voller frühsommerlicher Blüte. In früheren Jahren war ihr dieser Garten ein Ort der Ruhe und des Friedens, unabhängig davon, was in der Welt vor sich ging; dieses Jahr jedoch scheinen die Blumen an Lebenskraft verloren zu haben. Die Großmutter, für die das Lesen und neue Ideen einen ebenso hohen Stellenwert haben wie Essen und Trinken, verliert zunehmend an Sehkraft und büßt damit zugleich ihre Unabhängigkeit ein. Gelangweilt und rastlos kreisen ihre Gedanken immer wieder um Dietrich. Wenn er nur schreiben oder aus Berlin anrufen würde, oder noch besser, einfach ohne Vorankündigung in der Tür stehen würde! »Wo ist er?« fragt sie voller Ungeduld.

Wenn die Großmutter nur wüßte! Dietrich hält sich dieser Tage keineswegs in Berlin auf. Die erste Hälfte des Monats verbringt er in der Schweiz, wo er internationale Treffen evangelischer Kirchenführer besucht in der Hoffnung, weitere Kanäle für zukünftige politische Verhandlungen öffnen zu können. Er hatte erwartet, den englischen Geistlichen Dr. George Bell, den Bischof von Chichester, dort zu treffen, da er ihn für die Weiterleitung von Informationen an die englische Regierung für äußerst wertvoll hält. Dieser jedoch befindet sich gerade auf einer Schwedenreise – eine wahre Enttäuschung für Dietrich. Kurzerhand beendet Dietrich seinen Aufenthalt in der Schweiz, kehrt nach Berlin zurück, und fliegt umgehend nach Stockholm.

Juni. In der kirchlichen Akademie Sigtuna außerhalb Stockholms sucht Dietrich Bonhoeffer den hier auf Besuch weilenden Bischof Bell auf und übergibt ihm eine Liste mit sieben Namen – die Namen der drei Generäle, die einen Putsch durchführen und Adolf Hitler beseitigen, sowie die vier Namen der Männer, die eine Regierung bilden und mit England und seinen Verbündeten einen Frieden aushandeln werden. Der Bischof verspricht, die Liste dem britischen Außenminister Anthony Eden weiterzuleiten, der sie dann dem Premierminister übermitteln wird.

Lang nach dem Ende des Krieges wird Fabian von Schlabrendorff Winston Churchill aufsuchen und sich nach den vielen Mitteilungen erkundigen, die ihm durch Bonhoeffer und auf anderen Wegen über die Schweiz und Schweden zugeleitet worden waren. Churchill wird antworten, er habe keine einzige dieser Mitteilungen gesehen. Viel später werden sie in Edens Nachlaß gefunden werden – bei seinen privaten Papieren. Nie haben sie das Auswärtige Amt, geschweige denn Premierminister Churchill erreicht.

In Klein Krössin zieht Ruth ihre eigenen Schlüsse aus der Situation. Sie vermutet, Dietrich müsse in der Tat außer Landes sein und seine Auslandsreisen mitten im Krieg könnten kaum mit kirchlichen Angelegenheiten zusammenhängen. Er werde aber sicherlich gleich nach seiner Rückkehr wenn nicht ihr, so doch Ewald einen Besuch abstatten wollen. Sie schreibt einen Brief nach Pätzig, in welchem sie Maria mitteilt, sie bräuchte jemanden zum Vorlesen und als Hilfe bei der Korrespondenz, und sie möge bitte nach Klein Krössin kommen. Dahinter steckt jedoch die Absicht, mit Maria über die Zukunft der Enkelin zu sprechen. Ein Universitätsstudium kommt während des Krieges nicht in Frage. Maria muß sich sofort zur Fabrikarbeit melden, wenn sie sich nicht für einen Beruf im Gesundheitsbereich entscheidet. Großmutter Ruth will im Augenblick jedoch weniger Marias Pläne für die nächste Zeit diskutieren, sondern über ihre Erwartungen an ihr späteres Leben sprechen. Sie spürt, diese Enkeltochter ist für etwas anderes als das Leben einer Gutsfrau, der Ehefrau eines Gutsbesitzers, geschaffen. Eines hat Ruth von Dietrich Bonhoeffer gelernt – Orte wie Kieckow und Pätzig kann man schätzen und lieben, irgendwann werden sie jedoch der Vergangenheit angehören. Dietrich trifft einen Tag vor Marias Abreise ein. Seine Schwedenreise ist in jeder Hinsicht erfolgreich verlaufen; wenn nur die Pläne für Deutschland auch so problemlos ausgeführt werden könnten! Das Erfreulichste für ihn aber waren die Briefe und persönliche Grüße von seiner Schwester Sabine und ihrer Familie, die Bischof Bell mitgebracht hatte. Dietrich sind die Bombenangriffe auf London eine ständige Sorge, ebenso bangt Sabine um ihre Familie in Berlin. Die Bombenangriffe auf deutsche Städte nehmen Woche für Woche zu.

Die letzten Jahre haben Dietrich sehr ernst werden lassen. Nun sind auch die Zeiten wenig geeignet, Unbeschwertheit und Fröhlichkeit zu fördern, hinzu kommt die Belastung, ein Doppelleben führen zu müssen. Als er jedoch in Klein Krössin ankommt und Maria von Wedemeyer vorfindet, tritt in seiner Grundhaltung eine merkliche Wandlung ein. Maria, die ihm noch als das etwas ungebärdige Kind aus Stettiner Zeiten im Gedächtnis ist, hat sich zu einer erwachsenen, äußerst attraktiven jungen Frau entwickelt.
Am ersten Abend seines Besuches erklärt Dietrich, er werde zu Fuß nach Kieckow gehen, um dort von seiner Schwedenreise zu berichten. Fast scheu fragt er Ruth, ob Maria ihn begleiten dürfe. »Aber natürlich!« antwortet diese. Sie habe vor, sich früh zurückzuziehen und Maria müsse sich sowieso in Kieckow verabschieden.
Zusammen gehen Dietrich und Maria die Kopfsteinpflasterstraße entlang; fröhlich erzählt Maria die meiste Zeit – nicht von sich selbst, sondern von ihren Beobachtungen über den Lauf der Dinge. Zunächst

überraschen Dietrich die offene Art und die Klarheit der Ausführungen seiner Begleiterin, die sich wohltuend von den komplizierten Dialogen, die in Berliner Kreisen als Unterhaltung gelten, unterscheiden. Gelegentlich unterbricht er sie, um eine Tatsache oder eine Bewertung richtigzustellen. Dann hört Maria zu und läßt sich von ihm überzeugen. Dietrich beginnt, Großmutter und Enkeltochter zu vergleichen, Gemeinsamkeiten und Unterschiede zwischen den beiden Frauen festzustellen. Beide vertreten sie feste Meinungen, beharren aber nicht darauf, wenn sie von neuen Fakten oder anderen Perspektiven Kenntnis erhalten. Der gravierendste Unterschied zwischen den beiden liegt eigentlich nicht im Alter, sondern vielmehr in der Einstellung zur Zukunft – während die Großmutter die Hoffnung für diese Welt beinahe aufgegeben hat, ist die Enkelin voller Optimismus über das, was die Zukunft bringen wird. Der Spaziergang nach Kieckow ist wie eine frische Brise, daß er jedoch von einem 18jährigen Mädchen so aufgewühlt werden könnte, beunruhigt den zum Agenten des Widerstandes gewordenen 36jährigen Pastor. Er weiß kaum noch, wie er sich verhalten soll.

In Kieckow verabschiedet sich Maria rasch von Tante Mieze, Onkel Hans Jürgen und den Kindern. Sie wird mit dem Morgenzug nach Pätzig abreisen und bittet Onkel Hans Jürgen, ihr einen Wagen nach Klein Krössin zu schicken. Für Dietrich hat sie einen festen Händedruck und gibt ihm zu verstehen, sie würden sich zum Frühstück noch einmal sehen. Dann ist sie schon verschwunden, und der Besucher wendet sich sehr ernsthaften Dingen zu.

Am 25. Juni reist Dietrich mit Hans von Dohnanyi nach Rom, das Ziel ihrer Reise ist der Vatikan. Die Verschwörer der Abwehr unterbreiten Friedensangebote, doch gibt es bedauerlicherweise wenig Anzeichen für breite Unterstützung durch die Wehrmacht. Die lange Bahnfahrt von Berlin nutzt Dietrich zu einem Brief an Eberhard:

> »… An Maria habe ich nicht geschrieben. So geht es wirklich noch nicht. Wenn kein weiteres Zusammentreffen möglich ist, wird der schöne Gedanke einiger hochgespannter Minuten sich wohl wieder einmal im Reich der unerfüllten Phantasien auflösen, das sowieso schon ausreichend bevölkert ist. …«[39]

Nach Jahren des Junggesellendaseins, in einer Zeit, in der er einer äußerst gefährlichen Zukunft entgegengeht, verliebt sich Dietrich Bonhoeffer!

Die Verlobung

1942, AUGUST. An der Ostfront stößt die Wehrmacht auf Stalingrad vor, das wegen der Ölquellen in Weißrußland von größter Wichtigkeit ist. Major Hans von Wedemeyer, vom Stab der Heeresgruppe Süd wegversetzt, führt nun ein Infanterieregiment. Zum ersten Mal in diesem Krieg wird er in vorderster Linie kämpfen. Aus den Akten geht hervor, daß diese Veränderung auf seinen eigenen Wunsch hin erfolgte. Im Hauptquartier des Stabes beteuern einige, Major von Wedemeyer habe sich aus Protest gegen die vom Stab beschlossene Behandlung feindlicher Zivilisten und Kriegsgefangener versetzen lassen.

Am 22. August fällt Hans von Wedemeyer in der Schlacht um Stalingrad. Seine Familie wird umgehend benachrichtigt. Am 25. schreibt Dietrich von der Münchener Abwehrstelle aus an die Witwe Ruth von Wedemeyer:

> »Hochverehrte, gnädige Frau!
> Es war vor etwa sieben Jahren, als Ihr Mann in meinem Finkenwalder Zimmer saß, um über den Konfirmandenunterricht, den Max damals bekommen sollte, zu sprechen. Ich habe dieses Zusammensein nie vergessen. Es hat mich durch die Zeit des Unterrichts begleitet. Ich wußte, daß Max das Entscheidende schon im Elternhaus empfangen hatte und weiter empfangen würde. Es war mir auch klar, was es heute für einen Jungen bedeutet, einen frommen Vater zu haben, der zugleich mitten im Leben steht. Als ich dann im Laufe der Jahre fast alle Ihre Kinder kennenlernte, da bin ich von der Macht des Segens, der von einem Christus-gläubigen Vater ausgeht, oft sehr beeindruckt gewesen. Es ist im Grunde der eine und selbe Eindruck, der mir in der Begegnung Ihrer ganzen großen Familie, mit dem Nahesein Ihrer Frau Mutter und Ihrer Geschwister so wichtig geworden ist. Der Segen ist ja nicht etwas rein Geistliches, sondern etwas in das

irdische Leben tief Hineinwirkendes. … Aus solchem Segen lebend und solchen Segen in letzter Verantwortung weitergebend steht das Bild Ihres Mannes mir heute vor Augen, und ich bin dankbar dafür, und das möchte ich Ihnen, hochverehrte gnädige Frau, in diesen schweren Tagen gern sagen …

Es wird der Geist sein, in dem er gelebt hat, in dem Sie jetzt mit Ihren Kindern zusammen sind. Derselbe Ernst, mit dem er damals zu mir um die christliche Erziehung seines Sohnes sprach, wird nun Sie erfüllen, um Ihren Kindern zu einer christlichen Trauer um ihren Vater zu helfen. … es wird derselbe Geist des Opfers und Gehorsams gegenüber Gottes Willen sein, der Sie still und dankbar das hinnehmen läßt, was Gott Ihnen geschickt hat …

Meine Gedanken gehen besonders zu Max. Wie muß ihm gerade jetzt der Vater fehlen. Und doch bin ich ganz gewiß, daß er nicht mehr vergessen und verlieren kann, was er von seinem Vater empfangen hat, daß er geborgen ist wie sein Vater geborgen war und ist.

Gott helfe Ihnen, hochverehrte gnädige Frau, durch sein Wort und Sakrament selbst getröstet zu sein und andere zu trösten. Es grüßt Sie mit all den Ihren

Ihr verehrungsvoll ergebener Dietrich Bonhoeffer.«[40]

SEPTEMBER. Die Witwe in Pätzig ist nicht die einzige, die Kondolenzbriefe erhält. Auch Großmutter Ruth in Klein Krössin wird bedacht. Sie hat die Ausstrahlung Hans von Wedemeyers immer als warmherzig empfunden – er verbreitete eine Art christlicher Freude, die sie zeit ihres Lebens selten bei einem Mann wahrgenommen hat. Als sie die Beileidsbekundungen beantwortet, fällt es ihr jedoch schwer, Hans' positive Lebenseinstellung zu bewahren. An Dietrichs Mutter schreibt sie:

»Meine liebe Frau Bonhoeffer!
Sie haben mir so gut zum Tode meines Schwiegersohnes geschrieben. Ich glaube, es hat mich stärker getroffen als der Tod der 3 jungen Enkel. Hier ist es das Haupt der Familie, das nun fehlt. Zuweilen denke ich, daß meine Tochter es in der ganzen Schwere des Geschehens noch nicht übersieht. Sie ist so unglaublich

tapfer und still und geht ihren Weg ohne Klagelaut. Aber es ist ja das Leid, das ich selbst zu durchkämpfen hatte, und sie steht nun auch in einem so entscheidungsreichen Leben mit Kindern und Besitz, wie ich damals. Aber Gott wird ihr helfen. Möchten nur Sohn (Hans Jürgen) und Schwiegersohn (Herbert von Bismarck) erhalten bleiben …«

Kurz nach dem Tod von Hans macht sich Dietrich auf den Weg nach Pommern, um der Freundin und Wohltäterin einen Besuch abzustatten und ihr persönlich sein Beileid auszudrücken. Es wird ein Besuch von kurzer Dauer – derart kurz, daß zwischen Ruth und Dietrich Mißverständnisse entstehen, die nicht ganz ausgeräumt werden konnten. Dietrich hatte Ruth gegenüber zum ersten Mal sein Interesse an Maria angedeutet, für Ruth eine neue Dimension, mit der sie etwas zu kämpfen hat. Momentan stürmt einfach zuviel auf sie ein. Nach Dietrichs Abreise wendet sich Ruth an den gemeinsamen Freund:

»Mein lieber Eberhard!
Was Sie wohl gedacht haben, als ich Ihnen nicht zum Geburtstag schrieb! Dietrich wird Ihnen gesagt haben, daß ich über dem vielen, was mich bedrängte, alles Danken vergessen habe. Aber nachträglich habe ich doch daran gedacht und Ihnen Gottes Segen erbeten …
Ich empfinde im Rückblick auf Dietrichs Hiersein Reue. Als hätte ich zuviel gesagt und etwa dem vorgegriffen, was ohne Worte werden oder nicht werden soll. Gott möge mir verzeihen, wenn ich falsch handelte. Möge Dietrich sich nur nie davon beeinflussen lassen. Bei Ihnen scheint mir nicht so viel auf dem Spiel zu stehen, weil Sie unkomplizierter sind. Immerhin werden auch da viele Fragen, die sich nicht beantworten lassen, auftauchen. Welch ein Glück wäre es, wenn sie sich lösten! Auch wenn glückliche Ehen früh getrennt werden, lohnt es ein ganzes Leben, sie besessen zu haben. Die Ehe ist ein Geheimnis. Nicht jedem wird es erschlossen, und das wird auch von Gott gewollt sein. Ich selbst laufe immer Gefahr, die eigene Ehe als Maßstab anzusehen.
Ich danke Ihnen für Ihre lieben Worte zu meines Schwiegersohns Tod. Es wird mir sehr schwer, sehen zu müssen, daß meine Toch-

ter meinen eigenen Weg gehen muß; ich kenne ihn zu genau. Aber sie ist älter und viel reifer, als ich es war. Nur das grenzenlose Vermissen wird das gleiche sein. Sie müssen, obgleich Sie noch im Vorhof stehen, schon eine Ahnung davon haben, was es bedeutet, wenn dieses Band zerrissen wird. Ich habe Dietrich viel – vielleicht auch zu viel – von dem allen erzählt, was mich so stark erfüllte …
Seien Sie herzlich Gott befohlen.
In Treue, Ihre RKR.«

OKTOBER. Nun ist Ruth an der Reihe, sich in Berlin einer Operation zu unterziehen. Dietrichs Vater hat, ebenso wie damals für Hans Jürgen, alle Vorbereitungen getroffen, und Dietrich erklärt, er werde während der gesamten Dauer ihres Krankenhausaufenthaltes in Berlin sein. In der Hoffnung, ihre Sehkraft zu verbessern, läßt sich Ruth wegen des Grauen Stars operieren. Derartige Operationen bergen immer ein Risiko in sich, und da Ruth anschließend mehrere Wochen lang strenge Bettruhe halten muß, hat sie Ruthchen gebeten, ob sie Maria in Pätzig entbehren und zu ihr nach Berlin schicken könne. Dies ist für Ruthchen, die soeben ihren Mann verloren hat, ein Opfer, aber sie erbringt es gerne.
Während sie in Berlin ist, wird Maria bei Tante Spes wohnen. Spes, die sich freiwillig zum Roten Kreuz gemeldet hat und ihrer Tätigkeit dort immer mehr Zeit widmet, freut sich auf die Gesellschaft ihrer Nichte. Alla und Hans Conrad sind an der Ostfront, und Raba, die mittlerweile mit einem Arzt in Breslau verheiratet ist, sucht immer mehr den gefährlichen Kontakt zu linksorientierten Widerstandskreisen. Marias Besuch ist ein längst nötiger Lichtblick in Spes' Berliner Wohnung.

Die Großmutter ist eine sehr anstrengende Patientin. Sie besteht darauf, daß Maria jeden Nachmittag bei ihr verbringt und daß auch Dietrich zur selben Zeit seinen Besuch bei ihr abstattet. Sind Dietrich und Maria beide anwesend, fängt sie an, unruhig zu werden, verlangt nach einer Krankenschwester, die sich um ihre körperlichen Bedürfnisse kümmern soll. Sie will in ihrem Bett umgedreht werden, die Blumen und Karten müssen anders angeordnet werden – die Dienste, die diese Patientin von den Schwestern verlangt, nehmen kein Ende und können natürlich nicht in Anwesenheit von Besuchern ausgeführt werden. Und wenn ihr keine andere Ausrede mehr einfällt, dann besteht sie sogar darauf, sie müsse jetzt schlafen und dürfe nicht vor mindestens einer Dreiviertelstunde geweckt werden. Folgsam verlassen die beiden Besucher dann das Krankenzimmer und leisten einander in der Zwischenzeit auf einer Bank im Korridor Gesellschaft. Maria mag die Hintergedanken, die Großmutters Aktionen bedingen, vielleicht nicht erkannt haben, Dietrich jedoch hat sie völlig durchschaut. Es liegt nun an ihm, die Gelegenheiten zu nutzen, und so schlägt er vor, in einem Lokal auf der anderen Straßenseite einen Kaffee zu trinken. Das Restaurant, so warnt er seine Begleiterin, gehöre jedoch einem Herrn Hitler und die Vorsicht, die heutzutage bei allen Gesprächen an öffentlichen Orten angebracht sei, müsse dort ganz besonders gelten. Maria ist glücklich, endlich den Krankenhausflur mit einem bequemeren Platz in einem Restaurant tauschen zu können, und wenn das Lokal einem Herrn Hitler gehört, so erhält die Sache zusätzlichen Reiz.

Als Ruth sich ausreichend erholt hat, um das Krankenhaus wieder verlassen zu können, ist Dietrich entschlossen, und Maria fühlt es. Von Berlin aus muß Dietrich jedoch wieder zurück nach München zu seinem Dienst bei der Abwehr, und Maria fährt mit der Großmutter nach Klein Krössin. Von den Entwicklungen erzählt sie der Großmutter nichts, diese stellt auch keine Fragen. Der Anstand verlangt noch immer, daß sich Dietrich zuerst an Marias Mutter wendet, doch derzeit kann Ruthchen noch nicht mit solchen Entscheidungen belastet werden.

OKTOBER. Die Münchener Abwehrstelle, für die Dietrich arbeitet, steht nun unter Beobachtung. Hans von Dohnanyi wird von der Gestapo beschattet. Alles geschieht unter dem Deckmantel der Geheimhaltung, doch wissen Dohnanyi und Dietrich, daß ihre Telephone angezapft sind. Ein V-Mann der Spionageabwehr im Gestapohauptquartier hat sie gewarnt.

In Rußland ist der Winter angebrochen. Den deutschen Truppen ist es nicht gelungen, Stalingrad noch vorher einzunehmen, und jetzt ist es völlig unmöglich geworden. Die sowjetischen Einheiten befinden sich entlang der ganzen Ostfront im Vormarsch. Am 26. Oktober fällt Maximilian von Wedemeyer.

NOVEMBER. Am 8. November findet für Max in der Kirche von Pätzig ein Gedenkgottesdienst statt. Im Anschluß an die Trauerfeier erzählt Maria

Maria von Wedemeyer in Pätzig

327

der Mutter endlich von ihren Gefühlen für Dietrich. Ruthchen war nicht verborgen geblieben, daß die beiden seit Marias Rückkehr aus Berlin eine Reihe von Briefen gewechselt haben. Sie weiß, durch diese Beziehung werden neue Sorgen auf sie zukommen, und so sie bittet sie Dietrich, zu einer Aussprache nach Pätzig zu kommen.

Zwei Wochen später sitzt Dietrich im Arbeitszimmer in Pätzig Ruth von Wedemeyer gegenüber. Sie haben an dem überdimensionalen Schreibtisch Platz genommen, der einst Hans' Vater gehörte. Auf der Schreibunterlage häufen sich unzählige Briefe, die alle säuberlich in den dazugehörigen Umschlägen stecken. Es ist die 25jährige Korrespondenz zwischen dem Ehepaar – Briefe, die Ruthchen nun wieder liest, sortiert und bündelt, damit ihre Kinder und Kindeskinder sie in Erinnerung behalten. Hoch über dem Schreibtisch hängen Stiche mit Jagdmotiven, zu beiden Seiten davon eine große Zahl von Geweihen, die viele Jahrzehnte großer Pätziger Jagden dokumentieren. Dietrich beachtet die Briefe, Bilder und Geweihe nicht, sein Blick ist auf die Totenmaske Friedrichs des Großen gerichtet, die direkt über dem Kopf der Gastgeberin hängt.

Ruthchen erklärt ihm ihre Besorgnis. Sie ist der Meinung, die gerade 18jährige Maria sei zu jung, um die Entscheidung einer Ehe treffen zu können; der Tod ihres Vaters habe sie sehr mitgenommen und nun komme noch der ihres Bruders hinzu; es könnte doch sein, daß sie sich zu dem 36jährigen Dietrich hingezogen fühlt, weil sie einfach einen Vaterersatz sucht. Zudem seien die Zeiten derart unsicher – ebenso sei es mit Pastor Bonhoeffers Zukunft. Man höre täglich von Verhaftungen und Gerichtsverfahren aus keinem oder nur geringem Anlaß; was könnte einen Mann wie ihn, der so tief in gefährliche Aktivitäten verstrickt sei, vor ähnlichem Schicksal bewahren? Auch müsse Marias Vormund, ihr Onkel Hans Jürgen von Kleist, gefragt werden, der sich auch nicht sicher sei, ob diese Heirat eine gute Idee wäre.

Ruthchen legt alle ihre Zweifel dar, die von Dietrich, soweit das möglich ist, ausgeräumt werden, indem er jeden gegen ihn sprechenden Punkt aufgreift und zu seinem Vorteil verwandelt. Insgesamt verteidigt er seinen Heiratswunsch sehr geschickt, wobei ihm seine langjährige Erfahrung in der theologischen Debatte zugute kommt. Die Aussprache endet damit, daß Ruthchen ihm folgenden Entschluß mitteilt: eine mindestens einjährige Wartezeit und Trennung.

Drei Tage später, zurück in Berlin, drückt er in einem Brief an Eberhard seine Ratlosigkeit aus:

>»Ich glaube, daß ich, wenn ich wollte, mich durchsetzen könnte; ich kann besser argumentieren als die anderen und könnte sie wahrscheinlich überreden; aber das ist mir selbst unheimlich, kommt mir schlecht … und wie eine Ausnutzung der Schwäche der anderen vor. Frau von Wedemeyer ist durch den Verlust ihres Mannes, also gerade in ihrer Schwäche stärker, als wenn ich es mit ihm zu tun gehabt hätte; ich darf ihr jetzt nicht das Gefühl der Wehrlosigkeit geben, das wäre schuftig, aber es erschwert meine Situation.«[41]

Wenige Tage danach schreibt er wieder an Eberhard:

>«Ich habe schon überlegt, ob Du mal – ohne mein Wissen – sehr nett und zart und klug … wenn Du willst als Freund an Frau von Wedemeyer schreiben willst. Es könnte aber auch später sein, vielleicht wäre das sogar besser.«[42]

Dezember. Zwischen Pätzig, Klein Krössin und Kieckow werden Briefe und Telephongespräche ausgetauscht. Alle betreffen Maria, die darauf besteht, sie sei sich ihrer Entscheidung sicher. Ist in unsicheren Zeiten wie diesen eine frühe Heirat nicht noch wichtiger? Ihr stärkstes Argument besteht darin, daß selbst ihr Vater mitten in der Revolution der Mutter einen Heiratsantrag machte. Es war im Jahr 1918 nach der Niederlage Deutschlands im Weltkrieg, als er seiner Braut schrieb: »Wenn Du und ich hängen müssen, dann doch wenigstens am selben Baum.«

1943, Januar. Kurz nach Neujahr reist Ruth nach Berlin zur Verlobungsfeier Renate Schleichers, der Nichte Dietrichs, mit Eberhard Bethge, dessen bestem Freund und Vertrauten.
Auch der Weg zu dieser Verlobung war nicht einfach. Renate, die noch nicht ganz 18 Jahre alt war, hatte gerade das Gymnasium abgeschlossen. Eberhard, dessen Studienzeit längst beendet ist, scheint sich im Untergrund zu betätigen, doch seine Pflichten als Pfarrer erfüllt er weiterhin. Ursprünglich waren Renates Eltern wegen der Jugend ihrer Tochter, den

unsicheren Zeiten und Eberhards riskanter Tätigkeit gegen die Heirat. Aber all das gehört nun der Vergangenheit an, und an diesem Nachmittag im Januar herrscht bei den Familien Schleicher und Bonhoeffer eine freudige Stimmung. Der einzige Unterton von Spannung und Traurigkeit läßt sich bei Dietrich feststellen, der die Feier früh verläßt und sich in eines der obenliegenden Zimmer zurückzieht. Ruth bemerkt als erste sein Fehlen und errät den Grund. Sie entschließt sich, direkt von Berlin nach Pätzig zu fahren, um mit Ruthchen ein ernsthaftes Gespräch zu führen. Zwei Wochen später erklären im märkischen Pätzig Ruth von Wedemeyer und Hans Jürgen von Kleist formell ihre Zustimmung zur Verlobung Dietrich Bonhoeffers mit Maria von Wedemeyer. Dietrich verspricht, die Verlobung werde erst in einiger Zeit bekanntgegeben und die Heirat auf keinen Fall früher als in einem Jahr stattfinden.

FEBRUAR. Am 4. Februar feiern Ruth und Dietrich Bonhoeffer Geburtstag, Ruth in Lasbeck bei ihrer Tochter Maria von Bismarck, Dietrich bei seinen Eltern in Berlin. Heute ist der Tag, an dem er sie über seine Verlobung mit Maria von Wedemeyer informiert.
Am nächsten Morgen schreibt Ruth aus Lasbeck:

»Mein lieber Dietrich!
Ich danke Ihnen für Ihren lieben Geburtstagsbrief. Noch mehr für Ihren Anruf am Abend. Und dafür, daß Sie gesorgt haben, daß ich aus der qualvollen Ungewißheit befreit wurde. Vielleich war das die beste Tat Ihres Lebens in dieser Angelegenheit. Begreifen Sie das? Ich ringe noch sehr mit dem Willen, still zu sein, ohne verstehen zu können. Und wie gern würde ich Ihnen den Brief von M. (Maria) geschickt haben, der mich sehr beglückte. Aber da in dieser Sache so viel Verkehrtes geschehen ist, wage ich nicht, es zu tun. Den Tatbestand kennen Sie ja auch, und es steht nichts Neues für Sie darin.
Nun ist mein Herz so voll, daß ich Ihnen gerne viel sagen würde. Und doch weiß ich nicht genug, um es tun zu dürfen. Sie sagt aber doch: ‚Ich bin glücklich und dankbar', und das wiederhole ich nun im stillen den ganzen Tag und bitte Gott, daß alles nicht nur gut, sondern sehr, sehr gut werden möge. Wie ich Sie ganz als Sohn aufnehmen will, wenn es soweit ist, das wissen Sie ganz ohne

Worte. Daß es noch so lange dauern soll, wird das Prinzip der Mutter und von Hans Jürgen sein, wie ich vermute. Vielleicht ist es nötig für M. (Maria), damit sie ganz klar bleibt. Und wenn es ihr und Ihnen zu lange erscheint, so wird es Mittel und Wege geben, sie abzukürzen. Was bedeutet heute schon die Zeit … Werden Sie mich nun auch wirklich im März besuchen? Glauben Sie mir, es wird gut sein.

Gott behüte Sie und uns alle. Konstantin (von Kleist) ist in Tunis. Aber auch dort ist die Hand Gottes über ihm.

Ich bin ab 6. abends in St. (Stettin) und dort immer bei anbrechender Dunkelheit zu erreichen, wenn Sie noch etwas sagen möchten. Ach, ich freue mich.

Die Großmutter.«

MÄRZ. Großmutter Ruth ist wieder erkrankt und wird ins Krankenhaus gebracht. Durch jede Krankheit verliert sie an Vitalität, und ihr Sehvermögen ist schlechter als jemals zuvor. Hans Jürgen kommt zu dem Schluß, es sei an der Zeit, die Stettiner Wohnung ganz aufzugeben. Sollte Klein Krössin im Winter zu unbequem werden, könne die Großmutter leicht nach Kieckow gebracht werden. Maria von Wedemeyer wurde zum Dienst beim Roten Kreuz in Hannover einberufen.

GESCHEITERTE PLÄNE

1943. Mehrere Jahre lang hatte Henning von Tresckow, Berufsoffizier in der deutschen Wehrmacht, versucht, seine Kollegen und Vorgesetzten zur Mitarbeit im Widerstand gegen Hitler zu bewegen. Über jeden General der Armee führte er ein Dossier, mit Dutzenden hatte er Gespräche, in denen er ihre Einstellung zu erkunden suchte, mit einer Handvoll, auf die er wohl im Fall eines Umsturzes zählen könnte, führte er wiederholt Gespräche. Zunächst erschien General von Bock als der führende Mann der militärischen Opposition; nun ist General von Kluge der höchstrangige Offizier, auf dessen Unterstützung man rechnen kann, wenn die Zeit reif ist. Es gibt aber noch Dutzende, angefangen mit General von Manstein und General Rommel, die sich bereit erklärt haben, zumindest nicht einzugreifen, wenn die Nazis gestürzt werden sollten.

Zudem herrscht in der Wehrmacht ein Korpsgeist, aufgrund dessen nicht einmal jene Offiziere Tresckow und seine Mitverschwörer verraten würden, die hinter dem Führer stehen und den Nazis treu bleiben.

Henning hegt die Hoffnung, er könne General von Manstein tiefer in seine Pläne einbinden, und hat deshalb die Versetzung von Alexander Stahlberg, dem Sohn seiner Cousine, zu Mansteins Stab erwirkt. Durch Alla hofft Henning, den General zu stärkerem Engagement bewegen zu können, doch bislang hat sich Manstein nicht auf seine Seite geschlagen.

Mittlerweile ist auch Henning von Tresckow zu der Ansicht gelangt, die Ewald von Kleist schon seit Jahren vertritt: Die deutsche Regierung kann nicht gestürzt werden, wenn Adolf Hitler nicht beseitigt wird. Sogar die engagiertesten Generäle teilen diese Meinung, wer aber wird sich bereit erklären, die Tat auszuführen? Eine ganze Reihe vertrauenswürdiger Mitverschwörer wurden bereits in die engere Wahl gezogen, jedoch aus dem einen oder anderen Grund wieder fallen gelassen – eine große Familie, die Ehefrau, alte Eltern, Schlüsselstellung beim Militär, Landbesitz, der verwaltet werden muß – es gibt mehr als genug Gründe, die gegen jeden potentiellen freiwilligen Kandidaten sprechen.

Von den sechs Männern, die Hand an eine der für Hitler gedachten Bomben anlegen werden, gehören drei zu den Nachfahren der treuen Diener preußischer Könige – Oberst Henning von Tresckow, Leutnant Fabian von Schlabrendorff und Leutnant Ewald Heinrich von Kleist. Henning ist verheiratet und hat vier Kinder; Fabian hat eine Frau und zwei Kinder; nur Ewald Heinrich, der Erbe von Schmenzin, ist ledig.

MÄRZ. Die Zeit scheint bestens geeignet. Die Niederlage vor Stalingrad zeigt katastrophale Auswirkungen. Statt einen geordneten Rückzug anzutreten, wurden die deutschen Einheiten vom Führer angewiesen, bis auf den letzten Mann weiterzukämpfen. In der Folge starben Zehntausende, und die Nachricht einer solchen Katastrophe kann kaum vor der Heimat geheimgehalten werden. In Nordafrika verläuft der Krieg nicht viel besser; es ist nur eine Frage der Zeit, bis Briten und Amerikaner die Deutschen ganz von diesem Kontinent vertrieben haben werden. Bestenfalls besteht noch die Hoffnung, die Soldaten zu evakuieren und einige Fahrzeuge zu retten.

Henning dient als Stabsoffizier unter General von Kluge bei der Heeresgruppe Mitte nahe Smolensk in Rußland. Fabian, sein angeheirateter Neffe, ist sein Ordonnanzoffizier.

Fabian ist nach Berlin geflogen, um von Dohnanyi und Oster, den beiden Mitarbeitern der Abwehr, die schon vor dem Krieg seine Vertrauten waren, über die neuesten Pläne in Kenntnis gesetzt zu werden. Auf Adolf Hitler soll diesen Monat in Smolensk ein Attentat verübt werden, während er das Hauptquartier der Heeresgruppe Mitte an der Ostfront besucht. Es hatte einiger Überzeugungskraft Kluges bedurft, Hitler dazu zu bringen, diesen Besuch in den Reiseverlauf aufzunehmen – als hätte der Führer Mißtrauen gegenüber Kluges Hauptquartier. Diese Zweifel waren auch berechtigt, hatte doch die Heeresgruppe ein Kavallerieregiment bereitgestellt, das Hitler und seine Begleiter vom Flugplatz Smolensk zum Hauptquartier eskortieren sollte. Mit Kluges Zustimmung sollte das Attentat entlang dieser Strecke ausgeführt werden.

Der Besuch wird für den 13. März angekündigt, aber die Pläne beginnen sich aufzulösen. General von Kluge wird unsicher, er möchte die Verantwortung für ein Attentat unter seinem Kommando nicht mehr übernehmen, und selbst Hennings glühendste Argumente können ihn nicht umstimmen. Ohne Kluges Unterstützung ist die Kavallerieeskorte sinnlos. Zudem landen am Tag vor der Ankunft des Führers mehrere Flugzeuge mit Männern und Nachschub – einer Kompanie schwer bewaffneter Leibwächter der SS, einer Panzerlimousine, Hitlers persönlichem Leibarzt, seinem Koch, Eßgerät und Geschirr sowie allen Zutaten für die Mahlzeiten, die der Führer bei seiner Anwesenheit in Kluges Stab einnehmen wird.

Aufgrund der gestiegenen Schwierigkeiten, Hitler auf dem Weg zum Hauptquartier zu erschießen, erdachten Henning und Fabian einen anderen Plan, bei dem Hitler einem Bombenattentat zum Opfer fallen sollte. Der Plan kann jedoch nicht während Hitlers Besprechung mit Kluges Stab ausgeführt werden. Eine einfache Rechnung macht deutlich, daß dabei mindestens ein Dutzend jener Männer getötet würden, die für die Durchführung des Putsches nötig sind.

Tagelang hatten Fabian und Henning mit erbeutetem englischem Plastiksprengstoff und Zündern experimentiert, die zwar von geringerem Umfang, aber von weitaus stärkerer Wirkung waren als der in der deutschen Wehrmacht üblicherweise verwendete Sprengstoff. Zuversichtlich, der Sprengstoff werde seinen Zweck erfüllen, konstruierte Fabian eine Zeitbombe mit 30minütiger Zeitzündung, während Henning ein Behältnis ausdachte, das wie eine Packung mit zwei Flaschen Cointreau aussieht – der einzige Likör, der in eckige Flaschen abgefüllt wird. In einer letzten Besprechung prägt General Olbricht das denkwürdige Wort: »Wir sind fertig. Die ‚Intitialzündung‘ kann in Gang gesetzt werden.«[43]

Am Morgen des 13. März bringt Fabian die Packung mit ins Hauptquartier und teilt Osters V-Mann in der Abwehr telephonisch das vereinbarte Stichwort für den Beginn des Anschlags auf Hitler und den unmittelbar folgenden Umsturz mit allen dazugehörigen protokollarischen Maßnahmen, die sich über ganz Deutschland erstrecken, mit. Nun fehlt nur noch die Mitteilung vom Tod Adolf Hitlers.

Henning begleitet General von Kluge zum Flugplatz, die beiden stehen in vorderster Reihe des Begrüßungskomitees, als das Flugzeug des Führers mittags landet. Die Treppe des Flugzeugs wird heruntergelassen, zuerst steigen zwei Leibwächter aus. Hinter ihnen erscheint der Führer, er grüßt mit der charakteristischen Armbewegung und steigt die Treppe hinab. General von Kluge und Oberst von Tresckow schlagen die Hakken zusammen und salutieren den Führer, ein sichtbares Zeichen ihrer Loyalität. Wie erwartet wird jede Vorsichtsmaßnahme getroffen, um den Führer von Kluge und seinem Stab fernzuhalten. Hitler wird, umringt von SS-Leibwächtern, umgehend zu seiner Limousine eskortiert. Auf der kurzen Fahrt zum Hauptquartier der Heeresgruppe Mitte wird sein Fahrzeug von vier SS-Fahrzeugen flankiert – eines vorne, eines hinter ihm und eines auf jeder Seite.

Wieder ist Hitler von SS-Offizieren umgeben, als er die Limousine verläßt und den überfüllten Konferenzraum, in welchem das Treffen mit Kluge und seinem Stab stattfinden wird, betritt. Das Mittagessen wird ihm von seinem Koch serviert, nachdem es vorher von seinem Arzt getestet wurde, und den ihm angebotenen Wein und Cognac lehnt er ab. Sofort nach Beendigung der Mahlzeit begibt er sich zum Flugplatz, wieder eng von seinem Stab und seiner SS-Leibgarde umgeben. Auf dieser Fahrt zum Flugplatz werden Henning und die anderen von Fabian begleitet. Fabian trägt eine Geschenkpackung unter dem Arm und als der letzte von Hitlers Leibwächtern das Flugzeug besteigen will, betätigt er heimlich den Zünder, der gut getarnt an der Seite versteckt ist. In letzter Minute bittet er einen der Begleiter Hitlers, einen Oberst Brandt, für einen gemeinsamen Freund in Hitlers Hauptquartier in Ostpreußen ein Paket mitzunehmen. Der Oberst ist hoch erfreut, Leutnant von Schlabrendorff diesen Dienst erweisen zu können.

In das Hauptquartier zurückgekehrt, telephoniert Fabian wieder mit Berlin und meldet, das Flugzeug des Führers sei gestartet und werde voraussichtlich in einer Viertelstunde abstürzen. Zusammen mit Henning kauert er nun vor einem Feldradio und wartet auf die Meldung des Flugzeugabsturzes. Aber diese Meldung wird niemals kommen, da das Paket im ungeheizten Gepäckraum verstaut wurde. Während des Fluges fällt die Temperatur rapide ab, so daß der wärmeempfindliche Zünder nicht funktioniert.
Nun telephoniert Fabian ein drittes Mal mit Berlin und meldet das Scheitern des Attentats. Der nächste Anruf wird von Henning getätigt – er geht zur nächsten Station von Hitlers Reise, nach Rastenburg in Ostpreußen, wo das Flugzeug soeben gelandet ist. Henning läßt sich mit Oberst Brandt verbinden und bittet ihn, das Päckchen nicht weiterzugeben, da ein Fehler unterlaufen sei und es den falschen Alkohol enthalte. Fabian nimmt das nächste Kurierflugzeug nach Rastenburg und tauscht das ungeöffnete Paket gegen zwei neue Flaschen Cointreau. Endlich können die Verschwörer wieder aufatmen.

Ein paar Tage später bietet sich eine weitere Möglichkeit. Von Dohnanyi erfährt Fabian, der Führer werde am Sonntag, den 21. März, eine Ausstellung von Kriegstrophäen in Berlin eröffnen. Sofort begibt sich Fabian nach Berlin, wo er die Information erhält, daß Major Rudolph von Gersdorff, ein der Verschwörung angehöriger Abwehroffizier, Hitler zu der Ausstellung begleiten wird. Am darauffolgenden Tag kommt auch Henning nach Berlin, in seiner Aktentasche den Sprengstoff im Gepäck, und sucht umgehend von Gersdorff auf. Ohne zu zögern erklärt der Major sich bereit, die Tat auszuführen.

In der Zwischenzeit ist die Nachricht vom gescheiterten Attentatsversuch und von der neuen Gelegenheit zu Ewald von Kleist in Schmenzin gedrungen. Wie sich herausgestellt hat, bedarf es bei wankelmütigen Generälen wie Kluge zusätzlicher Überzeugungsarbeit – etwas von der unerschütterlichen Willenskraft, die im Lande der Kleists in Hülle und Fülle vorhanden ist. Ewald wird die Aufgabe übertragen, in den wenigen noch verbleibenden Tagen bis zu der Feier in Berlin die Idee einer wiedererstandenen Monarchie mit der vorgesehenen provisorischen Regierung in Einklang zu bringen.

Am 17. März treffen sich Hans Jürgen und Ewald in Schmenzin. Hans Jürgens Mutter Ruth befindet sich im Krankenhaus und ahnt nichts von den großen Plänen. Dennoch ist sie Teil des Ganzen, da ohne sie die Verbindung zwischen den militärischen Verschwörern an der Ostfront und der Gruppe um Bonhoeffer nie entstanden wäre. Von Ewalds Bibliothek aus führt Hans Jürgen ein Telephongespräch mit dem Hause Bonhoeffer in Berlin; bereits am nächsten Morgen sitzt Ewald im Zug auf dem Weg in die Hauptstadt.

Freitag nachmittag, den 19. März, trifft Ewald von Kleist im Haus Klaus Bonhoeffers mit Dietrich, dessen Bruder Klaus und Prinz Louis Ferdinand von Preußen zusammen. Louis Ferdinand ist der älteste lebende Sohn von Kronprinz Wilhelm und Enkelsohn des verstorbenen Kaisers Wilhelm II. Vor zwanzig Jahren, 1923, hatte der Kronprinz den Anspruch auf den Thron seines Vaters aufgegeben. Nach 1933 haben viele Hohenzollern und eine große Anzahl preußischer Aristokraten den Treueeid auf Adolf Hitler geschworen. Louis Ferdinand ist jedoch aus anderem Holz. Auf Ewalds Drängen schloß er sich der Verschwörung an und unterstützt nun die Beseitigung Hitlers. Auf die Information hin, ein Attentatsversuch stehe unmittelbar bevor, erklärt er sich bereit, sobald er von Hitlers Tod hört, sofort über Rundfunk zur Bevölkerung zu sprechen und einen Generalstreik in ganz Deutschland ausrufen. Vom Mittag des 21., einem Sonntag, an, wird er sich in fünfminütiger Reichweite der Sendezentrale aufhalten.

Am Sonntagmorgen trifft Fabian im Hotel Eden von Gersdorff und übergibt ihm eine kleine Bombe mit Zeitzünder. Dieses Mal dürfte es keine Temperaturprobleme geben. Der Major läßt das kleine Paket in seiner Tasche verschwinden.

An diesem Nachmittag sind im Hause Schleicher alle Kinder und Enkelkinder Professor Bonhoeffers im Musikzimmer versammelt und üben die

Geburtstagskantate für den 75. Geburtstag Karl Bonhoeffers. Die Kantate basiert auf dem wohlbekannten Choral »Lobe den Herren«. Eberhard Bethge leitet das Ensemble – Dietrich sitzt am Klavier, Klaus spielt Cello, Rüdiger Schleicher die Geige, und Hans von Dohnanyi singt mit dem Kinderchor. Mit Spannung blickt Dohnanyi immer wieder auf die Uhr; sein Auto steht fahrbereit vor der Tür. Die Männer wissen, was auf dem Spiel steht, auch Christine von Dohnanyi ist eingeweiht. Die anderen Frauen und die Kinder sind nicht informiert.

Soeben ist der Führer mit seinem Gefolge am Ausstellungsort in Berlin eingetroffen. Mit Getöse betritt er die Halle, besichtigt kurz ein paar wenige Ausstellungsstücke – hauptsächliche erbeutete russische Panzer und Waffen – und ist innerhalb von fünf Minuten schon wieder verschwunden. Seine geplante Rede wird nicht gehalten, ebenso wenig nimmt er die vorbereiteten Auszeichnungen der geladenen Gäste entgegen. Insgesamt hätte alles etwa eine halbe Stunde in Anspruch nehmen sollen. Die Anwesenden, vor allem aber Major von Gersdorff, sind bitter enttäuscht. Zum Glück bleibt ihm noch genug Zeit, um im Waschraum die Bombe an seinem Körper zu entschärfen. Die sehnlich erwarteten Anrufe bei der Sendezentrale in Berlin, beim Hauptquartier der Heeresgruppe Mitte in Smolensk, in Schmenzin und Kieckow und bei verschiedenen anderen Stellen im ganzen Land werden nicht erfolgen.

Am Mittwochnachmittag, dem 31. März, feiert Professor Karl Bonhoeffer zu Hause seinen Geburtstag. Anwesend sind seine drei Söhne und drei seiner Töchter sowie deren Familien. Auch Eberhard Bethge ist gekommen, der schon immer ein enger Freund war und nun, seit seiner Verlobung mit Renate Schleicher, fast zur Familie gehört. Nicht dabeisein kann Karl Bonhoeffers Tochter Sabine, denn sie lebt mit ihrer Familie im Exil.

Auch Dietrichs Verlobte Maria von Wedemeyer zählt nicht zu den Gästen. Nach einigen Aussprachen hielt es die Familie Bonhoeffer für passender, mit gesellschaftlichen Einladungen an die junge Dame noch abzuwarten, bis die öffentliche Bekanntgabe der Verlobung und die Zustimmung von Marias Familie erfolgt ist. Vielleicht wäre es anders gekommen, hätte auch die Großmutter teilnehmen können, aber Ruth von Kleist ist wieder einmal im Krankenhaus an das Bett gefesselt.

Maria arbeitet in Hannover und nutzt die wenigen freien Wochenenden zu Besuchen bei der Großmutter. Obwohl Dietrich nicht mit seinen Eltern übereinstimmt, hat er sich doch entschlossen, das Thema nicht weiter zu forcieren. Momentan steht mehr auf dem Spiel als nur eine Geburtstagsfeier. Trotz der Abwesenheit von engen Freunden und einigen Familienangehörigen wird es eine große, festliche Feier. Die in zahlreichen Übungsstunden einstudierte Kantate wird mit erstaunlicher Perfektion vorgetragen, danach hält Klaus Bonhoeffer seinem Vater eine kleine Ansprache, in der er ihm für all das dankt, was er seinen Kindern vermittelt hat. Es gibt Gratulationsbriefe von Kollegen, Angehörigen und Freunden nicht nur aus ganz Europa, sondern auch aus feindlichen Ländern, die ihre Glückwünsche über Mittelsmänner in der neutralen Schweiz geschickt haben. Auch vom Führer persönlich ist eine handschriftliche Gratulation mit einer Auszeichnung vom Vaterland darunter:

> »Im Namen des deutschen Volkes verleihe ich dem ordentlichen Professor emer. Dr. med. Karl Bonhoeffer die von dem verewigten Herrn Reichspräsidenten Hindenburg gestiftete Goethemedaille für Kunst und Wissenschaft. Der Führer Adolf Hitler.«[44]

APRIL. Eine Woche liegt die Geburtstagsfeier nun zurück. Es ist Montag, der 5. April, Dietrich ist in Berlin geblieben. In der Münchener Abwehrstelle braut sich eine Krise zusammen, daher hatte Dohnanyi seinem Schwager empfohlen, noch eine Weile zu Hause zu bleiben. Mittags, als Dietrich seine Schwester Christine anrufen will, antwortet ihm die Stimme eines unbekannten Mannes, daß Frau von Dohnanyi nicht zu sprechen sei. Ganz offensichtlich ist Christine verhaftet, und ihr Haus wird nun durchsucht. Dietrich geht zu den Schleichers, wo sich Eberhard gerade aufhält. Zusammen durchsuchen Dietrich, Eberhard und dessen Schwester Ursula die Papiere in Rüdigers Arbeitszimmer nach belastenden Beweisen. In der Gewißheit, daß sie für Rüdiger in dieser Hinsicht alles getan haben, was sie konnten, setzen sie sich beim Kaffee zusammen und harren der Dinge.

Um vier Uhr nachmittags kommt Professor Bonhoeffer mit einer verhängnisvollen Nachricht durch den Garten in das Nachbarhaus: »Dietrich, zwei Männer sind gekommen, sie möchten dich oben in deinem

Zimmer sprechen.« Dietrich kehrt nach Hause zurück, und wenige Minuten später fahren die beiden Männer mit ihm davon. Dietrich ist verhaftet.

Im Tegeler Gefängnis wird Dietrich in Einzelhaft genommen. Dasselbe Schicksal trifft Hans von Dohnanyi im Gefängnis an der Lehrterstraße. Hans' Ehefrau Christine, Dietrichs Schwester, wird im Frauengefängnis in Charlottenburg verhört. Alle drei befinden sich in einer wenig beneidenswerten Lage. Die Verhöre von Christine basieren auf einigen Zetteln, die in Hans' Schreibtisch gefunden wurden. Mit Mut und Scharfsinn übersteht sie die zweiwöchigen Verhöre, ohne etwas preiszugeben. Als sie ihrem Mann und dem Bruder gegenübergestellt wird, kann sie beiden mit Blicken und Andeutungen zu verstehen geben, daß sie nicht entlarvt wurden.

MAI. Nach der Entlassung Christine von Dohnanyis aus dem Gefängnis hofft die Familie Bonhoeffer auch auf Dietrichs baldige Freilassung. Er wird jedoch weiterhin von der Gestapo verhört, da Christines Ehemann Hans von Dohnanyi unter dem Verdacht steht, die Schlüsselfigur in einer von der Münchener Abwehrstelle ausgehenden verräterischen Verschwörung zu sein, über die auch Dietrich nähere Informationen besitzt. Die Gestapo ist der Wahrheit gefährlich nahe, aber Dietrich gelingt es, mit Selbstsicherheit und Raffinesse die Tatsachen weiter abzuleugnen. Nachdem so viele Mitglieder ihrer Familie in Haft sind, möchte Dietrichs Mutter Maria, die sie bisher kaum getroffen hat, näher kennenlernen. Sie lädt Ruthchen und ihre Tochter nach Berlin ein Maria kommt aus Hannover und Ruthchen aus Pätzig. Danach schreibt sie ihrem inhaftierten Sohn von dem Besuch:

> »… Ich will Dir nun heute doch gern von Marias Besuch erzählen. Sie war Sonnabend abends hierher gereist und kam mit ihrer Mutter um 11 Uhr zu uns, mit wundervollen roten Rosen aus dem heimatlichen Garten. Sie ist wohl etwas schmaler geworden, sieht aber trotz der wirklich recht harten Ausbildungszeit (sie will das aber nicht wahr haben) doch gut und gesund aus. – Wir haben dann im Garten gesessen bei einem Gläschen Tokayer … Dann sind wir ins Haus gegangen und haben die Bilder besonders die Portraits betrachtet, aber Maria wollte dann auch Photos von der

ganzen Familie sehen und hat die Namen unserer 18 Enkel schnellstens auswendig gelernt. Dann bin ich noch vor Tisch mit ihr hinauf in Dein Zimmer gegangen ... Sie hat sich all die kleinen Dinge und Erinnerungen von Deinen Reisen ausführlich betrachtet und fand es gemütlich oben bei Dir, daß sie gar nicht herunter wollte zum Essen. Ich hatte mir auch entsprechende Mühe mit dem Essen gegeben ... Dann tranken wir den Kaffee im Garten, und um 3 Uhr mußten sie wieder fort ... Nun, wie Papa schon schrieb, der Besuch war uns eine rechte Freude, und wir danken es Dir, daß Du uns eine so liebe Schwiegertochter ins Haus bringst. Wenn sie auch noch sehr jung ist, so spricht aus ihrem ganzen Wesen doch schon jetzt eine große Zuverlässigkeit, Tüchtigkeit und Warmherzigkeit. Ihre Mutter, die noch in diesem Jahr so viel Schweres erlebt hat, ist ja zu bewundern, wie sie eigentlich nur ihre von ihr nun allein zu erfüllende Aufgabe an Haus und Kindern sieht und mit ihrem Kummer um Mann und Sohn dadurch mit sich fertig wird ...«[45]

Maria und Ruthchen kehren gemeinsam nach Pätzig zurück. Für Maria verlief der Besuch nicht ohne Spannungen, denn sie mußte feststellen, daß bei den Bonhoeffers kaum über innere Gefühle gesprochen wird. Von Pätzig aus fällt es ihr leichter, ihrer zukünftigen Schwiegermutter die Worte und Gedanken mitzuteilen, die sie in Berlin nicht auszusprechen gewagt hatte:

»Liebe Mama!
Bei jedem Gedanken an die Stunden bei Dir werde ich froh und dankbar von ganzem Herzen. Du mußt es mir bitte auch ohne viel Worte glauben, daß ich weiß, wie reich Du mich beschenkt hast. – Jeder Augenblick bei Dir hilft mir jetzt hier weiter, und es kann dann oft nichts anderes mehr bleiben, als ein tiefes Glück und eine große Beschämung.
Ich möchte Dir so gern sagen, was ich empfinde und denke, aber Worte gibt es einfach nicht dafür, und ich meine fast, Du verstehst mich so.
In großer Dankbarkeit und Verehrung küßt Dir die Hand, Deine Maria.«

Maria erkennt, wie sehr ihre eigene Mutter über Dietrichs Verhaftung bestürzt ist – nicht so sehr wegen der Tatsache der Verhaftung (als Preußin ist es für sie selbstverständlich, daß ein echter Patriot die Gefahr nicht scheut und bereit ist, dafür zu leiden), jedoch wegen ihrer Zurückhaltung in bezug auf die Verlobung. Ruthchen hat Dietrich bereits einen Brief nach Tegel geschrieben, in welchem sie darüber ihr Bedauern äußert. Sie informiert ihn, sie werde seine Verlobung mit Maria nun auch öffentlich bekanntgeben und teilt ihm mit, daß die Wahl des Hochzeitsdatums nun einzig und allein der Entscheidung des jungen Paares unterliege.

Zwischen schlaflosen Nächten und quälenden Verhören findet Dietrich Trost in Ruthchens warmherzigem Brief. An Eberhard schreibt er:

»… Ich kann Dir gar nicht sagen, wie sehr der Brief von meiner zukünftigen Schwiegermutter mich bewegt hat. Seit dem ersten Tag meiner Inhaftierung verfolgte mich der Gedanke, daß ich ihr jetzt noch eine zusätzliche Last aufgebürdet habe, nach all dem Kummer im vergangenen Jahr. Aber sie nimmt unser gemeinsames Leid zum Anlaß, die Wartezeit zu verkürzen. Das macht mich sehr glücklich. Ich möchte Dir auch versichern, daß ich meine Rückkehr 1939 keinen Moment lang bedauert habe. Ich war mir durchaus im klaren über die Konsequenzen und habe aus einem reinen Gewissen heraus gehandelt. Ich möchte nichts in meinem Leben rückgängig machen …«[46]

BRIEFE UND GESCHENKE

1943, JUNI. Erst am 24. Juni, zweieinhalb Monate nach der Verhaftung, erhält Maria das erste Mal die Erlaubnis, Dietrich zu besuchen. Dietrich hatte man von ihrem bevorstehenden Besuch nichts gesagt, und ihre plötzliche Anwesenheit nimmt ihn sichtlich mit. Zunächst spricht er nicht. Schweigend sitzen sie zusammen auf einer Bank, er hält Marias Hand, ein Wachmann sitzt ihnen gegenüber. Das einzige Zeichen von Emotion, das Maria zu spüren bekommt, ist der sich ändernde Druck seiner Hand auf der ihren. Sie teilt ihm mit, ihre Mutter habe die Verlobung bekanntgegeben und morgen würde sie selbst nach Pommern fahren, um der Großmutter die Neuigkeit zu überbringen.

Nach 15 Minuten informiert sie der Wachmann, daß die Besuchszeit um sei. Immer noch keine Gefühlsregung zeigend, kehrt Dietrich in die Zelle zurück. Diese Nacht schreibt er:

> »... eben komme ich zurück und habe Maria gesehen – eine unbeschreibliche Überraschung und Freude! Nur eine Minute vorher hatte ich es erfahren. Es ist mir noch wie ein Traum – wirklich eine fast unbegreifliche Situation – wie werden wir später einmal daran zurückdenken! Was man in einem solchen Augenblick sagen kann, ist ja so belanglos, aber das ist ja auch nicht die Hauptsache. Es war so tapfer von ihr zu kommen; ich hätte es ihr gar nicht zuzumuten gewagt; denn es ist ja doch für sie viel schwerer noch als für mich; ich weiß, woran ich bin, für sie ist das alles unvorstellbar, rätselhaft, schrecklich. Wie wird es sein, wenn dieser böse Alpdruck einmal vorüber ist.«[47]

Die Großmutter ist aus dem Krankenhaus entlassen und lebt nun wieder in Klein Krössin. Im Vergleich zu früher macht sie einen gebrechlichen Eindruck und neigt zu Depressionen. Die mit Marias und Dietrichs Verlobung verbundenen Schwierigkeiten haben bei Ruth Spuren hinterlassen, Dietrichs Verhaftung und Isolierung sind mehr, als sie ertragen kann. Selbst Marias Briefe, die trotz der schrecklichen Umstände immer Optimismus ausstrahlen, tragen wenig zur Aufheiterung der Matriarchin von Kieckow bei.

Am 25. Juni ist es dann soweit, Maria kommt am Bahnhof in Groß Tychow an. Onkel Hans Jürgen und sein Fahrer holen sie im Einspänner ab und bringen sie zur Großmutter nach Klein Krössin. Auf dem Weg dorthin teilt sie dem Onkel die erfreuliche Nachricht mit, daß sie gestern Dietrich im Tegeler Gefängnis besucht habe und die Mutter inzwischen ihre Verlobung von Pätzig aus öffentlich bekanntgegeben hat. Kaum hält der Wagen in Klein Krössin, springt Maria auch schon vom Sitz, ohne sich dabei vom Kutscher helfen zu lassen. Großmutter Ruth wartet bereits im Garten, mit einem Arm auf den Stock gestützt, der andere ausgestreckt, um die Enkelin zu umarmen. Die Begrüßung ist lang und innig, die Bindung zwischen den beiden ist durch die gemeinsame Zuneigung für Dietrich viel stärker geworden. Maria setzt sich neben die Großmutter, sie winkt ihrem Onkel zum Abschied. Ohne viele Worte zu verschwenden, erzählt sie der Großmutter von ihrem Besuch bei Dietrich gestern nachmittag und von der Bekanntgabe ihrer Verlobung. Dietrich gehe es gut, berichtet sie, und er schicke ihr liebe Grüße.

Nun ist es an der Großmutter zu sprechen, Maria zu erzählen, wie Dietrich ihrem Leben eine so dramatische Wende geben konnte. Man könnte es *Freiheit* nennen – eine innere Freiheit, die einen nicht nur verantwortungsbewußt, sondern sogar couragiert handeln läßt. In Zeiten, wo die Macht des Bösen allgegenwärtig ist, kann die herkömmliche Auffassung der Pflichterfüllung nicht mehr genügen. Es war Dietrich, der sie zu einer neuen Sicht der Dinge geführt hat, zu einem Leben unter Gott, das Risiken in dieser Zeit verlangt. Das Leben wäre leer, voller Verzweiflung, hätte sie nicht die neue Kenntnis von Gottes Absichten und Führung. Die Großmutter schließt mit den Worten: »Maria, hätte ich früher gewußt, was ich heute weiß, wie anders wäre mein Leben verlaufen.«
Die Enkelin beugt sich zur Großmutter und schlingt die Arme um die alte Dame, nicht bereit, diesen Moment des Bedauerns unwidersprochen vorübergehen zu lassen: »Aber Großmama, es wäre lange nicht so interessant gewesen!«

Mit Maria kann man nicht lange ernst bleiben. Ruth erhebt sich von ihrem Stuhl und entschuldigt sich; sie müsse ein Geschenk für den zukünftigen Bräutigam aussuchen. Vom Garten geht sie in das Haus und wählt aus ihrem Bücherschrank eine Biographie über ihren Schwiegervater Hans Hugo von Kleist. Das Buch war vor langer Zeit geschrieben worden, und Ruth hat sich immer ein wenig dafür verantwortlich gefühlt, hat es gewissermaßen aus der Taufe gehoben. Nun nimmt sie an ihrem Schreibtisch Platz und schreibt in dieses Exemplar eine Widmung für Dietrich, die das Datum der Bekanntgabe der Verlobung trägt:

»Dietrich Bonhoeffer von Ruth von Kleist-Retzow, geborene Gräfin von Zedlitz und Trützschler: Es beglückt mich, lieber Dietrich, da ich Dir entscheidende Erkenntnisse meines Lebens verdanke, (Dir) an diesem Tage, an dem Du auch sichtbar in unsere Fami-

343

lie getreten bist, dieses Buch zu überreichen. Der Mann, von dem es redet, hat einen greifbaren Segen hinterlassen, in den auch Du nun eingeschlossen bist.

Klein Krössin (Kieckow), den 24. Juni 1943.«

Plötzlich fühlt sich die Großmutter das erste Mal seit vielen Wochen wieder besser!

AUGUST. Dietrich Bonhoeffer und Hans von Dohnanyi sind noch immer inhaftiert. Dohnanyi ist erkrankt und wurde in das Gefängniskrankenhaus verlegt. Versuche, die Anklage gegen ihn fallenzulassen, sind fehlgeschlagen. Dietrich dagegen ist bei guter Gesundheit. Maria wird später auf unbestimmte Zeit zu seinen Eltern nach Berlin ziehen. Dietrichs Vater Professor Bonhoeffer wird sie als Hilfe für seine Psychiatrie-Praxis anfordern, damit sie in der Nähe ihres Verlobten ist, wenn Gefängnisbesuche erlaubt werden und sie Sprecherlaubnis erhält. Dietrich erkennt die unterschiedlichen Lebensstile der Familien Bonhoeffer und Wedemeyer, an die man sich wird anpassen müssen. An Maria schreibt er:

> »... es ist nun einmal so, daß in unserer Familie solche Dinge fast ganz unausgesprochen bleiben, während man sie bei Euch ausspricht. Es hat gewiß gar keinen Sinn, darüber zu streiten, was 'richtiger' ist. Es sind verschiedene Menschen, die so handeln wie sie innerlich müssen. Aber ich kann mir denken, daß Dir das viele bei uns Unausgesprochene – so auch besonders in religiöser Hinsicht – zunächst schwerfallen wird. Und doch würde ich sehr froh sein, wenn es Dir gelänge, Dich in das Wesen der Eltern so einzuleben, wie ich mich durch Deine Großmutter in das Wesen Eurer Familie einzuleben versucht habe ...«[48]

Maria wird gestattet, jede Woche ein Päckchen nach Tegel zu bringen – mit Büchern, Papier, Bleistiften, Zigaretten, Rasierklingen und allem, was Dietrich benötigt, dazu auch frische Wäsche und Nahrungsmittel. Im letzten Päckchen befanden sich hauptsächlich Leckerbissen aus Pätzig, da es in Berlin in Folge der nächtlichen Bombenangriffe an allem fehlt.

Renate Schleicher und Eberhard Bethge heiraten, doch weder Ruth noch

Dietrich können an dem Fest teilnehmen. In seiner Zelle schreibt Dietrich eine Predigt für diesen Anlaß, sie trifft jedoch nicht rechtzeitig zur Feier ein.

Dietrich verbringt die meiste Zeit mit Schreiben, er arbeitet an einem Roman, der ursprünglich als Theaterstück gedacht war. Außer der Hauptfigur und dem Protagonisten – nämlich Dietrich – spielen darin ein junges Mädchen aus dem südafrikanischen Busch, zweifelsohne Maria; der Vater des Mädchens, der an Hans von Wedemeyer erinnert; eine Großmutter, vielleicht eine Mischung aus Dietrichs eigener Großmutter und Ruth von Kleist; ein Freund (Eberhard?) und die Schwester der Hauptfigur. Der Roman beginnt mit einem Picknick auf dem Lande – der Protagonist, sein Bruder, seine Schwester und sein Freund. Sie unterhalten sich, sie schwimmen, und im Laufe des Nachmittags geraten sie versehentlich auf das Grundstück der südafrikanischen Familie. Irgendwie erinnert die Szene an ein Picknick in Kieckow im Sommer 1941. Der Roman wird nie beendet, denn Dietrich widmet sich, während die Wochen zäh vergehen, immer mehr theologischen Themen. Einmal im Monat werden 15minütige Besuche gestattet, Maria kommt jedesmal. Zudem gilt es, die Briefe zu beantworten. Zuerst werden sie über die offiziellen Kanäle geschickt, dies bedeutet jedoch Zensur und Zeitverlust; später werden sie von einem wohlgesinnten Wachmann aus Dietrichs Zelle heraus- und wieder hineingeschmuggelt.

Nach einem langersehnten Besuch Marias bringt Dietrich die Worte zu Papier, die er in Anwesenheit des Wachpostens nicht sagen konnte:

>»Du kannst es gar nicht ermessen, was es für mich in meiner jetzigen Lage bedeutet, Dich zu haben. Es ist mir gewiß, daß hier eine besondere Führung Gottes über mir waltet. Die Art, wie wir uns gefunden haben, und der Zeitpunkt so kurz vor meiner Verhaftung sind mir zu deutliche Zeichen dafür … Täglich überwältigt es mich aufs neue, wie unverdient ich solches Glück erfuhr, und täglich bewegt es mich tief, in eine wie harte Schule Gott Dich im letzten Jahr genommen hat, und wie es offenbar sein Wille ist, daß ich Dir, kaum daß wir uns kennen, Leid und Kummer zufügen muß … Wenn ich dazu die Lage der Welt, die völlige Dunkelheit über unserem persönlichen Schicksal und meine gegenwärtige Gefangenschaft bedenke, dann kann unser Bund … nur ein

Zeichen der Gnade und Güte Gottes sein, die uns zum Glauben ruft. … Unsere Ehe soll ein Ja zu Gottes Erde sein, sie soll uns den Mut, auf der Erde etwas zu schaffen und zu wirken, stärken. …«[49]

NOVEMBER. Dietrich ist noch immer im Gefängnis; die Anklage wurde nunmehr erhoben auf Wehrkraftzersetzung und in erster Linie Wehrkraftentziehung durch die Intervention von Offizieren der Abwehr. Ein Prozeß wird also doch stattfinden. Noch ist die Gestapo der Verschwörung nicht auf der Spur, die Dietrich, die Abwehr und wichtige Teile der Wehrmacht verbindet. Mit großem Optimismus schreibt Dietrich an Eberhard:

> »Meine Heiratspläne: wenn ich frei bin und noch wenigstens ein paar Monate nicht eingezogen werde, so will ich heiraten. Wenn ich nur 2-3 Wochen frei habe bis zur Einziehung, dann will ich bis Kriegsschluß warten. Was für eine Verlobungszeit haben wir!«[50]

In Klein Krössin schreibt Dietrichs gute Freundin und zukünftige »Großmutter« an Dita Koch:

> »Meine liebe Dita,
> … glücklicherweise haben wir nicht unter Luftangriffen zu leiden, aber die Nähe der Ostfront, an der die meisten unserer Angehörigen kämpfen, ist beunruhigend. … Dazu kommen die Sorgen um Dietrich, und die gehen mir sehr nahe. In letzter Zeit haben wir die Hoffnung aufgegeben, ihn in nicht allzu ferner Zukunft wiederzusehen.
> Wie wunderbar waren die Tage, als ich mit den Enkelkindern nach Finkenwalde fuhr und wir alle zu einem reichen Seelenleben angeleitet wurden. Alle vier Enkelsöhne, die mit mir in Stettin (Finkenwalde) waren, sind (im Kampf) gefallen. Manchmal überwältigt mich einfach der Schmerz. Aber sie haben den Tod überwunden und sind nun in Gottes Händen …
> Leider haben meine Augen stark nachgelassen. Noch kann ich schreiben, auch wenn die Zeilen etwas ungerade sind, aber das Lesen ist schwierig und anstrengend. Hab Dich wohl, liebe Dita,

und behalte mich lieb. Gott beschütze Dich. ... Meine herzlich-
sten Grüße an Werner. Von Herzen, Deine RKR«

DEZEMBER. In seiner Tegeler Zelle führt Dietrich wieder den Stift und
schreibt an Maria:

»... eine Gefängniszelle, in der man wacht, hofft, dies und jenes
– letztlich Nebensächliches – tut und in der man ganz darauf
angewiesen ist, daß die Tür der Befreiung von außen aufgetan
wird, ist gar kein so schlechtes Bild für den Advent. ...«[51]

Gegenüber Eberhard beschreibt er jedoch seine Nöte folgendermaßen:

»Nun sind wir fast ein Jahr verlobt und haben uns noch nie eine
Stunde allein gesehen! Ist das nicht ein Wahnsinn, ... wir müssen
uns über Dinge unterhalten und schreiben, die uns beiden im
Grunde nicht die wichtigsten sind, wir sitzen alle Monate eine
Stunde brav wie auf der Schulbank nebeneinander und werden
wieder auseinandergerissen; wir wissen so gut wie nichts voneinander, haben nichts miteinander erlebt, denn auch diese Monate erleben wir ja getrennt. Maria hält mich für einen Ausbund an
Tugend, Musterhaftigkeit und Christlichkeit, und ich muß, um ihr
Beruhigung zu verschaffen, Briefe schreiben wie ein alter Märtyrer, und ihr Bild von mir wird dadurch immer falscher. Ist das
nicht für sie eine unmögliche Situation? Dabei hält sie sie mit einer
so großartigen Selbstverständlichkeit durch.«[52]

In Kieckow und Klein Krössin sind die Weihnachtsvorbereitungen in
vollem Gang. Großmutter Ruth und Mieze haben alle Dorfbewohner
nach Alter und Geschlecht aufgelistet; die Geschenke, die sie erhalten
werden, sind dieses Jahr selbstgemacht. Die Männer sollen etwas aus der
Schusterwerkstatt bekommen, die noch immer von einem sehr alten, aber
äußerst geschickten Mann geführt wird. Die Geschenke für die Frauen
werden aus Baumwollstoffen gefertigt, die auf dem Dachboden des
Gutshauses aufbewahrt werden. Die Schneiderin ist mit Hilfe von Miezes
Töchtern Ruthe und Elisabeth schon damit beschäftigt, für sie Kittel-
schürzen zu nähen.

Um die im Krieg befindlichen Männer zu ersetzen, wurden dem Gut Kieckow 50 russische Kriegsgefangene zugeteilt, die das Land bearbeiten müssen. Sie sind in einer umgerüsteten Scheune untergebracht und werden ständig von deutschen Soldaten bewacht. In Klein Krössin befindet sich dieselbe Anzahl gefangener Franzosen, die ebenso unter der Aufsicht deutscher Soldaten stehen. Die Soldaten selbst wären nicht das Schlimmste, sie stehen jedoch unter dem Kommando des Ortsgruppenleiters der NSDAP von Groß Tychow – ein Zivilist, der sich rigoros an die Anordnungen der Regierung hält, die die Behandlung von Kriegsgefangenen vorschreiben. Dazu gehört zum Beispiel, daß jedem Gefangenen nur ein Strohsack zusteht und die Nahrungsmittelration auf das absolute Minimum zum Überleben zu beschränken ist. Gleichwohl wird diesen Männern jeden Tag schwere körperliche Arbeit auf dem Gut abverlangt. Von Anfang an hat Hans Jürgen jedem Gefangenen zwei Strohsäcke zuteilen lassen – einen als Unterlage, den anderen zum Zudecken. Anders ließe sich ein Winter in Pommern nicht überleben. Er besteht auch darauf, daß die Gefangenen dieselben Lebensmittelrationen erhalten wie die Landarbeiter. Im Dorf werden die Rationen der Arbeiter mit Früchten und Gemüsen aus den eigenen Gärten aufgebessert, daher teilt Hans Jürgen den Gefangenen zusätzliche Portionen aus den Vorratskammern des Gutshauses zu. Dem Nazi-Aufseher gegenüber, der seine Handlungsweise rügt, erklärt er, man könne nur mit gesunden Arbeitern die Arbeit auf einem Gut bewältigen.

Nach dieser Methode ist Hans Jürgen in den zwei Jahren verfahren, in denen sich Kriegsgefangene auf seinem Land befanden. Freilich begannen die Auseinandersetzungen immer aufs neue, wenn der Ortsgruppenleiter in Groß Tychow ausgetauscht wurde. Trotz mehrmaliger Verwarnungen wegen seiner Verstöße gegen die Behandlung von Gefangenen auf seinem Gut hat Hans Jürgen sein Verhalten nicht geändert. Das Bewußtsein, daß der Landbesitzer in Pommern noch etwas zu sagen hat, bereitet ihm große Genugtuung!

Was aber kann für die Gefangenen an Weihnachten getan werden? Die Frage erfordert viel Fingerspitzengefühl, und Mieze ist diejenige, die eine Lösung findet. Es ist wahrscheinlich, daß die Franzosen der katholischen Kirche angehören, die Sowjets der russisch-orthodoxen. Wie viele andere preußische Protestanten betrachtet auch Mieze Katholiken in vieler Hinsicht als Menschen mit völlig anderer Prägung, vor allem, was die

Verehrung der Mutter Gottes betrifft. Auf der Suche nach Weihnachtskarten mit einer Abbildung der Jungfrau Maria durchkämmt sie mit ihren Töchtern jeden Ort im Kreis Belgard. Für jeden Gefangenen kommt dazu noch ein Geschenk aus Gutsbeständen.

In diesem Advent wird in Pätzig eines ganz besonderen Gefangenen gedacht – Dietrich, der sich noch immer in Tegel hinter Gittern befindet. Die Köchin hat eine extra Portion Weihnachtsplätzchen gebacken, die Maria in einer Schachtel verpackt mit nach Berlin nimmt, wenn ihr die monatliche Sprecherlaubnis gewährt wird. Im Wald schlägt sie mit Hans Werner zusammen einen kleinen Baum, den sie ebenfalls mit dem Zug nach Berlin transportieren wird. Wenige Tage vor Weihnachten trifft Maria mit ihrem Weihnachtsbaum und dem Päckchen im Tegeler Gefängnis ein. Im Besucherraum erweckt der Baum große Heiterkeit, nicht einmal die Wachleute können sich das Lachen verkneifen, da Marias Baum für Dietrichs winzige Zelle, die sie nie gesehen hat, viel zu groß ist. Später wird Dietrich schreiben: »Nicht wahr, selbst wenn wir lachen, sind wir ein wenig traurig.«[53]
Am Heiligen Abend wird Dietrich in den Wachraum des Tegeler Gefängnisses geführt, um dort vor Marias Christbaum zu sitzen.

In Kieckow und Klein Krössin verteilen Mieze und ihre Töchter am Heiligen Abend 100 Weihnachtsgeschenke an die französischen und russischen Gefangenen in den Baracken. Jedes Geschenk besteht aus einem Apfel, einer Kerze und einer Karte mit einem Bild der Jungfrau Maria. Spät in der Nacht werden die Bewohner des Dorfes und des Gutshauses von Kieckow von den tiefen Klängen eines Männerchores aus den Gefangenenquartieren geweckt. Keiner bleibt im Bett, alle stehen sie auf, ziehen sich Mäntel über und gehen nach draußen. Durch die Fenster der umgebauten Scheunen erleuchtet der Schein von fünfzig brennenden Kerzen die schneebedeckte Landschaft, und langsam, mit dem Verstreichen der Minuten, wird das Licht schwächer. Die russischen Gefangenen singen mehrstimmig wunderbar harmonische, melancholische Melodien ihrer Heimat. Die Gedanken gehen zu den tapferen Männern von Kieckow an der Front – ob sie wohl auch, irgendwo in der verschneiten russischen Landschaft, Weihnachtslieder singen?

Am Silvesterabend ist Leutnant Ewald Heinrich von Kleist mit seinem Vater in der Bibliothek des Schmenziner Gutshauses. Überraschend ist er mit der Bahn von seinem Posten in Potsdam hergekommen. Frühmorgens wird er wieder abreisen. Die Doppeltüren zwischen der Bibliothek und der großen Halle sind geschlossen, Vater und Sohn wünschen ungestört miteinander zu sprechen.

Ewald Heinrich steht in engem Kontakt mit Henning von Tresckow und dem Grafen Stauffenberg, den eigentlichen Anführern der militärischen Verschwörung gegen den Führer. Der Grund seines Besuches ist, daß sich eine überraschende Möglichkeit ergeben hat, Adolf Hitler in Berlin zu töten – allerdings bedeutet dies, daß auch Ewald Heinrich dabei sein Leben lassen muß.

Ewald von Kleist antwortet nicht, statt dessen geht er um seinen Schreibtisch herum zum Fenster und blickt hinaus auf das schneebedeckte Land, das einmal diesem, seinem ältesten Sohn gehören wird. Nach einigen Minuten wendet er sich vom Fenster ab und seinem Sohn zu: »Ja, das mußt du tun. Wer in einem solchen Moment versagt, wird nie wieder froh in seinem Leben.«

VII

Die Letzte Matriarchin

1944-1945

Der Führer Lebt!

Januar. Deutschland steht vor der Niederlage. Nordafrika ist nach heftigen Kämpfen, in denen unzählige deutsche Soldaten getötet wurden oder in Gefangenschaft geraten sind, verloren. Deutschlands ehemaliger Verbündeter Italien ist seit dem Sturz des faschistischen Regimes Mussolinis zum Feind geworden. Langsam, aber stetig kämpfen sich amerikanische, britische, französische und polnische Truppen vor; die deutsche Wehrmacht leistet ihnen Widerstand, so gut sie kann, verliert dadurch aber immer mehr Soldaten. An der Ostfront sind russische Truppen von Osten nach Polen einmarschiert. Zweifellos wird die Invasion auf deutsches Gebiet fortgesetzt werden, wenn sich nicht doch noch einige Mutige finden, die Hitler beseitigen und mit Deutschlands Feinden Frieden schließen.

In Berlin meldet sich Oberleutnant Ewald Heinrich von Kleist aus Schmenzin bei Oberst Claus Graf Schenk von Stauffenberg, dem Chef des Stabes beim Befehlshaber des Ersatzheeres: Der Leutnant sei bereit, Hitler aus dem Weg zu räumen. Er wird bei dem Attentatsversuch von seinem Freund Hauptmann Axel von dem Bussche-Streithorst unterstützt werden. Ewald Heinrich, der in Schmenzin mit der Verachtung gegenüber Hitler aufgewachsen ist, bereitet der Mangel an Loyalität keine Probleme. Für Axel erwuchs die Ablehnung Hitlers aus einer jüngeren Erfahrung, die auf einem Erlebnis an der Ostfront vor etwas mehr als einem Jahr beruht. Während der Kämpfe in Lettland kam Axel eines Morgens in die kleine Ortschaft Borisow. Dort wurde er Zeuge, wie mehrere tausend Menschen nackt bei eisiger Kälte Gräben ausheben mußten. Sie wurden von bewaffneten SS-Männern beaufsichtigt. Bussche meldete seine Beobachtung General von Bock von der Heeresgruppe

Mitte, der den Vorfall daraufhin innerhalb von ein paar Stunden aufklären ließ. Es handelte sich um Juden, die man gezwungen hatte, sich zu entkleiden, dann erhielten sie Schaufeln, um ihr eigenes Massengrab auszuheben. Sie mußten sich entlang der Gräben aufstellen und wurden erschossen. In mehreren Schichten übereinander wurden auf diese Weise 5000 lettische Juden an einem einzigen Tag umgebracht.

Die Juden von Borisow waren über die Absichten der SS vorgewarnt worden und hatten den Kommandanten von Borisow um Schutz gebeten, aber er wurde ihnen nicht gewährt. Als der Kommandant den Befehl erhielt, sich bei General von Bock, dem Befehlshaber der Heeresgruppe Mitte, zu melden, beging er auf dem Weg dorthin Selbstmord. Dies war das Ende des Vorfalls. Für Axel von dem Bussche war es damit jedoch nicht getan. Er schwor sich, von nun an mit Oberst Henning von Tresckow in der Verschwörung gegen das Regime mitzuarbeiten. Auf Hennings Veranlassung wird Axel nach Potsdam versetzt, wo er Oberst von Stauffenberg untersteht.

Im Tegeler Gefängnis hat sich die Lage Dietrich Bonhoeffers etwas verbessert, der Vernehmungsbeamte wurde entlassen, die harten Verhöre sind bis auf weiteres ausgesetzt.

FEBRUAR. Am 3. Februar schenkt Dietrichs Nichte Renate Bethge einem Jungen das Leben. Eberhard kann nicht dabeisein, da mittlerweile auch er zum Kriegsdienst eingezogen wurde und irgendwo an der italienischen Front stationiert ist. Der Junge wird auf den Namen Dietrich getauft, nach seinem Paten und Großonkel Dietrich Bonhoeffer! Großmutter Ruth in Klein Krössin ist voller Freude darüber und schreibt dem Vater von Pommern aus:

>»Mein lieber Eberhard!
>Nun ist es da, das kostbare Geschenk aus Gottes Hand! Wie wird es Dich bewegen, daß Du nicht dabeisein konntest, es vielleicht noch lange nicht wirst sehen können, Deine liebe Renate als junge Mutter nicht in die Arme schließen kannst … Nun seid Ihr schon eine richtige Familie, und wie ich Dich kenne, wird Dich das Bewußtsein eines neuen Verantwortungsgefühls stark erfassen. Gottes Segen ruhe auf Euch, täglich, stündlich …

Ach, daß wir den Tag gleichzeitig zu einem besonderen Freudenfest mit Dietrich hätten feiern können! Statt dessen schreibt mir die Maria, daß man noch mit Monaten rechnen müsse. Ich war ganz geknickt. Aber nein, das ist nicht das richtige Wort: Ich bin ja so gewiß, daß nicht Menschen, sondern Gott selbst diese Entscheidung trifft. Und daß unser Anteil nur darin besteht, in Geduld den Zeitpunkt zu erwarten. Es kommt mir sogar vor, als dürfte man sich darüber freuen! Gottes Wege sind oft sehr wunderbar und geheimnisvoll. Ich stelle oft die müßige Frage, ob es gut war, daß Maria in sein Leben trat, ob es die Lage versüßt oder erschwert. Beides ist möglich. Und dann möchte ich die weitere Frage stellen, ob ich den eigenen Wunsch dabei in den Vordergrund gestellt und damit beschleunigt habe, was noch gar nicht reif war. Aber Eberhard, das sage ich nur Dir, und es ist besser, daß Du diesen Gedanken totschlägst. Im Grunde ist es ja Unglaube, so zu denken. Wenn nur nicht ein bißchen Schuldgefühl dabei wäre. So alt bin ich schon und muß doch noch immer erleben, daß ich die große Kunst des Abwartens nicht gelernt habe …

Du mußt mir in Deinem lieben Brief vom 16. Januar, der mich so besonders freute, aber doch nicht so viel Lobenswertes sagen. Wenn Du wüßtest, wie unvollkomen alles in mir ist …

Du wirst inzwischen gehört haben, daß wir am Neujahrstag die Nachricht bekamen, daß Konstantin als vorgeschobener Beobachter in der Gegend Ortona (Italien) vermißt sei … Es folgten 3 schwere Wochen der Ungewißheit für uns. Am 24. Januar kam das gedruckte Formular, daß er lebend und gesund in englische Gefangenschaft gekommen sei, mit seiner Unterschrift und selbst geschriebener Adresse an … Er war schon tot und ist wieder auferstanden. Das Glück kannst Du Dir denken … Nun wird Gott ihm auch helfen, die Gefangenschaft zu ertragen. Er lebt aus Gott. Jürgen Bismarck führt ein Bataillon in gleicher Gegend … Du bist ja, wie ich verstehe, noch nicht im Einsatz? Ach, Gott behüte Dein Leben …

Deine Tante Ruth.«

In Berlin wurde Abwehrchef Canaris entlassen, der Fall wird nun untersucht. Die ganze Abwehr steht unter Verdacht und wurde deshalb in das

Reichssicherheitshauptamt integriert. Zu viele Unregelmäßigkeiten und Aussagen über diese Organisation haben sie in Mißkredit gebracht. Im Hauptquartier des Ersatzheeres in Potsdam ist die Zeit des Handelns gekommen. Für das deutsche Offizierskorps werden neue Uniformen entworfen. Oberst von Stauffenberg hat zwei erfolgversprechende junge Offiziere ausgewählt, die dem Führer die neue Uniform vorführen werden – Leutnant von Kleist und Hauptmann von dem Bussche. Die Modelle der Uniformen wurden per Luftfracht nach Berlin geschickt, ein Termin mit Hitler im Hauptquartier ist vereinbart. Ewald Heinrich und Axel werden verschiedene Ausführungen der neuen Uniform tragen, auf der Innenseite des Waffenrocks wird jeweils einer von Henning von Tresckows Plastiksprengsätzen angebracht sein.

Doch zwei Tage vor dem vereinbarten Termin wird alles abgesagt. Während eines britischen Bombenangriffes auf den Berliner Flugplatz Tempelhof wurde das Frachtflugzeug mit den bereits an Bord befindlichen Uniformen zerstört.

MÄRZ. In Pommern erhält Großmutter Ruth einen Brief von Eberhard, der ihr vom Fronteinsatz in Italien schreibt. Postwendend beantwortet sie seinen Brief:

»Lieber Eberhard!
Heute bekam ich Deinen lieben Brief und danke Dir herzlich dafür ... Von Renate und Deiner Schwiegermutter hatte ich sehr liebe Briefe. Du schreibst so hübsch über Deine junge Ehe. Gott sei Dank, daß es so ist. Es wird ja lange dauern, bis Du Deinen Sohn siehst. Welche Härte.
Was Du über Dietrichs Schicksal schreibst, freut mich besonders. Maria muß sich natürlich durchbeißen, und er wird es wissen und dabei sein eigenes Kreuz tragen, daß er dabei aus der Ferne zusehen muß. Aber ich glaube, daß die gegenseitige Liebe daran wächst, daß eine solche Läuterungszeit für beide nötig war, um zusammenzuwachsen. Ich hatte es mir wohl leichter vorgestellt, als es zu werden begann ...
Ich danke Dir für das Wort von Dietrich, das Du mir schreibst: Ich bin zu stolz, um unglücklich zu werden. Es paßt ausgezeichnet zu der Stelle, an der ich bei meinen Lebenserinnerungen stehe.

Dietrich hat mich wiederholt gebeten, sie fortzusetzen. Ihr werdet sehr enttäuscht darüber sein, wenn sie je fertig werden sollten …
Konstantin ist in amerikanische Gefangenschaft übergegangen und bereitet sich Anfang Februar auf die Seereise vor. Wir hatten einige Briefe von ihm, heiter und gelassen. Nun wird wohl eine längere Pause eintreten. Jürgen (Bismarck) war bei Nettuno (Italien) in schwersten Kämpfen. Gestern kam die Nachricht, daß er mir Splittern in der Wade leicht verwundet im Lazarett in Rieti liegt. Wir danken Gott für die Atempause, der sich vielleicht – vielleicht – ein Genesungsurlaub anschließen könnte.
Gott behüte Dich vor aller Gefahr, mein lieber Eberhard. Es gedenkt Deiner in treuer Liebe,
Deine Tante R.«

Auch Maria von Wedemeyer schreibt an den frischgebackenen Vater im fernen Italien einen aufmunternden Brief:

»Lieber Eberhard!
… Vor allem muß ich Dir jetzt sagen, wie sehr ich mich mit Euch über Euren kleinen Jungen freue. Daß ich alle Freude über seine Geburt gerade … miterleben durfte, war mir ein großes Geschenk. Es ist ein allerliebster kleiner Kerl, wenn man ihn in seinem Körbchen bewundert, kann man gar nicht anders als froh und dankbar werden. Es ist doch jedesmal wieder ein neues, großes Wunder, wenn solch ein kleines Geschöpf zur Welt kommt. Und jetzt in der Kriegszeit, wo alle Gedanken durch Zerstörung, Elend und Tod beladen sind und man oft nicht mehr weiß, wo es hinausgehen soll, hat es so etwas Tröstendes, an dem Bettchen eines so kleinen Kindes stehen zu dürfen. Ich hab' das noch nie so stark empfunden wie diesmal, als ich nach einer langen Fahrt quer durch das völlig zerstörte Berlin in die Wohnstube kam. Auch von Deiner Renate ging so eine wohltuende Ruhe aus, wie sie bescheiden und still in ihrem Bett lag und man ihr die Freude vom Gesicht lesen konnte.
Für mich war es ganz besonders schön, daß ich Dietrich die Nachricht von der Geburt bringen konnte. Doch als ich es ihm gesagt hatte, dachte ich doch, ich säße nun eigentlich zu Unrecht

355

neben ihm. Du hättest da sein müssen und seine Freude hören müssen …

Für Deinen Brief sag ich Dir vielen Dank. Teile daraus hab ich Dietrich bei einer Sprecherlaubnis vorgelesen, und er freute sich nicht weniger als ich darüber. Das war ein netter Gedanke von Dir, mir zu Dietrichs Geburtstag zu schreiben. Auch alles, was Du mir sonst noch Liebes schreibst, hat mich gefreut …

Deinen Urlaub mußt Du Dir etwa auf Ende Mai, Anfang Juni legen. Und dann laß doch gleich auf Deinem Urlaubsschein Bad Schönfließ als Bahnstation von Pätzig mit eintragen. Was meinst Du dazu? …

Dietrich hat sich jetzt auch auf Ende Mai eingestellt und arbeitet viel. Aber er meinte neulich, die schöpferischen Gedanken fehlten ihm und überhaupt, »Semesterferien« würden ihm ganz gut tun. Die Patiencekarten, die Christel ihm zum Geburtstag schickte, hat er aber abgelehnt, er habe zu wenig Zeit, um Patiencen zu legen! …

Fühl Dich bitte nicht verpflichtet, mir auf diesen Brief zu antworten. Ich weiß genau, wie es mit dem Briefeschreiben bei Soldaten ist. Hast Du nicht mal eine braune Paketmarke, die Du mir schicken willst? Ich würde Dir liebend gern ein Päckchen packen, da es für Renate doch oft nicht einfach ist. Laß es Dir recht, recht gut gehen und sei gegrüßt von Deiner Maria.«

In Potsdam wiederholt Oberst von Stauffenberg seine Bemühungen um die Vorführung der Uniformen. Die in Berlin beim Bombenangriff verlorengegangenen Uniformen wurden ersetzt, und ein neuer Termin im Führerhauptquartier ist festgesetzt worden.

Leutnant Ewald Heinrich von Kleist und Hauptmann Axel von dem Bussche stehen im Wartezimmer von Hitlers Hauptquartier. Ihre Haltung ist stolz und aufrecht, wie es einem deutschen Offizier gebührt. Nur selten wird Wehrmachtsoffizieren im Rang eines Leutnants oder Hauptmanns eine Audienz beim Führer gewährt. Keiner käme auf die Idee, daß sie an ihrem Körper Bomben von hoher Sprengkraft mit Zeitzündern tragen. Eine Viertelstunde nach der vereinbarten Zeit ist der Führer noch immer nicht eingetroffen. Langsam werden die beiden Offiziere nervös, behalten aber einen kühlen Kopf. Nach weiteren fünf Minuten klingelt das Telephon; der Führer hat seine Pläne geändert und wird an diesem Vormittag nicht im Hauptquartier erscheinen. Eiligst begeben sich die beiden Männer zu den Toiletten und können die Bomben gerade noch rechtzeitig entschärfen! Wieder einmal hat das Schicksal zugunsten von Adolf Hitler entschieden.

Ewald von Kleist in Schmenzin war über den möglichen Tod Hitlers informiert worden. Trotz des Bewußtseins, daß der Staatsstreich seinem Sohn das Leben kosten kann, wartet er ungeduldig auf den Telephonanruf mit der Erfolgsmeldung. Wäre der Plan erfolgreich, würde er sofort nach Schweden fliegen und mit einer Reihe von britischen und amerikanischen Agenten Kontakt aufnehmen. Als das Telephon endlich läutet, meldet sich am anderen Ende sein Sohn. Der Führer lebt!

APRIL. Mieze und Hans Jürgen gehen jeden Abend früh schlafen. Eine Stunde nach Mitternacht stehen sie wieder auf und begeben sich leise in den Salon des Gutshauses, um dort das Kurzwellenradio aus dem Versteck zu holen. Die Frequenz ist bereits auf die Sendungen der BBC aus London eingestellt. Die schweren Vorhänge sind zugezogen, im Dunkeln hören sie zunächst bedeutungslose, statische Geräusche, sie warten auf die ersten vier Töne der Fünften Symphonie Beethovens: » . . . «. Diese vier Töne ergeben nach dem Morsealphabet den Buchstaben »V«, welcher für »victory« (Sieg) steht, und sie leiten die nächtlichen Nachrichtensendungen der BBC ein – die einzigen Sendungen, die andeutungsweise eine Vorstellung vom wirklichen Stand des Krieges und der Situation an der Front vermitteln. Daß Italien bald verloren ist, zeichnet sich ab, ebenso die bevorstehende Invasion über den englischen Kanal. Für die Bewohner der alten Kleistschen Ländereien ist jedoch die Ostfront am bedrohlichsten. Zwei unausgesprochene Fragen beschäftigen die Eltern, die Großmutter und die Kinder unablässig: Wie weit ist die Rote Armee noch von Kieckow entfernt, und wieviel Zeit verbleibt ihnen?

Das Gutshaus beherbergt zur Zeit jede Menge Gäste – Freunde, Verwandte und manchmal auch Fremde aus westdeutschen Städten, die vor den ständigen Bombardierungen hierher geflüchtet sind. Ein Ende der pausenlosen Bombenangriffe ist noch nicht in Sicht, da reisen einige schon wieder ab und andere nehmen ihre Plätze ein. Die Atmosphäre im Haus ist dauernd gespannt, da man diesen Besuchern nicht blind vertrauen kann. Zwar wurde den Kindern eingeschärft, sie müßten vorsichtig sein mit allem, was sie sagen, eines Tages jedoch erstarrt Mieze fast, als sie hört, wie die Kinder die wohlbekannten vier Anfangstöne der berühmten Beethovensymphonie – und damit den Beginn der BBC-Sendungen – laut singen. Ganz offensichtlich haben sie nachts gelauscht und bedürfen dringendst einer weiteren Warnung.

Auch im Krieg bestehen Hans Jürgen und Mieze auf der Einhaltung der traditionellen Osterbräuche. Früh am Ostersonntag wird die alte Kieckower Kutsche losgeschickt, um Großmutter Ruth abzuholen und sie zum Säulenportal des Gutshauses zu bringen, wo sie zusammen mit Hans Jürgen und seiner Familie die Ostergrüße der Kinder aus dem Dorf entgegennimmt. Es ist kaum Sonnenaufgang, als sie die sich nähernde Prozession der Kinder auf der Straße zum Gutshaus heraufkommen sehen. Alle sind sie zur Feier des Tages mit dem besten, das sie besitzen, herausgeputzt, die Mädchen sind mit langen Schleifen im Haar geschmückt. Jedes Kind trägt im Arm knospende Birkenzweige, die vor Beginn der Fastenzeit geschnitten und im Haus zum Aufgehen gebracht werden. Vor dem Säuleneingang des Gutshauses formieren sich die Kinder im Halbkreis um Hans Jürgen und rufen im Chor: »Der Herr ist auferstanden!« Hans Jürgen antwortet: »Ja, Er ist wahrhaftig auferstanden.« Dann überreicht jedes Kind dem Gutsherrn einen Birkenzweig, spricht einen Bibelvers oder sagt ein Gedicht auf. Zur Belohnung gibt es für jeden ein gefärbtes, hartgekochtes Osterei und eine kleine Münze.

MAI. Dietrich wird noch immer in Tegel festgehalten, jedoch wurden alle Anklagepunkte gegen ihn fallengelassen. Für ihn sieht die Zukunft hoffnungsvoll aus. Für seinen Schwager Hans von Dohnanyi stehen die Dinge aber bei weitem nicht so gut. Er wird im Gefängnis Lehrterstraße gefangengehalten und steht unter dem Verdacht, sehr eng mit Canaris und den Machenschaften der Abwehr in Zusammenhang zu stehen.

JUNI. Am 6. Juni beginnt endlich die seit langem gefürchtete Invasion aus dem Westen – mit der Landung in der Normandie. Dann fällt Rom und mit ihm große Teile Italiens. Am folgenschwersten sind jedoch die Durchbrüche, die den russischen Truppen entlang der gesamten östlichen Front gelingen. Sie stoßen weit auf polnisches Gebiet vor. Innerhalb von drei Wochen vernichten sie 27 deutsche Divisionen.

Vereinzelt überlegen Familien in Pommern und der Neumark bereits, ob sie ihre Kinder nicht in den Westen in Sicherheit bringen sollten. Das Land ganz aufzugeben steht jedoch noch nicht zur Debatte. Weiterhin suchen Flüchtlinge aus Berlin, Hamburg, Köln und anderen durch Bombenangriffe zerstörte Städte Schutz auf den Gütern im »sicheren« deutschen Osten.

In der Wehrmacht ist in bestimmten Offizierskreisen immer noch die Rede von einem Staatsstreich, obwohl die Kontakte zur Abwehr völlig abgerissen sind. Andere sehen jetzt, da die Atlantikinvasion bereits im Gang ist, keinen Grund mehr für einen Putsch, da es keine Hoffnung mehr auf einen verhandelbaren Frieden mit Deutschlands Feinden im Westen gibt.

Oberst von Stauffenberg fungiert weiterhin als Drehpunkt der militärischen Verschwörung in Berlin. Er entsendet einen Boten zu Generalmajor von Tresckow an der Ostfront, um dessen Meinung unter den gegebenen Umständen zu erfahren. Henning gibt dem Boten eine mündliche Nachricht mit:

> »Das Attentat auf Hitler muß erfolgen, um jeden Preis. Sollte es nicht gelingen, so muß trotzdem der Staatsstreich versucht werden. Denn es kommt nicht mehr auf den praktischen Zweck an, sondern darauf, daß die deutsche Widerstandsbewegung vor der Welt und vor der Geschichte … den entscheidenden Wurf gewagt hat. Alles andere ist daneben gleichgültig.«[54]

JULI. Adolf Hitler hat für den 20. Juli in seinem Hauptquartier in Ostpreußen eine Lagebesprechung mit seinem Stab anberaumt. Vom Hauptquartier aus führt Hitler als Oberbefehlshaber der Wehrmacht die deutschen Truppen. Ostpreußen liegt von allen anderen Zentren Deutschlands weit entfernt, nahegelegen ist nur das Kampfgeschehen am nordöstlichen Frontabschnitt. Hitler fühlt sich hier trotz der gefährlichen Nähe der Roten Armee sicherer als in Berlin oder in Berchtesgaden, seinem Zufluchtsort in den Bergen.

Um das Führerhauptquartier in Ostpreußen befinden sich drei Sperrkreise. Für den Zutritt zu jedem Sperrkreis benötigt man einen Ausweis, der nur schwer zu bekommen ist. Für Oberst von Stauffenberg, der heute früh aus Berlin hergeflogen ist, um an der Besprechung teilzunehmen, stellen diese Sperrkreise kein Problem dar. Zwar ist er nicht persönlich eingeladen worden, als Chef des Stabes des deutschen Ersatzheeres genießt er jedoch gewisse Privilegien. Bei seiner Ankunft erfährt Stauffenberg enttäuschende Neuigkeiten – zunächst, daß weder Heinrich Himmler noch Hermann Göring der Besprechung beiwohnen werden, und zweitens, daß die Besprechung statt im üblichen Betonbunker in einer hölzernen Baracke stattfinden wird.

Im Besprechungsraum selbst steht ein großer Kartentisch, an der Wand entlang sind Stühle aufgereiht. Hitler steht über eine am Tisch ausgebreitete Karte gebeugt. Er konzentriert die Aufmerksamkeit aller im Raum Versammelten auf sich. Stauffenberg hat seine Aktentasche, in der sich die Bombe mit dem Zeitzünder befindet, an ein Tischbein neben den Führer gestellt. Während der Führer über militärische Strategien monologisiert, entschuldigt sich Stauffenberg und verläßt unter einem Vorwand das Gebäude.

Wenige Minuten später ereignet sich eine gewaltige Explosion. Aus sicherer Entfernung sieht Stauffenberg, wie die gesamte Wand der Baracke weggerissen wird; Teilnehmer der Besprechung werden durch die Luft geschleudert, alles ist voller Blut. In der darauffolgenden Panik gelingt es Stauffenberg, das Hauptquartier zu verlassen und zu seinem Flugzeug zu gelangen. Er fliegt in der Annahme, Adolf Hitler sei tot, nach Berlin. Aus seinem Flugzeug funkt Stauffenberg das Signal über den durchgeführten Putsch nach Berlin. General Beck, einer der Mitverschwörer, eilt sofort ins Reichskriegsministerium und benachrichtigt telephonisch die Oberkommandierenden aller deutscher Heeresgruppen, daß sie ab sofort unter seinem Kommando stünden. Den Kommandeur der Heeresgruppe Nord weist er an, das Baltikum zu räumen und sich nach Ostpreußen zurückzuziehen. General von Kluge – jetzt Oberbefehlshaber an der Westfront – erhält die Weisung, den Rückzug aus Frankreich und Belgien vorzubereiten.

Am frühen Nachmittag ruft Generaloberst Fromm, der Befehlshaber des Ersatzheeres und einer der Mitverschwörer, den Hitler-treuen General Keitel an, um ihm die Information vom erfolgten Putsch und Hitlers Tod mitzuteilen. Keitel widerspricht seinem Bericht, denn er sei während der Explosion bei Hitler gewesen und habe ihm, nachdem alles vorbei war, persönlich aufgeholfen. Höchst erstaunt über Keitels Behauptung entscheidet General Fromm, seine Befehle bezüglich der internen Lage noch zurückzuhalten.

Als Stauffenberg wieder in seinem Berliner Büro ist, ist der Ablauf des Geschehens bereits bekanntgeworden. Hitler wurde aus dem Raum geschleudert, er hatte nur leichte Brand- und Schürfwunden davongetragen. Der Führer lebt, er ist eigentlich wohlauf! Seine Verletzungen wurden in einem Militärkrankenhaus nahe des ostpreußischen Hauptquartiers behandelt. Derzeit befindet er sich auf einem Rundgang durch die Krankenzimmer, um die verwundeten Soldaten zu begrüßen. Unglücklicherweise kamen durch die Explosion vier Männer ums Leben, darunter war auch Oberst Heinz Brandt vom Stab des Führers – der Offizier, der, ohne es zu wissen, vor einem Jahr die zwei als Cointreau-Flaschen getarnten Bomben transportiert hatte. Wieder einmal ist der Führer einem Attentat entgangen!

HELDENTOD

Im Hauptquartier der Heeresgruppe Mitte, das westwärts nach Ostrow in Polen verlegt wurde, hört Generalmajor Henning von Tresckow die neuesten militärischen Nachrichten. Bei ihm ist sein Mitarbeiter und angeheirateter Neffe, Fabian von Schlabrendorff. Beide Männer wissen nicht, was sie von den Informationen halten sollen, da auf der offenen Frequenz in der offiziellen Nachrichtensendung ein Attentat auf den Führer gemeldet wird, dem er, wie durch ein Wunder, entkommen konnte, sie gleichzeitig jedoch über die militärischen Frequenzen den Befehl erhalten, alle Anweisungen aus Berlin zu ignorieren, da der Führer tot sei. Was ist Gerücht und was Tatsache? Henning entscheidet sich den militärischen Quellen zu vertrauen und an den langersehnten Tod Hitlers zu glauben und weitere Anweisungen abzuwarten; diese jedoch treffen nicht ein.

Um Mitternacht hält der Führer persönlich im Rundfunk eine in ganz Deutschland ausgestrahlte Ansprache. Darin erklärt er seine Trauer über den Tod von vier Männern durch eine Bombe, die für ihn selbst bestimmt gewesen sei, und verspricht der Bevölkerung, daß die Verantwortlichen dieses Verbrechens mit allen zur Verfügung stehenden Mitteln gejagt und zur Rechenschaft gezogen würden. Henning und Fabian erkennen, daß für sie nun alles vorbei ist.

21. JULI. Der Rest der Nacht wird mit intensiven Diskussionen zugebracht – Henning beschließt, sich am Morgen das Leben zu nehmen, während Fabian versucht, ihn davon abzubringen. Als der Morgen graut, spricht Henning weder von der Gefahr, entdeckt und angeklagt zu werden, noch von der Notwendigkeit eines Selbstmordes. Statt dessen hat er zu einer philosophischen Haltung gefunden:

>>Jetzt wird die ganze Welt über uns herfallen und uns beschimpfen. Aber ich bin nach wie vor der felsenfesten Überzeugung, daß wir recht gehandelt haben. Ich halte Hitler nicht nur für den Erzfeind Deutschlands, sondern auch für den Erzfeind der Welt. Wenn ich in wenigen Stunden vor den Richterstuhl Gottes treten werde, um Rechenschaft abzulegen über mein Tun und Unterlassen, so glaube ich mit gutem Gewissen das vertreten zu können, was ich im Kampf gegen Hitler getan habe. Wenn einst Gott Abraham verheißen hat, er werde Sodom nicht verderben, wenn auch nur zehn Gerechte darin seien, so hoffe ich, daß Gott auch Deutschland um unsertwillen nicht vernichten wird. Niemand von uns kann über seinen Tod Klage führen. Wer in unseren Kreis getreten ist, hat damit das Nessushemd angezogen. Der sittliche Wert eines Menschen beginnt erst dort, wo er bereit ist, für seine Überzeugung sein Leben hinzugeben.«[55]

Nun erkennt Fabian, daß Henning zu einer Entscheidung gefunden hat. Die beiden geben einander die Hand, umarmen sich und verabschieden sich zum letzten Mal.
Generalmajor von Tresckow begibt sich am frühen Morgen zu seinem ersten Generalstabsoffizier, einem Major, und weist ihn an, mit ihm zusammen die Front abzufahren. Als sie das Gebiet erreichen, das die russischen von den deutschen Truppen trennt, wird der Major unruhig und fürchtet, sie befänden sich bereits im Niemandsland. Henning befiehlt dem Fahrer jedoch, durch die Frontlinie zu fahren. Am Rande eines kleinen Waldes läßt er den Wagen anhalten, steigt aus und weist seine Begleiter an, zurückzubleiben, während er in den Wald eintritt. Plötzlich

hört man einen Kugelwechsel, als wäre der Generalmajor in einen Hinterhalt geraten. Dann explodiert eine Granate, und schließlich herrscht wieder Stille. Der Major läuft in den Wald in Richtung der Schüsse und entdeckt die Leiche seines Vorgesetzten. Sein Kopf war durch die Handgranate vom Rumpf abgetrennt, seine Pistole war leergeschossen, an ihm selbst fanden sich jedoch keine Einschüsse.

Der Major und der Fahrer kehren mit Hennings Leiche zum Hauptquartier zurück. In seinem offiziellen Bericht schreibt der Major: »Heute morgen ist Generalmajor Henning von Tresckow nach einem Angriff sowjetischer Truppen gefallen.«

Während Fabian und Henning die ganze Nacht in Ostrow diskutiert haben, schliefen die Kleists in Kieckow – zumindest bis zum Morgengrauen. Hans Jürgens Sekretärin, die im Erdgeschoß hinter dem Arbeitszimmer des Gutshauses schläft, wurde um fünf Uhr morgens vom Geräusch der Kieselsteinchen, die gegen ihr Fenster geworfen wurden, geweckt. Im Nu war sie auf und zum Fenster gelaufen. Im Zwielicht des anbrechenden Tages sieht sie den Hauptwachtmeister von Groß Tychow draußen stehen, eine Handvoll Kieselsteine bereithaltend, um nochmal zu werfen. Die junge Frau gibt ihm zu verstehen, daß sie wach sei, zieht sich einen Morgenmantel über und entriegelt die Türe des Gutshauses. Draußen in der Auffahrt wartet ein Polizeiauto, zwei Polizisten gehen daneben auf und ab. Auf dem Rücksitz sitzt der Gutsherr von Schmenzin, Ewald von Kleist. Der Polizeibeamte kommt eilends von der Rückseite des Hauses gelaufen, begrüßt die Sekretärin und entschuldigt sich für sein frühes Erscheinen: »Fräulein, wecken Sie bitte Herrn von Kleist sofort. Er soll sich anziehen und zum Auto kommen. Er steht unter Arrest.«
Innerhalb von fünf Minuten ist Hans Jürgen angezogen und sitzt neben Ewald – seinem Verwandten, seinem Kollegen und vertrauten Freund seit der Kindheit. Die beiden Männer sehen sich nicht an, kein Wort wird gewechselt. Im Hauptquartier der Gestapo sind sie gerade lang genug allein, daß Ewald sich kurz verabschieden kann: »Du wirst eines Tages vielleicht frei sein. Ich werde es nie mehr sein, aber das ist mir nicht so schlimm. Es mag eigenartig klingen, aber ich empfinde es als Triumph, daß die Dinge überhaupt so weit gekommen sind.« Am Mittag ist bereits jeder der beiden allein in einer Zelle des Kösliner Gefängnisses. Im Verlauf desselben Tages kommen Gestapo-Offiziere nach Kieckow,

um die Schreibtische und Schränke nach belastenden Beweisen zu durchsuchen. Inzwischen wurden die Namen einiger Verschwörer öffentlich genannt, darunter auch der von Oberst von Stauffenberg. Die Gestapo ist auf der Suche nach den anderen Mitverschwörern.

In Kieckow wird außer Beweisen über Verbindungen zur Bekennenden Kirche und Verwandschaftsbeziehungen zu Männern und Frauen, die auch auf der Liste der Verdächtigen stehen, nichts gefunden. Anders ist es in Schmenzin. Unter Ewalds Papieren entdeckt die Gestapo ein verhängnisvolles Dokument, das einem Gestapo-Mann eine Belobigung einbringen wird – ein persönlicher Brief Winston Churchills, des britischen Premierministers und Kriegsgegners, handgeschrieben, vom 17. August 1938:

> »Ich bin ebenso sicher wie ich es Ende Juli 1914 war, daß England gemeinsam mit Frankreich marschieren wird, auch die Vereinigen Staaten sind nun starke Gegner der Nazis. Für Demokratien ist es schwer, präzise Erklärungen abzugeben, aber das Schauspiel eines bewaffneten Überfalls der Deutschen auf ein kleines Nachbarland und die nachfolgenden blutigen Kämpfe werden das ganze britische Reich wachrütteln und es zu ernsthaften Entscheidungen zwingen. Ich bitte Sie, lassen Sie sich durch diesen Punkt nicht irritieren. Sollte solch ein Krieg beginnen, würde er, ebenso wie schon der letzte, bis zum bitteren Ende ausgefochten werden, und es wäre nicht so entscheidend zu wissen, was in den ersten Monaten geschehen wird, sondern wo wir uns alle am Ende des dritten oder vierten Jahres befinden werden.«[56]

Der Brief, der im Jahr 1938 die deutschen Generäle nicht ausreichend überzeugen konnte, ist nun, im Jahr 1945, mehr als genug, um Ewald zu überführen.

24. JULI. Der gesamte Generalstab der Heeresgruppe Mitte ist in Ostrow zu einem Gedenkgottesdienst zu Ehren von Generalmajor von Tresckow versammelt, der als Held im Kampf für das Vaterland gefallen ist. Unmittelbar nach dem Gottesdienst wird der Sarg mit Hennings Leichnam in einem Militärfahrzeug nach Wartenberg in die Neumark, die Heimat seiner Ahnen, gebracht. Leutnant von Schlabrendorff wird aufgrund

seiner verwandtschaftlichen Beziehungen dazu bestimmt, den Sarg auf dem Weg dorthin zu begleiten.

Auf die Nachricht vom Tod seines Onkels kommt Christoph von Tresckow, der Erbe von Wartenberg, mit seinem Kommandeur von der Truppe zum Stab der Heeresgruppe. Die Ordonnanzoffiziere beschreiben ihm mit genauen Generalstabskarten den Tod seines Onkels. Ohne daß etwas ausgesprochen wird, verstehen alle die Zusammenhänge.

27. JULI. Eine Verhaftungswelle überrollt die Nation. Jahrelang hatte das Regime Listen geführt, noch hatte man jedoch gezögert zu handeln, vor allem, wenn die Verdächtigen Verbindungen zu einflußreichen Wehrmachtsoffizieren aufzuweisen hatten. Die Entdeckung der Verschwörung in der Abwehr im Juni öffnete die Büchse der Pandora und führte die Gestapo auf Spuren, die ins Auswärtige Amt und zur Armee wiesen. Noch waren die Schuldigen nicht ernsthaft verfolgt worden, jetzt aber, nach ihrer kühnen Tat, ist der gesamte deutsche Justizapparat darauf fixiert, jeden einzelnen aufzuspüren und vor Gericht zu bringen. Die Gestapo ist das Instrument für die Verfolgung und Verhaftung der Täter, das Reichssicherheitshauptamt ist zuständig für das Sammeln von Beweismaterial und für die Strafverfolgung. Die Beweise für Verratsfälle stammen überwiegend aus Zeugenverhören, wobei Geständnisse routinemäßig durch die verschiedenartigsten Formen der Folter gewonnen werden.

Allen, die in irgendeiner Form mit der Opposition in Verbindung standen – sowohl den Frauen als auch den Männern –, ist dies bekannt. Zum Schutz derjenigen, die sich nun in großer Gefahr befinden, zieht man es vor, so wenig wie möglich zu wissen.

In Wartenberg findet heute Hennings Beisetzung statt. Der Sarg ist in der geräumigen Festhalle des Gutshauses zwischen den großen Terrassentüren, die zum Garten hinausführen, aufgebahrt. Dahinter sieht man den See von Wartenberg mit seinem klaren, blauen Wasser. Die Szene unterscheidet sich äußerlich kaum von der vor 17 Jahren, als Hennings Mutter Anni von Tresckow hier aufgebahrt war. Ansonsten jedoch gibt es keine Ähnlichkeiten.

Hennings Witwe Erika heißt die Trauergäste in der Eingangshalle willkommen. Viele sind aus dem Dorf, andere sind mit dem Wagen aus der näheren Umgebung hergekommen. Unzählige sind in Uniform erschienen. Henning von Tresckows Rang und heldenhafter Tod verlangen volle militärische Ehren.

Erika von Tresckow bietet einen äußerst würdevollen Anblick. Ihre tiefschwarze Trauerkleidung ist von einer Eleganz und Machart, die eher an Berlin als an das rauhe Landleben erinnert; sie ist für diesen Anlaß perfekt. Neben ihr stehen die jungen Töchter. Zwei Söhne im Alter von 16 und 17 wurden bereits zum Kriegsdienst eingezogen. Ebenfalls in der Eingangshalle warten Hennings Halbbruder Jürgen von Tresckow, seine Frau Hete und deren 17jähriger Sohn Rüdiger. Jürgen und Hete leiten Gut Wartenberg.

Familie Wedemeyer aus Pätzig hatte Henning und Erika immer sehr nahegestanden. Die Freundschaft basiert auf einer vielfältigen Verbundenheit: der Verwandtschaft von Ruthchen und Henning, der geographischen Nähe von Pätzig und Wartenberg, Henning von Tresckows und Hans von Wedemeyers gemeinsamer Affinität zum Militär sowie deren Verachtung für die Nazis und nun der Witwenstand der beiden Frauen, Ruthchen und Erika, deren Ehemänner an der Front ihr Leben ließen. Von Pätzig aus sind Neffen und Nichten in zwei Wagen über den Weg, der beide Güter verbindet, zur Beerdigung gekommen. Ruthchen betritt als erste das Haus zusammen mit ihrem Sohn Hans Werner und der ältesten Tochter Ruth-Alice von Bismarck aus Kniephof. Ruthchens zweitälteste Tochter Maria ist unter keinen Umständen bereit, derzeit Berlin zu verlassen. Seit dem 20. Juli befindet sich Marias inhaftierter Verlobter in weit größerer Gefahr als jemals zuvor. Die jüngeren Wedemeyer-Kinder sind zu Hause in Pätzig geblieben. Im zweiten Wagen kommen die Bismarcks aus Lasbeck – Maria und Herbert mit ihrer Tochter Luitgarde von Schlabrendorff. Sie sind mit dem Zug bis Pätzig gefahren.

Auffällig ist die Abwesenheit der Kleists aus Kieckow und Klein Krössin. Hans Jürgen ist in Köslin inhaftiert, seine Frau und die Mutter ziehen es vor, in seiner Nähe zu bleiben.

Durch die Anwesenheit so vieler eindrucksvoller Uniformen wird der Beerdigungszug in Wartenberg zu einem unvergessenen Ereignis – zunächst bewegt er sich vom Gutshaus zum Gottesdienst in der Kirche, dann von der Kirche zum Friedhof.

Im Anschluß an die Beerdigung findet ein würdevoller Empfang im Gutshaus von Wartenberg statt, danach kehren die Wagen aus Pätzig über die Feldwege wieder nach Hause zurück. Die Bismarcks verbringen die Nacht auf dem Wedemeyerschen Gut. An diesem Abend spazieren drei Frauen – Ruthchen, Ruth-Alice und Maria von Bismarck – Arm in Arm durch den Park von Pätzig. Keine von ihnen spricht, jede zögert, die Worte auszusprechen, die alle drei für die Wahrheit halten.

Für den übernächsten Tag hat Klaus von Bismarck die Söhne Hennings zu einem Gespräch nach Pätzig eingeladen. Im Pferdewagen kommen Hennings Söhne Mark und Rüdiger, sowie Jürgen von Tresckows Sohn zum Tee ins nahegelegene Gutshaus der Wedemeyers. Im Anschluß bittet Klaus die drei sechzehn- und siebzehnjährigen jungen Männer zu einem vertraulichen Gespräch in den Park. Dort macht er ihnen auf eindringliche Weise klar, daß sie sich auf einschneidende Veränderungen einstellen müßten. Ihre alte Welt werde untergehen und jeder müsse für die eigene Zukunft nun neue Wege finden. Rüdiger von Tresckow, der als einziger den Krieg überlebt, wird dieses Gespräch zeitlebens nicht vergessen.

5. August. Großmutter Ruth wurde der Tod ihres Neffen bislang verschwiegen. Zu viele Fragen sind unbeantwortet geblieben; es ist besser, die Enthüllung der Wahrheit abzuwarten. Ruth soll auch geschont werden, denn die Verhaftung ihres Sohnes Hans Jürgen ist schon mehr als genug für sie. Sie schreibt an Dita Koch, mit der sie seit den Finkenwalder Tagen freundschaftlich verbunden ist. Sorgfältig vermeidet sie, Ditas Ehemann Werner zu erwähnen, der seit seiner Freilassung aus dem Gefängnis ständig von der Gestapo überwacht wird. Derzeit ist er einer Arbeitsbrigade zugeteilt, der die Aufgabe zukommt, abgebrannte Dächer in zerbombten deutschen Städten zu ersetzen.

»Meine liebe Dita!
In den letzten Wochen habe ich mir viele Gedanken um Sie gemacht. Ich habe weder von Ihnen noch von Ihrem Mann gehört. Ich wollte Ihnen schon lange schreiben, aber ich bin einfach nicht dazu gekommen … Jetzt sind Sie ja genauso nah am Kriegsgeschehen wie wir. Man muß schon mutig sein, um nicht zu verza-

gen. Hier kommen ständig Flüchtlinge aus Ostpreußen an. Sie haben alles verloren. Aber das ist nicht das Schlimmste. Auch wir brauchen Ihre Fürbitte. Mein Sohn ist mit anderen vor zwei Wochen verhaftet und noch nicht wieder entlassen worden. Wir kennen den Grund seiner Verhaftung nicht. Er ist völlig von der Außenwelt abgeschnitten – es besteht keine Möglichkeit, Kontakt mit ihm aufzunehmen. Sie nennen es ‚Sperre'. Es ist so schrecklich, daß er nichts von uns weiß und alleine leiden muß, obwohl er doch unschuldig ist. Mein Sohn lebte hier in Frieden und kam nur seiner Arbeit auf dem Gutshof nach. Und gerade jetzt in der Erntezeit ist er nicht da. Wir warten jeden Tag auf seine Rückkehr. Doch wo Tausende Menschen leiden, sollten wir uns nicht beklagen, daß es auch uns getroffen hat. Das Leid, das die ganze Welt bedrückt, ist einfach schrecklich. Meine Schwiegertochter Mieze ist wirklich sehr tapfer. Zwei ihrer Söhne sind auf dem Schlachtfeld gefallen, und ihr ältester Sohn ist in Amerika in Kriegsgefangenschaft. Das ganze Familienunternehmen lastet auf ihren Schultern, und das macht mir sehr zu schaffen. Ich bin nur so froh, daß unser Glaube nicht ins Wanken geraten ist. Im Gegenteil, er wächst mit unseren Bedrängnissen …

Mit meinen Augen wird es immer schlechter. Ich kann fast überhaupt nicht mehr sehen. Aber ich schreibe noch, an manchen Tagen besser als an anderen. Und was erwartet uns? Eberhard ist an der Front in Italien … Mein ältester Enkelsohn Alla Stahlberg ist auch in Italien, in einer vorgeschobenen Position. Möge das Leben gut zu Ihnen sein! … Grüßen Sie Ihren Mann. Ich werde Sie beide nie vergessen.

Von ganzem Herzen, Ihre RKR«

7. AUGUST. Die Spannung im 160 Kilometer von Klein Krössin entfernten Wartenberg wird endlich gelöst. Ein SS-Trupp ist auf dem Weg durch das Dorf Wartenberg in Richtung Friedhof, während ein Dorfbewohner eiligst das Gutshaus davon benachrichtigt. Der Gutsherr macht sich sofort auf den Weg, um die SS-Delegation abzufangen. Deren Anführer ist äußerst kurz angebunden und informiert den Gutsherrn, Henning von Tresckow sei in eine Verschwörung gegen Führer und Vaterland verwickelt gewesen. Ihm seien daher der Offiziersrang und alle Ehrungen ab-

erkannt worden, er sei posthum aus der Wehrmacht ausgestoßen worden; entsprechend den Anweisungen der Regierung müsse sein Leichnam vernichtet werden.

Von allen Einrichtungen der preußischen Güter hatten die Kirche und der Friedhof noch der Kontrolle des Gutsherrn unterstanden, aber nun ist auch das dahin! Jürgen schweigt, er muß mit Bestürzung mitansehen, wie die SS-Männer mit Hacke und Schaufel das Grab öffnen. Sie entnehmen Hennings Sarg und laden ihn auf ihren Lastwagen. Als sie abgefahren sind, weist Jürgen zwei seiner Arbeiter an, das leere Grab mit Erde aufzufüllen.

Im nahegelegenen Pätzig klopft es am Portal des Gutshauses. Ein Diener teilt Ruthchen mit, daß vor der Tür ein Wagen der Gestapo geparkt sei. Sie eilt in die leere Halle, nimmt das Gästebuch der Familie und versteckt es hinter dem Schrank. Dann öffnet sie den Polizisten die Tür. »Es handelt sich nur um eine Formalität«, sagt einer von ihnen. Würde Frau von Wedemeyer sie bitte in das Arbeitszimmer begleiten?

Nach einem sechsstündigen Verhör hinter verschlossenen Türen verlassen die Gestapoleute das Haus. Wie sich herausstellte, weiß Ruthchen sehr wenig; noch weniger aber hat sie mitgeteilt. An diesem Abend, nachdem die Kinder zu Bett gebracht sind, nimmt Ruthchen zum letzten Mal das Gästebuch von Pätzig zur Hand und liest all die Namen – von vielen Verwandten und Freunden, darunter viele tapfere Freunde, die heute als Verräter bezeichnet werden. Als sie fertig ist, hält sie ein brennendes Streichholz an das Buch und übergibt es den Flammen im Kamin.

8. AUGUST. Die Liste der Verräter wird länger und länger, die Namen werden im deutschen Rundfunk wiederholt genannt. Selbst den Soldaten an der Front wird nicht mehr verheimlicht, was zu Hause vorgeht. Auch sie müssen erfahren, daß Verräter bis in die höchsten Kreise der Wehrmacht vorgedrungen waren.

Auf einem Berggipfel irgendwo in Norditalien ruht sich Oberst Gerd von Tresckow gerade vor seinem Zelt aus und hört den deutschen Sender. Gerd ist Hennings Bruder und Ruth von Kleists Neffe. Als Kind hatte er Tante Ruth durch sein ernsthaftes Naturell in Erstaunen versetzt, später sprach sie oft von einem Besuch der beiden Tresckow-Brüder in ihrer

Stettiner »Kinderpension«. Es war noch vor dem letzten Krieg, als die Familie zur Hochzeit von Maria und Herbert von Bismarck angereist war. Die Tresckow-Kinder waren noch sehr jung. Während Henning mit seinen Vettern und Cousinen draußen im Garten herumtollte, ging der achtjährige Gerd in Ruths Wohnzimmer auf und ab. Die Hände hielt er fest auf dem Rücken verschränkt. Auf Ruths Frage, was ihn bedrücke, antwortete Gerd: »Ich denke über Deutschland nach.«

An seinem freien Tag ergeht es Gerd nicht anders, er denkt über Deutschland nach. Er hat soeben im Radio die Nachricht vom Verrat und vom Tod seines Bruders gehört. Umgehend begibt er sich in sein Zelt und kleidet sich in eine frische Uniform, meldet sich im Hauptquartier seines Kommandeurs und konfrontiert seinen Vorgesetzten mit der Aussage: »Herr General, ich bin mit meinem Bruder und seinen Taten einer Meinung.« Sein Vorgesetzter glaubt ihm nicht. Auch er hat die Nachrichten über Generalmajor von Tresckow gehört, warnt aber den Oberst, Stillschweigen zu bewahren. Er erkennt, wie verzweifelt Gerd ist, und versichert ihm, er habe nichts gehört, erteilt ihm aber die Anweisung, sich zusammenzureißen. Der General bietet Oberst von Tresckow sogar an, ihn an einen Erholungsort zu versetzen. Als der Oberst ablehnt, befreit er ihn für einen Tag vom Dienst und befiehlt ihm, er solle sich in seinem Quartier ausruhen.

9. AUGUST. Vor dem Frühstück erscheint Oberst von Tresckow wieder im Zelt seines Kommandeurs: »Herr General, ich bin mit meinem Bruder einer Meinung.« Diesmal ist der General nicht allein. Im Beisein von Zeugen bleibt ihm jetzt nichts anderes übrig, als den Oberst verhaften zu lassen. Gegen Ende des Tages befindet sich Gerd von Tresckow auf dem Weg zur »Vernehmung« nach Berlin.

Einen Monat später wird Gerd von Tresckow in einem Berliner Gefängnis den Entschluß fassen, er sei nun genug gefoltert worden, er nimmt eine Rasierklinge und öffnet sich die Pulsadern.

15. AUGUST. Luitgarde verabschiedet sich von Lasbeck und ihren Eltern. Zum dritten Mal schwanger, besteigt sie zusammen mit ihren zwei kleinen Kindern und ihren jüngeren Brüdern, Gottfried und Fritz Christoph von Bismarck, den Zug nach Westen. Das Ziel ihrer Reise sind Fabians Verwandte in Bayern.

15. August. Die Tage nach der Beerdigung verbringen die Witwe und die beiden Töchter Henning von Tresckows auf Wartenberg. Da sie damit rechnen, daß die Gestapo in nächster Zeit dort erscheinen wird, will Erika erst später wieder nach Potsdam, wo ihre Mutter, die Witwe General Erich von Falkenhayns, der im 1. Weltkrieg Chef des deutschen Generalstabes war, im Schloß Lindstedt wohnt.

An diesem Morgen erscheint die Gestapo im Gutshaus, um die Witwe und ihre fünf- und dreizehnjährigen Töchter festzunehmen, und ins Untersuchungsgefängnis nach Berlin zu transportieren. Der Gutsherr von Wartenberg, Jürgen von Tresckow, überlegt, ob er die Verhaftung durch Waffengewalt verhindern soll, und entschließt sich doch lieber zu vorsichtigem Verhalten, um die Familie nicht noch weiteren Gefährdungen auszusetzen. Auf Erikas Protest: »Warum die Kinder?« erhält sie lediglich die Antwort: »Befehle!« Mehr wissen diese Beamten nicht.

Die beiden Mädchen werden im Untersuchungsgefängnis von ihrer Mutter getrennt und nach einigen Tagen unter falschem Namen in das Nazi-Umerziehungsheim in Bad Sachsa gebracht.

Erika wird im Gefängnis an der Prinz-Albrecht-Straße festgehalten und die nächsten Wochen von Gestapo-Kommissar Habecker verhört, einem Spezialisten für die Aktivitäten der Verschwörer des 20. Juli. In den Vernehmungen gelingt es Erika, einen überzeugenden Eindruck von ihrer Unwissenheit hinsichtlich der Aktivitäten ihres Mannes zu vermitteln, obwohl sie die Schreibarbeiten für die Umsturzpläne erledigt hatte und sehr wohl von ihrem Mann eingeweiht war und wußte, worum es ging und wer im weiteren beteiligt war.

Am 2. Oktober wird Habecker die Freilassung der Gefangenen anordnen. Erika gelingt die Entlassung ihrer Töchter und kehrt mit ihnen nach Wartenberg zurück, das sie erst Ende Januar 1945 für immer verlassen wird.

17. AUGUST. Im Hauptquartier der Heeresgruppe Mitte in Polen wird Leutnant Fabian von Schlabrendorff noch vor dem Morgengrauen unsanft geweckt. Auch für ihn ist nun das Doppelleben vorbei. Drei militärische Bewacher – ein Leutnant und zwei Feldwebel – führen ihn ab, sie

bringen ihn in einem Wagen zu einem Bahnhof in Ostpreußen, von dort mit dem Zug nach Berlin.

18. AUGUST. Spätabends wird Fabian in das berüchtigte Gestapo-Gefängnis an der Prinz-Albrecht-Straße eingeliefert. Hier wird er der Gestapo übergeben, zum ersten Mal werden ihm Handschellen angelegt. In zwei Tagen werden die Verhöre beginnen – unter der Leitung von Kommissar Habeker.

Am selben Abend treffen sich in einem anderen Berliner Gefängnis, in Moabit, zwei Mitglieder der Familie Kleist. Ewald von Kleist wurde soeben vom Kösliner Gefängnis hierhergebracht. Seine Hände sind auf dem Rücken gefesselt. Ewald Heinrich von Kleist, ebenfalls in Handschellen, wurde von der Militärpolizei direkt an der Front abgeholt. Vater und Sohn werden mit dem Gesicht zur Wand nebeneinandergestellt. Der ältere flüstert dem jüngeren Mann eine Ermahnung zu: »Was auch geschieht, verliere niemals die Beherrschung.« Ewald ist seinem Sohn noch immer ein Vater.

25. AUGUST. Fabian von Schlabrendorff muß seine Gefängniszelle verlassen und wird mit einem Wagen zum Konzentrationslager Sachsenhausen in der Nähe Berlins gebracht. Dort wird er zum Sarg seines Verwandten und Vertrauten Henning von Tresckow geführt. Das Reichssicherheitshauptamt beabsichtigt, Fabian ein Geständnis zu entlocken, indem sie ihn mit einem Beweis von Hennings Doppelmoral konfrontieren. Es wurde festgestellt, daß Generalmajor von Tresckow Hitlers Befehle einige Male umgangen und Rückzug angeordnet hatte, wenn alles andere sinnlos erschien. Daraus ziehen sie nun den Schluß, er sei zu den Russen übergelaufen und in dem Sarg müsse sich die Leiche eines russischen Soldaten befinden. Fabian widerspricht dieser Theorie vehement; die Ankläger aber hoffen, durch die Vorlage von Beweisen Fabians Geständnis über seine eigene Rolle in der Verschwörung zu erhalten. In seiner Anwesenheit wird der Sarg geöffnet, die Hülle um Hennings Leiche aufgerissen. Ein kurzer Blick auf den Inhalt überzeugt die Beamten, daß sie einem Irrtum erlegen sind. Vor den Augen Fabians wird die Leiche angezündet und verbrannt.

SEPTEMBER. Wiederholt wurde Fabian grausamen Verhören unterzogen.

Er wurde nachts am Schlafen gehindert, wurde in überheizte Räume gesperrt, es wurden ihm Besuche verweigert, Briefe untersagt, und trotzdem hat er nichts über seine Rolle in der Verschwörung gegen das Reich zugegeben oder andere einer solchen Verschwörung bezichtigt. Fabian von Schlabrendorff (der Rang des Leutnants wurde ihm mit der unehrenhaften Entlassung aus dem Offizierskorps aberkannt) kooperiert nicht mit dem Reichssicherheitshauptamt, das den Auftrag hat, in dieser Angelegenheit die Wahrheit aufzuspüren.

Daher beschließt Habeker, mehr Druck auf den Gefangenen auszuüben. Fabian, der die Torturen überleben wird, beschreibt sie später folgendermaßen:

> »Die Folterung wurde in vier Stufen vollzogen. Die erste Stufe bestand darin, daß meine Hände auf dem Rücken gefesselt wurden. Dann wurde über beide Hände eine Vorrichtung geschoben, die alle zehn Finger einzeln umfaßte. An der Innenseite dieser Vorrichtung waren eiserne Dornen angebracht, die auf die Fingerwurzeln einwirkten. Mittels einer Schraube wurde die ganze Maschinerie zusammengepreßt, so daß sich die Dornen in die Finger einbohrten.
>
> Die zweite Stufe war folgende: Ich wurde auf eine Vorrichtung gebunden, die einem Bettgestell glich, und zwar mit dem Gesicht nach unten. Eine Decke wurde mir über den Kopf gelegt. Dann wurde über jedes der bloßen Beine eine Art Ofenrohr gestülpt. Auf der Innenseite dieser beiden Röhren waren Nägel befestigt. Wiederum war es durch eine Schraubvorrichtung möglich, die Wände der Röhren zusammenzupressen, so daß sich die Nägel in Ober- und Unterschenkel einbohrten.
>
> Für die dritte Stufe diente als Hauptvorrichtung das ‚Bettgestell'. Ich war, wie vorher, auf dieses gefesselt, während der Kopf mit einer Decke zugedeckt war. Dann wurde das Gestell mittels einer Vorrichtung entweder ruckartig oder langsam auseinandergezogen, so daß der gefesselte Körper gezwungen war, die Bewegung dieses Prokrustesbettes mitzumachen.
>
> In der vierten Stufe wurde ich mittels einer besonderen Fesselung krumm zusammengebunden, und zwar so, daß der Körper sich weder rückwärts noch seitwärts bewegen konnte. Dann schlugen

der Kriminalkommissar und der Wachtmeister mit dicken Knüppeln von rückwärts auf mich ein, so daß ich bei jedem Schlag nach vorne überfiel und infolge der auf dem Rücken gefesselten Hände mit aller Gewalt auf Gesicht und Kopf schlug.«[57]

Während dieser vierten Stufe verliert Fabian das Bewußtsein. Er wird in seine Zelle zurückgebracht und dort vom Gefängnisarzt behandelt. Als er sich ein wenig erholt hat und die offenen Wunden zu heilen beginnen, wird die Folterung wiederholt – Stufe eins, Stufe zwei, Stufe drei und Stufe vier. Dies sind die Methoden im Gefängnis an der Prinz-Albrecht-Straße.

OKTOBER. Die Prinz-Albrecht-Straße ist der zentrale Ort, von dem aus alle Aspekte der Verschwörung aufzuklären sind, die zum Ereignis des 20. Juli führten. Den Behörden ist es gelungen, Verbindungen zwischen der Abwehr, also der Spionageabwehrorganisation der Wehrmacht, und einer Gruppe hochrangiger Offiziere sowie einer Gruppe im Auswärtigen Amt aufzudecken. Alle Verdächtigten sind in diesem Gefängnis untergebracht. Die Liste der Häftlinge liest sich fast wie ein Kleistsches Familientreffen – Fabian von Schlabrendorff, der Onkel seiner Frau, Hans Jürgen von Kleist, Ewald von Kleist-Schmenzin, Ewalds Sohn Ewald Heinrich und Dietrich Bonhoeffer, der durch seine bevorstehende Hochzeit mit Maria von Wedemeyer bald Mitglied der Familie sein wird. Der Gruppe der Häftlinge gehören fast alle männlichen Familienmitglieder im engeren Kreis um Ruth von Kleist, der Matriarchin aus Kieckow, an.
Dietrichs Bruder Klaus Bonhoeffer und sein Schwager Rüdiger Schleicher werden im Gefängnis Lehrterstraße festgehalten. Bald wird auch Schleichers Schwiegersohn Eberhard Bethge dazugehören. Zu den Verhören werden die Männer aus der Lehrterstraße in die dafür vorgesehenen Räume in der Prinz-Albrecht-Straße gebracht.
In beiden Gefängnissen sind weitere Gefangene inhaftiert. Admiral Canaris und General Oster, beide von der Abwehr, auch zahlreiche andere – Verschwörer und Unbeteiligte – sind hier, sie sind einer Behandlung ausgesetzt, die von mutwilliger Vernachlässigung bis hin zu wiederholter Folterung reicht.

Ruth in Klein Krössin leidet äußerlich zunehmend unter ihrer dahinschwindenden Sehkraft und innerlich unter den Sorgen um ihre Lieben an der Front oder im Gefängnis. Wieder schreibt sie an Dita Koch, die an einem Ort wohnt, der auf der Achse des amerikanischen Vormarschs liegt:

»Meine liebe Dita!
Wird dieser Brief Sie wohl noch erreichen, oder sind Sie jetzt schon außer Reichweite? In der letzten Zeit ist es mir nicht so gut ergangen. Ich wollte Ihnen schon schreiben, um Ihnen alle Einzelheiten zu erzählen und mich für Ihren lieben Brief bedanken, den Sie mir vor so langer Zeit – am 16. August – geschrieben haben. Wahrscheinlich mußten Sie bereits Ihr Haus verlassen, oder die Postverbindungen sind unterbrochen. Wie sehr ich doch an Sie denke und an alles Leid, das Sie ertragen müssen. Und hier schreibe ich Ihnen nun, obwohl Sie den Brief vielleicht nie bekommen werden. Wenn ich Zeitung lese und dem Geschehen im Westen folge, sind meine Gedanken ganz bei Ihnen. Ich stelle mir vor, daß ich mich fest entschlossen an mein Land klammern und mein Zuhause nicht verlassen würde. Aber wer kann schon sagen, was man in Ihrer Situation tun sollte oder tun kann. Wir wissen nicht, ob wir uns nicht früher oder später in einer ähnlichen Situation befinden werden. In unserem Fall wird es noch problematischer. Es ist mir jetzt bewußter als je zuvor, daß diese Welt uns keine Sicherheit bietet und wir uns ganz auf Gottes Fürsorge verlassen müssen.
Ich danke Ihnen so sehr für den wertvollen Aufsatz, den Ihr Mann mir schickte. Können Sie glauben, daß er mir erst vor einer Woche laut vorgelesen wurde? Früher war es nicht möglich. Er paßte so gut zu einem Brief von Dietrich, den ich kürzlich über Eberhard erhielt. Es geht um tiefgreifende theologische Angelegenheiten. Jetzt gibt es so wenig Gelegenheit, über solche Dinge zu sprechen. Jeder ist so mit der Gegenwart beschäftigt, daß keine Kraft übrigbleibt, um solchen Problemen nachzugehen. Könnte ich doch nur mit Ihrem Mann über diese Dinge sprechen! Wir sind alle auseinandergerissen und können uns nicht mehr austauschen.

Sie schreiben so einfühlsam. Ja, Sie gehören zu denen, die schon vor langer Zeit erlitten haben, was wir jetzt erleiden (die Gefangennahme eines Angehörigen durch die Nazis). Ich erinnere mich oft daran, daß ich durch Sie zum ersten Mal mit dieser Art Leid konfrontiert wurde. Sie haben recht, wenn Sie annehmen, daß sich bis jetzt nichts geändert hat. Noch immer haben wir nicht die geringste Ahnung, wann es ein Ende haben wird. Aber keiner wagt, etwas zu sagen. Das Leben ist nicht mehr wie früher, als es noch zu den wichtigen Dingen gehörte, zu entscheiden, wo man in Wiesbaden Tennis spielen sollte. Darf ich Werners Aufsatz behalten oder soll ich ihn zurückschicken? Wenn Sie Ihrem Mann schreiben, grüßen Sie ihn bitte ganz herzlich von mir. Ich kann nur sagen, Gott möge Sie beide und auch Ihre liebe Mutter bewahren. In treuer Verbundenheit,
Ihre RKR«

NOVEMBER. Maria von Wedemeyer wohnt weiterhin bei Dietrichs Eltern in Berlin. Auch hier fallen britische oder amerikanische Bomben, die Zerstörung ist jedoch längst nicht so verheerend wie in der Berliner Innenstadt. Die Häuser der Familien Bonhoeffer und Schleicher sind fast unversehrt geblieben. Dennoch lebt die Familie unter ständigem Druck, sowohl aus Angst vor Bombenangriffen als auch aus Sorge um ihre beiden inhaftierten Söhne und die beiden Schwiegersöhne. Wären sie nicht im Gefängnis, hätten Frau Bonhoeffer und ihre Töchter längst die Stadt verlassen.
Maria bringt jeden Mittwoch Päckchen in das Gefängnis. Es ist ihr nicht gestattet, Dietrich oder ihre diversen Angehörigen zu besuchen, sie hat aber mit dem Gefängnisdirektor eine Art persönliche Absprache getroffen. So kann sie festlegen, dieses Päckchen müsse hierhin, jenes dorthin, einige in das Hauptgefängnis und andere in den Anbau – was selbstverständlich gegen die Gefängnisregeln verstößt. Aber so kann sie wenigstens allen, die ihr nahestehen, im Gefängnis ein bißchen von den spärlichen Rationen des Hauses Bonhoeffer und vom Pätziger Land zukommen lassen.

Wie Mieze von Kleist aus Kieckow ist auch Alice von Kleist aus Schmenzin jeweils für einige Tage in Berlin. Sie hegen, weit entfernt von ihren Ländereien und Kindern, die schwache Hoffnung, ihre Ehemänner wenigstens für eine Viertelstunde besuchen zu können. Meist werden sie enttäuscht. Auch Luitgarde ist tageweise in Berlin, um die Möglichkeit eines Besuches bei Fabian nicht ungenutzt zu lassen. Ihre Kinder und jüngeren Brüder hat sie bei einem Kindermädchen in Bayern gelassen.

DEZEMBER. Während der ersten Adventwoche wird Ewald Heinrich von Kleist auf persönliche Anordnung des Führers aus dem Gefängnis entlassen. Einige sind der Überzeugung, Ewald Heinrich und sein Freund Axel, der nie verhaftet wurde, seien von allen die Mutigsten gewesen mit den geschärften Bomben an ihren Körpern und der Bereitschaft, mit dem Opfer in den Tod zu gehen. Hitler hatte Ewald Heinrichs Namen auf der Liste von Gefangenen entdeckt, eine Liste, die er von Zeit zu Zeit persönlich überprüft. Irrtümlich glaubte er, dieser Kleist sei der Sohn General Ewald von Kleists (eines entfernten Verwandten von Ewald von Kleist aus Schmenzin). Eine Weihnachtsüberraschung für einen vertrauenswürdigen General könne nicht schaden, meint der Führer.
Ewald Heinrich erhält den Befehl, sich sofort bei seiner Fronteinheit zu melden. Er entschließt sich jedoch, nicht zu gehorchen und statt dessen in Berlin in den Untergrund zu gehen. Einen Tag später erhält Alice von Kleist die Erlaubnis, ihren Mann zu besuchen. Es wird das letzte Mal sein. Nach dem Besuch schreibt Ewald:

> »Gestern habe ich Dich endlich gesehen und gesprochen. Das war mein letzter großer Wunsch. Ich war immer in Unruhe, daß wie der etwas dazwischenkommen würde. Nun habe ich diese letzte große Freude noch erlebt. Ich danke Gott dafür, und daß er Dich in dem schweren Luftangriff behütet hat. Wie glücklich hast Du mich in dieser kurzen halben Stunde gemacht. Nun habe ich Dich wohl zum letzten Mal in diesem Leben gesehen. Der Abschied war mir doch sehr schwer. Ich habe Dich bewundert, wie stark Du Dich in der Hand hattest und Deinen Schmerz nicht zeigtest. Gott hat Dir viel Kraft gegeben. Das ist mir ein so großer Trost. Ewald Heinrich auf freiem Fuß! Gott sei gedankt.
> Nach menschlichem Ermessen werde ich Euch alle nie wiedersehen – nie wieder. Und dennoch: Dein Wille geschehe.«[58]

Hans Jürgen wird weiterhin von Kommissar Habeker verhört, der die Anklage vorbereitet. Wie sich herausstellt, ist Habeker jedoch weniger an Hans Jürgen selbst als an seinem Wissen über die Taten anderer interessiert. Als Hans Jürgen sich weigert, Namen preiszugeben, droht ihm Habeker wiederholt mit Folterung. Hans Jürgen ist auf diese Möglichkeit vorbereitet und überzeugt, daß sie dazu führen würde, andere zu verraten. Beim Gefängnisfriseur konnte er kürzlich eine Rasierklinge entwenden und in einem Stück Seife verstecken. Zusätzlich hat er in seiner Zelle auch einen Stahlnagel sorgfältig versteckt.

Frühmorgens am zweiten Adventsonntag führt der Häftling ein Zwiegespräch mit Gott: Sollte er im Laufe des heutigen Tages kein Zeichen erhalten, so werde er sich kommende Nacht das Leben nehmen. Zum Schutz der anderen biete sich ihm keine Alternative. Mittags übergibt ihm der Wachbeamte in der Zelle ein Päckchen von Mieze – mit frischer Wäsche und einem winzigen Weihnachtsbaum, an dem ein kleiner hölzerner Engel befestigt ist. Für Hans Jürgen ist dieser Engel das Zeichen, auf das er gewartet hat. Er stellt den Baum auf seinen Hocker und steckt den Engel in die Tasche. An den darauffolgenden Tagen wird Hans Jürgen ohne Gnade verhört. Während schlafloser Nächte berührt er oft den Engel in seiner Tasche. Die angedrohten Folterungen bleiben aus.

Dietrich Bonhoeffer wird kaum mehr aus seiner Zelle im Keller geholt. Er ist ständig in Isolationshaft, manchmal ist er von inneren Qualen gepeinigt, doch verhört wird er nicht mehr. In den Verhören hat er die Beamten verblüfft, indem er alle Verbindungen, die in den Untersuchungen aufgedeckt wurden, zugab – Kontakte nach Schweden, in die Schweiz und auch nach England. Dietrich streitet nichts ab. Es ist ihm aber gelungen, gefährliche Informationen – beispielsweise die Mitteilungen der Verschwörer der Abwehr an ihre Agenten im Ausland – zurückzuhalten. Noch immer kann er Gott dafür danken, daß er anderen keinen Schaden zugefügt hat. Am 19. Dezember schreibt er Maria einen Weihnachtsbrief, der sein letzter Brief an sie sein wird:

> »Es werden sehr stille Tage in unsern Häusern sein. Aber ich habe immer wieder die Erfahrung gemacht, je stiller es um mich herum geworden ist, desto deutlicher habe ich die Verbindung mit Euch gespürt. Es ist, als ob die Seele in der Einsamkeit Organe

ausbildet, die wir im Alltag kaum kennen. So habe ich mich noch keinen Augenblick allein und verlassen gefühlt. Du, die Eltern, Ihr alle, die Freunde und Schüler im Feld, Ihr seid mir immer ganz gegenwärtig. Eure Gebete und guten Gedanken, Bibelworte, längst vergangene Gespräche, Musikstücke, Bücher bekommen Leben und Wirklichkeit wie nie zuvor.

Es ist ein großes unsichtbares Reich, in dem man lebt und an dessen Realität man keinen Zweifel hat. Wenn es im alten Kinderlied von den Engeln heißt: ‚Zweie, die mich decken, zweie, die mich wecken', so ist diese Bewahrung am Abend und am Morgen durch gute unsichtbare Mächte etwas, was wir Erwachsenen heute nicht weniger brauchen als die Kinder. Du darfst also nicht denken, ich sei unglücklich. Was heißt denn glücklich und unglücklich? Es hängt ja so wenig von den Umständen ab, sondern eigentlich nur von dem, was im Menschen vorgeht. Ich bin jeden Tag froh, daß ich Dich, Euch habe, und das macht mich glücklich froh.«[59]

Am 23. Dezember wird Luitgarde eine 15minütige Sprecherlaubnis mit Fabian gewährt. Sie unterhalten sich mehr mit Blicken als mit Worten. Wenige Stunden später beginnen bei ihr die Wehen einzusetzen, und sie bringt ihr drittes Kind, einen Jungen, zur Welt. Zwei Wochen später, noch in Berlin, wird das Kind bei einer schlichten Feier getauft. Seine Urgroßmutter Ruth von Kleist wird in Abwesenheit zur Patin erklärt. Luitgarde erhalt die Erlaubnis zu einem weiteren Besuch bei ihrem inhaftierten Mann, diesmal mit dem Neugeborenen auf den Armen. Danach verläßt sie Berlin und fährt zurück zu ihren anderen Kindern nach Bayern.

FEUERSTURM

1945. Sechs Monate lang haben die Russen Fernmeldeverbindungen und Nachschublinien östlich der Weichsel in Polen aufgebaut. Die Rote Armee ist der Wehrmacht nun zahlenmäßig an Panzern und Fahrzeugen, vor allem aber an Soldaten stark überlegen. Hitlers Entscheidung, eine letzte verzweifelte Gegenoffensive im Westen zu wagen, die später unter dem Namen Ardennenoffensive bekannt wurde, konnte die Situation nur noch verschlimmern, da auf diese Weise weitere Kräfte von der zusammenbrechenden Ostfront abgezogen wurden.

12. JANUAR. An diesem Tag beginnt eine russische Offensive, die in die Geschichte eingehen wird. Innerhalb von nur zwei Wochen wird die Rote Armee Krakau einnehmen, Warschau einkreisen, bis zur Ostsee bei Danzig und weit nach Schlesien und in die Neumark bis zur Oder vorstoßen.

21. JANUAR. In einer mittleren Kleinstadt nahe Breslau, wo der Urgroßvater Graf Robert von Zedlitz und Trützschler einst den Posten als Oberpräsident von Schlesien innehatte, heiratet Hans Conrad Stahlberg Maria von Loesch. Auch sie entstammt einem Zweig der Familie Zedlitz, daher mutet die Feier fast wie ein Familientreffen der Zedlitz an. Hans Conrads Mutter Spes ist unter vielen Schwierigkeiten aus Berlin gekommen. Derzeit fährt niemand freiwillig nach Schlesien, im Gegenteil, die Menschen verlassen das Land, da es zum Kriegsschauplatz geworden ist. Nicht jedoch Spes Stahlberg! Sie ist mit einem selbstverfaßten, humorvollen Gedicht gekommen, das später einmal an den Anlaß erinnern soll. Stefan und Lene, Graf und Gräfin von Zedlitz und Trützschler, sind von ihrem nahegelegenen Gut angereist. Hans Conrads Großonkel Stefan ist ein Bruder von Großmutter Ruth. Die Großmutter ist die heute am schmerzlichsten vermißte Person.
Hans Conrads Schwester Raba lebt mit ihrem Mann in der Nähe von Breslau. Auch diese beiden haben sich eingefunden, genau wie Alla, der Bruder. Jener ist Adjutant General Erich von Mansteins, der ebenfalls unter den Gästen ist. Der General ist seit langem mit der Familie Zedlitz befreundet. Den weitesten Weg hat die 18jährige Ruthe von Kleist zurückgelegt, Hans Conrads Cousine aus Kieckow. Sie kam zusammen mit einer Freundin aus Pommern.

Vor der Kirche stehen eine große Anzahl von Pferdegespannen für den Transport der Gäste bereit. Darunter befindet sich ein einziges militärisches Automobil, nämlich die Limousine General von Mansteins und seines Adjutanten Alla Stahlberg. Nach der kirchlichen Feier begeben sich die Gäste zum Schloß der Familie Loesch, wo sie die Hochzeit feiern – in Hörweite des Artilleriedonners. Ruthe trägt Tante Spes' Gedicht vor, das in Form von guten Ratschlägen für das junge Paar von Baron von Vernezobre, eines gemeinsamen Vorfahren von Braut und Bräutigam, verfaßt ist. Im Anschluß hält Onkel Stefan eine bewegende Rede zu Ehren seines Neffen Hans Jürgen von Kleist, der in Berlin inhaftiert ist und auf dessen Überleben keiner mehr zu hoffen wagt.

Gerade in diesem Moment stürzt ein Wehrmachtsoldat in die Festhalle und gibt bekannt, daß die Russen die Stadtgrenze erreicht hätten. Allen Zivilisten werde geraten, sofort abzureisen. Die Hochzeitsgäste verlassen das Essen und fahren mit ihren Pferdegespannen zum nächsten Bahnhof, während der General und sein Adjutant in höchster Eile zu ihrem Posten zurückkehren.

Am Bahnsteig, wo soeben ein Zug eingefahren ist, um Passagiere aufzunehmen, herrscht Panik und Verwirrung. Der Zug ist zwar schon voll, aber trotzdem drängen sich in dem verzweifelten Versuch, in den Westen zu gelangen, weitere Menschen hinein. Ruthe und ihre Freundin kümmern sich um Tante Lene und Onkel Stefan. Sie eilen von Waggon zu Waggon, aber es ist zwecklos, sie können keinen Platz mehr finden. Dann kommt Ruthe eine Idee. Während die beiden Alten außer Sichtweite des Lokführers warten, gehen die beiden hübschen Mädchen zur Lokomotive und fragen den Lokführer, ob er zwei Passagiere mitnehmen würde. Auf ihr freundliches Lächeln antwortet er natürlich begeistert, sie sollten nur einsteigen. Schnell laufen die beiden, holen Tante Lene und Onkel Stefan und helfen ihnen die Leiter zur Lok hinauf. Nun ist das freundliche Lächeln vom Gesicht des Lokführers plötzlich verschwunden. Voll beladen verläßt der Zug den Bahnhof nach Westen über die Neiße In letzter Sekunde sind Stefan und Lene, Graf und Gräfin von Zedlitz und Trützschler, der furchtbaren Rache der rasch voranschreitenden Roten Armee entgangen.

Ruthe und ihre Freundin bleiben allein auf dem Bahnsteig zurück, doch auch sie haben Glück. Aus Sorge, einige seiner Verwandten könnten nicht mehr in den Zug hineingekommen sein, hat Alla Stahlberg ein Militärfahrzeug angefordert und ist damit zurück zum Bahnhof gefahren. Mit dem Lastwagen bringt Alla die beiden Mädchen über Land zu einem anderen Bahnhof, in dem, wie er weiß, noch ein letzter Zug erwartet wird. Überzeugt, daß sie nun auf dem Weg in die Sicherheit sind, setzt er sie ab und kehrt zu seinem Posten zurück. Später wird er wegen seiner Abwesenheit und der Zweckentfremdung eines Militärfahrzeuges schwer gemaßregelt.

Während die jungen Frauen am Bahnsteig auf den Zug nach Westen warten, hält ein anderer, praktisch leerer Zug auf dem Weg in die Gegenrichtung. Ruthes Freundin meint plötzlich, sie könne nicht anders, sie müsse wieder in Richtung Osten fahren, um ihre Mutter zu retten. Törichterweise erklärt sich Ruthe bereit mitzukommen. Die beiden steigen in den Zug, erkennen aber in wenigen Minuten, daß sie einen Fehler begangen haben. Der Zug wird von russischen Soldaten umstellt, retten kann sie nur die Flucht. Als sie vom Zug springen, wird auf sie geschossen, gebückt laufen sie ins Gebüsch und verharren dort, flach auf dem Boden liegend, bis die Soldaten weiterziehen. Als keiner mehr in Sicht ist, ziehen sie weiter in der Hoffnung, den Russen entkommen zu können. Etwa einen Tag lang gelingt es ihnen, der Gefangennahme zu entgehen, aber dann werden sie entdeckt, und sie entgehen nicht der Welle sexuellen Mißbrauchs, die mit der Invasion der Roten Armee über Deutschlands Frauen hereinbricht. Der Einmarsch russischer Truppen in Deutschland wird für immer durch diesen Mißbrauch gebrandmarkt sein. Danach werden die Mädchen in einem Pferdestall der russischen Armee zur Arbeit eingeteilt.

26. JANUAR. In Pätzig in der Neumark ergeben sich neue Schwierigkeiten. Alfred Döpke, dem Verwalter, wurde am vergangenen Abend der Einberufungsbefehl zugestellt mit sofortigem Antritt zum Kriegsdienst. Ruthchen von Wedemeyer kann es nicht fassen. Seit ihr Mann Hans in den Krieg gezogen war, hatte Herr Döpke das Gut am Laufen gehalten – zunächst mit den Arbeitern von Pätzig, die mittlerweile praktisch alle entweder an der Front kämpfen oder bereits gefallen sind, dann mit den zugeteilten Kriegsgefangenen und anderen Arbeitern aus besetzten Ländern.

Im Süden und Osten hört man schon das Donnern der gewaltigen Kanonen. Sie sind so nah, daß die Fenster des Gutshauses klirren. Ruthchen gibt die Anweisung, einen Pferdeschlitten anzuspannen, um sich zum Bahnhof südlich von Pätzig fahren zu lassen. Es ist ein frostiger Morgen bei minus 12 Grad, die Straßen sind mit Eis und Schnee bedeckt. Sie hat keine Schwierigkeiten, im Zug nach Süden Platz zu finden, da alle, die auf der Flucht vor der Roten Armee sind, in die Gegenrichtung reisen.

Ruthchen ist auf dem Weg zum Wehrmeldeamt in Frankfurt an der Oder, das den Einberufungsbefehl für ihren Verwalter ausgestellt hat.

Während der Fahrt bemerkt sie in Küstrin massenweise Flüchtlinge am Ufer der Oder, die hoffen, noch vor der Roten Armee den Fluß überqueren zu können. Für die Gutsfrau sind dies eindeutige Zeichen, dennoch fährt sie weiter nach Frankfurt. Dort macht sie den Beamten ausfindig, der den Einberufungsbescheid ausgestellt hat, und konfrontiert ihn mit der Frage, ob er nicht wisse, daß der Krieg bereits verloren sei. Wäre es nicht besser, ein gesunder Mann wie Döpke würde helfen, das totale Chaos zu verhindern, als ihn zu diesem späten Zeitpunkt noch in eine Uniform zu stecken? Ruths Argumente sind überzeugend, Alfred Döpkes Einberufungsbefehl wird zurückgenommen.

Auf dem Nachhauseweg kommt Ruthchen zu dem Entschluß, die Kinder und zwei gebrechliche Hausgäste, ältere Damen aus Berlin, deren Häuser in den Bombenangriffen zerstört wurden, werden noch diese Nacht abreisen. Glücklicherweise ist Maria aus Berlin auf Besuch zu Hause, sie kann den Treck führen; Ruthchen selbst wird später mit dem gesamten Dorf folgen.

Für diese Nacht werden ein Wagen und drei Pferde bereitgestellt. Ein polnischer Arbeiter soll das Gespann führen. Auf dem offenen Wagen wird schnell noch ein Rahmen befestigt, darüber breitet man einen Orientteppich aus dem Gutshaus zum Schutz gegen die Kälte, zum Schluß wird alles mit einer wasserdichten Plane abgedeckt. Auf dem Wagen werden zehn Passagiere Platz finden – die vier Kinder, die noch zu Hause sind (Maria, Christine, Werburg und Peter Christian), Frau Döpke mit ihrem Kind und einem Pflegekind, die zwei älteren Damen und der Kutscher. Ruth hat die Anweisung gegeben, daß pro Person ein einziger Koffer mitgenommen werden darf, da der meiste Raum für Nahrungsmittel und – noch wichtiger – für Pferdefutter benötigt wird.
Die zwei Damen aus Berlin scheinen die Ernsthaftigkeit der Lage nicht erkannt zu haben. Beide haben zwei riesige Koffer vollgepackt, von denen einer fast einer Truhe gleichkommt. Darin befinden sich wertvolle Kunstbücher, die sie aus ihrer Berliner Wohnung retten konnten; die Truhe ist dementsprechend schwer. Ruthchen ist erschrocken, doch

schweigt sie dazu. In dieser Situation darf kein Gefühlsausbruch provoziert werden.

Die Reise, die mit einem Automobil leicht an einem Tag zu bewältigen wäre, wird voraussichtlich zwei Wochen dauern. Jedes der Kinder von Pätzig hat ein oder zwei Gegenstände zur Erinnerung an das Leben auf dem Gut ausgesucht. Maria hat sich für Dietrichs Briefe entschieden. Sie sind, in chronologischer Reihenfolge geordnet, mit einem Band zusammengebunden, liebevoll zwischen ihren wärmsten Kleidern versteckt. Kurz vor der Abfahrt läuft sie, einer plötzlichen Regung folgend, noch ein letztes Mal ins Gutshaus und entnimmt der Ablage in der Küche, auf der das geputzte Silber liegt, ein ganzes Tablett mit Besteck, das sie auf dem Boden des Wagens verstaut.
Sehr viel später werden diese Teile – mehrere Messer, einige Gabeln und Löffel – sorgfältig unter den Geschwistern als wertvolle Erinnerung an eine vergangene Zeit und einen fernen Ort aufgeteilt.
Ruthchen besteht darauf, daß die Wagen noch vor der Morgendämmerung aufbrechen. Ruhig und besonnen betrachtet sie mit Maria und dem Fahrer eine Straßenkarte und rät, zunächst die Oder zu überqueren und schließlich nördlich um Berlin herum nach Celle zu fahren. Diese Route sei zwar länger und nicht der direkte Weg in den Westen, aber sicherer, wenn man den Russen ausweichen wolle.
Schweren Herzens umarmt Ruthchen jedes ihrer Kinder. Als der Wagen aus dem Gutshof rollt, besteigt Ruthchen den Schlitten. Herr Döpke führt die Zügel, auch seine Zukunft hängt vom Erfolg dieser Reise ab. Er und Ruthchen folgen dem Wagen am See und am Dorf vorbei, über schneebedeckte Felder und schließlich durch den Wald. Dort winken sie sich ein letztes Mal zu und kehren dann zum Gut zurück, wo noch größere Entscheidungen getroffen werden müssen.

27. Januar. Kurz nach Sonnenaufgang wird die Straße äußerst glatt, so daß der Wagen Schwierigkeiten hat, die Steigungen hinaufzukommen. Maria läßt anhalten und befiehlt allen Passagieren auszusteigen. Mit prüfendem Blick betrachtet sie die Ladung und wirft dann ein Stück ums andere herunter, vor allem die schweren Koffer der beiden Berliner Damen. Diese protestieren nicht, da sie den Ernst der Lage nunmehr begriffen haben.

Ruthchen hat den Reisenden für die erste Nacht telephonisch bei entfernten Verwandten der Wedemeyers auf deren Gut eine Unterkunft besorgt, so daß das Gutshaus bereits auf die neun Besucher und einen Fahrer eingerichtet ist. Maria schickt die Kinder sofort hinein, hilft den älteren Damen vom Wagen und versorgt dann mit dem Kutscher die Pferde im Stall. Der Kutscher wird im Stall schlafen, Maria hat sich entschlossen, auf dem Wagen zu bleiben. Kein Bitten ihrer Weggefährten oder der Gutsfrau kann sie davon abbringen. Mit allen verfügbaren Mänteln zugedeckt und der Sicherheit, daß ihr Gefährt nicht von jemandem entwendet wird, der vielleicht noch verzweifelter ist als sie, schläft sie ausgesprochen gut.

28. JANUAR. Eine interessante Entwicklung zeigt sich im Laufe der Reise. Je weiter sie kommen, desto dichter wird der Reiseverkehr. Fast scheint es, als sei die Oder östlich von Berlin der Mittelpunkt eines großen Rades, in den die Speichen des östlichen Halbkreises münden. Auf den Straßen drängen sich Wagen, Pferde, Fahrräder, Kinderwagen, Leiterwagen und unzählige Menschen, die vom Nordosten bis aus Ostpreußen und von Südosten bis aus Schlesien kommen. Manche sind schwer beladen, andere reisen quasi ohne Gepäck. Hier und dort wurden von der Regierung Suppenküchen oder Behelfsunterkünfte eingerichtet, die aber für den Ansturm völlig unzureichend sind. Wer hätte eine derartige Völkerwanderung, die in nur wenigen Tagen entstand, für möglich gehalten? Von Zeit zu Zeit ertönen über Lautsprecher Befehle, wie zum Beispiel: »Die Straße räumen! Militärkonvoi vorbeilassen!« Dann stürzen Menschen und Pferde fast übereinander, um die Straße für Deutschlands Armeen freizumachen. Das Entmutigendste aber ist der Eindruck, daß sich auch die Wehrmacht auf dem Rückzug befindet. Den Flüchtenden entgeht nicht, wie die Pufferzone zwischen ihnen und den feindlichen Streitkräften immer weniger Schutz bietet.

Maria entscheidet, sie werden die Oderbrücken ganz umgehen. Sie hatte andere Flüchtlinge von dort zurückkommen sehen, denen die Benutzung der Brücken verweigert wurde; viele waren dabei von den SS-Streifen sehr roh behandelt worden. Statt über eine Brücke werden sie weiter nach Norden fahren und dort die Oder überqueren, wo das Eis fest genug erscheint. Zwar ist die Eisschicht auf der Oder nirgends besonders dick, Maria meint jedoch, sie müßten das Risiko eingehen. Endlich findet sie eine Stelle, an der das Eis tragfähig erscheint. Sie läßt alle absteigen, und jeder geht einzeln zu Fuß über das Eis. Dann ist der Wagen an der Reihe. Immer bereit, in Sicherheit zu springen, führt der Kutscher die Pferde. Das Eis gibt nach und knackst, hält dem Gewicht aber stand. Maria überquert als letzte den Fluß. Als endlich alle sicher auf der anderen Seite sind, kommt in der kleinen Gruppe Hochstimmung auf! Spät nachts im Pätziger Gutshaus schreibt Ruthchen im Schein einer Kerosinlampe an die Mutter Dietrich Bonhoeffers:

»Liebe Frau Bonhoeffer!
Ich muß sehr hart gegen Sie handeln, verzeihen Sie bitte. Ich schickte Maria mit meinen drei Kindern, mit Frau Döpke und ihren zwei Kindern, mit der fieberkranken Fräulein Rath und der sehr zarten Frau Dimel trotz 12 Grad Kälte und eisigem Ostwind im Planwagen nach Westen, Richtung Celle, wo Herrn Döpkes Verwandte in einem Dorf wohnen.
Ich brauchte sie jetzt bitter nötig. Es ist eine Aufgabe, die eigentlich weit über ihre Kräfte geht. Sie hat einen Polen als Kutscher und die drei besten Ackerpferde. Beten Sie mit darum, daß sie dieser harten Sache gewachsen ist.
Wenn alles gutgeht, werden sie 14 Tage unterwegs sein. Aber inzwischen hat es sehr geschneit und gestürmt.
Von Berlin wurde mir sehr abgeraten. Wir danken Ihnen von Herzen für die Bereitwilligkeit, die Kinder aufzunehmen.
Vielleicht kommt hier bald der Befehl zum gemeinsamen Treck. Wir bereiten alles im geheimen dafür vor. Ich hoffe, daß ich der Rettung der Menschenleben und der Bewahrung vor Panik noch dienen kann. Maria will, wenn sie die Kinder dort installiert hat, sich wieder zu Ihnen durchzuschlagen versuchen. Aber es wird geraume Zeit dauern.
Gott wolle sich erbarmen und Sie und die Ihrigen behüten, und allzu lange Leiden ersparen. Ob wir uns hier oder drüben wiedersehen, das steht bei IHM. Auf alle Fälle dürfen wir darauf uns unsagbar freuen.
Nehmen Sie meinen Dank für alle mütterliche und väterliche Liebe, die Sie meinem Kind gewähren und gewährt haben.
Ihre Ruth Wedemeyer.«[60]

29. Januar. Wartenberg in der Neumark wird von der Roten Armee eingenommen. Eine Woche zuvor war der Gutsherr, Jürgen von Tresckow,
an einer Blutvergiftung nach einem Jagdunfall gestorben. Die Witwe steht
allein in der Eingangshalle in Erwartung des Feindes. Als drei Soldaten
die Tür einrennen, ist Hete bereit, ihnen alles zu überlassen, was das Haus
bietet. Fürs erste sind sie aber nur an ihr interessiert. Einer der Soldaten
wirft Hete zu Boden und beginnt, ihr die Kleider vom Leib zu reißen.
Hinter dem Gutshaus hört ihr Sohn Rüdiger ihre Schreie und eilt ihr zu
Hilfe. Ein anderer Soldat zieht seine Waffe, und im nächsten Moment
sind Mutter und Sohn tot. Eine Stunde später haben die Eroberer alles
aus dem Haus entwendet, was ihnen gefällt, dann wird das Gutshaus
abgebrannt. Dies ist das Ende der Tresckows von Wartenberg.

Nördlich und westlich von Wartenberg, in Pätzig, kommt das Artilleriefeuer immer näher. Wie Ruthchen erfährt, sind die Russen nur noch 50
Kilometer Luftlinie entfernt, und der letzte Zug verläßt Schönfließ heute nachmittag. Das Haus ist noch voll mit Flüchtlingen aus Berlin besetzt.
Sie teilt ihnen mit, sie müßten Pätzig sofort verlassen und würden von
zwei im Hof wartenden Wagen zum Bahnhof gebracht. Dann weist sie
alle Bediensteten und Arbeiter, die fliehen wollen, an, bis zum Einbruch
der Dunkelheit einen Treck zusammenzustellen. Unter ihrer besonnenen
Leitung werden innerhalb von ein oder zwei Stunden Taschen gepackt
und Nahrungsmittel auf den Wagen verstaut.
Unglücklicherweise kann die Gutsfrau von Pätzig nicht verhindern, daß
Informationen über Fluchtvorbereitungen an die Behörden gemeldet
werden, daher steht ihr plötzlich der Ortsgruppenleiter der NSDAP von
Schönfließ gegenüber: »Jegliche Flucht ist ab sofort verboten.« Die Bewohner von Pätzig würden die Straßen nur noch mehr verstopfen und so
den Verstärkungen für die Front den Weg versperren. Ruthchen sieht
keine Veranlassung, ihre Verachtung zu verbergen: »Welche Verstärkungen? Welche Front?« Das Artilleriefeuer, das sie alle zur Raserei bringt,
stammt von den Russen, nicht den Deutschen. Die vaterländischen Armeen in der Neumark befinden sich alle auf dem Rückzug, es gibt hier
nur noch Zivilisten und Regierungsbeamte. Der Ortsgruppenleiter wiederholt die Anweisung der Partei: Das Land zu verlassen hieße, das
Vaterland zu hintergehen, und wer dies täte, werde zur Rechenschaft
gezogen werden. Am Übergang über die Oder in der Nähe von Pätzig

seien Männer öffentlich gehängt worden, weil sie Wagen über die Brükke führen wollten. Der Treck darf also nicht starten. Die Vorräte und Habseligkeiten werden von den Wagen abgeladen, die Pferde in die Ställe zurückgebracht.

31. JANUAR. Ruthchen läßt alle Decken und Kissen sowie jedes Stück Wäsche im Gutshaus in die große Halle bringen. Ihre fünf Hausangestellten tragen alle noch vorhandenen Nahrungsmittel aus der Vorratskammer und dem Keller zusammen. Wie es heißt, haben die russischen Soldaten kaum warme Kleidung oder Bettzeug, daher möchte Ruthchen lieber freiwillig alles mit ihnen teilen, was sie hat, als daß sie das Haus zerstören.

Gegen zwei Uhr nachmittags wird ihre Arbeit von einer hysterischen Frau aus dem Dorf unterbrochen. Eine Flüchtlingsfrau habe am Nordrand des Dorfes russische Panzer gesehen. In Panik habe sie zuerst ihrer Mutter, dann der Tochter, schließlich sich selbst die Pulsadern aufgeschnitten. Die drei verbluten langsam im Gutshof. Ruthchen nimmt ein Bettlaken und einen Kissenbezug vom Stapel in der Eingangshalle und rennt nach draußen. Sie reißt das Leinen in Streifen und verbindet die Wunden der beiden Frauen und des Kindes.

In der Zwischenzeit wälzt sich eine Kolonne von mehr als 100 russischen Panzern und ebensovielen Mannschaftstransportwagen über die Dorfstraße. Die Fahrzeuge bewegen sich nur langsam vorwärts, hie und da springen einige Soldaten ab, um die Häuser zu plündern und dann zu ihren Fahrzeugen zurückzukehren. Der NSDAP-Ortsgruppenleiter wird ausfindig gemacht und auf der Stelle exekutiert. Bislang haben sie dem Gutshaus noch keine Aufmerksamkeit gewidmet.

Um fünf Uhr geht Alfred Döpke, der treue Verwalter, noch immer seinen Arbeiten nach. Ruthchen fängt ihn ab, um ihm zu raten, sofort zu fliehen. Döpke aber weigert sich und besteht darauf, den Treck der Dorfbewohner anzuführen, sobald die russischen Soldaten weitergezogen sind. Um sechs Uhr erscheint der Pätziger Förster an der Hintertür des Gutshauses. Er trägt die seit Jahrhunderten übliche graugrüne Försteruniform und bittet die Herrin um Erlaubnis, sich mit einem Schlitten und einem Pferd auf den Weg machen zu dürfen, da er Angst davor habe, auf dem Gut zu bleiben. »Natürlich«, antwortet sie. Der Mann erreicht nicht einmal mehr den Stall. Zwei Soldaten überwältigen ihn, in wenigen Minuten ist er tot.

Eine halbe Stunde später kommt Döpke zum Haus und fleht die Gutsfrau an, sofort mit ihm zu fliehen. Vor dem Hauseingang stehe nun ein
russischer Panzer, er habe Sorge, das Gutshaus werde mitsamt seinen
Bewohnern zerstört werden. Ruthchen gibt den Frauen die Anweisung,
durch die hinteren Terrassentüren zum Häuschen des Gärtners zu gehen.
Sie werde nachkommen. Zuvor müsse sie noch aus dem Schreibtisch ihres
Mannes Geld und Papiere holen. Auf Hans' Schreibtisch liegen die Briefe,
die sie mit viel Sorgfalt und Liebe gebündelt hatte. Schweren Herzens
bleiben sie zurück; es wäre zu mühsam, sie mitzunehmen.

Dann verläßt sie rasch das Haus durch die Terrassentür und läuft durch
den Küchengarten, nur kurz innehaltend, um die Hunde freizulassen. In
dem Moment ertönt vom vorderen Gutshof eine gewaltige Explosion; der
russische Panzer beschießt das Gutshaus.

Einer nach dem anderen erreichen sie das Gärtnerhäuschen, die Bediensteten des Hauses, die Sekretärin und die Gutsfrau. Die Pfarrfrau, der
Gärtner und Herr Döpke warten bereits. Ruthchen beschwört Döpke,
sich ohne Verzögerung auf den Weg zu machen; er müsse an seine Frau
und die Kinder denken. In der Zwischenzeit besprechen die anderen, was
sie tun könnten. Döpke meint, die Frauen hätten eine Überlebenschan-
ce, wenn sie im Dorf bleiben; würden sie andererseits flüchten und dabei gefaßt werden, wäre ihr Tod sicher. Die Gutsfrau, so fürchtet er, werde
in jedem Fall getötet, daher bedrängt er Frau von Wedemeyer, mit ihm
zu kommen. Ruthchen ist hin- und hergerissen; sie beugt sich den Argumenten des Verwalters, besteht aber darauf, daß er vorausgehe. Sie beginnt, einen Rucksack mit dem zu packen, was sie im Gartenhaus findet.
Wer mit ihr mitkommen möchte, bietet sie an, sei herzlich willkommen.
Von allen Frauen im Haus findet sich nur die Sekretärin bereit, sich Frau
von Wedemeyer anzuschließen.

Um Mitternacht schlüpfen die beiden Frauen, jede mit einem Rucksack
beladen, durch eine Öffnung im Zaun hinter dem Häuschen des Gärtners. Dies ist ein weiser Entschluß, denn das gesamte Gut ist ringsum mit
Posten an jedem Tor abgeriegelt worden. Die Russen sind nicht mehr auf
der Durchreise, diese Nacht haben sie Pätzig besetzt.

Es ist fast Vollmond, der Schnee reflektiert sein helles Licht. Die Frauen
bewegen sich vorsichtig mit dem Gesicht nach unten vorwärts. Ruthchen
muß daran denken, daß niemand heute abend die Kühe gemolken hat,
und einen Moment lang überkommt sie das schmerzhafte Gefühl eines

großen Verlustes. Als die Frauen ein gutes Stück von Pätzig entfernt sind, erhellt erneutes Mörserfeuer den Nachthimmel. Sie wenden sich um und sehen Rauchschwaden vom Haus aufsteigen. Ein Feuerschein erhellt die Kamine. Weniger als eine Minute später ist das ganze Gutshaus ein Flammenmeer. In diesem Moment weicht die Last, Pätzig zu verlassen, von Ruthchens Schultern. Sie hält den Kopf hoch und geht schnellen Schrittes voran, nun denkt sie nur noch an ihre Kinder. Ist ihnen die Flucht über die Oder gelungen? Befinden sie sich vielleicht schon in Sicherheit irgendwo im Westen?

Flucht nach Westen

1945, 3. Februar. An Händen und Füßen gefesselt, werden kurz vor zehn Uhr morgens Ewald von Kleist und Fabian von Schlabrendorff von ihrer Gefängniszelle in den Gerichtssaal an der Bellevuestraße gebracht. Man setzt sie nebeneinander auf die Anklagebank, dann werden ihnen die Fesseln abgenommen.

Punkt 10 Uhr betritt Roland Freisler, Vorsitzender des Volksgerichtshofs, den Gerichtssaal. Die Robe, die er trägt, ist so lang, daß er sie wie eine Schleppe hinter sich herzieht. Die Angeklagten und alle anderen im Saal erheben sich. Außer den Angeklagten sind Zeugen, Wachmänner und verschiedene Beamte, deren Gegenwart bei jedem solchen Verfahren erforderlich ist, anwesend.

In einem Land, in dem unglaubliche Exzesse zur Tagesordnung gehören, ist Roland Freisler mit Abstand der schlimmste aller Richter am Volksgerichtshof. Seine flammenden Reden, die Art, wie er Gefangene demütigt, seine willkürlichen Entscheidungen und grausamen Urteile sind Ausdruck seiner totalen Bösartigkeit.

Gestern hatte Freisler im selben Gerichtssaal Klaus Bonhoeffer und Rüdiger Schleicher, den Bruder und Schwager Dietrich Bonhoeffers, zum Tode verurteilt. Heute wird er sich mit der Familie von Dietrichs Verlobten, Maria von Wedemeyer, befassen. Beide sind des Landes- und Hochverrats angeklagt. Ein einziger Staatsanwalt wird die Anklage erheben, für jeden der beiden Gefangenen ist ein Verteidiger zugelassen. Wenn die Verhandlungen jedoch so ablaufen wie alle vorangegangenen, dann werden sich die Verteidiger bald den Angriffen der Staatsanwaltschaft auf die Angeklagten anschließen. Auf diese Art und Weise wird im Dritten Reich Recht gesprochen!

Freisler eröffnet die Verhandlungen mit derselben Tirade, die auf jeden Mann und jede Frau einpeitscht, die er der Komplizenschaft am Attentat des 20. Juli bezichtigt. Dann ist der Ankläger an der Reihe. Ewald von Kleist betritt den Anklagestand, der Ankläger verliest die Beschuldigungen gegen ihn, die in Freislers Gerichtsverfahren Punkt für Punkt bewiesen werden sollen. Als die Anklagepunkte verlesen sind, fragt Freisler den Angeklagten, ob er dazu etwas zu sagen habe. Ewald hat sehr wohl etwas zu sagen:

> »Jawohl, ich habe Hochverrat betrieben seit dem 30. Januar 1933, immer und mit allen Mitteln. Ich habe aus meinem Kampf gegen Hitler und den Nationalsozialismus nie ein Hehl gemacht. Ich halte diesen Kampf für ein von Gott verordnetes Gebot. Gott allein wird mein Richter sein.«[61]

Solche Töne ist Freisler im Gerichtssaal nicht gewohnt. Er ist so überrascht, daß er die Verhandlung kurzer Hand vertagt und den Fall Schlabrendorff aufruft. In dem Moment heulen die Sirenen, es gibt Fliegeralarm. Freisler schickt den Feldwebel hinaus, um die Situation zu prüfen. Dieser kehrt mit der Meldung zurück, eine starke Formation amerikanischer Bomber fliege auf die Stadt zu. Schnell werden den Gefangenen Handschellen angelegt, dann bringt man sie in den Luftschutzraum unterhalb des Gebäudes, wo sie zusammen mit den Anwälten, Beamten, Zeugen und Wachmännern sowie dem Richter abwarten, bis der schlimmste Bombenangriff bei Tag auf Berlin fast alles, was von der Stadt noch übrig ist, zerstört hat. Ein Treffer auf das Gerichtsgebäude an der Bellevuestraße bringt eine ganze Wand zum Einsturz. Ein riesiger Balken fällt mit solcher Wucht, daß er die Decke des Luftschutzkellers durchschlägt. Durch das entstandene Loch stürzen große Betonbrocken herab. Der gesamte Raum füllt sich mit Rauch und Staub, man kann kaum noch sehen, und selbst das Atmen wird schwierig. Man hört Äußerungen, jemand sei verletzt worden und benötige dringend einen Arzt, und während einige zu Hilfe kommen, öffnen andere die Eingangstür.

Für Ewald und Fabian erhält der Luftangriff Dimensionen des Alten Testaments – als sei er ein von Gott geschickter Blitzschlag. Als sich der Staub legt, entdeckt man, daß Roland Freisler tot ist; der Balken, der durch die Decke schlug, hat seinen Schädel zerschmettert. Niemand außer ihm ist verletzt. Nicht minder schicksalhaft erscheint das im Gerichtssaal wütende Feuer. Es hat die Akten mit der sorgfältig vorbereiteten Anklage vernichtet.

Nachdem die Sirenen Entwarnung geben, werden Fabian und Ewald in ihre Zellen zurückgebracht. Es zeigt sich, daß auch das Gefängnis an der Prinz-Albrecht-Straße direkt getroffen ist. Die oberen Stockwerke des Gefängnisses sind zerstört, die Zellen im Keller aber sind intakt, und die Gefangenen werden hineingebracht. Dort werden sie weiter ausharren, bis die Anklage jeden einzelnen Fall wieder aufgebaut hat. Mag die Welt auch untergehen, die Mühlen der Nazijustiz mahlen weiter.

7. FEBRUAR. Zwanzig Gefangene aus der Prinz-Albrecht-Straße erhalten den Befehl, ihre Sachen zu packen, sie sollen verlegt werden. Jeder der 20 Gefangenen trägt einen Namen von internationaler Bekanntheit. Auf den ersten Blick könnte man meinen, sie würden für irgendeinen Tauschhandel mit dem Feind benützt werden. Der Name Dietrich Bonhoeffer ist ebenso darunter wie Admiral Canaris und General Oster, die Chefs der Abwehr, und Gottfried Graf von Bismarck, ein Vetter Herbert und Klaus von Bismarcks. Über die Aufteilung der Gefangenen für die Transportfahrzeuge gibt es einige Verwirrung, denn ein Wagen fährt zum Konzentrationslager Buchenwald, das Ziel des anderen ist Flossenbürg, ein auf Exekutionen spezialisiertes Konzentrationslager. Wie sich herausstellt, wird Dietrich nach Buchenwald verlegt, Canaris und Oster werden nach Flossenbürg gebracht.

12. FEBRUAR. Das Reichssicherheitshauptamt entscheidet aus unerfindlichen Gründen, den Fall gegen Hans Jürgen von Kleist nicht wieder aufzunehmen. Er wird unter drei Bedingungen aus dem Gefängnis entlassen: erstens alle politischen Aktivitäten zu unterlassen, zweitens keine Handlungen, die dem Nazistaat zuwiderlaufen, auszuführen, und drittens absolutes Stillschweigen über seine Verhöre zu bewahren.

Hans Jürgen hat nur noch einen Gedanken – nach Kieckow zurückzukehren, um seine Familie und die Dorfbewohner in den Westen zu bringen. Er fürchtet jedoch, zu spät zu kommen, denn er hat gehört, daß die Rote Armee das ganze Gebiet östlich der Oder im Süden Pommerns schon eingenommen hat. Unglücklicherweise ist er aber gezwungen, zwei weitere Tage in Berlin auf die erforderlichen Papiere zu warten, die ihm in der Prinz-Albrecht-Straße ausgehändigt werden.

13. FEBRUAR. Hans Jürgen verbringt die ersten beiden Nächte in Freiheit bei seiner Schwester Spes Stahlberg. Ihre Wohnung ist noch bewohnbar, obwohl sie durch Bombenangriffe schwer beschädigt wurde. Große Teile des Daches fehlen, und praktisch alle Fenster sind zerborsten. Spes arbeitet weiterhin unter der Schirmherrschaft des Deutschen Roten Kreuzes in Berlin, wo sie am meisten gebraucht wird. Von hier aus schreibt Hans Jürgen, geplagt von dem Gefühl der Unsicherheit, wen er jemals wiedersehen wird, an seine Familie:

> »… Unser Gott kann auch heute noch echte Wunder tun, und Er tut sie. Das ist meine Erfahrung des letzten halben Jahrs, hundert- und tausendfältig. Ich möchte diese Erfahrung nicht missen, auch nicht um den Preis eines friedlichen behaglichen Lebens. Sollten wir uns auf dieser Erde nicht wieder sehen, dann freuen wir uns auf ein überaus köstliches Wiedersehen bei allen Lieben, die uns schon zu unserm himmlischen Vater voraufgegangen sind und die wir dort so gut aufgehoben wissen … Unser tägliches Gebet aber steht Matth. 6, 10: ‚Dein Reich komme, Dein Wille geschehe, wie im Himmel also auch auf Erden.‘ So werden wir auch lernen, den letzten Vers von ‚Ein feste Burg ist unser Gott‘ mit ehrlichem Herzen zu singen und zu beten. Ja dazu helfe uns Gott! …
> Gott behüte uns alle!
> Hans Jürgen von Kleist-Retzow.«

Am selben Tag erreicht der Wagen aus Pätzig nach vielen Hindernissen sein Ziel, das Dorf Oppershausen in der Nähe von Celle. Die Flucht endet mit einem ergreifenden Wiedersehen der Familie Döpke, denn Alfred Döpke ist bereits dort. Selbst die beiden älteren Damen aus Berlin sind in guter Gemütsverfassung, auch wenn sie ihre zusätzlichen Koffer auf dem Weg zurücklassen mußten. Die Wedemeyer-Kinder können sich kaum zurückhalten mit den Erzählungen von ihrer abenteuerlichen Fahrt.

Zunächst war die Reise nicht zu schwierig. Solange sie sich noch in Brandenburg befanden, öffneten ihnen uralte Familienbande die Türen zu Schlössern und Herrenhäusern. Danach wurde alles sehr viel unsicherer. In manchen Nächten gelang es Maria, jeden der Gruppe einzeln oder zu zweit in einem Haus irgendeines kleinen Dorfes unterzubringen. Immer hatte sie einen Stall oder einen Schuppen für die Pferde gefunden, aber während der ganzen Reise hat sie keine einzige Nacht woanders als auf dem Wagen mit dem Proviant verbracht. Wenn sie keine Unterkunft finden konnten, blieben sie alle auf dem Wagen oder übernachteten in verlassenen Häusern. An manchen Tagen mußten sie auf Hauptstraßen fahren, wo sie immer von Tieffliegern der Alliierten bedroht waren. Besonders die Angriffe der Amerikaner waren äußerst wirksam. Mehrmals mußten sie vom Wagen springen und in den Gräben entlang der Straße Deckung suchen oder, wenn dazu die Zeit nicht mehr reichte, sich unter dem Wagen verbergen und auf den geringen Schutz, den dieser bot, hoffen. Waren die Hauptstraßen verstopft, benutzten sie kleine Nebenstraßen, die weniger befahren waren und außerdem bessere Chancen für eine Unterkunft in der Nacht boten. Wann immer es möglich war, kaufte Maria Nahrungsmittel ein, um die eigenen Vorräte zu erhalten. Selbst nach zwei Wochen Flucht hatten sie noch Proviant auf dem Wagen, sowohl Futter für die Pferde, als auch einiges für die Passagiere.

Der polnische Kutscher und Maria sind trotz ihrer Erschöpfung rastlos. Den Kutscher drängt es, sobald als möglich nach Polen zurückzukehren. Maria möchte umgehend weiter nach Berlin. Ihre Gedanken sind ständig bei Dietrich – morgen ist der Tag, an dem sie ihm wieder ein Paket bringen darf.

Ruth von Wedemeyer ist irgendwo auf dem Weg zwischen Pätzig und Celle. Zwischen Front und rückwärtigen Linien, zwischen Soldaten auf dem Rückmarsch und Flüchtlingen, schlägt sie sich weiter nach Westen durch. Sie marschiert abwechselnd zu Fuß, wird von freundlichen Fremden in der Kutsche mitgenommen, fährt mit dem Zug und sogar einmal in einem Auto der SS, dann geht sie wieder zu Fuß. Die Nächte verbringt sie in Flüchtlingsbaracken, in einem Stall mit Kühen, auf einer Bank im Wartesaal eines Bahnhofs und auf Stroh in einem leeren Schuppen. In Celle befürchtet keiner, Ruthchen könnte es nicht schaffen, zu ihren Kindern zu gelangen, am wenigsten Maria. Sie beschwört den Kutscher, nicht abzureisen, bevor Frau von Wedemeyer eingetroffen ist, da sie sofort nach Berlin aufbrechen müsse.

14. FEBRUAR. Spät nachts erreicht Maria nach einem langen Fußmarsch in völliger Dunkelheit von einer Haltestelle eines Vororts aus das Bonhoeffersche Haus. In vielen Teilen der Stadt gibt es überhaupt keinen Strom mehr, jede Nacht liegt die Stadt ohnehin in völliger Dunkelheit. Von Dietrichs Eltern erfährt Maria vom Todesurteil für Klaus Bonhoeffer und Rüdiger Schleicher und von der Verlegung Hans von Dohnanyis in die Prinz-Albrecht-Straße, wo auch die anderen interniert sind. Hans ist aufgrund der Diphteriebakterien, die ihm seine Frau Christine in der Hoffnung, seinen Prozeß dadurch verzögern zu können, in die Zelle schmuggeln konnte, von der Hüfte an abwärts gelähmt.

Am nächsten Morgen packt Maria das Paket für Dietrich – Nahrungsmittel, Zigarren, frische Wäsche, Papier, Bleistifte und ein neues Buch zum Lesen. Im Büro des Gefängnisses trifft sie auf ihren alten Bekannten, den Gefängnisdirektor. Er habe schlechte Nachrichten für sie, sagt er. Vor einer Woche wäre Bonhoeffer zusammen mit 19 anderen prominenten Gefangenen verlegt worden. Man hätte sie in zwei Wagen abtransportiert. Er wisse nicht wohin – vielleicht nach Buchenwald, vielleicht Flossenbürg. Es gebe keine Möglichkeit, dies herauszufinden. Beunruhigt, aber nicht verzagt entschließt sich Maria, zuerst in Buchenwald nach ihm zu suchen. Glücklicherweise verkehren die Eisenbahnen außerhalb der großen Städte einigermaßen normal durch ganz Mittel- und Westdeutschland. Vor Einbruch der Nacht erreicht sie den Bahnhof, der Buchenwald am nächsten liegt. Zum Konzentrationslager ist es ein weiter Fußmarsch, vor allem mit Dietrichs Paket unter dem Arm.

Zu den Hauptaufgaben der SS gehört die Leitung der Konzentrationslager. Daher untersteht auch Buchenwald, wie alle anderen Konzentrationslager, dieser militärischen Organisation. Maria ist sich bewußt, daß sie Informationen und Privilegien erhalten möchte, die normalerweise nicht gewährt werden. Daher nimmt sie all ihr noch vorhandenes Selbstbewußtsein zusammen und betritt mit Schwung das Büro der Lagerleitung von Buchenwald. Mit entwaffnendem Charme und Selbstsicherheit verlangt sie Auskunft über ihren Verlobten. Selbstsicheres Verhalten ist den Junkern des alten Preußen durchaus angeboren, und der SS-Mann kann ihr Anliegen nicht abweisen. Er holt das Register des Lagers hervor und geht die Liste der Gefangenen durch, deren Namen sorgfältig mit Tinte nach Datum und Uhrzeit der Einlieferung festgehalten sind. Es findet sich jedoch keiner, der dem Dietrichs oder den anderen, die der Gefängnisdirektor in Berlin erwähnt hatte, im entferntesten ähnelt. (Es ist anzunehmen, daß die Namen der Sondergefangenen, die vor einer Woche aus Berlin hierhergebracht wurden, nie in das Register eingetragen wurden, da Dietrich an dem Tag, an dem Maria in Buchenwald war, sich sehr wohl dort aufhielt.)

Der Schriftführer holt ein weiteres Buch hervor, in dem diejenigen eingetragen sind, die auf die eine oder andere Weise verstorben waren, ebenfalls korrekt nach Datum eingetragen. Zusammen mit Maria geht er die Todesfälle der letzten Woche durch. Auch hierunter ist Dietrichs Name nicht zu finden. Hastig, auf alle Höflichkeit verzichtend, stürzt Maria aus dem Büro des Lagers und beeilt sich, zum Bahnhof zurückzugelangen. Die Hälfte der Strecke legt sie im Laufschritt zurück, muß jedoch feststellen, daß der letzte Zug bereits abgefahren ist. Völlig erschöpft bittet sie den Bahnhofsvorsteher um Unterkunft und verbringt die Nacht in seiner kleinen Hütte.

Am folgenden Morgen fährt sie mit der Bahn zum Konzentrationslager Flossenbürg und bringt wieder den SS-Verwalter dazu, die Register sowohl der lebenden als auch der verstorbenen Gefangenen zu durchforsten. Sie finden keinen Hinweis, daß Dietrich Bonhoeffer jemals in Flossenbürg gewesen ist.

Maria schreibt an ihre Mutter:

>Liebe Mutter. Leider ist meine ganze Reise … völlig zwecklos gewesen. Dietrich ist gar nicht da. Wer weiß, wo er steckt. In Berlin sagt man es mir nicht, und in Flossenbürg wissen sie es nicht. Ein ziemlich hoffnungsloser Fall. Aber was soll ich jetzt machen? Bleibe ich in Berlin, dann kommen da unsere Pätziger Freunde (die Rote Armee), und damit ist Dietrich nicht gedient! Komme ich zu früh, dann werde ich zur Flak oder wer weiß was eingezogen. Bleibe ich in Bundorf (bei ihren Verwandten Truchseß von

Wetzhausen), dann bin ich so wahnsinnig weit von Euch allen weg und weiß nicht, wie ich mal wieder zu Euch gelangen werde. Ich glaube wirklich, es hat verhältnismäßig wenig Sinn, jetzt nach Berlin zurückzugehen. Wenn ich sogar nicht mal mehr für Dietrich sorgen kann! Natürlich ist dies ein Grund, aber das läuft auch ohne mich … Ich habe ein bißchen das heulende Elend, aber das kommt nur daher, daß ich nun schon 2 Tage auf der Bahn liege, heute 7 km hinwärts zu Fuß gehen mußte und dann ohne irgendwelche Aussichten wieder die 7 km zurückstiefeln mußte … Aber ich hab Dich sehr lieb und sehne mich so schrecklich doll nach Dir und einem Gruß von Dir …
Deine Maria.«[62]

Nach all diesen Strapazen schlagen die Wogen der Enttäuschung über Maria zusammen. Ganz gegen ihre Natur überfällt sie das Gefühl, es sei alles verloren – nicht nur Dietrich, sondern das Leben als solches. Resigniert besteigt sie den Zug, von ihrem Sitzplatz aus starrt sie apathisch aus dem Fenster. Nach einiger Zeit setzt sich ein SS-Offizier neben sie. Ahnend, daß sie im Lager Flossenbürg war, versucht er, sie mit einer »angenehmen« Unterhaltung abzulenken. Maria reagiert nicht. Dann hört man Flugzeuge – Bomber, die fast gleichzeitig beginnen, den Zug zu beschießen. Der Schaffner ruft: »Alles raus«, doch Maria bewegt sich nicht. Der SS-Offizier drängt Maria, ja er befiehlt ihr sogar, den Waggon zu verlassen, aber Maria weigert sich. Schließlich hebt er sie hoch, trägt sie hinaus und wirft sie weg vom Zug auf den Boden. Im nächsten Moment erhält der Waggon einen Volltreffer.
Während Maria von dem Aufprall und der Berührung mit dem Tod ihr Gleichgewicht wiedererlangt, hängen Arbeiter den zerstörten Waggon ab und stellen die kaputten Gleise wieder her. Sie benötigen wenig mehr als eine halbe Stunde. Jeden Zug in Deutschland begleitet inzwischen ein mit dem entsprechenden Werkzeug ausgerüsteter Trupp.

16. FEBRUAR. Hans Jürgen hat es geschafft, Kieckow zu erreichen. Dazu benötigte er aber alle seine noch vorhandenen Energiereserven und alle Willenskraft, die er irgendwie aufzubringen vermochte. In Pommern gibt es keine zivile Eisenbahn mehr, aber es gelingt Hans Jürgen irgendwie, mit verschiedenen militärischen Fahrzeugen bis nach Groß Tychow

mitgenommen zu werden. Das folgende Wiedersehen bringt höchste Freude, mit Worten wohl nicht zu beschreiben.

17. FEBRUAR. Die Ruhe im Kleistschen Land ist sehr gespannt. In regelmäßigen Abständen ist in der Ferne schweres Artilleriefeuer zu hören. Gelegentlich fliegen Flugzeuge über das Land hinweg, militärische Züge fahren noch durch die Kleistschen Ländereien. Hans Jürgen schmiedet ständig Pläne. In der Gruft der Kirche von Kieckow stehen zwei Särge noch immer unbeerdigt seit dem letzten Jahrhundert – Hans Hugo und seine Frau Charlotte. Die Entscheidung, die einst so schwierig war, erscheint nun trivial. Hans Jürgen erteilt die Anweisung, zwei Gräber auszuheben, dann werden die Särge seiner Großeltern auf dem Friedhof von Kieckow beigesetzt.

20. FEBRUAR. Hans Jürgen trifft Vorbereitungen für die Flucht in den Westen. Alle Dorfbewohner von Kieckow und Klein Krössin werden mit der Gutsfamilie gehen. In diesem Fall bedeutet Familie Hans Jürgen, Mieze, Großmutter Ruth, die Erzieherin der Kinder sowie deren Mutter. Von den Kleistschen Kindern ist keines mehr in Kieckow; zwei Söhne sind gefallen, einer ist in Gefangenschaft, und die älteste Tochter Ruthe wird irgendwo in Schlesien vermißt. Die zwei jüngsten, Elisabeth und Heinrich, befinden sich mehr oder weniger in Sicherheit in der Obhut von Verwandten.
Ein langer Treck aus Wagen und Pferden wird vorbereitet, die Wagen werden mit Nahrungsmitteln und anderen Vorräten beladen. Koffer wird es auf diesem Treck nicht geben. Auf Hans Jürgens Anweisung werden die Vorbereitungen geheimgehalten, aber genau wie in Pätzig hat auch hier jemand dem NSDAP-Ortsgruppenleiter in Groß Tychow die Fluchtpläne verraten. Nun ist die Flucht vereitelt; man hat schon in Erfahrung gebracht, daß Leiter anderer Trecks öffentlich gehängt und die Fahrzeuge und Vorräte beschlagnahmt wurden. Fast scheint es besser, sein Schicksal den Eroberern zu überlassen!

26. FEBRUAR. Ruth von Kleist büßt nun immer mehr und schneller ihre Sehkraft ein. Die Briefe, die sie erhält, muß man ihr vorlesen, aber sie besteht darauf, sie eigenhändig zu beantworten. Ihr ist auch bewußt, daß die Briefe abgefangen und von feindlichen Augen gelesen werden könn-

ten. In einem Brief an Dita Koch spielt sie auf die Zwangslage an, in der sie sich befinden:

>>Meine liebe, gute Dita!

… Ach, ich habe trotzdem oft an Sie und Ihren Mann gedacht. Wird mein Brief Sie noch erreichen? Wir sind ja wie in der Mausefalle. Hinter uns und seitwärts der Russe, vor uns das Meer, Haus und Dorf voller Flüchtlinge, so daß es oft schwierig ist, mit Arbeit und Lebensmitteln durchzukommen. Aber wir haben das große Glück, daß mein Sohn kürzlich nach 7 Monaten heimgekehrt ist. So sang- und klanglos, wie seinerzeit Ihr Mann heimkehrte. Unsere Dankbarkeit ist unbeschreiblich. Gleichzeitig sind wir in größter Sorge um seine älteste 19jährige Tochter (Ruthe), die zu Besuch in Schlesien jenseits der Oder war, als der Russe überraschend einbrach. Wir wissen nur, daß sie am anderen Tage mit der Freundin und ihrer Mutter >>trecken<< wollte. Aber darüber sind nun 5 Wochen ohne Nachricht vergangen. Wie stellt Gott uns auf die Probe! Vier der mir bekannten Gutbesitzer in der Neumark sind von den Russen ermordet worden. Sollte uns ein gleiches Schicksal treffen, so wollen wir es aus Gottes Hand nehmen. Ich bin so froh, daß Sie noch nicht vom Feind behelligt sind. Hoffentlich bleibt es so. Es ist doch wohl zu hoffen, daß der Engländer nicht so rigoros als der Russe vorgeht. Gott kann aber Mauern um uns bauen, und wir haben in der letzten Zeit so viel schützende Hilfe erfahren, daß es uns undenkbar wäre, Ihm nicht zu vertrauen. Sie haben mir so besonders lieb geschrieben, liebe Dita. Ich denke manchmal an die Predigt Ihres Mannes über Elia und die Raben und die Witwe von Sarepta. Ach, um Glauben müssen wir bitten. Grüßen Sie Werner sehr. Mit D. (Dietrich Bonhoeffer) steht es ernster als früher. Auch mit seiner ganzen Familie. Darüber könnte man nur mündlich reden. Auch Eberhard (Bethge) geht den gleichen Weg, soll aber weniger gefährdet sein. Von Martin Niemöller weiß ich nichts Neues. Ein Sohn ist vermißt, eine 16jährige Tochter starb an Diphterie. Meine jüngste Tochter (Ruthchen von Wedemeyer) verließ bei Nacht zu Fuß durch die Linien der Russen, die auf ihrem Hof schossen, die Heimat.

Gott schütze Sie und Werner und den Kleinen und Ihre Mutter.
In treuer Verbundenheit Ihre
R.v.Kl.R.«

27. Februar. Die Zahl der in Celle anwesenden Wedemeyers ist nach dem Eintreffen der ältesten Tochter, Ruth-Alice von Bismarck, von drei auf sieben angestiegen. Mit einer ganzen Wagenladung von Flüchtlingen ist sie vor kurzem angekommen. Die junge Mutter hatte am selben Abend, als ihre Mutter Pätzig verließ, sich von Kniephof aus auf den Weg gemacht. Ruth-Alices Treck besteht aus einem Kutscher und fünf Passagieren – einer älteren Freundin, den beiden kleinen Kindern Ruth-Alices, der Sekretärin sowie Ruth-Alice selbst, die mit ihrem dritten Kind schwanger ist. Sie haben Pommern nördlich von Stettin verlassen und überquerten die Oder über wenig bekannte Brücken. Ruth-Alices Ehemann Klaus hatte vom Kampfgeschehen an der ostpreußischen Front, in das er tief verwickelt ist, alles arrangiert. Mit einem Telephonanruf in Naugard konnte er das Reiseverbot aufgrund des Zustands seiner Frau aufheben. Seine genauen geographischen Informationen ermöglichten es Ruth-Alice, den Weg über Wege zu finden, die in offiziellen Karten nicht eingezeichnet sind. Die Flüchtlinge aus Kniephof erholten sich ein paar Tage bei Verwandten in Mecklenburg und legten dann die letzte Etappe nach Celle zurück. In der Zwischenzeit ist auch Maria nach ihrer ergebnislosen Reise über Berlin wieder in Celle angekommen. Von Dietrich gibt es kein Lebenszeichen.
Die Mutter aller – Ruthchen von Wedemeyer – erreicht an diesem Tag nach den Strapazen ihrer einmonatigen Flucht von Pätzig in erstaunlich guter Verfassung Celle.

28. Februar. Nach dem Frühstück verabschieden sich Ruthchen und ihre Familie von den gütigen Döpkes – dem Verwalter von Pätzig, seiner Frau, seinen Kindern und seinen Eltern, die in den vergangenen Tagen so liebevoll für sie gesorgt hatten. In einem Treck von zwei Wagen, sechs Pferden und 15 Personen machen sie sich auf den Weg zu Verwandten in Westfalen. Die Luft läßt den herannahenden Frühling ahnen, und die Reisenden empfinden ein tiefes Gefühl der Dankbarkeit. Nach mehreren Stunden auf der Straße kommt die Gruppe an einer kleinen Dorfkirche vorbei. Ruthchen gibt die Anweisung anzuhalten. Alle Passagiere steigen

vom Wagen und betreten die leere Kirche. Am Altar spricht Ruthchen ein kurzes Gebet, dann singen alle zusammen einen alten Choral zum Lob des Herrn. Nie zuvor haben sie dieses Lied mit mehr Überzeugung gesungen!

Vom Teufel geritten

1945, 2. März. Belgard ist gefallen, Groß Tychow wird belagert. Der Lärm der Artillerie in Kieckow ist ohrenbetäubend, der Rauch der brennenden Nachbargüter verdunkelt den Himmel. Wieder einmal werden im Schutz der Dunkelheit die Wagen zur Flucht bereitet. Kieckow und Klein Krössin müssen aufgegeben werden. Die französischen Gefangenen wollen auf keinen Fall zurückgelassen werden, also erklärt sich Hans Jürgen bereit, sie mitzunehmen. Der Soldat, der zur Bewachung der Kriegsgefangenen auf dem Gutshof abgestellt war, hat bereits das Weite gesucht.

Nachdem der Treck zur Abfahrt bereitsteht, versammeln sich die Bewohner der beiden Dörfer in der Kirche von Kieckow. Hans Jürgen steht vor ihnen und spricht Worte aus dem Alten Testament: »Gehe aus deinem Vaterlande und von deiner Freundschaft und aus deines Vaters Hause in ein Land, das ich dir zeigen will.«

Gegen 10 Uhr hat der letzte Wagen Kieckow verlassen. Nur die russischen Gefangenen, deren Bewacher und die Tiere bleiben zurück. In wenigen Stunden wird der Wachsoldat verschwunden sein, und die Gefangenen sind frei.

Am nächsten Morgen um halb elf hat der Treck Klein Krössin hinter sich gelassen. Alle französischen Gefangenen sind dabei. Großmutter Ruth sitzt im vordersten Wagen hinter Mieze, neben ihr die Mutter der Erzieherin. Die stolze Matriarchin denkt immer daran, daß sie den anderen ein Vorbild sein muß; sie darf nicht zögern, und auf keinen Fall darf sie zurückblicken.

3. März. Am Abend, als Hans Jürgen mit seinem Treck gerade 30 Kilometer von Kieckow aus zurückgelegt hat, wird er zum Anhalten gezwungen. Die Straße ist ab hier gesperrt, und die Gruppe ist auf allen Seiten von feindlichen Soldaten umgeben. Es bleibt ihnen nichts übrig, als sich

im Wald zu verstecken und abzuwarten, bis die herannahenden Einheiten durchgezogen sind.

Die Wagen von Kieckow verbringen sechs Tage und Nächte im Wald, während tausend Panzer und weitaus mehr Soldaten und Nachschubkolonnen auf der Straße an ihnen vorbeiziehen. Zehntausende, ganze Divisionen der Roten Armee, rücken vor, so schnell es die Panzer zulassen. Es ist nichts und niemand mehr da, der sie aufhalten könnte. Die tödliche Maschinerie von Soldaten und Kriegsgerät marschiert unerbittlich auf Berlin zu mit dem Ziel, die deutsche Hauptstadt zu besetzen und Hitler gefangenzunehmen. Keiner entdeckt den Treck schutzloser Wagen und Menschen aus Kieckow, der sich zwischen den Bäumen versteckt hält.

In stockdunkler Nacht verläßt ein einzelnes Pferdegespann das Gut Lasbeck. Herbert und Maria von Bismarck und Herberts Mutter Hedwig fahren nach Plathe, um mit dem letzten Flüchtlingszug über die Oder nach Westen zu kommen. Vor 50 Jahren hatte die Witwe die Ländereien der Bismarcks zusammengehalten, um sie vollständig und intakt ihren Söhnen Herbert und Gottfried zu vermachen, die sie ihrerseits für die kommenden Generationen der Bismarcks erhalten sollten. Maria verband immer eine besondere Zuneigung zu ihrer Schwiegermutter, da Hedwig diejenige war, die vor langer Zeit Marias eigene Mutter in Kieckow unterstützte und der jungen Witwe Mut machte, die Kleistschen Ländereien für ihren Sohn und dessen Nachfahren zu erhalten. Hinter der Kutsche färbt sich bereits der Himmel leuchtend rot, obwohl bis zum Sonnenaufgang noch zwei Stunden vergehen werden. Das unablässige Donnern der Artillerie hört man aus jeder Richtung. Als Maria zurückblickt in Richtung der aufgehenden Sonne, sieht sie sieben riesige Feuer am Horizont und fragt sich, ob auch Lasbeck betroffen ist. Spontan wirft Hedwig ihre Arme um ihre Schwiegertochter: »Sollten wir jemals hier herauskommen, dann haben wir es dir zu danken.« Als die Sonne aufgeht, läßt ihre panische Angst etwas nach, und Maria stimmt das Kirchenlied »Morgenglanz der Ewigkeit« an, das sie als Kinder im Gutshaus von Kieckow immer gesungen haben, wenn in der Nacht Blitze und Donner um sie herum wüteten:

Leucht uns selbst in jener Welt,
du verklärte Gnadensonne;

führ uns durch das Tränenfeld
in das Land der süßen Wonne,
da die Lust, die uns erhöht,
nie vergeht.

Allmählich stimmen die anderen mit ein, bald singen alle auf dem Wagen diesen Choral. Die letzten Bismarcks aus Pommern werden es sicherlich schaffen!

9. MÄRZ. Endlich herrscht Ruhe auf der Straße, neben der die Flüchtlinge aus Kieckow seit sechs Tagen ausgeharrt haben. Da die Vorräte für Mensch und Tier zur Neige gehen, entscheidet Hans Jürgen, nach Kieckow zurückzukehren. Der Weg nach Westen ist abgeschnitten, und sie könnten froh sein, nach Hause zu gelangen, bevor ihre dortigen Vorräte konfisziert werden. Als sie die Wagen zur Hauptstraße bringen, werden sie sogleich entdeckt. Hans Jürgen, seine Frau und seine Mutter werden von russischen Soldaten gefangengenommen. Dem Rest wird befohlen, nach Hause zu gehen. Auf dem Weg dorthin müssen sie einer anderen Gruppe russischer Soldaten ihre Vorräte und die Pferde aushändigen. Es ist eine durchnäßte, verschmutzte Gruppe, die zu Fuß, ihre Wagen selbst ziehend, endlich das Dorf Kieckow erreicht.
Mieze und Großmutter Ruth werden in ein kleines Bauernhaus gebracht. Hans Jürgen wird getrennt von ihnen festgehalten. Nach einigen Stunden erscheint ein russischer General, immerhin der Kommandeur einer ganzen Division, um Hans Jürgen zu befragen. Er spricht fließend Deutsch, und bald stellt sich heraus, warum ein so hochrangiger Offizier zur Vernehmung hergeschickt wurde: Die Russen vermuten, Hans Jürgen könnte General von Kleist sein. Nein, dieser Kleist sei auch kein naher Verwandter, versichert Hans Jürgen dem General und klärt ihn darüber auf, daß er selbst soeben nach siebenmonatiger Haft aus einem Nazigefängnis entlassen worden sei, Beweis für seine antifaschistische Haltung. Der General drückt ihm sein Mitgefühl aus, läßt die drei Gefangenen jedoch nicht frei. Vor den Türen der Hütten postiert er Wachen zum Schutz derjenigen, die sich darin befinden. Er versichert ihnen, sie seien hier sicherer als im Gutshaus. Damit hat er wahrscheinlich recht.

23. MÄRZ. Seit zwei Wochen werden Hans Jürgen, Mieze und Großmutter Ruth nun schon in der Kate festgehalten. Sie erhielten ausreichend Nahrung und wurden in keiner Weise schlecht behandelt. Wie sie vermuten, erwartet man das Eintreffen einer wichtigen Persönlichkeit. Dies muß heute geschehen sein, denn Hans Jürgen wird in ein anderes Haus gebracht und dort weiter über seine Aktivitäten verhört. Die Russen glauben seiner Geschichte nicht ganz und vermuten, er könne ein Spion sein; daher fällt die Entscheidung, ihn nach Moskau zu schicken, um die Angelegenheit an höherer Stelle klären zu lassen. Es wird ihm nicht einmal mehr gestattet, sich von seiner Frau und seiner Mutter zu verabschieden. Ein russischer Major informiert die beiden Frauen darüber, daß ihr Ehemann beziehungsweise der Sohn sich auf dem Weg nach Moskau befindet, und versichert, man werde ihn gut behandeln.

Nun werden Mieze und ihre Schwiegermutter freigelassen. Langsam machen sie sich auf den Weg zurück nach Kieckow, voller Unsicherheit, ob sie dort Leben oder Tod erwartet.

Ende März haben amerikanische und britische Truppen den Rhein überquert und sind, wie die Russen von Osten aus, tief auf deutsches Gebiet vorgestoßen. Trotzdem werden in Berlin die Verhandlungen weitergeführt und Hinrichtungen vollzogen, als gäbe es nichts Wichtigeres. Ewald von Kleist aus Schmenzin ist vor Gericht gestellt, für schuldig befunden und zum Tode verurteilt worden. Fabian von Schlabrendorff wird ebenfalls der Prozeß gemacht, trotz seines Freispruchs wird er jedoch nicht freigelassen. Irgend jemand von höherem Rang, wahrscheinlich Hitlers Stellvertreter Heinrich Himmler, möchte ihn auf jeden Fall hängen sehen.

APRIL. Die übrigen Gefangenen im Keller der Prinz-Albrecht-Straße wurden alle in das Konzentrationslager Flossenbürg verlegt. Am 8. April trifft auch der Sonderhäftling aus Buchenwald – Dietrich Bonhoeffer – dort ein. Später am selben Abend findet innerhalb der Lagermauern ein von der SS inszeniertes gerichtliches Schnellverfahren statt. Admiral Wilhelm Canaris, General Hans Oster und Dietrich Bonhoeffer werden zum Tode verurteilt.

Frühmorgens am 9. werden Canaris, Oster und Bonhoeffer von SS-Wachmännern aus ihren Zellen geholt. Dietrich nimmt nichts mit, er läßt die letzten wenigen Besitztümer zurück – einen Band von Plutarchs Werken und eine Bibel.

Die drei Verurteilten werden zum Galgen geführt und nacheinander gehängt. Zur Belohnung für diese zusätzliche Arbeit erhalten die SS-Wachleute eine extra Ration Alkohol.

Am selben Morgen wird im Konzentrationslager Sachsenhausen Dietrichs gelähmter Schwager Hans von Dohnanyi ohne Gerichtsverfahren zum Galgen getragen und gehängt.

In Berlin wird Ewald von Kleist aus seiner Zelle im Gefängnisanbau geholt. Der Wachmann scheint keine Eile zu haben, und als er an Eberhard Bethges Zelle vorbeigeführt wird, hält Ewald kurz inne, um dem Mitverschwörer noch folgendes anzuvertrauen: »Wenn Sie herauskommen sollten und einmal meine Frau und meine Familie sehen, so sagen Sie ihnen, daß ich in vollem Frieden mit meinem Gott – sagen Sie: in vollem Glauben und Frieden – hinübergehe ...«[63] Eine Viertelstunde später geht Ewald tatsächlich von dieser Welt – er wird auf der Guillotine hingerichtet.

Amerikanische Einheiten nähern sich dem Lager Flossenbürg, daher müssen die dort untergebrachten Häftlinge in das Konzentrationslager Dachau verlegt werden. Bei ihrer Ankunft wird festgestellt, daß offenbar irgendwo ein Fehler unterlaufen sein müsse. Fabians Name war schon zusammen mit den Namen der drei Erhängten von der Liste gestrichen worden. Hätte er vielleicht der vierte sein sollen? Die Gruppe der Spezialhäftlinge ist jetzt um mehrere bekannte Personen vergrößert, die mehrere Jahre Dachau hinter sich haben. Unter ihnen ist auch Pastor Martin Niemöller, Großmutter Ruths langjähriger Freund. Ihr Aufenthalt in Dachau währt nicht lange, da treffen neue Anordnungen aus Berlin ein, die Gefangenen weiter in Richtung Süden in das Voralpengebiet zu bringen. Mit jeder Etappe ihres Marsches wächst sowohl die Zahl der Häftlinge als auch die des SS-Wachpersonals. Gerüchten zufolge plane Hitler, sollte das Dritte Reich zusammenbrechen, mit den letzten Getreuen von einer geheimen Festung in den Bergen aus ein neues Regime aufzubauen; die Häftlinge fragen sich daher, ob wohl ein derartiger Ort das Ziel ihres Fußmarsches sein werde. Sie haben jedoch die Hoffnung nicht aufgegeben; während der gesamten Odyssee hört man das Dröhnen schwerer Artilleriegeschütze. Das Ende kann nicht mehr weit sein.

Zweihundert Kilometer nördlich des Gefangenenzuges sind die Amerikaner bis zur tschechischen Grenze vorgestoßen, alle Gebiete östlich davon sind in russischer Hand. Von Osten her hat die Rote Armee die Oder überquert und die Vororte Berlins erreicht. Nur wenige Stunden zuvor waren Klaus Bonhoeffer, Rüdiger Schleicher und verschiedene andere Verurteilte aus dem Gefängnis an der Lehrterstraße geholt und von der SS erschossen worden. Eberhard Bethge wird freigelassen.

4. MAI. An diesem Morgen im Spätfrühling betritt der SS-Wachtmeister, der für das provisorische Lager in den Alpen zuständig ist, mit salbungsvollem Lächeln die Baracke der Häftlinge. Er zieht die Mütze vom Kopf und wünscht einen guten Morgen. Hinter ihm folgt ein weiterer SS-Mann mit Bleistift und Papier. Von den Gefangenen hätten sie gern eine schriftliche Erklärung, daß sie während ihrer Haftzeit von der SS stets gut behandelt worden seien. Als die Häftlinge die Bestätigung verweigern, bemühen sich die SS-Männer nicht weiter, sie haben es eilig, von hier wegzukommen. Als sie fort sind, entdecken die Häftlinge, daß sie allein im Lager sind. Fabian von Schlabrendorff und seine Mitgefangenen sind frei! Innerhalb weniger Stunden erreichen die Amerikaner das Lager. Ein amerikanischer General informiert sie, daß sie nun unter dem Schutz der Alliierten stünden. Über die saubere, gebügelte Uniform des Generals kann Fabian nur staunen – ein krasser Gegensatz zu seiner schäbigen, gestreiften Häftlingskleidung. Nach achtmonatiger Kerkerhaft bei den Nazis hatte Fabian schon fast vergessen, was es heißt, gepflegt zu sein.

7. MAI. Adolf Hitler ist tot. Zum selben Zeitpunkt, als die Rote Armee in Berlin einrückte, verübte er Selbstmord in seinem Bunker in Berlin. Sein Nachfolger Admiral Karl Dönitz erklärt Deutschlands bedingungslose Kapitulation und versichert den Siegermächten, daß binnen 24 Stunden alle deutschen Einheiten über den Waffenstillstand informiert seien.

8. MAI. Um Mitternacht ist der Krieg vorbei.

JUNI. Im Lauf des letzten Monats hat Fabian von Schlabrendorff weite Teile Italiens gesehen. Zusammen mit den anderen Häftlingen war er mit Jeep und Flugzeug zuerst nach Verona, dann Neapel und schließlich nach Capri gebracht worden. Sie wurden neu eingekleidet und mit Zigaretten versorgt, waren in guten Hotels untergebracht und erhielten ausgezeichnete Mahlzeiten; noch aber sind sie nicht ganz frei – zumindest bis die Amerikaner jeden einzelnen Gefangenen vollständig registriert haben. Endlich ist Fabian an der Reihe, freigelassen zu werden. Eine militärischen Eskorte begleitet ihn nach Wiesbaden, von dort aus macht er sich in einem geliehenen amerikanischen Auto auf die Suche nach seiner Frau und seinen Kindern, die vermutlich irgendwo auf dem Land in Sicherheit sind. Einige Tage später verlangsamt er auf einer schmalen Landstraße seine Fahrt, um eine ihm entgegenkommende junge Frau auf einem Fahrrad vorbeizulassen. Als er auf gleicher Höhe mit der Radfahrerin ist, erkennt er sie – es ist Luitgarde, seine Frau!

Das ganze Gebiet östlich der Oder und Neiße – Ostpreußen, Pommern, die Neumark und Schlesien – ist von der Roten Armee besetzt. Großmutter Ruth lebt mit ihrer treuen Schwiegertochter Mieze und der Witwe des Försters im Kieckower Forsthaus. Der Förster war von den Invasionstruppen aufgegriffen und irrtümlich für einen deutschen Soldaten gehalten worden, da er die Jägeruniform trug. Auf dem Weg zu einem Gefangenenlager in Rußland ist er gestorben.

In Kieckow befinden sich jetzt viele zurückgekehrte Dorfbewohner, deren Fluchtversuche gescheitert waren, sowie weitere Flüchtlinge aus Ostpreußen oder aus den Nachbarorten wie Schmenzin. Hauptsächlich sind es Frauen, Kinder und alte Männer – aber nach und nach kehren auch die jüngeren Männer nach ihrer Entlassung aus Gefängnissen oder Arbeitslagern irgendwo in diesem besetzten Land zurück. Ruth befragt alle Heimkehrer, ob sie ihren Schwiegersohn Herbert von Bismarck gesehen hätten oder irgend etwas über die Bismarcks in Lasbeck wüßten.

Ruth und Mieze haben keine Information darüber, wer noch am Leben ist und wer nicht. Ruth kann nicht anders als annehmen, ihre Enkelin Ruthe aus Kieckow sei jetzt im Himmel. Niemand hatte seit Februar von ihr gehört, als sie von der Roten Armee in Schlesien gefangengenommen wurde; in einem Traum war sie der Großmutter mit den Flügeln eines Engels erschienen. Hans Jürgen soll angeblich in Moskau sein. Der russische Offizier hatte der Ehefrau und der Mutter versichert, daß er gut behandelt würde, aber bei den Russen weiß man das nie genau. Und was ist mit Klaus, dem Ehemann von Ruth-Alice, dessen Einheit in Ostpreußen eingekreist wurde? Für Männer mit dem Namen Bismarck wäre es besser, nicht in die Hände der Russen oder Polen zu fallen!

Das Kieckower Gutshaus wurde von den Eroberern fast vollständig ausgeräumt. Sie nahmen die Möbel, die Ahnenbilder, das Telephon, die Badewanne, die Toilette und die Waschbecken, die Wasserhähne und alles, was die Eroberer glaubten, in ihrem eigenen zerstörten Land gebrauchen zu können, mit. Das Gebäude wurde zur Molkerei umfunktioniert, es dient jetzt dem Abschöpfen der Sahne, zum Butterrühren und Pasteurisieren der Milch. Die Schlafzimmer im ersten Stock hat der Kommandant mit drei weiteren Russen und einem Polen belegt.

Ruths eigenes Haus in Klein Krössin ist unbewohnbar. Die letzten ihrer persönlichen Habseligkeiten hat sie den Siegern überlassen – ihren Ehering, die Brille und ihre beiden Federhalter. Sie und die Bewohner von Kieckow werden im allgemeinen in Frieden gelassen. Die Frauen wurden weder belästigt noch geschändet, und außer dem Förster wurde keiner der Männer getötet. Aus unerfindlichen Gründen sind Kieckow und Klein Krössin scheinbar die einzige Ausnahme unter der Schreckensherrschaft, die mit Ankunft der Roten Armee über die ostdeutsche Bevölkerung hereinbrach.

Sechshundert Stück Vieh, die an verschiedenen Orten zusammengetrieben wurden, weiden nun friedlich in Kieckow. Die Weiden und Pferdekoppeln sind bereits abgegrast. Nur auf einem kleinen Stück Land wurde Getreide angesät. Die Blumen – vor allem die Rosen – tragen die prächtigsten Blüten seit langem.

Die wenigen Bewohner, die nicht in der Molkerei eingesetzt sind, egal ob Mann oder Frau, wurden Arbeitsbrigaden in der Nähe von Groß Tychow und Belgard zugeteilt. Dort herrscht fast vollkommene Verwüstung. Daher sind die Kinder ohne Aufsicht. Ruth, die mittlerweile fast völlig blind ist, führt einen Kindergarten und hält Bibelstunden im Schulhaus ab. Aus Holzstücken, die er hier und dort gesammelt hatte, zimmerte ein Arbeiter nachts provisorische Möbel, und aus dem Keller in Klein Krössin konnte Ruth einen Schatz retten, an dem die Eroberer kein Interesse gezeigt hatten – nämlich das Papier, das sie während des Krieges für Dietrich verwahrt hatte. Allein das Berühren der Blätter weckt Erinnerungen an bessere Zeiten in ihr. Und immer fragt sie sich, wo Dietrich ist. Ist er bei Maria oder bei Gott?

An vier Tagen der Woche versammelt die Urgroßmutter die Kinder im Schulhaus um sich. Sie erzählt ihnen Geschichten aus der Bibel und läßt sie dann darüber schreiben und Bilder über biblische Ereignisse zeichnen. Dafür müssen eine Handvoll Bleistifte, die untereinander ausgetauscht werden, reichen. Dennoch ist die Urgroßmutter Ruth nur allzu leicht von jedem Neuankömmling oder unbekannten Fahrzeug, die in das Dorf kommen, abgelenkt. Wie sehnt sie sich nach Nachrichten von ihren Lieben, aber noch immer gibt es keinerlei Neuigkeiten.

In einem Brief an ihre Tochter Maria in Lasbeck, deren Abreise kurz vor der russischen Invasion vor mehr als drei Monaten ihr nicht bekannt ist, schreibt sie von ihrer Sehnsucht nach einem Lebenszeichen:

»Meine Maria!
Mein Herz sucht Euch so unaufhörlich in Gedanken, daß ich wieder schreiben muß. Vor 9 Tagen schrieb ich zum ersten Mal, aber wie lange mag ein Brief gehen? Manche Menschen erzählen, daß sie einen Brief bekommen hätten, aber hierher ist noch keiner gekommen. Unsere Männer kommen jetzt kleckerweise aus dem Arbeitslager in Schneidemühl zurück. Jedesmal ist es ein Freudentag. Sie haben dort Jürgen Woedtke … getroffen. Es wären noch viele andere dagewesen, aber von Herbert wußten sie nichts, und andere Namen hatten sie vergessen. So wird Dein geliebter Mann hoffentlich zu Hause sein. Ach, wie sehnt man sich nach Nachricht … Viele liebe Menschen werden wir erst in der Ewigkeit wiederfinden. Wie ich an Deine Nächsten, meine Kinder, Enkel und Urenkel denke, weißt Du ohne Worte. Von keinem wissen wir ein Wort. Ich leide unter den unbewiesenen Gerüchten, die umherschwirren und das Herz belasten wollen. Wir sind bisher so gnädig und in mancherlei Gefahren behütet worden, daß unser Vertrauen wachsen muß. Besonders in bezug auf Hans Jürgen. Aber Gott allein weiß es, ob er ihn erhalten wollte. Ach, was ist mit Fabian? Brennend liegt er mir am Herzen, um seine geliebte Frau und die Kinder, mein Patchen, der kleine Fabian … Und mein ‚Mäderchen‘! Die Angst um sie ergreift mich oft fast körperlich. ‚Ruhe, ruhe meine Seele‘ … Ich möchte Dich singen hören, meine Maria. Grüße auch Jarchlin und Kniephof viel tausendmal. Wo ist Ruth-Alice und ihre 3 Kinder? Klaus wird ja in

Ostpreußen interniert sein. Ich hörte, daß sie bis zum Waffenstillstand auf Hela waren und daß er lebte. Ob Jürgen in Deutschland ist? Ach, wo ist mein Ruthchen, wo ihre Kinder? Wie sieht es in Pätzig aus? Dort war wohl Kampfgebiet, wie um Pyritz. Durchziehende Männer machen traurige Schilderungen, aber von Pätzig konnte ich nichts erfahren. Spes wird wohl im Amt geblieben sein? Es ist ein beruhigender Gedanke. Aber wo sind ihre Kinder und Enkel? Wenn doch die Briefe durchgehen mögen ... O Adolf Hitler! Wie hat dich der Teufel geritten! Wie haben wir in allen vergangenen Jahren unter dir gelitten und das böse Ende vorausgesehen!! Nun müssen wir mit dir leiden unter der Verblendung der Menschen, die dir anhingen. Gott ist unsere einzige Zuversicht in der großen Not unserer Zeit. ‚Denn Du stehst mir zur Seiten, schützt mich' ... Es geht mir körperlich erstaunlich gut. Nur sehe ich schlechter und habe alle Brillen verloren. Eine Frau fand auf dem Acker in Klein Krössin neulich eine Brille und schenkte sie mir. Sie hilft mir ein wenig. Es ist wie ein Wunder. Ich grüße Euch so innig, meine lieben, geliebten Kinder. Eure alte Mutter.«

Dies ist der letzte Brief, den Ruth von Kleist, die letzte Matriarchin von Kieckow, auf dem übriggebliebenen Land der Kleists in Pommern schreibt.

EIN RUF AUS DER FERNE

1945, SEPTEMBER. In einem Dorf in Westfalen arbeitet Ruthchen von Wedemeyer in einem Gärtnereibetrieb. Bei ihr sind vier der sechs Kinder, die den Krieg überlebt haben, sowie ihr Schwiegersohn Klaus von Bismarck. Eines Julitages stand er plötzlich in der Tür des Hauses, das sie nun ihr Zuhause nennen. Klaus und Ruth-Alice haben inzwischen drei Kinder, das jüngste, ein Junge, wurde kurz vor Klaus' Rückkehr geboren. Ruthchens Tochter Maria ist bereits an der Universität Göttingen, um dort ein Mathematikstudium aufzunehmen. Zusammen mit anderen zukünftigen Studenten hilft sie mit, die Kriegsschäden zu beseitigen und einige Gebäude soweit zu renovieren, daß wieder Vorlesungen gehalten werden können. Nur Hans Werner ist noch nicht zurückgekehrt. Er war im April gefangen genommen worden, hatte aber auf dem Weg in ein Gefangenenlager eine kurze Mitteilung aufschreiben und vom Lastwagen werfen können, als sie gerade durch Minden fuhren. Ein Fremder hatte den Zettel gefunden und ihn persönlich an Ruthchen übergeben. Jeden Morgen erwacht sie mit der Hoffnung, der heutige Tag werde ihren Sohn zurückbringen.

Von der Familie Bismarck in Lasbeck sind alle außer Hans Otto, der bereits früh im Krieg gefallen war – Herbert und Maria, Luitgarde und Fabian, Jürgen, Spes, Gottfried und Fritz Christoph – zusammen in Sicherheit im Westen.

Spes Stahlberg, deren Tochter Raba und Rabas Kinder sind ebenfalls wohlauf und in Sicherheit. Dies gilt auch für Spes' Sohn Hans Conrad und seine junge Ehefrau, deren Hochzeitsfeier von der heranrückenden Roten Armee in Schlesien unterbrochen wurde. Auch Alla ist außer Gefahr. Noch diesen Monat wird er sich verheiraten!

Selbst die seit langem vermißte Ruthe von Kleist wurde aus russischer Gefangenschaft freigelassen. Sie konnte zu ihren jüngeren Geschwistern Elisabeth und Heinrich gelangen und erholt sich bei ihnen von der Qual, die ihr die Rote Armee zugefügt hatte. Jeden Tag erwarten sie ein Zeichen von ihrem Bruder Konstantin, der vor zwei Wochen zusammen mit anderen deutschen Kriegsgefangenen auf einem Schiff Amerika in Richtung Europa verlassen hatte. Nur diese vier Geschwister haben von den sieben Kindern Hans Jürgens und Miezes den Krieg überlebt.

Trotz der fast vollständigen Zerstörung Deutschlands und den äußerst knappen Nahrungsmitteln, die kaum für Grundbedürfnisse ausreichen, kommt langsam ein neues Gefühl der Hoffnung bei den Töchtern der Matriarchin von Kieckow auf. Jedesmal, wenn ein Familienmitglied oder Freund zurückkehrt und mit jeder Nachricht, daß der eine oder andere überlebt hat, herrscht große Freude und tiefe Dankbarkeit. Leider werden viele nie mehr zurückkehren, und es besteht weiterhin völlige Unklarheit über das Schicksal ihres Bruders Hans Jürgen, seiner Frau Mieze und ihrer aller Mutter. Sie beten für Hans Jürgen und Miezes Sicherheit, müssen aber fast davon ausgehen, daß ihre Mutter – Großmutter Ruth – gestorben ist.

8. September. Großmutter Ruth ist jedoch nicht tot. An diesem Nachmit-

tag macht sie sich wieder auf den Weg in das Schulhaus, wo die Kinder des Dorfes bereits auf sie warten. Sie ist zwar durch ihr Alter sehr beeinträchtigt und fast blind, fühlt sich aber dennoch dazu berufen, diesen Kindern den Glauben an Gott zu vermitteln. Als sie das Haus des Försters verlassen will, stolpert sie unglücklich und stürzt die Steinstufen hinab. Sie versucht zwar aufzustehen, aber die Schmerzen sind unerträglich. Die vier Frauen in der Hütte eilen ihr zu Hilfe; drei tragen sie hinein und legen sie auf ein Bett, während die vierte zum Gutshaus läuft. Für die Hinzuziehung eines Arztes benötigt man die Erlaubnis des Kommandanten. Stunden später kommt der deutsche Arzt mit dem Fahrrad von Belgard herübergefahren. Wie er feststellt, ist das Bein auf komplizierte Weise gebrochen, er hat jedoch weder Hilfsmittel noch Arzneien. Alles, was er tun kann, ist, das Bein mit einer provisorischen Schiene ruhigzustellen, und er empfiehlt, Ruth in das Krankenhaus Bublitz bringen zu lassen. Mieze erhält die Erlaubnis vom russischen Kommandanten, die verletzte Frau mit einem Pferdewagen in das Krankenhaus zu fahren.

In der amerikanisch besetzten Zone ist Ruth von Wedemeyer, die ehemalige Gutsfrau von Pätzig, auf Händen und Knien im Garten und erntet Gemüse. Sie ist dankbar, ihre Kinder ernähren zu können und hofft, daß das, was sie in der Gärtnerei lernt, eines Tages Geld einbringen wird. Die Zukunft sieht etwas besser aus, Ruthchen ist zufrieden. Während sie weiter ihrer Arbeit nachgeht, befällt sie plötzlich ein Gefühl der Unruhe. Es ist, als rufe jemand nach ihrer Hilfe, aber außer ihr ist niemand im Garten. Dennoch verspürt sie deutlich einen Ruf – aus weiter Ferne –, irgendwo aus den russisch-besetzten Ländern im Osten. Von wem könnte er sein? Ihr erster Gedanke geht zu Gerd von Tresckows vaterlosen Kindern; könnten es nicht auch die Dorfbewohner von Pätzig sein, deren Schicksal ihrem Gewissen keine Ruhe läßt? Während sie sich von den Knien erhebt, wird ihr klar, daß sie diesem fernen Ruf folgen und zurück über die Oder nach Osten gehen muß.
In diesen Zeiten kehrt niemand freiwillig zu den Russen, oder jetzt zu den Polen zurück. Ein Drittel Polens im Osten gehört nun zur Sowjetunion, ebenso wie die drei baltischen Staaten Litauen, Lettland und Estland, und ein Teil Ostpreußens. Als Ersatz für diese Gebietsverluste wurde Polen ein etwas kleineres deutsches Gebiet im Westen zugesprochen – das Gebiet östlich der Oder-Neiße-Linie ist damit ein Teil Polens geworden. Schon

vor Ende des Krieges waren die Staatsoberhäupter Rußlands, Englands und Amerikas in Jalta auf der Krim zu dieser Entscheidung gekommen. Zehntausenden von Polen, die nicht in Rußland leben wollten, wurde die Ausreise gestattet. Sie wurden weiter westlich angesiedelt, und die Deutschen östlich der Oder-Neiße, die nicht vor der Invasion der Roten Armee geflohen waren, werden nun enteignet und vertrieben. Dies ist die Rache an den unglücklichen Überlebenden einer Nation, die zuvor die überwältigten Nachbarvölker terrorisiert hatte!

Ruthchens Familie kann es nicht fassen, daß sie überhaupt einen Gedanken an eine Rückkehr verschwendet. Man sorgt sich um ihre Sicherheit und fürchtet, sie könnte getötet werden; sie beschwören sie, an ihre Kinder zu denken, die mit großer Wahrscheinlichkeit zu Waisen werden! Ruthchen aber hat alles durchdacht. Wer immer sie ruft, wird sie dringend brauchen, sonst hätte sie der Ruf nicht in derartige Unruhe versetzt. Ruthchen, die schon während des Krieges nicht davor zurückschreckte, die russischen Linien zu durchqueren, fürchtet sich auch jetzt nicht, während des sogenannten Friedens, sie zu überschreiten. In abgelegten Uniformhosen und einem leichten Anorak tritt sie die Reise an. Im Rucksack sind Proviant und Briefe, die sie weitergeben wird, sollte sie ihr Ziel jemals erreichen.

In dem Buch »In des Teufels Gasthaus« beschreibt Ruth von Wedemeyer diese abenteuerliche Reise nach Pommern. Nach 14 Tagen erreicht sie schließlich auf verschlungenen Wegen Kieckow, wo, wie sie unterwegs erfährt, ihre Mutter im Sterben liegt:

> »… Da steht links noch die alte Lindenallee zum Gutshaus. Ich lasse sie links liegen und renne das Pflaster zum Dorf hinunter, vorbei an dem roten Inspektorhaus rechts, und strebe zu dem Fachwerk-Försterhaus, in dem ich im ersten Krieg jahrelang mein Gutsbüro verwaltete, und rüttle an der Tür. Verschlossen! Eile links herum zum Hintereingang. Dort steht meine Schwägerin Mieze. Sie hat mich kommen sehen. Jahrelang hat dieser Augenblick vor meinen Augen weitergelebt.
>
> ,Bist du es wirklich?' Ihr Gesicht malt zuerst Entsetzen, kaum Freude. – So heiß hat sie gerade heute einen von uns ersehnt. Die plötzliche Erfüllung dieses Verlangens wirft sie fast um. ,Mutter

stirbt.'… Ach, ich hoffte doch noch, sie zu sprechen. Ich knie an ihrem Bett, in meinem Herzen hin- und hergeworfen von der heißen Freude, sie noch lebend zu sehen, und dem großen Schmerz, nicht mehr mit ihr reden zu können. Die Augen sehen scheinbar ins Leere, sie hört meine Stimme nicht. Ich möchte sie in die Arme nehmen, sie wachrütteln und drücken, mich bei ihr ausweinen, und ich wage kaum, ihre Hände zu berühren. Sie hört meinen Dank nicht mehr. In gewohnter Haltung liegt sie hochgestützt mit leichter Neigung des Kopfes nach rechts; das Gesicht wie ein Winterbaum ohne Laub, erkennbar in seinen großen, edlen Formen. Wißt Ihr eigentlich, daß Mutter sehr schön geworden war? Es war noch nie so viel Raum, feierlich gesammelter Raum in ihren Zügen wie jetzt. Sehr verwandt berührt mich das Gesicht mit dem von Hans Jürgen (von Kleist), als ich ihn das letzte Mal in seiner hoheitsvollen Würde im Kösliner Gefängnis sehen durfte. Ich wage kaum, das Gesicht anzureden, als wäre es meinem Zugriff schon enthoben. Ich hoffe ja auch, es wird noch eine klare Stunde folgen. Dennoch fasse ich den Entschluß, die wichtigsten Botschaften zu sagen: ‚Mutter – Fabian lebt!' Sie hebt die linke Hand, wiederholt diese zwei Worte ganz selig. Für eine Sekunde fliegt ein Freudenglanz über ihre ernste Stirn.

‚Klaus ist bei uns – gesund!' Das nimmt sie auch noch auf, wie auch die Nachricht, daß Ruth-Alice einen gesunden Jungen hat. Daß Herbert und Maria in Buch sind, hat sie, glaube ich, noch begriffen. Dann sagt sie: 'Ich kann mich gar nicht mehr besinnen. Es ist alles so fernab.' Nach geraumer Zeit fragt sie noch einmal: ‚Fabian lebt?' und ‚Dietrich lebt auch?' Ich verneine. Das ist die letzte Frage an mich. Sie zeigt keinen Schmerz mehr. Offenbar mangelt die Kraft, Empfindungen noch auszudrücken. Vielleicht aber ist auch die Freude, ihn nun wiederzusehen, größer als die Trauer …

Am nächsten Vormittag nimmt sie nur noch Flüssiges zu sich. Sie schläft leidlich ruhig. Noch ist sie nicht durchgelegen. Das Umbetten ist sehr schwierig … Einer muß immer für das kranke Bein sorgen. Über dem rechten Knöchel ist das Schienbein gebrochen …

Mittags haben Mieze und ich uns gerade zu Tisch gesetzt, als Superintendent Zitzke aus Belgard hereintritt, erstmalig seit Monaten. Da er nun einmal die 30 Kilometer per Rad gefahren sei, wolle er an unserem Haus nicht ahnungslos vorübergehen. Kaum fünf Minuten später kommt die Schwester von Mutters Lager herein. Mutter hat einen Herzkrampf, ihr Gesicht ist blaurot, der schwere Atem ist in Röcheln übergegangen. Die Agonie hat begonnen, der endgültige Abschied.

Wir bitten den Pastor, da er als Gottesbote in dieser Stunde unser Haus betritt, um eine Abendmahlsfeier an ihrem Sterbebett. In Ruhe bereiten wir alles vor. Unter der schönen alten Madonna von Grünewald ist auf der Kommode zwischen den beiden Fenstern, ganz wie bei unseren Arbeitern, der Altar aufgebaut mit Kreuz, zwei Kerzen und einem Dahlienstrauß. Wir sitzen im Halbkreis um den Altar um Mutters Bett, sie gewissermaßen in den Kreis einschließend. Alle Hausgenossen und die Getreuesten aus dem Dorf sind versammelt … Wir singen ‚Aus tiefer Not', ‚Christus, der ist mein Leben' und ‚Wenn ich einmal soll scheiden', dazwischen Beichte und kurze, liebevolle Ansprache über den Kleistschen Wahlspruch: ‚Fürchte dich nicht, glaube nur' und Abendmahl. Da Mutter an einem feuchten Tuch noch saugen konnte, habe ich dieses Tuch auch in den Kelch getaucht, so daß sie an dem Wein noch Anteil hatte, das merkte man ihr an. Dann sind Mieze, der Pastor und ich an ihrem Bett niedergekniet, und endlich hat er lange Zeit die Hände ausgebreitet hoch über der dahinsterbenden Frau und sie mit einem wunderschönen Segen hinübergeleitet in die ewige Welt …«[64]

EPILOG

Am 2. Oktober 1945 starb Ruth von Kleist-Retzow. Sie wurde auf dem Friedhof von Kieckow neben ihrem Mann Jürgen und ihrem Sohn Konstantin beigesetzt. Die Arbeiter in Kieckow erhielten für die Teilnahme an dem Begräbnis einen Nachmittag frei, da in den Worten des Kommandanten »Frau von Kleist eine richtige Dame war«. Es war der erste freie Tag, der ihnen seit der russischen Besetzung vor sieben Monaten gewährt wurde. Ruthchen bedrängte ihre Schwägerin Mieze, mit ihr in den Westen zu ihren Kindern zu gehen, Mieze jedoch lehnte ab, sie könnte die Dorfbewohner nicht einfach allein zurücklassen. So trat Ruthchen von Wedemeyer die Rückreise allein an. Sie benötigte dazu zwei Wochen, da sie von Polen aufgegriffen und dem Gefängniswärter zugeteilt wurde, um seine Kleidung zu waschen und zu flicken. Bald jedoch gelang ihr die Flucht. Ende Oktober war sie wieder mit ihren Kindern vereint.

Im April 1946 wurde Mieze von Kleist-Retzow aus Kieckow vertrieben. Mit dem Rot-Kreuz-Zug mußte sie ihr Land verlassen. Bald darauf folgten auch die Dorfbewohner nach. Wenige Wochen nachdem sie sich im Westen niedergelassen hatte, kehrte ihr Sohn Konstantin aus den USA zurück, wo er viele Monate in Kriegsgefangenschaft verbracht hatte. Wieder ein Jahr später, im Januar, traf bei Mieze ein Telegramm aus Frankfurt an der Oder ein: »In ein paar Tagen bei Euch, 126. Psalm«.[65] Es dauerte noch zwei Wochen, dann stand Hans Jürgen, mit Erfrierungen und ein wenig dünn, in der Tür von Miezes kleinem Zimmer. Den Umständen entsprechend ging es ihm jedoch gut. Zehn Monate lang war er in Moskaus berüchtigten Gefängnissen Lubjanka und Butyrskaja verhört worden, dann mußte er 12 Monate Zwangsarbeit in Sibirien leisten. Er sagte, er habe jedoch unermeßliches Glück gehabt, da von den deutschen Gefangenen, mit denen er dort in Kontakt kam, er einer der wenigen war, die freigelassen wurden.

Mit der Rückkehr Hans Jürgens endet die Geschichte der Familie.

417

Fünfzig Jahre später sind alle Kinder Ruth von Kleist-Retzows verstorben. Jedes von ihnen hatte auf seine Weise zum Wiederaufbau Deutschlands beigetragen. Hans Jürgen, Maria und Ruthchen haben ihren Kindern Memoiren hinterlassen. Darin haben sie ihre Kindheit im Feudalsystem, die Nazizeit, den Krieg und die Entwicklung danach geschildert. Hans Jürgen schrieb eine Biographie über seinen treuen Freund und Vetter Ewald aus Schmenzin. Diese Biographie wurde später für Bodo Scheurig Grundlage seines Buches »Ewald von Kleist-Schmenzin«.

Der letzte Überlebende aus dieser Generation ist Ruths Neffe und Patensohn Friedrich Carl Graf von Zedlitz und Trützschler, der Großenborau vor dem 2. Weltkrieg verlassen hatte und ausgewandert war. Er verbringt heute seinen Ruhestand in Argentinien.

Die Enkelkinder Ruths wurden in alle Welt verstreut. Maria von Wedemeyer-Weller starb 1977 nach einem kurzen Kampf gegen eine Krebserkrankung. Diese Enkelin Ruths emigrierte nach ihrem Universitätsstudium in Göttingen nach den USA und machte dort sowohl fachlich wie auch im Management des Computerbereichs der Firma Honeywell Inc. eine ausgezeichnete Karriere. Sie war zu ihrer Zeit die höchstrangige Frau in der Hierachie der Firma. Ihr ganzes Leben lang hatte Maria die wenigen Gegenstände, die sie aus ihren jungen Jahren herübergerettet hatte, wie einen Schatz bewahrt. Der Orientteppich, der ihr Bostoner Haus schmückte, schützte einst den Parkettboden im Pätziger Gutshaus und bedeckte später den Pätziger Wagen auf der Flucht in den Westen. Die wenigen Stücke Silber, die Maria damals spontan in den Wagen geworfen hatte, erhielten einen Ehrenplatz in ihrem Heim. Auch Marias Schwester, Christine von Wedemeyer-Beshar, wanderte nach Amerika aus und ist heute in New York als Rechtsanwältin tätig. Die anderen Geschwister leben alle in Deutschland – die Schwestern Ruth-Alice von Bismarck und Werburg Doerr sowie Hans Werner und Peter Christian als selbstständige Unternehmer in der holzverarbeitenden Industrie.

Von den vielen Hochzeiten, die in den letzten Jahren unter den Nachkommen der Familie Wedemeyer stattfanden, bleibt eine besonders erwähnenswert. 1986 heiratete die Tochter von Werburg Doerr den Enkelsohn von Ursula Bonhoeffer-Schleicher. Der Onkel des Bräutigams, Professor emer. Eberhard Bethge, vollzog die Trauung von Dietrich Bonhoeffers Großneffen und der Urenkelin Ruth von Kleist-Retzows.

Ruth Roberta Stahlberg-Heckscher – Raba – lebte in Jerusalem. Sie war 1986 im Alter von 76 Jahren nach Israel gegangen. 1989 trat sie zum jüdischen Glauben über und nahm den Namen ihrer jüdischen Vorfahren – Heckscher – an. Bis zu ihrem 80. Lebensjahr arbeitete sie jeden Freitag als Freiwillige im Holocaust Museum.
Rabas Bruder Hans Conrad war in Deutschland beruflich sehr erfolgreich; er starb im September 1987. Alexander – der gutaussehende Alla – vollendete seine eigenen Memoiren, bevor er im Januar 1995 starb.

Ruthe von Kleist-Retzow, die heute Ruth de Pourtalés heißt, arbeitete beim Weltkirchenrat in Genf. Nach Miezes Tod hatte Hans Jürgen seiner Tochter das schwarze, goldumrandete Stolbergsche Kreuz vermacht, das einst von den Dorfbewohnern Kieckows das magische Kreuz genannt wurde. Sie hütet das Familienerbstück sorgfältig, auch wenn sie sich mit Traurigkeit daran erinnert, daß es die Großmutter selbst nie getragen hat. Ruthes jüngere Schwester Elisabeth Sittig wurde Sonderschullehrerin und lebt in Bremen. Der ältere Bruder Konstantin, der Kieckow geerbt hätte, wäre Hitler nicht an die Macht gekommen, ist nach Deutschland zurückgekehrt, nachdem er 14 Jahre als lutherischer Missionar und Pastor in Südafrika gearbeitet hatte. Heinrich, der jüngste, hat viele Jahre für einen großen deutschen Konzern gearbeitet – die Firma des alten Merton, der einst Onkel Konstantin von Kleist-Retzow in seine Familie aufgenommen und in sein Herz geschlossen hatte.

Luitgarde von Schlabrendorff, die älteste Tochter von Maria und Herbert von Bismarck, lebt in Wiesbaden, in der Nähe ihres jüngsten Bruders Fritz Christoph. Ihr Ehemann Fabian ist 1980 nach einer erfolgreichen Karriere als Richter am Bundesverfassungsgericht gestorben. Er hatte zwei Bücher über die deutsche Verschwörung gegen Hitler herausgebracht. Am Zustandekommen dieser Bücher trägt Luitgarde entscheidenden Anteil.

Jürgen, der älteste Bismarck-Sohn, starb 1993. Spes, die von Dietrich

Bonhoeffer in Kieckow konfirmiert worden war, heiratete einen von Dietrichs Finkenwalder Seminaristen, Hans Dietrich Pompe. Sie leben in Bonn; Gottfried wohnt in der Schweiz.

Nun zu den Kleists aus Schmenzin. Ewalds Witwe Alice und alle acht Kinder überlebten den Krieg und wohnen in Deutschland sowie in der Schweiz und in Spanien. Ewalds Bruder und Schwägerin ereilte ein schreckliches Schicksal – beide wurden von russischen Soldaten umgebracht, als die Rote Armee ihr Gut besetzte. Die Gräfin Lili von Kleist, Ewalds betagte Mutter, die immer die düstere, graue Kleidung der Gutsherrin trug, wurde wenige Wochen später erschossen.

Im Westen Polens, in der Provinz Slansk/Schlesien, liegt Borowielke, das ehemalige Großenborau, in dem Ruth von Kleist-Retzow ihre Kindheit verbrachte. An der Kirche und den mit Stuck verzierten Ziegelhäusern, die das Ortsbild Großenboraus prägen, hat sich über die Jahre nicht viel geändert. Nur das Gutshaus ist in traurigem Zustand. Die Steintreppe von der Wagenanfahrt zum Haupteingang hinauf ist eingestürzt, die kleine Familienkapelle ist heruntergekommen. In der großen Eingangshalle ist nur noch der Marmorkamin erhalten. Das Haus wird nicht mehr bewohnt, dennoch bestimmt das schöne Bauwerk noch immer die Landschaft, ein lebloses Überbleibsel aus lange vergangenen Zeiten.

Weiter im Norden, im polnischen Pomorze, liegt der Landwirtschaftsbetrieb Kikowo, das ehemalige Kieckow. Auch hier hat sich in den letzten 50 Jahren manches verändert. Zwar sind die alten gepflasterten Straßen, von Linden, Kastanien, Eichen und Ahorn gesäumt, noch immer die Hauptverkehrswege durch den Kreis Bialogard. Auch das Steinkreuz am Straßenrand, das an die kleine Ferdinande erinnert, steht noch wie im Jahr 1924. Doch die meisten Gebäude des ehemaligen Gutshofes von Kieckow sind verschwunden. Das Gutshaus, früher mit roten Ziegeln gedeckt, hat nun ein Blechdach. Das Glasdach über der Terrasse, unter dessen Schutz unzählige Familienfeiern stattgefunden haben, ist vor Jahren eingestürzt; noch heute liegen die Scherben verstreut dort, wo sie hingefallen sind. Das Haus wird nun von der Verwaltung Kikowos genutzt, und in der ehemaligen Bibliothek hat sich ein Lebensmittelladen eingerichtet. Das wunderschöne, handgeschnitzte Treppengeländer ist verschwunden, es wurde durch einen gewöhnlichen, schmiedeeisernen Handlauf ersetzt.

Auch der Friedhof hat sich verändert. Es finden sich keine Grabsteine mehr, das Gelände ist verwüstet. Es ist praktisch Niemandsland geworden: Weder die Kirchen- noch die Kommunalverwaltung und auch nicht der Pächter der Landwirtschaft fühlt sich zuständig. Die Kirche war niemals beschädigt worden. Das Kruzifix hinter dem Altar, die einzige Kopie des vor langer Zeit zerstörten Kreuzes in der Kaisergruft von Charlottenburg, prägt die Apsis wie vor 100 Jahren, als Hans Hugo von Kleist-Retzow noch lebte. Wie früher kommt jede Woche der Pfarrer von Tychowo, um in der kleinen Nebenkirche den Gottesdienst zu halten. Kirche und Friedhof sind gleichermaßen der Stolz und das Vermächtnis Heinrich von Kleist-Retzows. Jedes Jahr besucht er Polen, um sich mit dem Priester zu beraten und die Restaurierung und Erhaltung dieses Symbols der Aussöhnung zwischen zwei Konfessionen und zwei Nationen zu unterstützen. Als Folge der Entspannung zwischen Ost und West ist es in der jüngsten Vergangenheit auch möglich geworden, über die Wiederherstellung des Friedhofs zu sprechen. Um dort wieder einen Platz der Ruhe herzustellen, soll den ehemaligen Zaun eine Rosenhecke ersetzen und ein neues Kreuz errichtet werden.

Versöhnung ist ebenfalls ein Hauptmotiv für Heinrichs jüngstes Projekt. Als Ritter des Johanniterordens hat er die Einrichtung von Sozialstationen im Kreis Bialogard betrieben, dem Kreis, welchem manche seiner Vorfahren als könglich preußische Landräte dienten. Im März 1996 wurden Johanniter-Stationen in Tychowo (Groß Tychow) und Polczyn Zdroj (Bad Polzin) eröffnet. Von dort aus wird jetzt der Bevölkerung, die ihre neue Heimat im ehemaligen Kreis Belgard gefunden hat, medizinisch-pflegerisch geholfen, gleich welcher Religion, Nationalität, Hautfarbe oder sozialen Stellung die Patienten auch sind.

STAMMTAFELN

Familie von Zedlitz und Trützschler, 1100-1885
Familie von Kleist, 1200-1885
Familie von Bismarck, 1800-1945
Familie von Kleist-Retzow, 1886-1945
Familie von Kleist-Schmenzin, 1886-1945
Familie von Tresckow-Wartenberg, 1886-1945
Familie von Zedlitz und Trützschler, 1886-1945
Familie Bonhoeffer, 1900-1945

Familie von Zedlitz und Trützschler

1100-1885

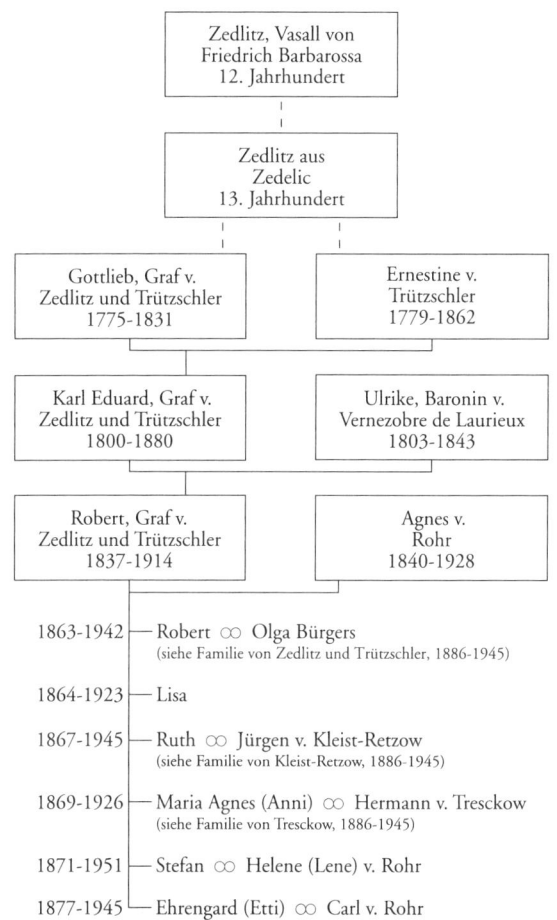

Zedlitz, Vasall von
Friedrich Barbarossa
12. Jahrhundert

Zedlitz aus
Zedelic
13. Jahrhundert

Gottlieb, Graf v.
Zedlitz und Trützschler
1775-1831

Ernestine v.
Trützschler
1779-1862

Karl Eduard, Graf v.
Zedlitz und Trützschler
1800-1880

Ulrike, Baronin v.
Vernezobre de Laurieux
1803-1843

Robert, Graf v.
Zedlitz und Trützschler
1837-1914

Agnes v.
Rohr
1840-1928

1863-1942 — Robert ∞ Olga Bürgers
(siehe Familie von Zedlitz und Trützschler, 1886-1945)

1864-1923 — Lisa

1867-1945 — Ruth ∞ Jürgen v. Kleist-Retzow
(siehe Familie von Kleist-Retzow, 1886-1945)

1869-1926 — Maria Agnes (Anni) ∞ Hermann v. Tresckow
(siehe Familie von Tresckow, 1886-1945)

1871-1951 — Stefan ∞ Helene (Lene) v. Rohr

1877-1945 — Ehrengard (Etti) ∞ Carl v. Rohr

FAMILIE VON KLEIST

1200-1885

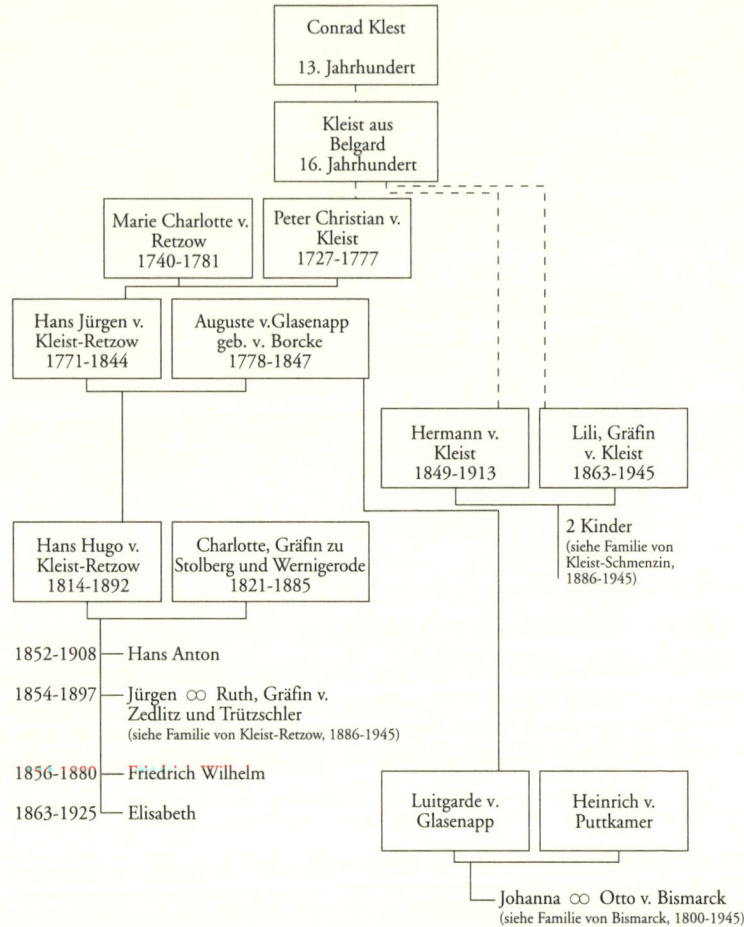

Conrad Klest
13. Jahrhundert

Kleist aus
Belgard
16. Jahrhundert

Marie Charlotte v.
Retzow
1740-1781

Peter Christian v.
Kleist
1727-1777

Hans Jürgen v.
Kleist-Retzow
1771-1844

Auguste v.Glasenapp
geb. v. Borcke
1778-1847

Hermann v.
Kleist
1849-1913

Lili, Gräfin
v. Kleist
1863-1945

2 Kinder
(siehe Familie von
Kleist-Schmenzin,
1886-1945)

Hans Hugo v.
Kleist-Retzow
1814-1892

Charlotte, Gräfin zu
Stolberg und Wernigerode
1821-1885

1852-1908 — Hans Anton

1854-1897 — Jürgen ∞ Ruth, Gräfin v.
Zedlitz und Trützschler
(siehe Familie von Kleist-Retzow, 1886-1945)

1856-1880 — Friedrich Wilhelm

1863-1925 — Elisabeth

Luitgarde v.
Glasenapp

Heinrich v.
Puttkamer

Johanna ∞ Otto v. Bismarck
(siehe Familie von Bismarck, 1800-1945)

426

FAMILIE VON BISMARCK

1800-1945

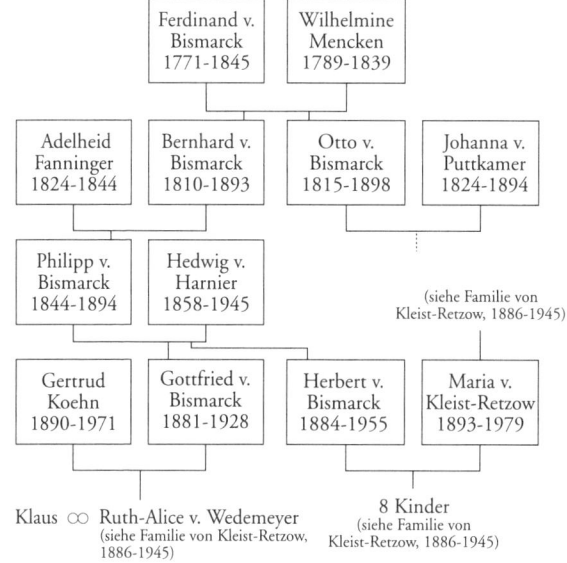

Ferdinand v. Bismarck 1771-1845 — Wilhelmine Mencken 1789-1839

Adelheid Fanninger 1824-1844 — Bernhard v. Bismarck 1810-1893 — Otto v. Bismarck 1815-1898 — Johanna v. Puttkamer 1824-1894

Philipp v. Bismarck 1844-1894 — Hedwig v. Harnier 1858-1945

(siehe Familie von Kleist-Retzow, 1886-1945)

Gertrud Koehn 1890-1971 — Gottfried v. Bismarck 1881-1928 — Herbert v. Bismarck 1884-1955 — Maria v. Kleist-Retzow 1893-1979

Klaus ∞ Ruth-Alice v. Wedemeyer
(siehe Familie von Kleist-Retzow, 1886-1945)

8 Kinder
(siehe Familie von Kleist-Retzow, 1886-1945)

427

FAMILIE VON KLEIST-RETZOW

1886-1945

(siehe Familie von Kleist 1200-1885) (siehe Familie von Zedlitz und Trützschler, 1100-1885)

Jürgen v. Kleist-Retzow 1854-1897	Ruth, Gräfin v. Zedlitz und Trützschler 1867-1945

1886-1969 — Hans Jürgen ∞ Maria (Mieze) v. Diest

    1914-1924 Ferdinande
    1919-( ) Konstantin
    1921-1941 Jürgen Christoph
    1923-1941 Hans Friedrich
    1926-( ) Ruth (Ruthe), Gräfin de Pourtalés
    1927-( ) Elisabeth (Elli) Sittig
    1929-( ) Heinrich

1888-1973 — Spes ∞ Walter Stahlberg

    1909-1997 Ruth Roberta (Raba) Heckscher
    1912-1995 Alexander (Alla)
    1914-1987 Hans Conrad

1891-1917 — Konstantin

1893-1979 — Maria ∞ Herbert v. Bismarck
              (siehe Familie von Bismarck, 1800-1945)

    1914-( ) Luitgarde ∞ Fabian v. Schlabrendorff
    1916-1993 Jürgen
    1919-1940 Hans Otto
    1921-( ) Spes Pompe
    1925-1926 Maria
    1927-1929 Herbert
    1930-( ) Gottfried
    1934-( ) Fritz Christoph

1897-1985 | Ruth (Ruthchen) ∞ Hans v. Wedemeyer

    1920-( ) Ruth-Alice ∞ Klaus v. Bismarck
                    (siehe Familie von Bismarck, 1800-1945)
    1922-1942 Maximilian (Max)
    1924-1977 Maria Weller früher verlobt mit Dietrich Bonhoeffer
                            (siehe Familie Bonhoeffer, 1900-1945)
    1927-( ) Hans Werner
    1929-( ) Christine Beshar
    1932-( ) Werburg Doerr
    1936-( ) Peter Christian

FAMILIE VON KLEIST-SCHMENZIN

1886-1945

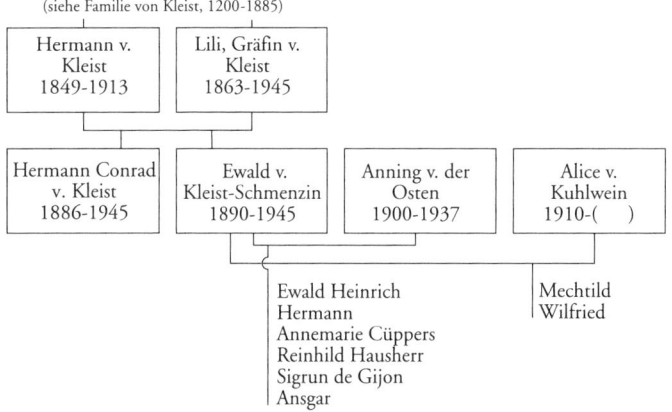

(siehe Familie von Kleist, 1200-1885)

Hermann v. Kleist 1849-1913	Lili, Gräfin v. Kleist 1863-1945

Hermann Conrad v. Kleist 1886-1945	Ewald v. Kleist-Schmenzin 1890-1945	Anning v. der Osten 1900-1937	Alice v. Kuhlwein 1910-( )

Ewald Heinrich
Hermann
Annemarie Cüppers
Reinhild Hausherr
Sigrun de Gijon
Ansgar

Mechtild
Wilfried

FAMILIE VON TRESCKOW-WARTENBERG

1886-1945

(siehe Familie von Zedlitz und Trützschler, 1100-1885)

Hermann v. Tresckow 1849-1933	Ilse-Anne v. Kameke 1864-1886	Maria Agnes (Anni) Gräfin v. Zedlitz und Trützschler 1869-1926

1892-1935 — Johanna
1898-1944 — Gerd ∞ Erika Gräfin v. Schlieffen
1901-1944 — Henning ∞ Erika v. Falkenhayn
1902-1945 — Marie-Agnes v. Arnim
1906-1927 — Rüdiger

1885-1953 — Hans-Hermann
1886-1945 — Jürgen ∞ Hedwig (Hete) v. Werder

429

FAMILIE VON ZEDLITZ UND TRÜTZSCHLER

1886-1945

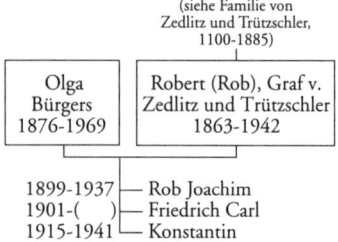

(siehe Familie von
Zedlitz und Trützschler,
1100-1885)

| Olga Bürgers 1876-1969 | Robert (Rob), Graf v. Zedlitz und Trützschler 1863-1942 |

1899-1937 — Rob Joachim
1901-(   ) — Friedrich Carl
1915-1941 — Konstantin

FAMILIE BONHOEFFER

1900-1945

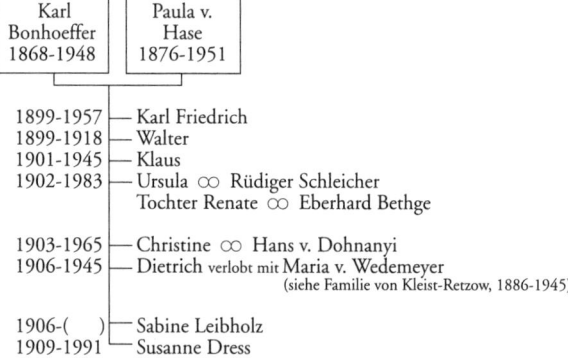

| Karl Bonhoeffer 1868-1948 | Paula v. Hase 1876-1951 |

1899-1957 — Karl Friedrich
1899-1918 — Walter
1901-1945 — Klaus
1902-1983 — Ursula ∞ Rüdiger Schleicher
                Tochter Renate ∞ Eberhard Bethge

1903-1965 — Christine ∞ Hans v. Dohnanyi
1906-1945 — Dietrich verlobt mit Maria v. Wedemeyer
                (siehe Familie von Kleist-Retzow, 1886-1945)

1906-(   ) — Sabine Leibholz
1909-1991 — Susanne Dress

ÜBERSICHTSKARTE

DK

N
W — O
S

Nordsee

NL

Hamburg

Elbe

Celle

Hannover

Ems

Weser

Herford

**Bundesrepublik
Deutschland**

Ruhr

Köln

Buchenwald
(KZ b. Weimar)

Frankfurt/M.

Rhein

Main

Flossenbürg (KZ)

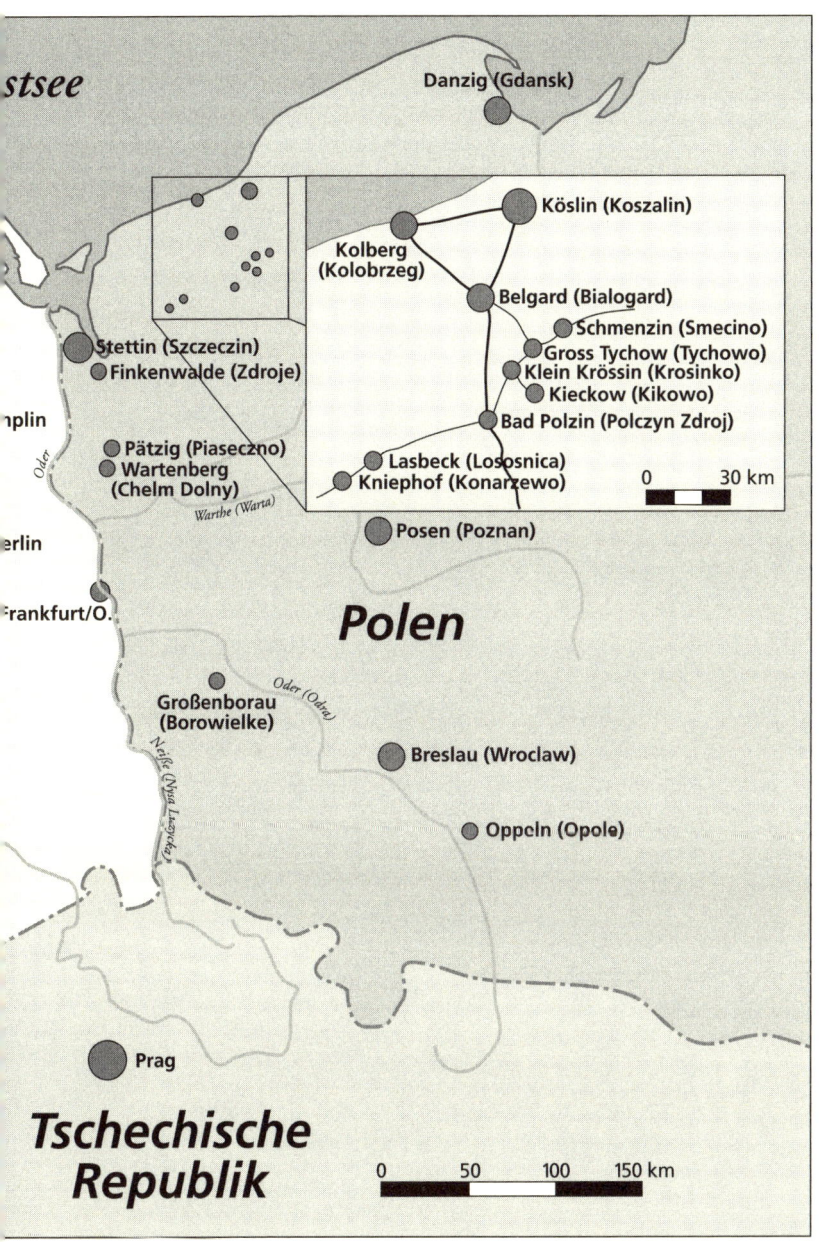

stsee

Danzig (Gdansk)

Köslin (Koszalin)

Kolberg
(Kolobrzeg)

Belgard (Bialogard)

Schmenzin (Smecino)
Gross Tychow (Tychowo)
Klein Krössin (Krosinko)
Kieckow (Kikowo)

Bad Polzin (Polczyn Zdroj)

Stettin (Szczecin)
Finkenwalde (Zdroje)

plin

Pätzig (Piaseczno)
Wartenberg
(Chelm Dolny)

Warthe (Warta)

Lasbeck (Lososnica)
Kniephof (Konarzewo)

0   30 km

Posen (Poznan)

erlin

Polen

Frankfurt/O.

Großenborau
(Borowielke)

Oder (Odra)

Breslau (Wroclaw)

Oppeln (Opole)

Prag

Tschechische
Republik

0   50   100   150 km

433

Anmerkungen

1 Die Nachfahren von Peter Christian von Kleist und Charlotte von Retzow aus Kieckow führen den Namen Kleist-Retzow. Im Buch werden sie als die Kleists aus Kieckow bezeichnet.

2 Hermann von Petersdorff: Kleist-Retzow. Ein Lebensbild, Stuttgart/Berlin 1907, S. 470.

3 Ursprünglich bezog sich der Ausdruck *Junker* auf die jüngeren Söhne der Familien des preußischen Landadels. Seit Friedrich dem Großen erbte jeweils der älteste Sohn den gesamten Landbesitz der Familie. So waren die jüngeren Söhne gezwungen, dem preußischen Offizierskorps beizutreten. Im Lauf der Zeit wandelte sich die Bedeutung des Wortes *Junker* und bezog sich auf die gesamte Klasse des preußischen Landadels.

4 Ruth von Kleist-Retzow: Konstantin von Kleist-Retzow. Ein Lebensbild, Bielefeld 1935, S. 20.

5 Ebd., S. 25.

6 Ebd., S. 16.

7 Ebd., S. 17f.

8 Ebd., S. 116f.

9 Ebd., S. 117.

10 Ebd., S. 117.

11 Ebd., S. 119.

12 Ebd., S. 117.

13 Ebd., S. 120.

14 Ebd., S. 120.

15 Ruth von Wedemeyer: In des Teufels Gasthaus. Eine preußische Familie 1918-1945, Moers 1993, S. 23.

16 Carl Schweitzer und Ruth von Kleist-Retzow: Die soziale Krisis und die Verantwortung des Gutsbesitzers, Schwerin 1926, S. 5.

17 Ebd., S. 36-38.

18 Adolf Hitler: Mein Kampf, München 1932, S. 167.

19 Ebd., S. 129.

20 Ebd., S. 197.

21 Ebd., S. 203.

22 Ebd., S. 331.

23 Ebd., S. 332.

24 Ebd., S. 335f.

25 Ebd., S. 123.

26 Ebd., S. 270.

27 Eberhard Bethge: Dietrich Bonhoeffer. Theologe – Christ – Zeitgenosse, München 1967, S. 308.

28 Ebd., S. 614.

29 Dietrich Bonhoeffer: Gesammelte Schriften Band 4, München 1975, S. 441-447.

30 Eberhard Bethge: Dietrich Bonhoeffer. Theologe – Christ – Zeitgenosse, München 1967, S. 725f.

31 Ebd., S. 731.

32 Ebd., S. 733.

33 Ebd., S. 733.

34 Ebd., S. 733f.

35 Ebd., Anhang S. 19.

36 Ebd., S. 737.

[37] Ebd., S. 739.

[38] Dietrich Bonhoeffer: Gesammelte Schriften Band

[39] Eberhard Bethge: Dietrich Bonhoeffer. Theologe - Christ - Zeitgenosse, München 1967, S. 887.

[40] Ebd., S. 886f.

[41] Ebd., S. 887f.

[42] Ebd., S. 888.

[43] Fabian von Schlabrendorff: Offiziere gegen Hitler, Berlin 1984, S. 65

[44] Eberhard Bethge: Dietrich Bonhoeffer. Theologe - Christ - Zeitgenosse, München 1967, S. 882.

[45] Ruth-Alice von Bismarck/Ulrich Kabitz (Hrsg.): Brautbriefe Zelle 92. Dietrich Bonhoeffer - Maria von Wedemeyer 1943-1945, München 1992, S. 7

[46] Eberhard Bethge: Dietrich Bonhoeffer. Theologe - Christ - Zeitgenosse, München 1967, S. 888.

[47] Ebd., S. 937.

[48] Ruth-Alice von Bismarck /Ulrich Kabitz (Hrsg.): Brautbriefe Zelle 92, Dietrich Bonhoeffer - Maria   von Wedemeyer 1943-1945, München 1992, S. 203.

[49] Ebd., S. 38.

[50] Eberhard Bethge: Dietrich Bonhoeffer. Theologe - Christ - Zeitgenosse, München 1967, S. 938.

[51] Ruth-Alice von Bismarck/Ulrich Kabitz (Hrsg.): Brautbriefe Zelle 92, Dietrich Bonhoeffer - Maria von Wedemeyer 1943-1945, München 1992, S. 83.

[52] Eberhard Bethge: Dietrich Bonhoeffer. Theologe - Christ - Zeitgenosse, München 1967, S. 938.

[53] Ruth-Alice von Bismarck/Ulrich Kabitz (Hrsg.): Brautbriefe Zelle 92, Dietrich Bonhoeffer - Maria von Wedemeyer 1943-1945, München 1992, S. 100.

[54] Fabian von Schlabrendorff: Offiziere gegen Hitler, Berlin 1984, S. 109.

[55] Ebd., S. 129.

[56] Bodo Scheurig: Ewald von Kleist-Schmenzin, Ein Konservativer gegen Hitler, Oldenburg/Hamburg 1968, S. 158.

[57] Fabian von Schlabrendorff: Offiziere gegen Hitler, Berlin 1984, S. 138.

[58] Bodo Scheurig: Ewald von Kleist-Schmenzin, Ein Konservativer gegen Hitler, Oldenburg/Hamburg 1968, S. 275.

[59] Ruth-Alice von Bismarck/Ulrich Kabitz (Hrsg.): Brautbriefe Zelle 92, Dietrich Bonhoeffer - Maria von Wedemeyer 1943-1945, München 1992, S. 208.

[60] Eberhard Bethge: Dietrich Bonhoeffer. Theologe - Christ - Zeitgenosse, München 1967, S. 1019.

[61] Bodo Scheurig: Ewald von Kleist-Schmenzin, Ein Konservativer gegen Hitler, Oldenburg/Hamburg 1968, S. 192.

[62] Ruth-Alice von Bismarck/Ulrich Kabitz (Hrsg.): Brautbriefe Zelle 92, Dietrich Bonhoeffer – Maria von Wedemeyer 1943-1945, München 1992, S. 214.

[63] Bodo Scheurig: Ewald von Kleist-Schmenzin, Ein Konservativer gegen Hitler, Oldenburg/Hamburg 1968, S. 195.

[64] Ruth von Wedemeyer: In des Teufels Gasthaus. Eine preußische Familie 1918-1945, Moers 1993, S. 184-187

[65] „Wenn der Herr die Gefangenen Zions erlösen wird, so werden wir sein wie die Träumenden ... Herr, bringe wieder unsere Gefangenen... Die mit Tränen säen, werden mit Freuden ernten."

Bibliographie

Veröffentlichte Quellen

Berneuchener Konferenz: Das Berneucher Buch, Schwerin 1926.
Bethge, Eberhard: Dietrich Bonhoeffer: Sein Leben in Bildern und Texten, München 1986.
Bethge, Eberhard: Dietrich Bonhoeffer. Theologe, Christ, Zeitgenosse, München 1967.
Bismarck, Ruth-Alice von: Brautbriefe Zelle 92: 1943-1945 / Dietrich Bonhoeffer, Maria von Wedemeyer, München 1992.
Bonhoeffer, Dietrich: Gesammelte Schriften, Band 2 und 4, München 1975.
Brown, Anthony Cave: Bodyguard of Lies, New York 1975.
Colvin, Ian: Master Spy, New York 1982.
Cronau, Curt: Hinter-Pommern, Stettin 1929.
Deutsch, Harold C.: Hitler and his Generals; The Hidden Crisis January-June 1938, Minneapolis 1974.
Deutsch, Harold C.: Verschwörung gegen den Krieg. Der Widerstand in den Jahren 1939-1940, München 1969
de Diesbach, Ghislain: The Secrets of Gotha, London 1967.
Eichendorff, Josef Freiherr von: Erzählungen: Der Adel und die Revolution, Zürich 1955.
Encyclopaedia Britannica, verschieden Bände, Chicago 1970.
Eyck, Erich: Bismarck, Band 1, Zürich 1941.
Gall, Lothar: Bismarck der weiße Revolutionär, Frankfurt 1980.
Görlitz, Walter: Die Junker: Adel und Bauer im deutschen Osten, Glücksburg 1956.
Hitler, Adolf: Mein Kampf, München 1932.
Kaps, Johannes: Die Tragödie Schlesiens 1945-46, München 1952.
Kleist-Retzow: Ruth von: Konstantin von Kleist-Retzow: Ein Lebensbild, Bielefeld 1935.
Koch, Werner: Sollten wir K. weiter beobachten? Stuttgart 1982.
Kramarz, Joachim: Claus Graf von Stauffenberg: Das Leben eines Offiziers, Frankfurt a.M. 1965
Krockow, Christian Graf von: Die Reise nach Pommern, Bericht aus einem verschweigenen Land, Stuttgart 1985.
Lehndorff, Hans von: Ostpreußisches Tagebuch, München 1990
Lühe, Irmgard von der: Elisabeth von Thadden: Ein Schicksal unserer Zeit, Düsseldorf 1966.
Meyer, Arnold Oskar: Hans von Kleist-Retzow, ohne Ort und Jahr.
Michaelis, Georg: Für Staat und Volk, eine Lebensgeschichte, Berlin 1922.
Muncy, Lysbeth Walker: The Junker in the Prussian Administration under William II., 1888-1914, Providence 1944.
Muralt, Leonhard von: Bismarcks Verantwortlichkeit, Frankfurt 1955.
Nichols, J. Alden: Germany after Bismarck, The Caprivi Era 1890-1894, Cambridge 1958.
Niekisch, Ernst: Erinnerungen eines deutschen Revolutionärs, Köln 1958.
Paine, Lauran: German Military Intelligence in World War II, New York 1984.
Papen, Franz von: Der Wahrheit eine Gasse, München 1952.
Petersdorff, Hermann von: Kleist-Retzow: Ein Lebensbild, Stuttgart und Berlin 1907.

Rad, Ursula von (Hrsg.): Elisabeth-von-Thadden-Schule Heidelberg-Wieblingen, Annäherungen an eine 60jährige Schulgeschichte, Wieblingen 1987.

Ramm, Agatha: Germany 1789-1919, A Political History, London 1967.

Russinov, Andrei: Auf der Suche nach Rußland,

Ryder, A. J.: Twentieth-Century Germany, From Bismarck to Brandt, New York 1973.

Scheurig, Bodo: Ewald von Kleist-Schmenzin, Ein Konservativer gegen Hitler, Oldenburg/ Hamburg 1968

Scheurig, Bodo: Henning von Tresckow, eine Biographie, Oldenburg 1973.

Schimmelpfennig, M.: Robert Graf von Zedlitz und Trützschler, Breslau 1922.

Schlabrendorff, Fabian von: Begegnungen in fünf Jahrzehnten, Tübingen 1979.

Schlabrendorff, Fabian von: Offiziere gegen Hitler, Zürich 1946.

Scholz, Albert A.: Silesia Yesterday and Today, Den Haag 1964.

Schweitzer, Carl und Ruth von Kleist-Retzow: Die soziale Krisis und die Verantwortung des Grundbesitzers, Schwerin 1926.

Spruth, Herbert: Bibliographie für Pommern. Drucke und Handschriften Band 2, Neustadt an der Aisch 1965.

Stahlberg, Alexander: Die verdammte Pflicht, Berlin 1991.

Wedemeyer, Ruth von: In des Teufels Gasthaus. Eine preußische Familie 1918-1945, Moers 1993.

Wedemeyer-Weller, Maria von: The other Letters from Prison, in: Union Seminary Quaterly Review, Vol. XXIII, No.1, Seite 23 -29, New York 1967.

Zedlitz-Trützschler, Graf Robert von: Zwölf Jahre am Deutschen Kaiserhof, Stuttgart 1924.

Zimmermann, Wolf (Hrsg.): Begegnungen mit Bonhoeffer, München 1965.

Zucker, Stanley: Ludwig Bamberger, German Liberal Politician and Social Critic 1899-1923, Pittsburgh 1975.

Unveröffentlichte Quellen

Persönliche Gespräche

Bethge, Eberhard und Renate geb. Schleicher, 29. August 1986 in Wachtberg-Villiprott.

Bismarck, Ruth-Alice von geb. Wedemeyer und Klaus von Bismarck, 23. September 1985 und 29.-30. Mai 1986 in München.

Hausherr, Reinhild geb. Kleist-Schmenzin, 25. Mai 1987 in Bern.

Heckscher, Ruth Roberta geb. Stahlberg, 31. August 1986 in Hannover.

Kleist-Retzow, Heinrich von, 23. Mai 1987 in Bergisch Gladbach.

Kleist-Retzow, Konstantin von, 31. August 1986 in Rinteln.

Pompe, Spes geb. Bismarck, 28. Mai und 8. September 1986 in Wiesbaden.

de Pourtalés, Ruth Gräfin geb. Kleist-Retzow, 24.-25. Mai 1987 in Tannay.

Schlabrendorff, Luitgarde von geb. Bismarck, 28. Mai und 8. September 1986 in Wiesbaden.

Stahlberg, Alexander, 1. September 1986 in Berlin.

Wedemeyer, Hans Werner von, 1. Juni 1986 in Baden-Baden.

Wedemeyer-Weller, Maria von, Abschrift eines Interviews mit Mary Glazener 1976 in Lincoln.

Zedlitz-Trützschler, Friedrich Carl Graf von, Telefongespräch am 2. Mai 1987 aus New York, und 2. Mai 1989 in Rochester.

Zimmermann, Wolf Dieter, 26. August 1986 in St. Paul, Minnesota.

Kopien von Originalbriefen

Herbert von Bismarck an Dietrich Bonhoeffer, datiert 24. Juni 1940.

Spes von Bismarck (Pompe) an Dietrich Bonhoeffer, datiert 2. Februar 1939.

Dietrich Bonhoeffer an Ruth von Wedemeyer geb. Kleist-Retzow, datiert 25. August 1942 und 10. April 1944.

Hans Friedrich von Kleist-Retzow an Dietrich Bonhoeffer, datiert 2. Februar 1939.

Hans Jürgen von Kleist-Retzow an:

Ruth von Wedemeyer geb. Kleist-Retzow, datiert 27. Februar 1945;

Kinder und Geschwister, datiert 13. Februar 1945.

Maria von Kleist-Retzow geb. Diest an:

Dietrich Bonhoeffer, datiert 12. Januar 1939;

Frau Schlicht, datiert 12. März 1947.

Ruth von Kleist-Retzow an:

Eberhard Bethge, datiert 12. Dezember 1937; 21. Mai, 8. Juni, 21. August und 14. September 1938; 7. Februar 1939; 13. Juni, 16. Juli und 23. August 1940; 24. und 26. August 1941; 17. Februar, 8. April und 6. September 1942.

Maria von Bismarck geb. Kleist-Retzow, datiert 19. Juni 1945

Dietrich Bonhoeffer, datiert 7. Januar 1938; 31. Mai 1939; 23. Juni 1940; 15. Februar, 30. Oktober, 12. und 30. Dezember 1941; 13. Februar und 24. April 1942; 21. Januar und 5. Februar 1943.

Paula Bonhoeffer geb. Hase, datiert 17. Sepember 1942.

Frau Häger, datiert 7. Juni 1945.

Anna von Harnier, datiert 24. März 1913.

Dita Koch geb. Stockmann, datiert 20. und 27. November und 28. Dezember 1936; 24. Februar, 3. März, 17. April, 20. Mai, 7. Juli, 19. August, 11. September und 8. November 1937; 2. Januar, 22. und 25. Februar, 4., 19. und 29. März und 11. Dezember 1938; 17. Mai 1940; 3. Juni und 4. November 1943; 5. August und 11. Oktober 1944.

Werner Koch, datiert 19. Dezember 1936 und 8. Dezember 1938.

Pastor Onnasch, datiert 2. Januar 1938.

Renate Schleicher (Bethge), datiert 24. Februar 1943 und 7. Februar 1944.

Ursula Schleicher geb. Bonhoeffer, datiert 16. Januar 1943.

Enkelkinder, Verwandte und Freunde, datiert 28. Mai 1940.

Renate Schleicher (Bethge) an Ursula und Rüdiger Schleicher, datiert 18. Juli und 25. August 1941.

Maria von Wedemeyer an:

Eberhard Bethge, datiert 19. März 1944;

Dietrich Bonhoeffer, datiert 26. März 1943;

Paula Bonhoeffer geb. Hase, datiert 24. Mai, 23. Juli und 4. August 1943; 7. Februar 1944 und 27. März 1945.

Max von Wedemeyer an Dietrich Bonhoeffer, datiert 2. Februar 1939.

Bismarck, Maria von geb. Kleist-Retzow, Memoiren, undatiert.

Bismarck, Maria von geb. Kleist-Retzow, „Morgenglanz der Ewigkeit", undatiert.

Kleist-Retzow, Konstantin von, „Meine Mutter aus meiner Erinnerung: Maria von Kleist-Retzow geb. von Diest", 1987.

Kleist-Retzow, Ruth von, „Warum soll ich in der Bibel lesen? Ein Wort an meine lieben Enkel, alle Patenkinder und an die Urenkel", 1938.

Kleist-Retzow, Ruth von, „Meine Ehe", undatiert.

Kleist-Retzow, Ruth von, „Karl Eduard Graf von Zedlitz-Trützschler", undatiert.

Stolberg-Wernigerode, Konstantin Graf zu, „Eindrücke und Erfahrungen aus meinem amtlichen Leben", undatiert.

Wedemeyer, Hans Werner von, „Preußen - ist tot?", Rede, gehalten am 3. Januar 1983 in Baden-Baden

Zedlitz-Trützschler, Helene Gräfin von, „Das Leben meines Großvaters: Robert Graf Zedlitz-Trützschler", Schweidnitz 1934

Zedlitz-Trützschler, Helene Gräfin von, Stammbaum, undatiert.

Personenregister

Ruth von Kleist-Retzow und ihre nächsten Familienangehörigen (Eltern, Ehemann, Kinder und Schwiegerkinder) sowie die engen Freunde Dietrich Bonhoeffer und Eberhard Bethge sind aufgrund der durchgängigen Häufigkeit ihres Auftretens im Register nicht berücksichtigt.
Seiten mit Abbildungen sind kursiv gesetzt.

Lebensdaten von Ruth von Kleist-Retzow (1867 - 1945)

4. Februar 1867
geboren zu Großenborau als Tochter von Robert Graf von Zedlitz und Trützschler aus Großenborau/Schlesien und Agnes von Rohr-Levetzow aus Dannenwalde/Brandenburg

1881   Umzug nach Oppeln

1886   Hochzeit mit Jürgen von Kleist-Retzow
        aus Kieckow/Pommern

1886   Umzug nach Köslin
        Umzug nach Belgard
        Geburt von Hans Jürgen

1888   Geburt von Spes

1891   Geburt von Konstantin

1893   Geburt von Maria

1896   Umzug nach Kieckow

1897   Geburt von Ruth (Ruthchen)
        Jürgen von Kleist-Retzow stirbt in Dresden

1899   Umzug nach Stettin: »Kinderpension«

1908   Hochzeit von Spes mit Walter Stahlberg
        aus Stettin

1912   Hochzeit von Maria mit Herbert von Bismarck aus
        Lasbeck/Pommern

1913   Hans Jürgen übernimmt die Leitung der Kleist-
         schen Güter Kieckow und Klein Krössin. Hochzeit von
         Hans Jürgen mit Maria (Mieze) von Diest aus
         Glötzin/Pommern

1917   Konstantin erliegt seinen Verletzungen nach einem Flug-
         zeugabsturz im 1. Weltkrieg und wird in Kieckow beige-
         setzt.

1918   Hochzeit von Ruth (Ruthchen) mit Hans von
         Wedemeyer aus Pätzig/Neumark

1919   Übersiedlung nach Klein Krössin und beginnendes
         Engagement in kirchlichen Erneuerungsbewegungen.
         Erste Auseinandersetzung mit dem Nationalsozialismus
         angeregt durch Ewald von Kleist-Schmenzin.

1935   Umzug nach Stettin und Beginn der »Enkel-
         pension«. Erste Begegnungen mit Dietrich Bonhoeffer
         und dem Predigerseminar in Finkenwalde. Wachsende
         Opposition gegen die Nazis und zunehmende Kontak-
         te ihrer Familienangehörigen zu Bonhoeffer und dem
         Widerstandskreis in der Abwehr.

1943   Verlobung von Ruths Enkeltochter Maria von
         Wedemeyer mit Dietrich Bonhoeffer.

1943/45 Verhöre, Verhaftungen, Folterungen, Gerichtsverfahren
         und Hinrichtungen zahlreicher Freunde und Familien-
         angehöriger.

2. Oktober 1945
Nach einem gescheiterten Treck-Versuch bei der Besetzung Pom-
merns durch die Sowjetarmeen im Frühjahr stirbt Ruth von Kleist-
Retzow im Alter von 78 Jahren in Kieckow.

Eine preußische Familie

Ruth von Wedemeyer

In des Teufels Gasthaus

Eine preußische
Familie, 1918-1945.
Gebunden. 230 Seiten.
ISBN 3-87067-703-1

Diese Familiengeschichte portraitiert Hans von Wedemeyer in den
entscheidenden Jahren zwischen dem Zusammenbruch der Monarchie und dem Ende des 3. Reiches. Sie gewährt Einblick in die
Frommigkeit und den Lebensstil des preußischen Landadels und
beschreibt die Beziehung der Familie zu Dietrich Bonhoeffer, der sich
kurz vor seiner Verhaftung mit Maria von Wedemeyer verlobte.

„Deine Erinnerungen sind ganz unbeschreiblich schön, viel besser,
als ich es je auch nur im Traum erwartet habe und ein ganz großer
Besitz für uns alle."

Maria von Wedemeyer

Buch · Kunst · Verlag

Ein Leben
im Widerstand

Marion Yorck von Wartenburg

Die Stärke der Stille

Erinnerungen an ein Leben
im Widerstand
Gebunden mit Schutzumschlag.
160 Seiten.
ISBN 3-87067-717-1

Ein Dokument der Menschlichkeit aus unmenschlicher Zeit von
einer der letzten Zeitzeuginnen des Widerstandskampfes gegen
Hitler. In warmherziger und lebendiger Weise skizziert Marion
Gräfin Yorck von Wartenburg ein eindrucksvolles Porträt der
damaligen Zeit und der darin handelnden Menschen.

Ein faszinierender Bericht über die dramatischen Ereignisse
des 20. Juli 1944 und des „Kreisauer Kreises" um Helmuth von
Moltke und Peter Yorck von Wartenburg.

Brendow
Buch · Kunst · Verlag